कहानी का स्त्री-समय

कहानी का स्त्री-समय

रोहिणी अग्रवाल

वाणी प्रकाशन

वाणी प्रकाशन

4695, 21-ए, दरियागंज, नयी दिल्ली 110 002

फ़ोन : +91 11 23273167 फ़ैक्स : +91 11 23275710

शाखाएँ

अशोक राजपथ, पटना 800 004, बिहार

कॉफ़ी हाउस कैम्पस, महात्मा गांधी मार्ग, इलाहाबाद 211 001, उत्तर प्रदेश

महात्मा गांधी अन्तरराष्ट्रीय हिन्दी विश्वविद्यालय, वर्धा 442 001, महाराष्ट्र

36/ए, शेक्सपीयर सरणी, रानी बिरला गर्ल्स कॉलेज के पास, कोलकाता 700 017, प. बंगाल

www.vaniprakashan.com
marketing@vaniprakashan.in
sales@vaniprakashan.in

Kahani Ka Stri-Samay
by Rohini Agarwal

ISBN : 978-81-19014-60-6
Criticism

प्रथम संस्करण 2023

मूल्य : ₹ 600

आर. टेक ऑफ़सेट प्रिंटर्स, दिल्ली-110 032 में मुद्रित

वाणी प्रकाशन का लोगो मक़बूल फ़िदा हुसेन की कूची से

अनुक्रम

शुरुआत से पहले

पहला खण्ड : विरासत

दूसरा खण्ड : सदी के आर-पार

तीसरा खण्ड : सारा समकाल

चौथा खण्ड : और अन्त में

स्त्रियों के तलघर में
फरफराते रहते हैं कई मुड़े-तुड़े पन्ने
अनलिखे शब्दों की टंकार से गूँजते
बीनते हैं अपनी ही कुचली साधों के क़तरे
और हौले से सहला कर कोख में पलते सपने
टंक जाते हैं आसमान में
जिजीविषा का चुनौतीभरा नक्षत्र बनकर।

स्त्रियों की जिजीविषा में समाया है
सतत हरियाते रहने का राज़
उनकी लेखनी से बहता है
समय का झरना
तमाम सभ्यताओं-संस्कृतियों की रगों में दौड़कर
सींचता है जीवन वही।

स्त्री-लेखन की अनदेखी
विवेक की आँख पर
हठ की गान्धारी पट्टी बाँधने की लीक है।

शुरुआत से पहले

साहित्य की स्त्री-दृष्टि

'साहित्य की स्त्री-दृष्टि' पदबन्ध साहित्यिक परिदृश्य में रचयिता एवं पाठक के रूप में पुरुष के समानान्तर स्त्री की सक्रिय उपस्थिति का स्वीकार है। यह साहित्य-पाठ की दो दृष्टियों को प्रस्तावित करता है। एक, पुरुष-रचनाकारों द्वारा स्त्री को देखे-समझे-चित्रित किये जाने की पारम्परिक दृष्टि जो रचनाओं में पात्र अथवा सूक्ति बन कर उभरती है और प्रकारान्तर से समाज-व्यवस्था को पुष्ट करती है, जैसे कबीर एवं तुलसी की स्त्रीविरोधी उक्तियाँ, या प्रेमचन्द द्वारा आधुनिक एवं चेतन स्त्री मालती को सही सन्दर्भ में चित्रित न कर पाने की अक्षमता। इस दृष्टि के केन्द्र में पितृसत्तात्मक व्यवस्था रहती है, अतः जाने-अनजाने रचनाकार स्त्री-पुरुष की रूढ़ छवियों को पोषित करता चलता है। साहित्य-पाठ की दूसरी दृष्टि स्त्रियों द्वारा स्त्री, पुरुष, समय, समाज और साहित्य को विश्लेषित करने तथा इनके अन्तस्सम्बन्ध को गुनने की दृष्टि है। यह दृष्टि रचना और पाठ के दौरान निरन्तर द्वन्द्वग्रस्त दिखाई देती है। पितृसत्तात्मक व्यवस्था के संस्कार उसकी सोच और भाषा को अनुकूलित भी करते हैं और मनुष्य के तौर पर अर्जित चेतना उन संस्कारों के विरोध में जाकर नयी ज़मीन तोड़ने का आग्रह भी करती है। यह दृष्टि आत्मान्वेषण की अकुलाहट से बँधी है जो लैंगिक विभाजन के इर्द-गिर्द बुन दी गयी स्त्री-पुरुष की भूमिकाओं और रूढ़ छवियों को निरन्तर चुनौती देती है। इस प्रकार साहित्य की स्त्री-दृष्टि मुकम्मल रूप में साहित्य के बहाने समाज की संरचनाओं को नये सिरे से पढ़ने का एक अलग धरातल मुहैया कराती है, और इस प्रयास में साहित्य की पुंसवादी दृष्टि का विलोम बन जाती है।

साहित्य की स्त्री-दृष्टि एक वैश्विक वैचारिक अवधारणा है जो भारत में 1975 में अन्तरराष्ट्रीय महिला वर्ष के साथ क्रमशः आकार लेती दिखाई देती है।

इसके मूल में स्त्री-मुक्ति आन्दोलन की राजनीतिक एवं वैचारिक प्रतिबद्धता को लक्षित किया जा सकता है जो दास-प्रथा की समाप्ति के आन्दोलन के दौरान स्त्रियों की स्थिति में सुधार-कार्यक्रम के रूप में प्रकट हुई। स्त्री-विमर्श चूँकि स्त्री अस्मिता को केन्द्र में लाकर उसे 'मनुष्य' रूप में समझे जाने की आवश्यकता पर बल देता है, इसलिए यह अनिवार्य रूप में समाज की विभिन्न संस्थाओं–परिवार, विवाह, धर्म, न्याय, मीडिया–और सांस्कृतिक पूर्वाग्रहों को स्त्री के सन्दर्भ में देखता है। यह निश्चित है कि मनुष्य की सभ्यता का इतिहास पुरुष को केन्द्र में रख कर पुरुष द्वारा अपने समुदाय के हितों की रक्षा के लिए लिखा गया है। इसमें दलित वर्ग की भाँति स्त्री का स्थान भी 'गौण' अथवा 'अन्य' है जिसके 'होने' की सार्थकता पुरुष की सहयोगी के रूप में है। राजनीतिक सत्ता एवं धर्म का संरक्षण पाकर यह सामाजिक हठधर्मिता कालान्तर में संस्कार का रूप ग्रहण कर लेती है और इस प्रकार स्त्री की इयत्ता को स्वतन्त्र मनुष्य के रूप में न मान कर पुरुष की पूरक इकाई के रूप में मानने लगती है। यह समय और समाज को एकांगी अथवा खण्डित दृष्टि से देखने और उसे ही स्वस्थ-समग्र दृष्टि, चिन्तन, दर्शन एवं इतिहास का नाम देने की हठधर्मिता का उदाहरण है। साहित्य की स्त्री-दृष्टि वर्चस्ववादी ताक़तों के इस दृष्टि-दोष को दूर करने का प्रयास करती है। साहित्य की पुंसवादी दृष्टि जहाँ अपनी सुविधा और मनोरथ के अनुकूल स्त्री की सम्पूर्ण इयत्ता को परिभाषित करने का बौद्धिक-सांस्कृतिक प्रपंच है, वहीं साहित्य की इतिहास-दृष्टि स्त्री की आकांक्षाओं और संघर्ष का प्रतिबिम्ब है। अपनी बात कहने से पहले चूँकि परम्परापोषित पूर्वाग्रहों को तोड़ने और पूरक पक्ष–पुरुष–के भीतर स्त्री के प्रति संवेदनशीलता पैदा करने की माँग करती है, इसलिए यह पितृसत्तात्मक व्यवस्था के पुनरीक्षण का बीड़ा भी उठाती है। साहित्य की स्त्री-दृष्टि चार रूपों में क्रियाशील दिखाई देती है :

- पुरुष-दृष्टि से विश्लेषित स्त्री-साहित्य की पुनर्व्याख्या
- पुरुष-दृष्टि से रचित साहित्य का पुनर्पाठ
- स्वयं स्त्री-रचनाकारों द्वारा साहित्य-सृजन के जरिये अपनी मनोकांक्षाओं की अभिव्यक्ति
- तमाम लैंगिक पूर्वाग्रहों से उपराम हो एक समग्र मनुष्य-समाज की निर्मिति का स्वप्न

हिन्दी साहित्य मूलतः पुरुष-रचित साहित्य है। आदिकाल से रीतिकाल तक की साहित्य-परम्परा में मीराबाई एकमात्र उल्लेखनीय स्त्री-रचनाकार के रूप में साहित्येतिहास की पुस्तकों में दर्ज हैं, लेकिन अपनी रचनाशीलता और स्फूर्ति के साथ वह औसत पाठक की स्मृति से नहीं टकरातीं। वह या तो चैतन्य महाप्रभु की परम्परा में 'पग घुँघरु बाँध' नाचती भक्त हैं या सूरदास-रसखान की परम्परा में 'बसौ मोरे नैनन में नन्दलाल' का आह्वान करतीं कातर प्राणी। आश्चर्य है कि भक्त कवयित्री की संज्ञा देकर हिन्दी की परम्परावादी आलोचना मीराबाई के समूचे साहित्यिक अवदान को अदृश्य कर देती है। वह राजसत्ता, कुलकानि और पितृसत्तात्मक व्यवस्था को चुनौती देकर अपनी स्वतन्त्र राहों का अन्वेषण करने हेतु बाहर की विस्तृत दुनिया में निकली स्त्री-चेतना का पर्याय हैं, लेकिन दुर्भाग्यवश कभी इस रूप में विश्लेषित नहीं की जातीं। गत्यात्मकता, स्वतन्त्र निर्णय लेने की क्षमता और आर्थिक आत्मनिर्भरता के चलते वह पूरी पितृसत्तात्मक व्यवस्था से टकराने का माद्दा रखती हैं। सम्भवतः इसीलिए भक्ति की आत्मलीनता और निष्क्रियता में बाँध कर हिन्दी आलोचना उनके बड़े सरोकारों को दृष्टिओझल कर देती है। ठीक यही दृष्टि-दोष सुभद्राकुमारी चौहान के साहित्यिक मूल्यांकन में भी दिखाई देता है। उन्हें मात्र एक कविता 'खूब लड़ी मर्दानी, वह तो झाँसी वाली रानी थी' तक सीमित कर राष्ट्रीय धारा की कवयित्री बना दिया जाता है, जबकि अपनी कहानियों के माध्यम से वे न केवल अपने युग की स्त्रियों के मानस को अभिव्यक्ति देती हैं, बल्कि पितृसत्तात्मक व्यवस्था के अमानुषिक रूप को भी उद्घाटित करती हैं। इसी श्रृंखला में शिवरानी देवी और 'सीमन्तनी उपदेश' की रचयिता को भी लिया जा सकता है। शिवरानी देवी अपनी संस्मरणात्मक पुस्तक 'प्रेमचन्द : घर में' तथा कहानी संग्रह 'नारी हृदय' में जिस निर्भीकता और ईमानदारी के साथ युग-सत्य और स्त्री-आकांक्षाओं को अभिव्यक्ति देती हैं, और पुरुष की स्त्री विरोधी दृष्टि की पड़ताल करते हुए स्वयं स्त्रियों से स्वतन्त्र भारत के निर्माण में कूद पड़ने का आग्रह करती हैं ('समझौता' कहानी), वह उन्हें अनिवार्य रूप से प्रेमचन्द का विलोम बनाता है। किन्तु इस प्रखर एवं ऊर्जस्वी कहानीकार की हिन्दी साहित्य द्वारा निरन्तर उपेक्षा होती रही है। आलोचना की स्त्री-दृष्टि इस सांस्कृतिक प्रपंच को उघाड़ती है कि जहाँ मण्डन मिश्र की इसलिए प्रशंसा होती है कि उन्होंने पत्नी भामती के प्रति कृतज्ञता ज्ञापित करते हुए सद्य रचित ग्रन्थ पर अपने

नाम की जगह पत्नी का नाम लिखा, वहीं गार्हस्थिक दायित्वों को पूरा करने के साथ-साथ साहित्य-साधना करने वाली शिवरानी देवी न केवल प्रेमचन्द की पत्नी के रूप में पहचानी जाती हैं, बल्कि उनके कृतित्व को प्रेमचन्द द्वारा छद्मनाम से रचित साहित्य कहने का दुस्साहस भी कर लिया जाता है। 'सीमन्तनी उपदेश' की रचयिता को 'अज्ञात हिन्दू महिला' कहना और उनकी रचना को ज़मींदोज़ कर देना साहित्य की पुंसवादी दृष्टि के समकक्ष स्त्री-दृष्टि को विकसित न होने देने की कुत्सित कोशिश है। बंगमहिला (मूल नाम राजेन्द्रबाला घोष) के साहित्यिक अवदान को प्रकाश और चर्चा में लाकर हिन्दी आलोचना बीसवीं सदी के प्रारम्भिक वर्षों में स्त्री-चेतना के विकास में साहित्य एवं समाज की भूमिका पर गौरवान्वित होती रही है, किन्तु स्त्री-दृष्टि इस प्रश्न को केन्द्र में रख कर पुनर्विचार की माँग करती है कि क्यों अज्ञात हिन्दू महिला के अस्तित्व को जानबूझ कर नष्ट कर दिया गया, और क्यों बंगमहिला को 'विद्रोही' स्त्री-चिन्तक के रूप में रेखांकित किया गया जबकि उनका समूचा लेखन पुरुष-व्यवस्था के परम्परागत स्वरूप के प्रति स्त्री की सहर्ष स्वीकृति का आख्यान है।

साहित्य की स्त्री-दृष्टि विश्लेषण की प्रक्रिया को पाठ और पुनर्पाठ की निरन्तरता से जोड़ती है, मूल्यांकन की निरंकुशता में बाँध कर जड़ नहीं करती। वह पुरुष के सन्दर्भ में अपनी इयत्ता को पढ़े जाने का विरोध करती है। स्त्री-लेखन के लिए आत्माभिव्यक्ति जितनी ज़रूरी है, उससे कहीं ज़्यादा ज़रूरी है स्त्री की स्वतन्त्र भास्वर अस्मिता पर कुठाराघात करते साहित्य और सांस्कृतिक संरचनाओं का विरोध। महादेवी वर्मा पुरुष रचित साहित्य में चित्रित स्त्री-छवि के प्रति पहले ही असन्तोष व्यक्त कर चुकी हैं। 'शृंखला की कड़ियाँ' में वे लिखती हैं—"पुरुष के द्वारा नारी का चरित्र अधिक आदर्श बन सकता है, परन्तु अधिक सत्य नहीं। विकृति के अधिक निकट पहुँच सकता है, परन्तु यथार्थ के अधिक समीप नहीं। पुरुष के लिए नारीत्व अनुमान है, परन्तु नारी के लिए अनुभव। अतः अपने जीवन का जैसा सजीव चित्र वह हमें दे सकेगी, वैसा पुरुष बहुत साधना के उपरान्त भी शायद ही दे सके।" ('घर और बाहर') महादेवी वर्मा की मान्यता के अनुमोदन में वर्जीनिया वुल्फ की उस टिप्पणी को भी लिया जा सकता है जहाँ वे सिद्ध करती हैं कि पुरुष द्वारा रचित साहित्य में स्त्री के अन्तर्जगत को जानने की उत्सुकता नहीं,

बल्कि उसे अपनी मर्दानगी की प्रयोगशाला बनाने की लालसा है। उनकी दृष्टि में पुरुष पुस्तकों को एक ऐसा मायावी दर्पण बना देना चाहते हैं जिनमें "मर्दों की आकृति को उसके स्वाभाविक आकार से दोगुना करके दिखलाने की जादुई और मज़ेदार शक्ति" हो। "इसलिए नेपोलियन और मुसोलिनी दोनों औरतों की हीनता पर इतना ज़ोर देते हैं, क्योंकि अगर वे हीन नहीं होंगी तो वे बड़ा नहीं बन पायेंगे...। अगर वह सच बोलना शुरू कर देगी तो दर्पण की आकृति सिकुड़ने लगेगी...दर्पण वाली तस्वीर की महत्ता अपार है क्योंकि इससे जीवनी-शक्ति भर जाती है, स्नायु-तन्त्र उत्तेजित हो जाता है। इसको हटा लीजिए और मर्द उसी तरह मर जा सकते हैं जैसे नशेड़ी को कोकीन न दीजिए तो वह मर जाता है।'' साथ ही वे इस तथ्य को रेखांकित करना भी नहीं भूलतीं कि ''अगर मर्दों द्वारा लिखे कथा साहित्य के अतिरिक्त औरतों का कहीं और अस्तित्व न होता तो उनकी कल्पना अत्यन्त महत्त्वपूर्ण प्राणी के रूप में की जाती; अत्यन्त विविधतापूर्ण; बहादुर और अधम; अद्‌भुत और घिनौनी; अनन्त रूपवती और चरम विकराल; उतनी ही महान जितने कि मर्द। कुछ का कहना है कि और भी ज़्यादा महान। लेकिन यह औरत तो कथा-साहित्य में है। वस्तुतः तो जैसा प्रोफ़ेसर ट्रेवेलियन बताते हैं, उसे ताले में बन्द किया जाता था, पीटा जाता था और फ़र्श पर पटका जाता था। काल्पनिक रूप से उसका महत्त्व सर्वोच्च है; व्यावहारिक रूप से वह पूर्णतया महत्त्वहीन है। कविता में पृष्ठ-दर-पृष्ठ वह व्याप्त है, इतिहास से वह अनुपस्थित है। कथा-साहित्य में वह राजाओं और विजेताओं की ज़िन्दगी पर राज करती है; वास्तविक्ता में वह उस किसी भी लड़के की गुलामी करती है जिसके माँ-बाप उसकी उँगली में एक अँगूठी ठूँस देते हैं। साहित्य में कुछ अत्यन्त प्रेरक शब्द, कुछ अत्यन्त गम्भीर विचार उसके होंठों से झरते हैं; असली ज़िन्दगी में वह कठिनाई से पढ़ पाती है, कठिनाई से बोल सकती है और अपने पति की सम्पत्ति है।'' (वर्जीनिया वुल्फ, 'अपना कमरा') यथार्थ और अभिव्यक्ति के बीच की यह ठीक वही फाँक है जो रीतिकालीन साहित्य में स्त्री को सौन्दर्य, विलास, सत्ता और समृद्धि की प्रतिमूर्ति बना कर प्रणयी पुरुष को उसका कृपाकांक्षी बनाती है। रीतिकालीन साहित्य पारिवारिक रिश्तों की गुँझलक में उलझ कर रोज़-रोज़ का कठोर जीवन जीती स्त्री के संघर्ष और आकांक्षा का चित्रण नहीं करता,

जहाँ सम्बन्धों का ऊबड़-खाबड़ विभाजन स्त्री को पाँव की जूती से ज़्यादा रुतबा नहीं देता। यह वह दृष्टिओझल कर दिया गया यथार्थ है जो रीतिकाल और आधुनिक काल की सन्धि पर खड़ी स्त्री को 'भाग्यवती' के रूप में पहचान देता है, और इस प्रकार अतीत की ओर जड़ें पसार कर स्त्री की दारुण स्थिति के ढके हुए इतिहास को उघाड़ देता है। किन्तु इसका अर्थ यह नहीं कि आधुनिक काल स्त्री के प्रति समस्त पूर्वाग्रहों-दुराग्रहों को छोड़ कर उसे चेतन एवं व्यक्तित्वसम्पन्न नागरिक बनाने में जुट गया है। साहित्य की स्त्री-दृष्टि एक गहन तलस्पर्शी आलोचना-दृष्टि के साथ नवजागरण के एजेंडे को समझ लेना चाहती है। सामाजिक कुरीतियों का विरोध, स्त्री शिक्षा का प्रसार एवं स्त्री की स्थिति बेहतर बनाने के लिए क़ानूनी अधिकारों का प्रावधान—ऊपरी दृष्टि से नवजागरण आन्दोलन स्त्री-मुक्ति का पैरोकार दीखता है, किन्तु गहराई में उतरते ही पता चलता है कि यह मामूली परिवर्तन के साथ यथास्थितिवाद को बनाये रखने का उपक्रम है। स्त्री शिक्षा का पाठ्यक्रम लड़कों के पाठ्यक्रम से अलगा कर सिलाई-बुनाई-कढ़ाई-मामूली गणित एवं व्याकरण तक सीमित रखना और भारतेन्दु जैसे आधुनिक काल के प्रणेताओं द्वारा यह कहना कि "लड़कियों को भी पढ़ाइए, किन्तु उस चाल से नहीं जैसे आजकल पढ़ाई जाती हैं जिससे उपकार के बदले बुराई होती है। ऐसी चाल से उनको शिक्षा दीजिए कि वह अपना देश और कुल धर्म सीखें। पति की भक्ति करें और लड़कों को सहज में शिक्षा दें।" (भारतेन्दु समग्र, पृ. 1013) इस बात का प्रमाण है। समाजसुधार आन्दोलन के समानान्तर सांस्कृतिक पुनरुत्थानवाद की लहर का ज़ोर पकड़ना दरअसल भारतीय संस्कृति को अंग्रेज़ों से बचाने की आड़ में स्त्रियों को घर की चौहद्दी तक बाँधे रखने का सुनियोजित षड्यन्त्र है। इसलिए स्त्री-दृष्टि जब प्रेमचन्द, जैनेन्द्रकुमार, भगवतीचरण वर्मा, हज़ारीप्रसाद द्विवेदी जैसे मानवतावादी स्त्रीचिन्तकों की रचनाओं का अनुशीलन करती है तो सहानुभूति की पहली परत उतरते ही ये रचनाकार स्त्री की सामाजिक-सांस्कृतिक हीनता की अवधारणा का पोषण करते नज़र आते हैं।

पुरुष-रचित साहित्य के स्त्री-पाठ के समानान्तर स्त्री-दृष्टि उसी युग में क्रियाशील स्त्री-पुरुष रचनाकारों का तुलनात्मक अध्ययन भी कर लेना चाहती है। बेशक उस दौर का अधिकांश स्त्री-लेखन (उदाहरणार्थ बंगमहिला, चन्द्रकिरण सौनरेक्सा, उषादेवी मित्रा आदि) पितृसत्तात्मक व्यवस्था द्वारा दी गयी

दृष्टि से ही संचालित होता है, लेकिन स्त्रियों के मूलभूत मुद्दों और स्त्री-मानस की अभिव्यक्ति के निगूढ़तम क्षणों में वह अपनी नैसर्गिक ऊर्जा को अभिव्यक्त भी कर देता है। स्त्री-दृष्टि से साहित्य का पुनर्पाठ एक और तथ्य को प्रकाश में लाता है कि निबन्ध/सम्पादकीय में पुरुष रचनाकार सजग नागरिक के रूप में स्त्री-अधिकारों की पैरवी करते दीखते हैं, किन्तु अपने सर्जनात्मक साहित्य में पात्रों एवं घटनाओं के आपसी द्वन्द्व में वे अनजाने ही परम्परापोषित पूर्वाग्रहों से संचालित हो जाते हैं। उदाहरण के लिए विधवा विवाह के समर्थन में निबन्धकार भारतेन्दु की टिप्पणियां 'नीलदेवी' नाटक में विधवा विवाह के पक्ष–विपक्ष में आयोजित डिबेट का रूप ले लेती हैं। लेखक के लिए यह बेहद सुविधाजनक स्थिति है क्योंकि अब उसे किसी एक पक्ष में खड़े होने की बाध्यता नहीं। इसके ठीक विपरीत उसी काल का स्त्री-लेखन 'स्टैंड' लेकर अपने मंतव्यों को दृढ़ता एवं स्पष्टता के साथ पाठक तक सम्प्रेषित करता है। विधवा विवाह के सन्दर्भ में भारतेन्दु की दृष्टि का ढुलमुलपन उनकी 'धर्मग्रहीता' मल्लिका देवी के उपन्यास 'कुमुदिनी' (सम्भावित रचना काल 1878–1880 के बीच) में डिबेट की व्यर्थता से ऊपर उठ कर कर्त्तव्य का रूप लेता है जहाँ लेखिका अपनी विधवा नायिका का न केवल प्रेमविवाह सम्पन्न कराती हैं, बल्कि विवाह के अनुष्ठानधर्मी उत्सव का परित्याग कर स्त्री-जीवन को बन्दी बनाने वाली सांस्कृतिक अर्हताओं को अँगूठा दिखाती हैं। ठीक यही बात प्रेमचन्द के उपन्यास 'निर्मला' और शिवरानी देवी की कहानी 'साहस' के लिए कही जा सकती है जहाँ दहेज प्रथा एवं अनमेल विवाह के प्रतिकार के लिए भी उठी क़लम एक कृति (निर्मला) में स्त्री को सहानुभूति देकर उसकी बेबसी को सींचती है, और दूसरी कृति (साहस) में उसे नायकत्व देकर स्वयं स्थितियों से टकराने और अपना रास्ता खोजने की दृढ़ता देती है। स्त्री-दृष्टि से साहित्य का पाठ करने पर ज्ञात होता है कि साहित्य में भी स्त्रियाँ कठपुतलियाँ हैं, हाशियाग्रस्त हैं और 'स्त्रियोचित मूल्यों' की संवाहक हैं, जबकि मूल्यों को 'स्त्रियोचित' विशेषण में बाँधने का कोई औचित्य नहीं क्योंकि मूल्य मनुष्य के व्यवहार के नियमित करने के लिए हैं, उसे लिंग में बाँट कर 'छूट' देने के लिए नहीं।

एक अन्य तथ्य भी ग़ौरतलब है कि समाज में पुरुष-वर्चस्व के कारण सम्प्रेषण की भाषा पुंसवादी हो गयी है। साहित्य में भी वह ठीक इसी रूप में अभिव्यक्त होती है। सुभद्राकुमारी चौहान द्वारा झाँसी की रानी को 'मर्दानी'

कहना जिस सक्रियता, दृढ़ता, गत्यात्मकता, निर्भीकता और नेतृत्वशीलता जैसे गुणों की ओर संकेत करता है, वे स्त्रियों के लिए आदर्श नहीं बताये गये हैं। यह 'पुरुषार्थ' है जो 'पुरुषार्थ चतुष्ट्य' का नाम लेकर साहित्य को भी संचालित करता है। ज़ाहिर है इसकी रेंज से स्त्रियाँ पूरी तरह छूट जाती हैं। वे अधिक-से-अधिक 'जनाना' कही जाती हैं जो किसी भी पुरुष के लिए गलीज 'गाली' से अधिक महत्त्व नहीं रखता। यहीं इस तथ्य का उल्लेख किया जाना भी अनिवार्य है कि जितनी भी गालियाँ समाज में प्रचलित हैं, वे स्त्रियों के अंगों या स्त्री-पक्ष के सम्बन्धियों को लेकर हैं जो भाषिक स्तर पर समाज में स्त्री को घृणित और हीन बनाने के लिए काफ़ी हैं।

स्त्री-लेखन स्त्री के तलघर को उसकी सृजनेच्छा के साथ बाहर लाता है। रिश्तों और साँसों की डोर में गुँथ कर जीवन जीते हुए वह पाती है कि परम्परा, संस्कृति और साहित्य जिन स्त्री-छवियों का आरोपण उस पर करते हैं, और उसकी सम्पूर्ण जीवन्तता को 'सतीत्व' में बाँध कर उसे पंगु बना रहे हैं, वह उसके चेतन-अवचेतन का सत्य नहीं है। वह लिखती है क्योंकि आत्माभिव्यक्ति की अकुलाहट उसे राससुन्दरी देवी (बांग्ला की पहली स्त्री आत्मकथाकार) की तरह अपनी सीमाओं का अतिक्रमण करना सिखाती है। वह पाती है कि तमाम आरोपित जड़ता के बावजूद जीवन और जगत् के बारे में उसकी दृष्टि, सोच, सपने और असहमतियाँ हैं जिन्हें सबके साथ साझा करना दूसरे के सन्दर्भ में अपने को समझे जाना भी है। उल्लेखनीय है कि राष्ट्रीय स्वाधीनता आन्दोलन के दौरान स्त्रियों की अभिव्यक्ति पहले-पहल सृजनात्मक रूप में प्रस्फुटित नहीं हुई, वरन् बौद्धिक तेवरों के साथ समस्या और रूढ़ियों का तार्किक विश्लेषण करने में हुई। उन्नीसवीं सदी के अन्तिम दशकों में रचित 'सीमन्तनी उपदेश', 'हिन्दू स्त्री का जीवन' (पं. रमाबाई) और 'स्त्री-पुरुष तुलना' (ताराबाई शिंदे) जैसी कृतियाँ भारतीय धर्मग्रन्थों का विश्लेषण करते हुए उन्हें मूलतः स्त्रीविरोधी भाषित करती हैं। महिमामण्डन के ज़रिये स्त्री का शोषण करते रहने के कुचक्रों का पर्दाफाश करते हुए पहली बार ये तीनों कृतियाँ स्त्री को 'सती' अथवा रीतिकालीन नायिका के कुहासे से मुक्त कर मनुष्य रूप में देखने का संस्कार देती हैं। यह तय है कि जब-जब समाजसुधारक एवं चिन्तक परम्परागत दबावों से मुक्त होकर समाज-व्यवस्था के जीर्णोद्धार की कोशिश में जुटते हैं, तब-तब उनकी वैचारिक चेतना सवाल बन कर हाशिए की अस्मिताओं को अपने प्रति आत्मसम्मान के भाव से आलोकित करती हैं।

ज़ाहिर है इसीलिए 'सीमन्तनी उपदेश' की रचयिता के तीखे-तुर्श तेवर परवर्ती स्त्री-साहित्य में आत्मान्वेषण की अकुलाहट बन कर उभरे हैं जो समाज का ध्यान दो बिन्दुओं पर केन्द्रित करना चाहते हैं। एक, पितृसत्तात्मक व्यवस्था की संरचना, रणनीति एवं उद्देश्यों से परिचित होने की अनिवार्यता ताकि स्त्रियों के साथ-साथ पुरुष भी समझ पायें कि उनकी मनुष्ता का आखेट कर आरोपित एवं एकांगी भूमिकाओं को उनकी समग्र अस्मिता पर चस्पाँ कर दिया गया है। दूसरे, इस तथ्य को रेखांकित किया जाना कि स्त्री-मुक्ति स्त्री द्वारा वर्जनाहीन उच्छृंखल जीवन की पैरवी नहीं है, बल्कि यह किसी एक व्यक्ति/संस्था/समाज के घनीभूत दबावों से मुक्त होकर एक संवेदनात्मक विवेकशीलता से जीवन जीने की सानंजस्यपूर्ण दृष्टि है। कृष्णा सोबती के साहित्य में आकर यह स्त्री को 'कामिनी' (रतिसुख़ का सामान) छवि से मुक्त कर स्त्री-यौनिकता के सोशल-बायलॉजिकल सन्दर्भों में केन्द्र में लाती है, तो मृदुला गर्ग के माध्यम से मातृत्व और स्त्री-पुरुष के सन्दर्भ में स्त्री की आस्था और स्वायत्तता को उभारती है। 'हिन्दू स्त्री का पत्नीत्व' लेख में महादेवी वर्मा ने स्त्रियों की जिस दारुण अवस्था को चित्रित किया है, वह शिक्षा और सभ्यता के प्रसार के बावजूद आज भी अधिसंख्य स्त्रियों का जीवन-सत्य है –"यदि हम कटु सत्य सह सकें तो लज्जा के साथ स्वीकार करना होगा कि समाज ने स्त्री को जीविकोपार्जन का साधन निकृष्टत दिया है। उसे पुरुष के वैभव की प्रदर्शनी तथा मनोरंजन का साधन बन कर जीना पड़ता है।" स्त्री-लेखन मानो इसी बिन्दु की परिक्रमा करते हुए बार-बार यही सवाल उठा रहा है कि विवाह संस्था की जीवन्तता और अन्योन्याश्रित भाव को स्त्री के सामाजिक दमन का औजार क्यों बना दिया गया है? क्यों प्रगति के तमाम दावों के बावजूद समाज रीतिकालीन सामन्ती दर्प के साथ स्त्री को 'देह' समझने और 'उपभोग' के बाद दुत्कार देने के साथ संस्कार से बँध खड़ा है? यह वह सवाल है जो विवेक और आत्म-संयम के खिसकते ही वैचारिक विघटन में तब्दील हो जाता है। 'देह' समझे जाने का आक्रोश जब यौन शोषण के ख़िलाफ़ दैहिक उच्छृंखलता का रूप लेता है, तब स्त्री-लेखन के तमाम समतामूलक सकारात्मक सरोकार ध्वस्त हो जाते हैं और स्त्री-दृष्टि से रचित 'रीतिकालीन साहित्य' का मार्ग प्रशस्त करते हुए स्त्री की पुंसवादी दृष्टि का आरेखन करने लगते हैं। दुर्भाग्यवश इक्कीसवीं सदी में वैचारिक दृष्टि से शून्य ऐसी युवा पीढ़ी का

आविर्भाव कथा और कविता के क्षेत्र में हो चुका है जो बोल्ड लिख कर सनसनी के माध्यम से नाम कमाना चाहती हैं। जिस परिमाण में लेखिकाओं की बाढ़ आयी है, उस परिमाण में स्त्री-प्रश्न पर समाज न संजीदा दिखाई देता है, न संवेदनशील। अपनी कामनाओं से संचालित यह स्त्री सिर्फ़ अपने लिए समस्त समाज-संस्थाओं और जीवन-मूल्यों में परिवर्तन चाहती है। ज़ाहिर है, इस प्रक्रिया में वह पूरक दृष्टि से समय एवं समाज का पुनरीक्षण करने की बजाय एकांगी एवं खण्डित दृटि से अपने मनोवेगों की अभिव्यक्ति करने लगती है। इसीलिए परिमाण में कम होने के बावजूद साहित्य की स्त्री-दृष्टि का श्रेष्ठ स्त्री-आलोचना द्वारा रचित है जो स्त्री-मुक्ति की पाश्चात्य अवधारणा को भारतीय सन्दर्भ देकर उसे भारतीय समाज की अनिवार्यता बताती है। दूसरे, भावातिरेक में बह कर किसी भी स्खलन को अपनी पहचान एवं मूल्य बनाने की प्रवृत्ति का विरोध करती है। परिमार्जक का काम करते हुए स्त्री-आलोचना उपभोक्तावादी संस्कृति के दुष्प्रभावों से स्वयं को बचा कर 'मनुष्य' बने रहने का आग्रह भी करती है, और इस प्रकार स्त्री-लेखन को 'देह' का खुला खेल न बना कर सभ्यता समीक्षा में स्त्री के योगदान की आवश्यकता को रेखांकित करती है।

साहित्य की स्त्री-दृष्टि अपने आदर्श रूप में अर्धनारीश्वर की परिकल्पना का आख्यान है। लैंगिक पूर्वाग्रहों से मुक्त होकर वह पूरे समाज में मनुष्य एवं नागरिक होने का बोध भर देना चाहती है। वर्चस्व का सम्बन्ध अनिवार्यतः दमन से होता है, और सत्ता का सम्बन्ध शोषण से। अतः स्त्री-पुरुष सम्बन्ध की पुनर्रचना के लिए पितृसत्तात्मक व्यवस्था के मौजूदा ढाँचे को पूरी तरह ध्वस्त करना अनिवार्य है। अर्धनारीश्वर की अवधारणा एक ध्रुव पर खड़े यथास्थितिवादियों/संस्कृतिवादियों की जड़ सोच पर कुठाराघात करती है तो दूसरी ओर दूसरे ध्रुव पर खड़े बोहेमियन स्त्रीवादियों की निरंकुशता का भी अस्वीकार है। 'अर्धनारीश्वर' शिव के पर्याय के रूप में नहीं, शिव और शक्ति, संवेदना और विवेक, स्त्री और पुरुष की संयुक्ति का रूपक रचता है जहाँ 'मनुष्य' स्वयं अपने भीतर संवेदना के स्तर पर स्त्री है, और निर्णयक्षमता के स्तर पर पुरुष। यह अवधारणा सामाजिक उत्पाद के रूप में जेंडर की अवधारणा को अस्वीकार करती है तो इसका अर्थ यह नहीं कि 'लिंग' के विभेद को भी अस्वीकार करती है। दरअसल लैंगिक विभेद स्त्री-पुरुष की प्राकृतिक विशिष्टताओं के वाहक हैं; वे सोशल हाइरार्की का कारण नहीं बन सकते।

स्पेस के साथ समर्पण, दृढ़ता के साथ कोमलता, स्पर्धा के साथ संरक्षण, स्वायत्तता के साथ सहभागिता के गुणों की संयुक्ति 'अर्धनारीश्वर' की अवधारणा को बनाती है जिसे मीराबाई अपने पदों में चिरकाम्य साँवरिया के रूप में उपस्थित करती हैं और मृदुला गर्ग 'कठगुलाब' उपन्यास में विपिन के रूप में। ज़ाहिर है यह स्त्री रोती-बिसूरती-कुंठित-कलहप्रिया नहीं होगी जो बकौल कृष्णा सोबती पहले अपनी करुणा से पुरुष की हिंसा पकाती है और फिर उसकी हिंसा से अपनी करुण स्थिति मज़बूत करती है।

साहित्य की स्त्री-दृष्टि समाज के पुनःसंस्कार का बीड़ा है। आत्मानुशासन तथा विवेक के साथ यह बदलती परिस्थितियों के अनुरूप अपनी दृष्टि को निरन्तर परिष्कृत करते रहने की दायित्वशीलता है। चूँकि यह 'ट्रायल एंड एरर' पद्धति के ज़रिये आत्मालोचन की बीहड़ यात्रा है, इसलिए अपने स्खलनों और विघटन को भी जाँच लेना चाहती है। आज मुख्यधारा के साहित्य में जिस प्रकार दलित एवं स्त्री लेखन को साहित्य के समग्र स्वरूप के लिए घातक आक्रमण की संज्ञा दी जाती है, और अस्मिता विमर्श को पश्चिम से आयातित अवधारणा कह कर पिछवाड़े डाल देने की रणनीति गढ़ी जा रही है, उससे स्वयं स्त्री-रचनाकारों में अपने को सायास 'स्त्री' न कहलाने का आग्रह बढ़ता जा रहा है। यह प्रवृत्ति शनैः-शनैः घर करती जा रही है कि स्त्री-दृष्टि मूलतः संकीर्ण और आत्मरतिग्रस्त होती है जो घर की चौहद्दी से बाहर जीवन की जटिलताओं को देख ही नहीं पाती। प्रायः यह तर्क दिया जाता है कि स्त्री-लेखन एवं स्त्री-दृष्टि जैसी कोई चीज़ नहीं होती क्योंकि सृजन की ऐकान्तिक साधना में साहित्यकार अनिवार्यतः हर तरह के सामाजिक-सांस्कृतिक विभाजन से परे 'मनुष्य' होता है। लेकिन यह सामान्यीकरण अपने तईं इस बड़े सवाल को जानबूझ कर अनुत्तरित छोड़ देता है कि अपने व्यक्तित्व को प्रतिफलित करते हुए जिस अन्तर्दृष्टि के साथ लेखक रचनाशील है, वह लिंग-धर्म, वर्ग-वर्ण के अनुशासनों और दबावों के भीतर ही आकार ग्रहण करती है? भय, स्वप्न या राग की बात करते हुए स्त्री-पुरुष, अमीर-ग़रीब, सवर्ण-दलित के कोण एक ही बिन्दु से उठ कर अनायास इतनी तेज़ी से दूर होते चलते हैं कि अक्सर एक ही घर, एक ही समाज और एक ही समय में साथ रहने वाले भी अजनबी दीखने लगते हैं। इसलिए स्त्री एवं दलित रचनाकारों द्वारा रचा गया साहित्य अब तक के

सुपरिभाषित साहित्य को कठघरे में खींच लाता है और जान लेना चाहता है कि स्त्रियों और दलितों की उपस्थिति में क्या वह अपनी उसी गर्वोन्नत मुद्रा में अखण्ड-अभंग साबुत 'मनुष्य' की गरिमा की रक्षा का दावा दोहरा सकता है? चूँकि साहित्य का सवर्ण-पुरुष चरित्र उसके रचयिता के अपने चरित्र का प्रतिबिम्ब है, अतः ज़रूरी है कि उस एकांगी-खण्डित अभिव्यक्ति को 'सम्पूर्ण' करने के लिए हाशिए पर धकेल दिये गये अंगों-उपांगों को भी अपना दाय निभाने दिया जाए।

पहला खण्ड : विरासत

शिवरानी देवी : स्त्री-चेतना की प्रखर टंकार

मोहन : हाँ, तो तुम स्वराज्य में कौन-कौन से नये अधिकार लोगी, ज़रा मैं भी सुनूँ?
ललिता : *मैं यही अधिकार लूँगी कि स्त्री और पुरुष दोनों के हक हर एक बात में बराबर हों। रत्ती भर का भी फ़र्क़ न हो। पिता की सम्पत्ति, पति की सम्पत्ति, या ससुर की सम्पत्ति पर स्त्री का उतना ही हक हो, जितना पुरुष का होता है। सरकारी नौकरियाँ दोनों को बराबर मिलें, कौंसिल में स्थान भी बराबर हो, राय देने का अधिकार भी बराबर हो। सन्तान पर स्त्री का अधिकार पुरुष के बराबर हो और अपने धर्म और देह पर भी उसका अपना अधिकार हो, उसी तरह जैसे पुरुष का अधिकार अपनी देह और धर्म पर होता है। स्त्रियाँ यह कभी स्वीकार न करेंगी कि पुरुष का जो धर्म हो, वही उन्हें भी मानना पड़े, या माता-पिता उसे जिसको चाहें, दान दे दें।*

(शिवरानी देवी, 'नारी हृदय' कहानी संग्रह में संकलित कहानी 'समझौता', पृ. 151)

'प्रेमचन्द घर में' तथा 'नारी हृदय' कहानी संग्रह की कुछेक कहानियों के आधार पर यदि शिवरानी देवी का मूल्यांकन किया जाये तो वह बीसवीं सदी के प्रारम्भिक दशकों की पहली लेखिका हैं जो अभिमानपूर्वक स्वयं को 'उद्दण्ड' कहती हैं और प्रेमचन्द उन्हें 'योद्धा' स्त्री। जिस दबंग निर्भीकत से वे पति के भीतर बैठे सामन्ती पुरुष की ख़बर लेती हैं, उससे पुस्तक के भूमिकाकार बनारसीदास चतुर्वेदी ख़ासे भयभीत हैं। हालाँकि पतिपरायणा पत्नी की भूमिका में स्वयं शिवरानी देवी भी जहाँ-तहाँ दो फाँकों में विभाजित अपने व्यक्तित्व की झलक देती चलती हैं, लेकिन बनारसीदास चतुर्वेदी खिसियायी मुद्रा में ऐसे

श्रद्धाविगलित भावुक समर्पणों को रेखांकित कर उनकी तेज़ी और ताप पर लीपापोती करने में कोई कोर कसर नहीं छोड़ते। मसलन "शिवरानी देवी में विचार करने का और उन विचारों को प्रकट करने का साहस पहले से ही मौजूद रहा है। इस पुस्तक में यद्यपि जगह-जगह पर उनकी पतिभक्ति के उदाहरण विद्यमान हैं तथापि प्रेमचन्द जी से मतभेद होने की भी कई मिसालें उन्होंने दी हैं और उनके कारण स्वयं उनका और पुस्तक का भी ग़ौरव बहुत बढ़ गया है" तथा "इन वार्तालापों से जहाँ प्रेमचन्द जी का सहृदयतापूर्ण रूप प्रकट होता है, वहाँ शिवरानी जी का अपना अक्खड़पन भी कम आकर्षक नहीं...। शिवरानी जी प्रेमचन्द जी की पूरक थीं, उनकी कोरमकोर छाया या प्रतिबिम्ब नहीं।" इन लीपापेतियों का मूल लक्ष्य प्रेमचन्द को उस 'गुनाह' के लिए क्लीन चिट दे देना है जिसका ज़िक्र अमूमन 'सती' स्त्रियाँ किसी और से नहीं करतीं। वे लिखते हैं —"इस ग्रन्थ में लेखिका ने अपनी सहज स्वाभाविकता के साथ प्रेमचन्द की त्रुटियों का उल्लेख कर दिया है। प्रेमचन्द जी की एक उपपत्नी या रखैल का ज़िक्र ऐसे प्रसंग में किया गया है कि कोई भी सहृदय पाठक प्रेमचन्द जी को अपराधी नहीं कह सकता और न उन पर जज बन कर बैठ सकता है। अपनी अन्तिम बीमारी के दिनों में वे मानो अपनी सती-साध्वी पत्नी से क्षमायाचना कर रहे थे।" आश्चर्य है कि बेहद आक्रामक ढंग से आत्माभिव्यक्ति करने वाली शिवरानी देवी ने संस्मरणात्मक पुस्तक या कहानियों में पति/पुरुष की इस 'करनी' की भर्त्सना क्यों नहीं की?

शिवरानी देवी का दुर्भाग्य रहा कि प्रतिष्ठित लेखक की पत्नी होने के कारण वे लेखिका के रूप में अलग पहचान और स्वतन्त्र व्यक्तित्व अर्जित नहीं कर पाईं। बल्कि इस हद तक वे पुरुष-द्वेष का शिकार रहीं कि ईर्ष्यालु लोगों द्वारा प्रेमचन्द को उनकी कहानियों के रचयिता के रूप में प्रचारित किया जाता रहा प्रेमचन्द भले ही इस अभियोग का खण्डन करते रहें कि "मेरे जैसा शान्तिप्रिय स्वभाव वाला आदमी इस प्रकार के अक्खड़पन से भरे ज़ोरदार स्त्री जाति सम्बन्धी प्लाटों की कल्पना भी नहीं कर सकता", शिवरानी देवी कन्धे उचका कर हर तरह के लोकापवाद की धज्जियाँ उड़ाती रही हैं। हाँ, इतना भर प्रयास अवश्य रहा कि कोई भी कहानी पति के अनुकरण पर न जा रही हो। शिवरानी देवी का लेखन आत्मकथात्मक नहीं है। अपने युग की ज्वलन्त समस्याओं से जूझते हुए वे दहेज प्रथा,

अनमेल विवाह प्रथा, सौतेली माँ की क्रूरता, स्त्री के दायित्वों, हिन्दू-मुस्लिम दंगों और देशप्रेम को कहानियों का कथ्य बनाती रही हैं, लेकिन बारीक जाँच करने पर स्त्री-मुद्दों को लेकर लिखी गयी कहानियों में निजी जीवन के अनुभव की टीस या कड़वाहट अवश्य झलकती है। प्रेमचन्द के साथ उन्होंने एक लम्बा मधुर दाम्पत्य जीवन जिया है। वे स्वयं स्वीकार करती हैं कि वे प्रेमचन्द के घर की मालकिन न होकर उनके हृदय की मालकिन थीं, लेकिन वैवाहिक जीवन के प्रारम्भिक आठ वर्षों के अजनबीपन में वस्तुपरक ढंग से पति के पुरुष-चरित्र में उन्होंने जिन दुर्बलताओं को देखा, उन्हें स्त्री-जीवन को अभिशप्त करने वाली बुराई के रूप में अपनी कहानियों में चित्रित किया है। वे सबसे ज़्यादा आहत हैं पति के झूठ से, जिसने एक साथ दो स्त्रियों को बरबाद किया। पहली स्त्री वे स्वयं हैं जिनसे पहली पत्नी की मृत्यु की झूठी बात कह कर ब्याह रचाया गया; दूसरी स्त्री उनकी पहली पत्नी है जिसे इसलिए छोड़ा गया कि वह निर्लज्ज है, बदसूरत तथा कर्कशा है। उस बदनसीब स्त्री की 'मिट्टी पलीद' कर दिये जाने की 'कुरेदन' से व्यथित शिवरानी देवी सखीभाव विस्तार करते हुए पति से उन्हें लिवा लाने को कहती हैं; पति के इस कथन–''जिसको इन्सान समझे कि जीवित है, वही जीवित है, जिसे समझे मर गया, वह मर गया''– पर फटकार लगाने से भी नहीं चूकतीं; और पति के इन्कार करने पर उनकी पूर्व-पत्नी को घर की बड़ी मालकिन के रूप में चले आने का निमन्त्रण भरा पत्र भी लिखती हैं। रूप-लोलुप पुरुष-प्रवृत्ति को वे जीवन भर क्षमा नहीं कर पायीं। जब-तब प्रेमचन्द को आड़े हाथों लेती रही हैं –''आप दावे के साथ कह सकते हैं कि आपका अपना चरित्र अच्छा था? ख़ामोश... मैं बदसूरत होती तो आप मुझे भी छोड़ देते? अगर मेरा बस होता तो मैं सब जगह ढिंढोरा पिटवाती कि कोई भी तुम्हारे साथ शादी न करे।'' या फिर 'नारी हृदय', 'सौत', 'वरयात्रा' आदि कहानियों में उनकी भ्रमर-वृत्ति पर व्यंग्य करती रही हैं। 'वरयात्रा' कहानी की पहली पंक्ति ही इसका प्रमाण है–''आज रामनाथ अपनी पन्द्रह साल की ब्याही हुई स्त्री से मुँह मोड़ कर दूसरा ब्याह करने की तैयारी कर रहे हैं।'' पिता के घर विधवाओं का सा जीवन काटती रही रामनाथ की पहली पत्नी रामेश्वरी का कसूर यही है कि वह अभिमानिनी है, न दबना जानती है और न पुरुष की गुलामी करने को अपनी खुशनसीबी मानती है। समानता और बन्धुत्व का अहसास हो तो वह सब कुछ कर दे लेकिन ''वह स्त्री है और पति उसका भरण-पोषण करता है''

जैसी कृतज्ञताओं को गले में ढोल की तरह लटका कर लिथड़ती रहे? न, वह अपमान से तिलमिला जाती है। इसी रामेश्वरी को उसकी 'औकात' बताने के लिए रामनाथ चुपके से ब्याह रचा रहे हैं, उसका ठीक विलोम-अनपढ़, सुशील, दब्बू पत्नी घर ला कर। पढ़ी-लिखी पत्नी से मन भर गया है; और फिर मन में पलता मासूम विश्वास है कि अनपढ़ बहू खूब चाकरी करेगी, अदब मानेगी, घर के काम-धन्धे में जी लगायेगी। यानी चारों तरफ़ सुख की बरसात! रामेश्वरी को कोई ख़बर नहीं, न ही उसके परिजनों को। ठीक बारात वाले दिन रहस्योद्‌घाटन होता है जब अधेड़ दूल्हे मियाँ मौर सजा कर दुल्हन को लिवाने जा रहे हैं। शिवरानी की विशेषता है कि निजी जीवन की कड़वाहटें कुण्ठा या घृणा बन कर उनके मन में विकार पैदा नहीं करतीं, बल्कि वे स्त्री जाति की नियति, पुरुष-प्रवृत्ति की पहचान और समाजशास्त्रीय व्यवस्था की तटस्थ पड़ताल का सबब बन जाती हैं। इसलिए जब वे कहती हैं कि ''मैं स्वयं तकलीफ़ सहने को तैयार हूँ, पर स्त्री जाति की तकलीफ़ मैं नहीं देख सकती'', तब अपनी संवेदना का विस्तार कर वे निजी टीसे और असहमति को आक्रोश और विद्रोह सरीखे रचनात्मक औज़ारों में ढाल लेती हैं। 'वरयात्रा' में रामनाथ की गुपचुप बारात-यात्रा के विवरण के पीछे उनके हृदय में गर्व और व्यंग्य से सनी कसैली स्मृति है अपने विवाह की कि विधवा से विवाह करके ''आप (प्रेमचन्द) समाज का बन्धन तोड़ना चाहते थे। यहाँ तक कि आपने अपने घरवालों को भी ख़बर नहीं दी।'' (प्रेमचन्द घर में, पृ. 11) साथ ही हृदय को छलनी कर रही है उस अभागिनी की मनोवेदना जो सौत के आगमन पर रो-पीट कर या कोस कर अपनी प्रतिक्रिया व्यक्त ही नहीं कर पा रही है। शिवरानी इस अत्याचार को मूक भाव से सहने को तैयार नहीं। वे निरपराध पत्नी की मूक वेदना में हृदय का हाहाकार पिरो कर समकालीनों से शाबाशी नहीं लेना चाहतीं, बल्कि प्रवाह के प्रतिकूल बहते हुए उसे अग्निपिण्ड में तब्दील कर देती हैं। अन्याय को चुपचाप सह लिया तो अन्याय का प्रतिकार कहाँ? न, वह आत्महत्या करके अपराधी की राह को निष्कण्टक क्यों बनाये? इसलिए स्त्रियों को प्रिय प्रतीत होने वाला प्राण त्यागने का नुस्खा रामेश्वरी को ज़रा भी नहीं भाता। मरना ही है तो शहादत क्यों नहीं—समाज के सामने उदाहरण रचती मौत का वरण! ''तुम नवेली बहू के साथ ज़िन्दगी की बहार नहीं उड़ा सकते। अगर मैं रो-रो कर ज़िन्दगी के दिन पूरे कर रही हूँ तो

तुम्हें भी यों ही जलते रहना पड़ेगा।'' (नारी हृदय, पृ. 73) दूल्हे को लेकर गन्तव्य तक जाने को तैयार मोटर के ऐन सामने खड़े होकर वह पति की निर्लज्जता को ललकारती है – या तो ब्याह का नाटक छोड़ दो या कुचल कर चलते बनो। दूल्हे मियाँ पुरुष और दूल्हा होने के दूने अभिमान में भर कर मोटर को स्पीड से रामेश्वरी की ओर दौड़ाते हैं। विश्वास है, कमज़ोर औरतजात जान बचाने के लिए एक ओर हट जायेगी। लेकिन लेखिका की मानसिक-वैचारिक दृढ़ता से सिरजी यह स्त्री सिर पर कफ़न बाँध कर आई है। उसकी जीवन-लीला मौत के मातम के साथ समाप्त नहीं होती, पुरुष समाज की क्रूरता और सामाजिक कुरीतियों के ख़िलाफ़ चेतना और स्त्री सक्रियता की पहलक़दमी के साथ नये युग का आह्वान करती है।

शिवरानी देवी की नायिकाएँ युगीन सत्य को प्रतिबिम्बित करते हुए पीड़िता और पुरुष-प्रताड़िता हैं, लेकिन युगीन सत्य का अतिक्रमण कर वे अपने लिए नयी राहों का सन्धान करने का सामर्थ्य भी रखती हैं। 'करनी का फल' कहानी में लम्पट युवक को उसकी करतूतों का फल चखाती तेज-तर्रार युवती हो या 'साहस' कहानी में ऐन विवाह-मण्डप के बीच वृद्ध वर महाशय की खोपड़ी पर जूते बरसाती वधू – शिवरानी की नायिकाएँ प्रतिकूल परिस्थितियों के समक्ष घुटने नहीं टेकतीं। शिवरानी के अपने व्यक्तित्व में लिजलिजापन या द्वन्द्वग्रस्तता नहीं। वहाँ है गत्यात्मक ऊर्जा, वैचारिक स्पष्टता, ईमानदारी, निर्भीकता और अपने को दूर तक साफ़-साफ़ देख पाने की पारदर्शिता। ''मैंने जीवन में कभी डरना नहीं सीखा। अपने से मैं किसी को छेड़ूँगी नहीं, मगर जो मुझे छेड़ेगा, उससे डर कर कहीं भागूँगी भी नहीं।'' (प्रेमचन्द घर में, पृ. 52) शिवरानी अपने युग की दबी-सिकुड़ी स्त्री छवि (जो पुरुष रचनाकारों की रचनाओं के माध्यम से आज के पाठक के मस्तिष्क में आकार ग्रहण करती है) को परे फेंकती हैं। वे जिस स्त्री-छवि को गढ़ती हैं, उसमें शराब पीकर आधी रात को घर लौटे पति की प्रतीक्षा में पलक-पाँवड़े बिछाती पत्नी की कातरता नहीं है, खनकती आवाज़ में अपने को सुधारने का आदेश देती सलाह है –''मैं इन आदतों के फेर में पड़ने वाली नहीं हूँ। मैं उसी दिन आपसे कह चुकी हूँ।'' यह स्त्री ताउम्र समझौते करते-करते अपने वजूद को गलाती नहीं, अरुचि और असहमति का स्पष्ट ऐलान कर समझौते करने की दिशा और सीमा बताती है –''मैं अपनी रुचि के प्रतिकूल आदमियों के साथ रह ही नहीं सकती।'' (प्रेमचन्द घर में, पृ. 73)

साँस-साँस में नैतिक और मानसिक स्वतन्त्रता जीती यह स्त्री जानती है कि "ज़रूरतों का गुलाम होना ठीक नहीं" (वही, पृ. 64), इसलिए स्वतन्त्र निर्णय लेने में ज़रा भी देरी नहीं लगाती। प्रेस लगाने के मामले में प्रेमचन्द आँख मूँद कर पार्टनर की शर्तों पर सहमति की मुहर लगा देना चाहते हैं, लेकिन शिवरानी देवी स्याह-सफ़ेद, शर्तें-कायदे सब कुछ बारीकी से जान लेना चाहती हैं। पति के विरोध के आगे मिमियाने का तो सवाल ही नहीं, बल्कि गृहस्थी के ख़र्चों से पाई-पाई जोड़ कर जमा की गई बचत की पूँजी देने से साफ़ इन्कार कर देती हैं –"ये रुपये आपके नहीं, आप अपने रुपये दीजिए। (मेरे) रुपये मेरी ही शर्त पर जायेंगे।" (प्रेमचन्द घर में, पृ. 46) ज़ाहिर है, यह स्त्री पति के भ्रू-संकेत पर गहने तो क्या, सर्वस्व न्योछावर करती रूढ़ स्त्री-छवि को पटकनी देती है। तदयुगीन समाजसुधारकों, नेताओं और लेखकों ने जिस मातृत्व को झुनझना बना कर स्त्री के हाथ में थमा दिया कि आँचल में दूध और आँख में पानी भर कर वह सन्तान को सेती-खिलाती रहे, उस रूढ़ मातृ छवि को शिवरानी देवी सिरे से ख़ारिज कर देती हैं। वे भारतीय परम्पराओं की विरोधी नहीं, लेकिन 'आँख खोल कर चलने' के 'दोष' के कारण जर्जर परम्परा को पूरी ताक़त के साथ अस्वीकार करती हैं। वे माँ हैं, और माँ का दायित्व सन्तान को जन्म देकर उसका शारीरिक विकास करना और उसकी हर जायज़-नाजायज़ इच्छा के आगे घुटने टेकना नहीं है, बल्कि उसे नैतिक-मानसिक-बौद्धिक रूप से एक ज़िम्मेदार नागरिक बनाना है। साधना की इस कठिन डगर पर कड़ा अनुशासन तो है ही, पुचकार के साथ भरपूर फटकार भी है। नहीं है तो ताउम्र बेटे को गोद में बैठा कर अँधी ममता लुटाने की मानसिक रुग्णता। पति का विलोम बन कर शिवरानी बच्चों को मज़बूत और आत्मनिर्भर बनाना चाहती हैं, अपने को खाद की तरह गला डालना नहीं– "बच्चे खुद अपनी ख़्वाहिश अपने हाथ-पैरों से पूरी करेंगे ...। अगर ये न वैसे बने तो मैं समझ लूँगी ये मेरे बच्चे हुई नहीं हैं।" (प्रेमचन्द घर में, पृ. 72) पुरुष-पोषित रूढ़ मातृ छवि (जिसका चरमोत्कर्ष यशोदा-कृष्ण में दिखाई देता है) का तीखा नकार पहली बार हिन्दी साहित्य में स्त्री रचनाकार द्वारा किया जाना निःसन्देह एक अद्‌भुत घटना है, और उतनी ही अद्‌भुत हैं इस गूँजती टंकार को अनसुना करतीं बहरी हरकतें। ज़ाहिर है यहाँ वर्जीनिया वुल्फ की इस उक्ति का स्मरण हो आना अस्वाभाविक नहीं कि यदि यथार्थ

जगत में अपनी गति-मति से जीती वास्तविक स्त्री विद्यमान न होती तो पुरुष-रचित साहित्य में स्त्री-द्वेष से सनी अथवा निरर्थक महिमामण्डन से सँवरी स्त्री छवि देख स्त्रियों के बारे में निर्मूल धारणाएँ ही बनी रहतीं। तब अपने समकालीनों की तुलना में यशपाल ज़्यादा ईमानदार और प्रखर जान पड़ते हैं जब डंके की चोट पर अपनी असफलता का ऐलान करते वे कहते हैं कि ''पुरुष कभी स्त्री के दृष्टिकोण से समस्या को नहीं देख सकता।'' लेकिन दुर्भाग्यवश किसी दुरभिसन्धि के अधीन शिवरानी देवी और यशपाल सहित हर उस आवाज़ को आज तक अनसुना कर दिया जाता रहा है जो स्त्री की मनुष्यता को सही परिप्रेक्ष्य और स्वर देने का प्रयास करती है।

'योद्धा' शिवरानी का लेखकीय व्यक्तित्व पति की लेखकीय मिशनबद्धता के अनुकरण पर आकार ग्रहण करता है, लेकिन फैलने-फूटने के लिए अपनी ही दिशाएँ स्वयं चुनता है। इसलिए उसमें उपदेश का बड़प्पन नहीं, जुझारू व्यक्ति की ऊर्जा और संकल्पदृढ़ता है। शिवरानी 'नारी हृदय', 'सौत', 'आँसू', 'बूढ़ी काकी', 'माता', 'हत्यारा', 'सच्ची सती' जैसी कहानियों में स्त्री की रूढ़ छवियों (दुष्ट सौतेली माँ, पतिपरायणा पत्नी, बेबस ग़रीब माँ, देश के लिए पुत्र की कुर्बानी देती राष्ट्रमाता) को स्टीरियोटाइप ढंग से पुष्ट करती चलती हैं, किन्तु फिर भी उनकी संवेदना और अन्तर्दृष्टि का संस्पर्श पा वे कहानियाँ किसी एक बिन्दु पर विशिष्ट हो जाती हैं। मसलन, सौतेली माँ की नकारात्मक छवि प्रस्तुत करते-करते कहानी अचानक यह प्रश्न उठाने का आभास देने लगती है कि यदि स्त्री अन्ततः और मूलतः माँ है तो सगी-सौतेली विशेषणों से उसकी मातृ-छवि में अन्तर क्यों आता है? तो क्या मातृ-छवि का आरोपण स्त्री को न जानने का अथवा अपनी अपूर्ण जानकारी को पूर्ण सत्य बना कर पोसने का दम्भ मात्र है? 'विजय' कहानी में पतिपरायणा स्त्री-छवि ज़ोर-शोर से उद्घोष करती है कि ''आत्मसमर्पण द्वारा ही स्त्री पुरुष पर राज कर सकती है'' लेकिन बहुत गहरे जाकर तेज़ी से इस प्रश्न को सतह पर भी उभार लाती है कि 'आत्मसमर्पण' का अर्थ क्या है– व्यक्तित्वहीनता? चिर-दासीत्व की स्वीकृति? या सम्बन्धों में समानता की कोई नवीन संकल्पना? यदि आत्मसमर्पण का अर्थ युद्धक्षेत्र में पराजित योद्धा का मान-मर्दन है तो क्या इस पर सुमधुर दाम्पत्य सम्बन्ध की नींव रखी जा सकेगी?

शिवरानी देवी लेखन में प्रेमचन्द का कंट्रास्ट रचती हैं। दहेज और अनमेल विवाह जैसी कुप्रथाओं के दुष्परिणामों को लेकर प्रेमचन्द 'निर्मला' जैसा भावविगलित और करुण उपन्यास लिखते हैं तो शिवरानी देवी 'साहस' जैसी उद्‌बोधनात्मक एवं सक्रियता से भरपूर कहानी। यहाँ भी विवाह-योग्य कन्या को ब्याहने यानी 'पाप टालने' को आतुर माँ है कि ''पड़ोसियों के ताने-मेहने कौन सुने?'' जवान बेटों के बाप पचपन वर्षीय वृद्ध से फूल-सी कोमल बेटी को ब्याहने के प्रस्ताव और समृद्ध वर द्वारा ब्याह का ख़र्च उठाने को दी गयी राशि स्वीकारने के अनिवार्य विकल्प (प्रलोभन?) पर शाइस्तगी भरी चुप्पी है कि ''किसी तरह इसकी भाँवरें पड़ जायें तो क्लेश कटे''। बेटी के भविष्य के प्रति चिन्ता और मंगलकामना के बावजूद सौतेली मां-सी हृदयहीना यह माँ अपनी हर प्रतिक्रिया के साथ व्यवस्था के दबाव और उत्पीड़क स्वरूप को दर्शा रही है। यहाँ उनकी नायिका वृद्धावस्था में विवाह करने को कामातुर पुरुष पर जूतियाँ बरसा कर परिवार और समाज के न्याय-विधान पर सवालिया निशान लगाती है तो दूसरी ओर अबला छवि से स्वयं को मुक्त कर जीवन-यथार्थ से जूझने के सामर्थ्य को मिसाल के रूप में रखती है। यह तेजस स्त्री-छवि ब्याही गुड़िया की भाँति घर की चारदीवारी के भीतर क़ैद नहीं की जा सकती। इसे तो देश के चप्पे-चप्पे में घूम कर अपनी बहनों को स्वावलम्बन और स्वाभिमान का सन्देश देना है। इस नौकरीपेशा अविवाहित स्त्री पर ही नये युग का महाभाष्य लिखने का गुरु भार है। 'निर्मला' की तरह यदि शिवरानी यहाँ सारी पीड़ा और अन्याय को आँसुओं के साथ बहा देतीं तो अमानवीयता असहनीय घुटन, और घुटन जानलेवा सवाल बन कर कहानी के प्रभाव को सघन न करती।

कहानी-लेखन शिवरानी देवी के लिए आत्माभिव्यक्ति का माध्यम मात्र नहीं है; समाज के नवनिर्माण के महत् दायित्व का गम्भीर निर्वहण है। इसलिए कहानी के अन्त में वे अपनी हर विद्रोहिणी नायिका की पीठ ठोंकती हैं –''तुमने आर्यदेवियों का मुख उज्ज्वल कर दिया'' और पाठकों से उन्हें रोल मॉडल बना लेने का प्रच्छन्न अनुरोध भी करती हैं –''सारे शहर में रामप्यारी की प्रशंसा हो रही थी... वाह, कैसी दिलेर लड़की है। ऐसी ही देवियों से जाति का मुख उज्ज्वल होता है ...। भोली भेड़–बकरियाँ जो अपना उद्धार स्वयं नहीं कर सकतीं, उनसे क्या आशा की जा सकती है?'' वस्तुतः ऐसी प्रेरणादायक कहानियाँ लिखना शिवरानी देवी का 'नशा' है।

प्रेमचन्द उन्हें लाख मना करते रहें कि साहित्य साधना के नाम पर वे क्यों अपना 'ख़ून जला' रही हैं, लेकिन शिवरानी तो मानो ख़ून जलाने को ही तैयार बैठी हैं। पति का उलाहना –''पर तुम कहाँ बाज आओगी''– उन्हें रोक नहीं सकता। उसकी दो टूक काट उनके पास मौजूद है –''बाज आते रहे हैं, कब तक बाज आते रहें।'' (प्रेमचन्द घर में, पृ. 76) दरअसल यही उद्धतता शिवरानी के व्यक्तित्व को मौलिकता, ऊर्जस्विता और निजता देती है जो 'वधू परीक्षा' और 'समझौता' कहानियों में अपनी पराकाष्ठा पर पहुँच जाती हैं। 'वधू परीक्षा' कहानी में शिवरानी मीठी चुटकियाँ ले-ले कर घर की औरतों की आड़ में दहेज के नाम पर बेटे की सौदेबाज़ी करते पुरुषों और सतीत्व के नाम पर पुरुषों को कामुक अदाओं से रिझाने की शिक्षा-दीक्षा लेतीं-देतीं लड़कियों को फटकारने में कोई कोर-कसर नहीं छोड़तीं। लेकिन यह उनका अभीष्ट नहीं है। वे तो नायिका निर्मला के साथ खड़ी होकर पहले विवाह संस्था को ही रिव्यू कर लेना चाहती हैं कि क्या विवाह की सारी गरज स्त्री की ही है? क्यों बग़ैर रुपये की थैली के वह वर के साथ तराजू पर रखी ही नहीं जा सकती? कि सदियों से स्त्री इस अपमान को सहती क्यों चली आ रही है? सिर्फ़ पेट भर रोटी खाने के लिए? लेकिन उसके लिए क्या वह खुद कमा नहीं सकती? क्या उसे खुद कमाना नहीं चाहिए? अकेली औरत यदि कमज़ोर है और उसे सदैव एक रक्षक की ज़रूरत है तो क्यों नहीं दस-पाँच स्त्रियाँ मिल कर 'साथ रहतीं'? विवाह संस्था का उन्मूलन नहीं तो उसके विकल्पों पर विचार तो किया ही जा सकता है न! यहाँ कथानायिका निर्मला और वेश्याओं की नियति पर विचार कर-कर के क्रुद्ध और क्षुब्ध होती कथालेखिका शिवरानी में गहरी समानता द्रष्टव्य है। शिवरानी 'प्रेमचन्द घर में' में लिखती हैं –"ईश्वर ने पुरुषों को स्त्रियों की ज़िम्मेदारी दी है। वे चाहे जो कर सकते हैं। मेरी समझ में बिल्कुल नहीं आता कि परमात्मा स्त्रियों को जन्म क्यों देता है। दुनिया में आकर वे क्या सुख उठाती है...। शायद पुरुषों के पैरों तले रौंदी जाने के लिए ही वे संसार में आती हैं और हमेशा उन्हीं सब की वे सेवा भी करती हैं। अगर मेरा वश होता तो मैं स्त्री मात्र को संसार से अलग कर देती। न रहता बाँस, न बजती बाँसुरी।'' (नारी हृदय, पृ. 136) लेकिन कहानी में निर्मला और लेखिका दोनों के लिए फ़िलहाल ये सैद्धान्तिक बातें 'हवाई' बातें हैं क्योंकि सिर पर लटकी है वधू-परीक्षा की तलवार। मानो वह हाट-बाज़ार में पड़ा सौदा-वस्तु है जिसे ग्राहक नाप-तोल

कर जाँचे और पसन्द आने पर ख़रीद कर चलता बने। उसके स्त्रीत्व में क्या मनुष्यत्व का अंश मात्र भी नहीं? निर्मला सती होना अस्वीकार करती है। वह घूँघट खोल कर वर-पक्ष से नपा-तुला एक ही सवाल करती है कि क्या विवाह स्त्री और पुरुष दोनों ही की पसन्द से होना चाहिए? यदि हाँ, तो "मुझे इन महाशय से विवाह करना मंजूर नहीं" क्योंकि जिस विवाह का आधार रूप है, वह रूप ही की तरह अस्थिर होगा। यह कहानी इसलिए महत्त्वपूर्ण है कि अपने वक़्त से आगे जाकर स्थितियों को नये आलोक में देखने का आग्रह करती है। एक, ब्याह जैसे मामलों में स्त्री की स्वीकृति मानी हुई बात क्यों हो? दूसरे, पुरुष इस अहंकार को छोड़ दे कि विवाह करके वह कन्या का उद्धार करता है, बल्कि उसे समझना चाहिए कि कन्या विवाह करके पुरुष का उद्धार करती है। तीसरे, विवाह स्त्री के जीवन का अन्तिम सत्य नहीं। आर्थिक स्वावलम्बन के ज़रिये वह बेहतर जीवन जीने का विकल्प अपनाने को तैयार बैठी है।

भावना और बौद्धिकता का सन्तुलित तालमेल शिवरानी की कहानियों में मास अपील पैदा करता है। उनकी अपनी स्वभावगत धीरता, जुझारू वृत्ति और दृष्टिगत उदारता किसी भी पूर्वाग्रह या दुराग्रह में क़ैद नहीं होती वरन् तर्क-वितर्क के ज़रिये स्थितियों की पड़ताल करती चलती है। 'समझौता' कहानी में वे स्वतन्त्र भारत में स्वराज्य की परिकल्पना से गद्‌गद हैं। उन्हें विश्वास है कि स्त्री-पुरुष समानता का उनका स्वप्न अन्ततः स्वतन्त्र भारत में पूर्ण हो जायेगा। सम्पत्ति, सन्तान, धर्म और देह पर स्त्री के अधिकार की कामना करती शिवरानी देवी आज के स्त्री-विमर्श की जननी प्रतीत होती हैं, विशेषकर देह पर स्त्री-अधिकार की पैरवी के सन्दर्भ में। लेकिन जिस प्रकार आज का 'प्रगतिशील' पुरुष स्त्री-विमर्श में देहमुक्ति के आग्रह को स्त्रीमुक्ति आन्दोलन के स्खलन और नकारात्मक पाश्चात्य प्रभाव की दुहाई देकर ख़ारिज करता है, उसी प्रकार तदयुगीन पुरुष भी पश्चिम की दुहाई देकर अपनी परिणीता/प्रबुद्ध स्त्री का मुँह बन्द कर देना चाहता है –"तुम लोगों पर भी पच्छिम का जादू चल गया और तुम भी हकों के लिए लड़ने पर तैयार हो गयीं। स्त्री का महत्त्व और बड़प्पन इसी बात में है कि वह माता है और माता का गुण है त्याग और उत्सर्ग। अगर स्त्री उस पद को त्याग कर पुरुषों के बराबर आना चाहती है तो शौक़ से आवे, लेकिन उसे बहुत जल्द

मालूम हो जायेगा कि इन हकों को लेकर उसने महँगा सौदा किया है।'' (नारी हृदय, पृ. 151) या समानाधिकार के दावे के बरअक्स दफ़्तर में बराबर का काम करने का भय दिखाना चाहता है। लेकिन शिवरानी की नायिका किसी भी शै से भयभीत होने वाली स्त्री नहीं। मुँहतोड़ जवाब उसके पास सदा तैयार है –''स्त्रियाँ जितने त्याग से काम कर सकतो हैं, पुरुष नहीं कर सकते, लेकिन तब बच्चे आप ही पैदा कीजिएगा और घर के सब काम-काज भी आपको करने पड़ेंगे।'' (पृ. 152) यह स्त्री स्वतन्त्र भारत में वेश्यावृत्ति का उन्मूलन और बहुविवाह प्रथा को क़ानूनन निषिद्ध करवाने के लिए कटिबद्ध है। 'आधी दुनिया' के लिए 'आधी ज़मीन और आधे आसमान' की पैरवी करती यह स्त्री नौकरियों में 'आधी जगहें' लेकर आर्थिक स्वाधीनता अर्जित करना चाहती है –''नौकरी करना आसान है या मुश्किल, इसके बारे नें स्त्रियाँ आप लोगों की राय नहीं पूछने जातीं। वे यह जानती हैं कि बिना मुश्किल काम किये उनका यथार्थ आदर नहीं हो सकता। इसीलिए अब वह आसान काम छोड़ कर मुश्किल काम करेंगी। जब पुरुषों को घर के आसान काम करने का तजरबा हो जायेगा, तब उन्हें स्त्रियों की कदर मालूम होगी। अगर पुरुष मुश्किल काम कर सकता है तो स्त्री भी कर सकती है।'' (समझौता, पृ. 158) व्यंग्य नहीं, उलाहना नहीं, सहयोग की कातर पुकार नहीं, चुनौती के जवाब में चुनौती को स्वीकारने का हौसला, आत्मविश्वास और दृढ़ संकल्प! सपनों को साकार करने के लिए इसके अतिरिक्त और चाहिए भी क्या?

लेकिन ठीक यहीं लेखिका की सर्जनात्मक स्वप्नशीलता का विलोम रचते हुए प्रेमचन्द की गूँजती आवाज़ को अनसुना करना भी ठीक नहीं कि स्त्रियाँ ''नौकरियाँ करने लगी हैं, मगर मैं इसको अच्छा नहीं समझता। अब इसका नतीजा क्या हो रहा है? अब पुरुष और स्त्री दोनों नौकरियाँ करने लगे, तब इसके माने क्या हैं? रुपये ज़्यादा आ जायेंगे। उसी का तो यह फल है कि बेकारी बढ़ रही है।'' (प्रेमचन्द घर में, पृ. 192) उनकी दृष्टि नें स्त्रियों की ''कमाई का सवाल अभी थोड़े दिनों से उठा है, नहीं तो पहले स्त्रियों की कमाई एक पैसा नहीं होती थी और स्त्रियाँ काफ़ी दबदबे के साथ घर पर शासन करती थीं। तब क्या वह कमाई करती थी।'' अलबत्ता वे पुरुष के बड़प्पन को ज़रूर रेखांकित करना नहीं भूलते कि ''पुरुष खुद मज़दूर बन सकता है, मगर अपने घर की स्त्री को मज़दूरनी बनाना पसन्द नहीं करता।''

उनकी लच्छेदार बातों को सुन कर शिवरानी उन पर अक्सर कटाक्ष भी करती हैं कि "खुशामद करना हो तो आपको बुला ले। स्त्रियों को तो इस तरह की बातों से और भी अभिमान हो जायेगा।" (प्रेमचन्द घर में, पृ. 125)

तो ऐसी थीं शिवरानी देवी–निर्भीकता और साफ़गोई की मिसाल! हिन्दी आलोचना के हाशिए पर बैठ कर तंज़ कसती लेखिकाओं में एक! यकीनन वे हिन्दी साहित्य की गार्गी हैं–प्रतिरोध की गूंजती टंकार! फर्क इतना है कि विद्वान (याज्ञवल्क्य) के चोले में आकण्ठ कैद पुरुष के पाखण्ड और पैंतरेबाज़ी से गार्गी परिचित नहीं थीं। शिवरानी देवी चूँकि तमाम विकृतियों और विद्रूपताओं के नकाब उलटने में माहिर हैं, इसलिए असहमति, अधीरता, असंवेदनशीलता और द्वेष से सिरजी कोई भी याज्ञवल्क्य-सरीखी सत्ता उनकी लेखनी को थरा-हरा नहीं सकी।

सुभद्राकुमारी चौहान : स्त्री-पुरुष सम्बन्ध के महीन तन्तुओं की जाँच

(हिंसा मनुष्य-स्वभाव की अन्यतम वृत्ति है और शिष्टता उसका सबसे कोमल पाखण्ड)

अज्ञात हिन्दू महिला द्वारा रचित 'सीमन्तनी उपदेश' (1882) रचना के साथ हिन्दी साहित्य के आधुनिक काल में स्त्री-लेखन की प्रारम्भिक गूँज सुनाई पड़ती है जो अपनी भोग्या-अबला-रक्षणीया छवि का तिरस्कार कर स्वयं को कर्त्ता, विचारक और जीवन्त मनुष्य की ऊर्जस्विता से आप्लावित कर लेना चाहती है। धर्म-शास्त्रों के वर्चस्व को चुनौती देकर, सामाजिक कुरीतियों और सांस्कृतिक मान्यताओं के स्त्री-द्वेषी स्वरूप को दो टूक उघाड़ कर, और स्त्री की आकांक्षाओं का मानचित्र तैयार करके भी वह पाती है कि बहरा होने का स्वाँग रचकर पितृसत्तात्मक समाज उसकी हूकों और गर्जनाओं को अनसुना किये जा रहा है। कहने को समय के साथ समाज बहुत तेज़ी से प्रगति करता रहा है, लेकिन सवा सौ साल के अन्तराल के बाद आज भी इक्कीसवीं सदी की स्त्री अज्ञात हिन्दू महिला की तरह स्वयं को ठगा महसूस कर रही है। फ़र्क़ इतना है कि अब उसकी एकल आवाज़ में चेतन स्त्री-जाति की सामूहिक गूँज है और घर की चारदीवारी का अतिक्रमण करके उसने अपना कर्म-क्षेत्र मुख्यधारा के ऐन बीचोबीच स्थापित कर लिया है, किन्तु परिणाम वही, ढाक के तीन पात। आज चूँकि उसकी आवाज़, शख़्सियत और नाम को दबाना आसान नहीं, तो उसकी खनक को एक अलग खाँचे – विमर्शवादी साहित्य में डालकर उसे मर्दवादी चिन्तन-बहस से बाहर कर दिया जाता है। ज़ाहिर है इस प्रक्रिया में मर्दवादी चिन्तन-बहस को ही बृहत्तर सरोकारों का नाम देकर जीवन्त मनुष्य-समाज की मुख्यधारा बनाने-मानने का संस्कार

बदस्तूर जारी रहता है जिसमें स्त्री उसी तरह अदृश्य है जैसे 'दिन' में रात की सत्ता और 'मनुष्य' में स्त्री की स्वतन्त्र अस्मिता। उपेक्षा का मर्दवादी चक्रव्यूह स्त्री को 'सुनने' का पक्षधर नहीं, गुनने की कौन कहे? पितृसत्ता की इस पूर्वाग्रही सोच की वजह से पुरुष आलोचक पितृसत्ता के ख़िलाफ़ खड़ी स्त्री रचनाकारों के साथ न्याय नहीं कर पाये हैं। शिवरानी देवी को यदि प्रेमचन्द की पत्नी होने की वजह से (जिसमें यह भाव स्वयमेव 'ध्वनित' कर दिया जाता है कि उनकी रचनाएँ दरअसल प्रेमचन्द की ही प्रतिभा का विस्तार-प्रभाव है) स्वतन्त्र रचनाकार का दर्जा नहीं देते तो सुभद्राकुमारी चौहान के संवेदनात्मक फलक को 'खूब लड़ी मर्दानी वह तो झाँसी वाली रानी थी' कविता के फ्रेम में बाँधकर अत्यन्त संकुचित कर देते हैं। तब इस क्रम में कहानीकार सुभद्राकुमारी चौहान को हाशिए पर डाल दिया जाना आसान हो जाता है क्योंकि उनकी कहानियाँ कुछ और नहीं, प्रेम-नैतिकता एवं दाम्पत्य सम्बन्ध के बारे में स्त्री की ओर से पूछे जाने वाले चन्द 'मानवीय' सवाल हैं जो अनायास कठघरे में पितृसत्ता को खड़ा कर देते हैं।

तब इसके बरअक्स यह समझना भी आसान हो जाता है कि क्यों ठाठ-बाट के साथ बंगमहिला को स्त्री-लेखन का 'क्रान्तिकारी' स्वर घोषित किया जाता है, और 'दुलाईवाली' को हिन्दी की प्रारम्भिक कहानियों में एक मान कर उनके महत्त्व को चिरस्थायी बना दिया जाता है। दरअसल बंगमहिला कहानियों की अपेक्षा निबन्ध साहित्य में अधिक खुल कर सामने आती हैं। 'स्त्रियों की शिक्षा' निबन्ध हो या 'हमारे देश में स्त्रियों की दशा', वे आचार्य रामचन्द्र शुक्ल की इस मान्यता के समर्थन में खड़ी हैं कि "जो शिक्षा स्त्री को निर्लज्ज बनाती है, उसके हम विरोधी हैं" (बंगमहिला ग्रन्थावली, सम्पादक सुधाकर पाण्डेय, पृष्ठ 113)। इसलिए नयी स्त्री-छवि गढ़ते हुए वे आत्मचेतस स्त्री की अपेक्षा प्राणपण से 'सतीत्व' को ही प्रतिष्ठित करती दिखाई पड़ती हैं। उनकी यह कवायद उनकी मान्यताओं के आलोक में स्पष्ट है :

- "मैं विद्यालय की उच्च उपाधियों को पाने की बात नहीं कहती", लेकिन "यदि वे घर के महीने भर के आय-व्यय का लेखा, नौकरों का वेतन तथा धोबी के यहाँ जाने वाले कपड़ों का हिसाब इत्यादि अपने हाथ में रख सकें तो भी पति के कामों में सहायता पहुँचा सकती हैं।" (बंगमहिला ग्रन्थावली, स्त्रियों की शिक्षा, पृ. 114)

- ''स्त्रियों को उचित है कि लज्जा और नम्रता को सदा अपना आभूषण समझें। जिस स्त्री को लज्जा नहीं है, वह स्त्री पद पाने के योग्य नहीं है।'' ('हमारे देश में स्त्रियों की दशा', पृ. 103)
- ''स्त्री जाति का बहुत बोलना और हँसना अनुचित है। इससे उनके दुर्गुण प्रकट होते हैं।'' (बंगमहिला ग्रंथावली पृ. 104)
- ''स्त्रियों को चाहिए कि कभी किसी से तर्क न करें। तर्क करना बहुत ही बुरी बात है ...। पूज्य व्यक्ति यदि कुछ अनुचित भी कहे तो उसका उत्तर न देना चाहिए।'' (वही, पृ. 104)
- ''स्त्रियों का सतीत्व धर्म ही प्रधान धर्म है ...। अकलंक सती पदवी बहुत यत्न से मिलती है।'' तथा ''सतीत्व धर्म की रक्षा करने हेतु पातिव्रत धारण करना चाहिए। जो रमणी पति पद में तन-मन और वचन से अपना मन लगाती है, वह सती शिरोमणि है।'' (वही पृ. 105)

ज़ाहिर है पुरुष के स्वामित्व को अकुण्ठ भाव से स्वीकारने वाले स्त्री-लेखन को क्यों न तरजीह दे पुरुष? सुभद्राकुमारी चौहान का 'अपराध' यह है कि वे बंगमहिला का धुर विलोम हैं। शिवरानी देवी की तरह अपने हिस्से की ज़मीन और आसमान ही नहीं माँगती; स्त्री-यौनिकता को नियन्त्रित करने वाली वर्जनाओं पर भी खुलकर बहस करना चाहती हैं।

इतिहास यदि प्रतिरोध की गूँजती टंकारों का संग्रहालय है, तो वह ज़बरन कुचल दी गयी मानवीय कराहों की क़ब्रगाह भी हुआ करता है।

लेखन-शैली एवं तेवर में सुभद्राकुमारी चौहान शिवरानी देवी का विलोम हैं, स्त्री-मानस के गोपन रहस्यों को पढ़ने और उकेरने में नहीं। दरअसल स्त्री अपने मानस और माँगों, अधिकारों और संघर्ष को गोपन रखना ही नहीं चाहती, परदे की ओट का विस्तार कर उसकी सारी गतिविधियों और मानवीय हसरतों को गोपन कर दिया जाता रहा है। सुभद्राकुमारी चौहान जी-जान से इस दुराग्रही परदे की ओट को हटा कर लैंगिक विभाजन से परे स्त्री के भीतर पलती मानवीय उमंगों और चाहतों को कहानियों में ले आती हैं। यहाँ इस प्रयास में वे कृष्णा सोबती जैसी बोल्ड लेखिकाओं की पूर्वजा प्रतीत होती हैं जो पुरुष-सापेक्ष भूमिकाओं से सायास बचा कर स्त्री को अपनी मनुष्यता को समग्रता में चीन्हने का संस्कार देती हैं।

उनका लेखन अपनी मूल स्थापनाओं में आज के स्त्री लेखन के अधिक निकट है। वे सामाजिक समस्याओं पर बात करने की बजाय पितृसत्तात्मक व्यवस्था के स्वरूप की जाँच कर लेना चाहती हैं जो शिशु को मनुष्य नहीं, लिंग –'स्त्री' और 'पुरुष'– बना कर संस्कारित करने की पाठशाला है। इसलिए उनकी कहानियों में सपाटबयानी या बड़बोलापन नहीं, सांकेतिकता है; आवेश नहीं, संयम है। स्त्री-पुरुष दोनों की रूढ़ छवियाँ उनके निकट बेमानी हैं और उन छवियों को बनाने वाले सांस्कृतिक-मनोवैज्ञानिक दबाव भी। स्त्री-संवेदना से आन्दोलित उनकी कहानियाँ सवाल उठाती हैं कि प्रेम और मित्रता पुरुषों की विरासत क्यों? स्त्री मनुष्य है तो क्या संवाद और कोमल भावनाओं के आदान-प्रदान की आवश्यकता उसे नहीं? घर-आँगन ही उसकी ज़रूरतों की ज़मीन और सपनों का आसमान क्यों हो? पूरी सृष्टि की उन्मुक्तता को बिसार कर कूप-मण्डूक हो जाना क्या अपनी ही मनुष्यता का अनादर नहीं? सुभद्राकुमारी चौहान एक नहीं, चार महत्त्वपूर्ण कहानियों –'मँझली दीदी', 'थाती', 'उन्मादिनी', 'अनुरोध'– में स्त्री-पुरुष के बीच प्रेम और मैत्री की भावनात्मक एवं मानवीय अनिवार्यता की पैरवी करती हैं। जब सब कुछ अ-गोपन हो-सम्बन्ध से लेकर संवाद तक, आकांक्षाओं से लेकर व्यवहार तक – तब व्यभिचार एवं अश्लीलता का प्रवेश होगा भी तो कहाँ से? लेकिन क्या पारदर्शी सम्बन्धों के स्वस्थ स्वरूप को जानते हुए भी पितृसत्तात्मक वर्चस्व से आक्रान्त समाज स्त्री को प्रेम और मित्रता की अनुमति देने को तैयार है? 'मँझली दीदी' कहानी में सुभद्राकुमारी चौहान स्त्री-पक्ष की ओर से उठाए गये इन सवालों को समाज के सामने रखती हैं –दृढ़ और ठोस समर्थन के साथ। इस प्रस्तुति में नैतिकता के दावेदारों पर व्यंग्य है –"मित्र, ...भला किसी स्त्री का कोई पुरुष भी मित्र हो सकता है? और यदि हो भी... तो वह स्त्री भ्रष्टा है, चरित्रहीन है। नहीं तो पर-पुरुष से मिलने-जुलने का और मतलब ही क्या हो सकता है।" बेहद मुँहज़ोरी के साथ नैतिकतावादियों को आईना दिखाने की दिलेरी है –"शराब पीकर रंडियों की बाँह में बाँह डाल कर टहलने में नाक नहीं कटती। ग़रीबों पर मनमाने जुल्म करने पर नाक नहीं कटती। नाक कटती है मेरे गाने से।" धर्म, संस्कृति और आदर्श की दुहाई देकर अपनी ही बेटियों की क़ब्र खोदते पिताओं के पुरुष-चरित्र पर थू-थू है –"जब यह (पुत्री) भ्रष्ट हो चुकी है तो इसे यहाँ क्यों लाये? रास्ते में कोई खाई-खन्दक न मिला जहाँ ढकेल देते? इसे मैं अपने घर रखूँगा?

जाय, कहीं भी मरे।'' इस गर्वोक्ति में स्त्री से तिल भर जगह और साँस छीन लेने की सांस्कृतिक श्रेष्ठता भी निबद्ध है जो मूलतः क्रूरता को मखमली जामा पहना कर भ्रान्तियों को सत्य बनाने की सनक का नमूना है। लेकिन इस क्रूर सनक की बलिवेदी पर स्त्रियाँ तो कुर्बान होती ही रही हैं। आज भी यदि सुधा अरोड़ा को 'अन्नपूर्णा मण्डल की चिट्ठी' जैसी कहानी लिखनी पड़ती है तो इसका अभिप्राय यही है न कि बेटियों के पक्ष की सुनवाई कर अपने घर में 'शरण' देने को तैयार ही नहीं पितृसत्तात्मक व्यवस्था। तब अपनी अ-गति में अडोल समाज की प्रगतिशीलता के दावे पर कौन विश्वास करे? और क्यों? सुभद्राकुमारी चौहान के पास समाधान के नाम पर कुछ भी नहीं। वे सिर्फ़ सवाल उठाती हैं कि सुपरिभाषित पारिवारिक-सामाजिक सम्बन्धों की हदबन्दी के बाहर विकसित स्त्री-पुरुष सम्बन्ध को किस आधार पर ख़ारिज किया जाये? ख़ासतौर पर तब जब मनुष्यता और औदार्य का सौन्दर्य पूरे वैभव के साथ ऐसे सम्बन्ध में मौजूद हो? मास्टर बाबू के साथ 'बात' कर लेने के अपराध में ससुराल और मायके से दुरदुराई अशिक्षित मँझली रानी पूरे एक वर्ष तक भिखारिणी बन कर रही है। उसकी दशा देख-सुन कर परिजन क्षुब्ध नहीं। क्षुब्ध हैं वही मास्टर बाबू जो उसे अपने घर लिवा कर आश्रय भी देते हैं और सम्मान भी। लोकापवाद का भय क्रान्तिकारियों को नहीं होता, लेकिन मँझली रानी प्रश्नाकुलता और भावविह्वलता के बीच विमूढ़ सी है कि ''मैं अभी तक नहीं जान सकी कि वे मेरे कौन हैं? वे मुझ पर माता की तरह ममता और पिता की तरह प्यार करते हैं, भाई की तरह सहायता और मित्र की तरह नेक सलाह देते हैं, पति की तरह रक्षा और पुत्र की तरह आदर करते हैं। कुछ न होते हुए भी वे मेरे सब कुछ हैं और सब कुछ होते हुए भी वे मेरे कुछ नहीं हैं।'' (पृ. 30)

मँझली रानी भले ही विमूढ़ हो, सुभद्राकुमारी चौहान डंका पीट कर बदलते परिदृश्य में स्त्री-पुरुष सम्बन्धों के परम्परागत स्वरूप में लचीलेपन और परिवर्तन की माँग करती हैं। देश-समाज, शिक्षा-साहित्य जैसे पुरुषोचित कहे जाने वाले मुद्दों पर बात करने का विवेक अर्जित करती यह स्त्री न मक्खन की टिकिया की तरह घुलनशील है, न पत्थर की मूर्ति की तरह निस्पन्द। उसके कार्यक्षेत्र का विस्तार हुआ है तो सम्बन्धों की परिधि और स्वरूप का भी। 'सब धान बाईस पसेरी' वाले भाव से उसे समझा नहीं जा सकता। इस स्त्री की उपस्थिति को दर्ज कराना और स्वीकृति दिलाना साहित्यकार का

दायित्व है, पुरुष-अहं को असुविधा होती हो तो हो। इसलिए सुभद्राकुमारी चौहान चुनौती देकर पितृसत्तात्मक व्यवस्था को अपने भीतर झाँक कर जवाब तलाशने की सलाह देती हैं कि मैत्री को प्रेम का नाम देना और प्रेम को वासनापूर्ति की पहली अवस्था मानने का पूर्वाग्रह क्या ग़लत नहीं? प्रेम वैचारिक समानता एवं संवाद की भावनात्मक अनिवार्यता के बीच से अंकुरित ऐसी मानवीय स्थिति है जो सहृदय के कोमल तारों को जोड़ने का सुकून भरा अहसास देती है, शरीरों को रगड़ने का क्षणिक उत्ताप नहीं। 'अनुरोध' की नायिका वीणा से अधिक प्रेम के कोमल शीतल संस्पर्श का अहसास और किसने किया होगा। उमर ख़ैयाम की रुबाइयों का अनुवाद करते-करते निरंजन उसकी बौद्धिक और भावनात्मक ज़रूरत बन गया है। (उल्लेखनीय है कि निरंजन पुरुष स्टीरियोटाइप का प्रतिनिधि नहीं है। वह अर्धनारीश्वर की अवधारणा को साकार करता नम्र प्रकृति का शिष्ट और उदार पुरुष है जो स्त्रियों के स्त्रीत्व (लिंग) को नहीं, उनकी मानवीय अस्मिता को महत्त्व देता है। यही पुरुष आज की नारी का भी 'काम्य' पुरुष है।) बस, यही है उनके सम्बन्ध की परिधि, गहराई और सच्चाई। मैत्री को बिस्तर तक ले जाने की दुःकल्पना क्या अपनी ही पाशविकताओं का सन्देह के रूप में प्रस्फुटन नहीं? रूढ़ स्त्री-छवि के विलोम रूप में उभरी आधुनिका स्त्री को अपनी सामाजिक स्वीकृति के लिए लम्बी जंग लड़नी है, सुभद्राकुमारी चौहान जानती हैं। इसलिए पहले खुल कर वे उसके 'दोषों' को रेखांकित करती हैं –"परदा उसने न बचपन से किया है, न अब कर सकती है। उसकी नज़रों में स्त्री-पुरुष समान हैं, इसलिए वह सबसे खुल कर प्रेमपूर्वक मिलती है। यही उसके आचरण का दोष है। किसी भी सुधार के काम में पुरुषों से भी सदा दो क़दम आगे रहती है, यही उसकी कमज़ोरी है।" फिर उस 'पापिष्ठा' के 'पाप' का खुलासा करते हुए पिछड़ी मानसिकता वाले सुधारकों पर व्यंग्य की तीखी बौछार करती हैं –"लेकिन पिछड़े हुए समाज में वीणा का इस प्रकार निःसंकोच भाव से पर-पुरुषों से मिलना, अकेले सभा-सोसाइटियों में चले जाना, किसी दूसरे व्यक्ति के साथ अकेली वापिस आना पाप हो गया।" और अन्त में अपनी स्वभावगत सौम्यता और शालीनता छोड़ दोषी मानसिकता को धिक्कारने लगती हैं –"अपनी झेंप मिटाने के लिए, अपना खिसियानापन दूर करने के लिए मनुष्य की पाशविक प्रवृत्ति नीच से नीच काम करने में भी नहीं हिचकती।" उन्मुक्त घूमती स्त्री को सुलभता से हस्तगत किया जा

सकने वाला माल समझने वाली मानसिकता ही स्त्री-मुक्ति की राहों में रोड़े अटकाती है, इसमें कोई दो राय नहीं।

सुभद्राकुमारी चौहान स्त्री-मानस में पनपते जिस प्रेम की पैरवी करती हैं, वह प्रसाद (मधूलिका और चम्पा) और जैनेन्द्र (मृणाल) की तरह 'आत्मदान' करने का मिथ्या ग़ौरव नहीं बटोरना चाहता और न ही नैतिक डिबेट के कुहासे में फँस कर सतीत्व में पलायन करता है, बल्कि अपनी अलग हस्ती और अलग गृहस्थी के बीच एक स्वस्थ मानवीय सम्बन्ध के रूप में स्वीकृति पाना चाहता है। भौतिक-आध्यात्मिक लालसाओं से परे यह प्रेम अपनी स्वतन्त्र अस्मिता के स्वीकार और समान सम्बन्धों के विस्तार का आग्रह है। "यदि अपने किसी आत्मीय के सच्चे और निःस्वार्थ प्रेम को समझने और उसका मूल्य करने को ही उन्माद कहते हैं तो ईश्वर ऐसा उन्माद सभी को दे।" वे डंके की चोट पर ऐलान करती हैं, सामाजिक व्यवस्था से टकराने के लिए अकेले ही ख़ूब हाथ-पैर मारती हैं लेकिन पराजित होकर भी अपनी विद्रोही भंगिमाएँ छोड़ने को तैयार नहीं –"ज्यों-ज्यों मुझे उनके पास जाने से रोका गया, त्यों-त्यों उनके पास पहुँचने के लिए मेरी उत्कण्ठा प्रबल होती गयी।"

'उन्मादिनी' कहानी में वे वर्जनाओं के घोर अनुशासन तले पलती नैतिकता के अनैतिक चरित्र को उजागर करती हैं जो स्त्री को 'मादा' मान कर हर पुरुष को भूखे भेड़िए का खिताब दे स्त्री-पुरुष दोनों यानी मनुष्य मात्र की गरिमा नष्ट करता है। यदि सौहार्द और विश्वास के साये में नैतिक संहिता का विकास हुआ होता तो क्या वह बालसखा कुन्दन से 'स्वतन्त्रता से बातचीत करने' और मिलने-जुलने की नैसर्गिक आकांक्षा को चरित्रहनन या नैतिक स्खलन की संज्ञा दे पाता? सुभद्राकुमारी चौहान सधे शब्दों में सवाल पूछती नहीं, संकेतों में चेतावनी अवश्य देती हैं कि ज़रूरत से ज्यादा दमन कभी भी उग्र और नकारात्मक प्रतिक्रिया का विस्फोटक रूप ले सकता है। स्त्री चूँकि जागरूक और आत्मनिर्भर हुई है, अतः अपनी संवेदना और विश्लेषण क्षमता को अन्तर्दृष्टि के साथ गूँथ कर हर अमानुषिकता का विरोध करने का हौसला रखती है। लेकिन सर्जनात्मकता हर प्रतिक्रियात्मक आन्दोलन का अन्तिम चरण हुआ करती है। चूँकि मौजूदा व्यवस्था में अपेक्षित परिवर्तन के बिना सृजन सम्भव नहीं, इसलिए प्रारम्भ में घृणा और प्रतिशोध ही विध्वंस की पीठिका तैयार करते हैं। यदि पुनर्सृजन परस्पर संवाद और सहमति से किया जाये तो क्या यह उत्पीड़ित-उत्पीड़क दोनों के लिए सम्मानजनक नहीं?

स्त्री के अन्तर्मन को पढ़ने में सुभद्राकुमारी चौहान को विलक्षण महारत हासिल है। साथ ही प्रभूत मात्रा में है लेखकीय कौशल। समकालीन पुरुष रचनाकारों की तरह वे स्त्री के आँसुओं में उसकी पीड़ा को ग्लोरीफाई नहीं करतीं, आँसुओं के बहाने पितृसत्तात्मक व्यवस्था की दमनकारी संरचना को उद्घाटित करती हैं। 'नारी हृदय' कहानी में जिस समर्पित और अकिंचन भाव से प्रमिला निष्ठुर प्रेमी को पत्र पर पत्र लिख रही है, वह सती और पतिपरायणा समर्पिता स्त्री की रूढ़ छवि के प्रति श्रद्धा नहीं जगाता, वरन् अपने वर्चस्व के दम्भ में इठलाते पुरुष-चरित्र की हृदयहीनता को उजागर करता है। "जिसका जन्म ही अपमान, अवहेलना और अनादर सहने के लिए हुआ हो, वह उससे अधिक अच्छी वस्तु की आशा ही क्यों करे?"–आत्मदया से सना प्रमिला का यह कथन स्त्री की मनुष्यता का दमन करने वाली व्यवस्था को कठघरे में ला खड़ा करता है तो "माना कि मैं समाज की आँखों में आपकी कोई नहीं...। हम विवाह में अवश्य नहीं बँधे... किन्तु सच बतलाइए, क्या मैं आपकी कोई नहीं हूँ...। सम्भव है आप आज मुझे दुराचारिणी या पापिनी समझते हों...। दुराचारिणी हूँ या नहीं, पापिन हूँ या क्या-इसका साक्षी तो ईश्वर ही है। मैं अपने मुँह से सफ़ाई क्या दूँ" जैसी अश्रुपूरित विनम्र कठोरता में समूची व्यवस्था की अवहेलना कर नयी आचार-संहिता स्वयं गढ़ने की संकल्पदृढ़ता है। अपने भीतर छिपी दृढ़ता और मनोबल को आँसुओं के ज़रिये ही स्त्री समझ पाती है, बशर्ते आँसू ढुलक कर गाल पर न बहें, हृदय में जमा होकर विश्लेषण की भट्ठी पर विवेक की आँच से तपें। 'थाती' की कथावाचिका रोने और पीड़ा में सुख पाने की परम्परापोषित बात करती है–"क्यों रोती हूँ...। मुझे रोने में सुख मिलता है, शान्ति मिलती है. .. किसके लिए रोती हूँ? आह! उसे सुन कर क्या करोगे? उससे तुम्हें कुछ लाभ न होगा... मेरी यह पीड़ा ही तो मेरी सम्पत्ति है जिसे मैं बड़ी सावधानी से अपने हृदय में छिपाये हूँ।" लेकिन यह उसका परिचय नहीं। वह स्तब्ध भी नहीं कि जिन अजनबी हाथों ने कुएँ से पानी भरने में उसकी मदद की, उसके साथ हँस-बोल लेने में उसका चरित्र नष्ट कैसे हुआ? यदि जानती कि 'हँस-बोल' लेना घोर अपराध है तो शायद वह अपनी 'मर्यादा' का अतिक्रमण भी न करती, लेकिन जो गुनाह उसने किया ही नहीं, उसकी सज़ा भोगने के लिए वह कतई तैयार नहीं। 'उन्मादिनी' की आत्मा विद्रोह भाव का विस्तार करते हुए उसमें आ विराजी है कि क्यों नहीं उस 'व्यक्ति' से वह

एक बार जी भर कर बातें तो करे। मिल तो ले! ''क्या तुम बता सकोगे कि वे कहाँ हैं? मैं एक बार उन्हें और देखना चाहती हूँ।'' ठीक यहाँ कहानी के अन्त के साथ इसके अगले अध्याय के रूप में मुक्तिबोध की कहानी 'मैत्री की मांग' का स्मरण हो आता है। वर्जना ने उस ज़रा-सी मुलाक़ात को आकर्षण का नाम तो दे ही दिया है, अलबत्ता सुभद्राकुमारी की भोली कथानायिका मुक्तिबोध की उतनी ही सरलहृदया नायिका सुशीला की तरह कभी जान नहीं पायेगी कि इस आकर्षण से उसके पत्नीत्व और पति के पतित्व के 'आधार को कहीं भी धक्का नहीं पहुँचता।' (मुक्तिबोध रचनावली, भाग तीन, पृ. 49) सुशीला जानती है कि उसके 'हृदय में सारी मायूसी, अवसन्नता तथा म्लानता के बावजूद' 'सारी दीवारें, सारी भीतें, सारे व्यवधान फोड-तोड़ कर' ज़िन्दगी के 'पीले-भूरे-मटियाले अभिशाप को किसी सागर में फेंक' देने की निःशेष आशा जगी है तो उसके पीछे अनादर, अविश्वास और यान्त्रिक अकेलेपन से मुक्ति की सम्भावनाएँ हैं। वह यह भी जानती है कि उसके स्तब्ध चेहरे पर न्यायपूर्ण मैत्री की मुखर माँग करती दो आँखें उसके सम्पूर्ण व्यक्तित्व को दीप्त कर देती हैं। लेकिन वह यह नहीं जानती कि आँखों की इस भाषा को ठीक-ठीक इसी रूप में पढ़ने की संवेदनशीलता पुरुष कब अर्जित कर सकेगा। क्या 'तुम मेरे मित्र हो सकते हो?' स्त्री की आर्त्त पुकार के प्रत्युत्तर में लम्बी नीरव चुप्पी! भला कब तक? जब तक लैंगिक पहचान से मुक्त होकर मनुष्य मानवीय पहचान न पा ले! कठिन लक्ष्य किन्तु असम्भव तो नहीं!

सुभद्राकुमारी चौहान की नायिका आवेश में उफन कर धरती-आसमान सिर पर नहीं उठाती, तर्क देकर दृढ़तापूर्वक अपना पक्ष रखना जानती है। सुनवाई न होने पर स्त्रियों के लिए निर्धारित वही पारम्परिक आत्मबलिदान की परिपाटी का विवश स्वीकार। लेकिन गाँधी जी के असहयोग आन्दोलन की छाप से इस मूक समर्पण को वह विद्रोह का मुखर हथियार बनाना जान गयी है। 'दृष्टिकोण' कहानी गाँधी जी की रणनीति को घर के भीतर ले आती है, लेकिन गाँधी जी द्वारा निर्दिष्ट 'सती' स्त्री छवि से बहुत दूर स्वतन्त्र निर्णय सम्पन्न आत्म-चेतस विद्रोही स्त्री की छवि को गढ़ती है। 'आत्माभिमानिनी, दृढ़निश्चयी, न्यायप्रिय' तथा अंग्रेज़ी की जानकार निर्मला पति का विलोम रचते हुए उदारता और क्षमा की प्रतिमूर्ति है। गाँधी जी के प्रभाव तले पतितोद्धार के लिए सन्नद्ध भी। इसलिए जब बाल-विधवा अनाथ

बिट्टन के गर्भवती होने की ख़बर सुन सारा मुहल्ला उसे दुरदुराने लगता है, वह उसे अपने घर 'आश्रय' देने का प्रस्ताव रखती है। पति और सास दोनों का इन्कार –"मेरे घर में उसके लिए जगह नहीं।" इस घर के चप्पे-चप्पे को अपनी साँस और पसीने से सँवारती चली आ रही निर्मला आसमान से गिरती है –"तो क्या इस घर में मेरा इतना भी अधिकार नहीं कि यदि मैं चाहूँ तो किसी को एक-दो दिन के लिए भी ठहरा सकूँ?" वह तो इस घर पर राजरानी की तरह अपना अधिकार समझती आयी है और जाने कब से खुशफहमी में जीती रही है कि उसकी इच्छा का भी मूल्य है। तो क्या अब वह स्वीकार कर ले कि पत्नी होने के नाते उसकी हर इच्छा पति होने के नाते पुरुष की इच्छा तले कुचली जाती रहेगी? या बिना थके-टूटे अपनी लड़ाई लड़ती रहे कि मनुष्यता के नाते बिट्टन को आश्रय देना "अपना धर्म समझती हूँ और दूँगी" भी। संकट का यह क्षण आत्मज्ञान का क्षण भी है – अपने मूल्य और महत्त्व के बरअक्स अपनी ताक़त और गति को थहाने का क्षण। इधर गुलामी की सुरक्षा के साथ नैतिक-आत्मिक स्खलन है तो उधर अर्जित स्वतन्त्रता के आलोक के साथ संघर्ष की जटिल ऊर्ध्वमुखी यात्रा। आत्मसाक्षात्कार के इस एक क्षण में वह बिट्टन की तरह निराश्रिता और गृहहीना होने की असुरक्षा से काँप उठती है, लेकिन असुरक्षित होकर ही शायद व्यक्ति ज़्यादा मज़बूती से भविष्य की दिशा तय कर पाता है। निर्मला अपने को नौकरानी का दर्जा देकर घर की ईंट बन गयी है, पत्नी तो जैसे रह ही नहीं गयी। सास उसकी विद्रोह भंगी को समझे न समझे, पति तो घुटन, ग्लानि और पश्चात्ताप से टूक-टूक हो गया है। क्षमा पाने का अवसर वह मानिनी देती ही नहीं। ज़ाहिर है पितृसत्तात्मक व्यवस्था का पुनरीक्षण सुभद्राकुमारी चौहान की हर कहानी में नुकीले सवाल के साथ मौजूद है कि 'सात भाँवरे फिर लेने के बाद' पति को पत्नी के 'शरीर की मोनोपली' क्यों मिल जाती है (आहुति); कि पति-प्रेम का चरम हमेशा पत्नी के चरित्र पर सन्देह या उसके वजूद को मुट्ठी में भींचने की कोशिश में ही क्यों व्यक्त होता है (पवित्र ईर्ष्या); कि पब्लिक प्लेटफ़ॉर्म पर स्त्री समानता और स्वतन्त्रता के लम्बे-चौड़े भाषण देने वाला पुरुष घर के अन्दर पैर रखते ही दकियानूसी पुरुष की रूढ़ छवि में क्यों बँध जाता है (मंगला)। सुभद्राकुमारी चौहान की कहानियाँ वक़्त से बँधी भी हैं और वक़्त का अतिक्रमण भी करती हैं। विवाह संस्था के त्रास को जीती है 'उन्मादिनी' की नायिका जिसका

"न तो जीवन से ही कुछ आकर्षण था और न किसी के प्रति किसी तरह का अनुराग ही शेष रह गया था। वह काठ की पुतली की तरह सास और पति की आज्ञाओं का पालन करती हुई नियम से खाती-पीती थी, स्नान और श्रृंगार करती थी और भी जो कुछ उनकी आज्ञा होती, उसका पालन करती।" यान्त्रिक दिनचर्या जीती यह स्त्री अनायास मृदुला गर्ग की कहानी 'तुक' की शालिनी की याद दिलाती है तो 'वेश्या की लड़की' कहानी युग के बीचोंबीच धँस कर वेश्योद्धार की सामाजिक कोशिशों के दोगलेपन की पोल खोलने लगती है जब वेश्या-पुत्री छाया से प्रेम-विवाह का भूत उतरने पर प्रमोद उसे छोड़ने में ज़रा भी देरी नहीं लगाता कि –"मैं तुमसे घृणा करने लगा हूँ। तुम्हारे माँ के घर की दासी का आना-जाना मैं सन्देह की दृष्टि से देखता हूँ। तुम्हें स्वतन्त्र किये देता हूँ। तम चाहो तो अपनी माँ के पास जाकर सुख से रह सकती हो।"

लेकिन यहाँ लेखिका दृढ़तापूर्वक अपनी नायिका वेश्यापुत्री छाया के सम्मान की रक्षा के लिए आगे नहीं आतीं। पति द्वारा त्याग दिये जाने पर वह उसी की चौखट पर 'मर' जाना चाहती है, वेश्या माँ के पास जाना या शिक्षा का सदुपयोग करते हुए आर्थिक स्वावलम्बन अर्जित करना नहीं चाहती। आत्ममुग्धा स्त्री के खोखलेपन में आबद्ध वह सतीत्व को जीना और प्रमाणित करना चाहती है –"मेरी नसों में सीता और सावित्री का ख़ून दौड़ रहा है। मैं आर्य महिला हूँ। मैं अपने पति के चरणों को छोड़ कर नहीं जा सकती। सीता और सावित्री का महान आदर्श मुझसे कहता है कि पति ही मेरा परमेश्वर है, पति को छोड़ कर स्त्री की कहीं दूसरी जगह गति नहीं हो सकती। उनसे कहना कि मेरी माँ तो मर चुकी। मैं उन्हें अपनी माँ नहीं समझती। मेरी माँ होती तो मेरी ही तरह पवित्र जीवन बिताती।"

सुभद्राकुमारी चौहान की यह भाषा चौंकाती है। सतीत्व की प्रतिष्ठा में इतना कसीदा? कहीं यह कुलवधू और वेश्या में अन्तर को गहराने के लिए बोयी गयी घृणा का प्रतिफलन और प्रसार तो नहीं? वेश्योद्धार की भाँति सुभद्राकुमारी चौहान विधवा पुनर्विवाह के सन्दर्भ में भी युगीन पूर्वाग्रहों का अतिक्रमण नहीं कर पातीं। 'असमंजस' कहानी में उनका एतद्विषयक असमंजस अन्त तक बना रहता है। विधवा कुसुम से वे विधवा विवाह का विरोध तो कराती हैं, लेकिन उसके तर्कों से स्वयं सहमत नहीं। हाँ, इतनी ईमानदारी ज़रूर बरतती हैं कि बसन्त के साथ मिल कर वे कुसुम के कुतर्क की

निरर्थकता का मुखर स्वीकार करती हैं कि –''किसी सुकवि की कल्पना की तरह वह सुन्दर है, पर उसमें सच्चाई नहीं है।'' विधवाओं और वेश्याओं के लिए वे गाँधी-समर्थित आध्यात्मिक विवाह जैसे विकल्प को प्राथमिकता देती हैं जिसकी ठोस अभिव्यक्ति 'परख' में कट्टो और बिहारी के विवाह में हुई है या शिवरानी देवी की कहानी 'सच्चा ब्याह' में। इस एक दुर्बलता को छोड़ दें तो सुभद्राकुमारी चौहान सही मायनों में समन्वित नारीवाद की अग्रदूती दिखाई देती हैं। उनका समूचा लेखन इस तथ्य को प्रतिपादित करता है कि पितृसत्तात्मक व्यवस्था के पुनरीक्षण के बिना न स्त्री मुक्ति सम्भव है, न सामाजिक मुक्ति। दरअसल समाज में रहते हुए समाजशास्त्रीय व्यवस्था को जानना हर ज़िम्मेदार नागरिक का पहला कर्त्तव्य है। धर्म, संस्कृति और समाज द्वारा प्रचारित मिथ और रूढ़ छवियाँ स्त्री का वास्तविक परिचय नहीं हैं। चूँकि मानव मुक्ति में ही सामाजिक मुक्ति है, अतः अपनी और दूसरों की मनुष्यता की रक्षा का दायित्व हमारा अपना है।

कृष्णा सोबती : घेरों से निकलने की कोशिश

'बादलों के घेरे' कृष्णा सोबती की प्रथम रचना है—व्यक्ति कृष्णा सोबती की अपने भीतर के रचनाकार से साक्षात्कार कर पाने की तड़पभरी बेचैन कोशिश। 1944 से 1959 तक की पन्द्रह वर्षों कालावधि में फैली चौबीस कहानियाँ जिनमें से अधिकतर 1952 से 1955 के बीच लिखी गयी हैं। नहीं, ये कहानियाँ नहीं, क्योंकि 'कहानी' की संज्ञा दी तो कहानी-कला के निकष पर इनका मूल्यांकन करने की बाध्यता स्वयमेव उपस्थित हो जायेगी और उस समय समस्त लगाव भरी आत्मीयता से उपराम होकर बेबाक निर्मम मत ज़ाहिर करते हुए कहना पड़ेगा कि बड़े लेखक की मामूली रचना है। असल में ये कहानियाँ नहीं हैं (अपनी ही बात को उलटा कर यह भी कहना चाहूँगी कि कुछेक कहानियाँ वाकई क़ाबिले-तारीफ़ हैं; परवर्ती कृष्णा सोबती की क़लम से निकली जान पड़ती हैं जिन पर अलग से बात करना निहायत ज़रूरी भी है); अपने को पाने के अनगिन प्रयास हैं, चन्द रफ़ नोट्स की तरह पन्नों पर फैले। इन रफ़ नोट्स में उभरती लेखिका वह नहीं जो रत्ती के साथ बार-बार जूझती-टकराती है और हर पराजय में नये संघर्ष हेतु अपराजेय शक्ति बटोर लाती है। नहीं, यह लेखिका लालसाओं की ज़मीन में दूर तक जड़ें फैलाये व्यक्तित्व की धनी दबंग-निर्द्वन्द्व, हुलसती-उमगती-मदमाती मित्रो की सर्जक हरगिज़-हरगिज़ नहीं हो सकती। न इस कृष्णा सोबती को कुटुम्बप्यारी के फुँका डालने वाले डाहों में ढूँढ़ा जा सकता है, न विकटताओं की आँख में आँख डालने वाली महक की सधी पैनी दृष्टि में। यह लेखिका दर-दर दुरदुराई जाती पाशो की कसक में सिर उठाती जान पड़ती है, लेकिन पाशो की तरह 'जिएँ, सब जिएँ' का आशीर्वाद देने की उदारता इसमें नहीं। हाँ, इसे सधे-साफ़ ढंग से पहचाना जा सकता है जया में, प्रतिष्ठित लेखिका

की पढ़ कर एक ओर रख दी जाने वाली भावुक रचना 'तिन पहाड़' की जया में। तो, एक बड़ा-सा प्रश्न कि कैसे और कहाँ से बटोर लायी लेखिका वह जीवनी-शक्ति जो बादलों के घेरे पार कर मरजानी मित्रो के साथ साहित्य-सफ़र शुरू करने का सबब बनी? वास्तव में सिर्फ़ इसी दृष्टि से 'बादलों के घेरे' का सार्थक मूल्यांकन सम्भव है और आस्थावादी लेखिका कृष्णा सोबती की निर्मिति की प्रक्रिया को जानना-गुनना भी।

विविध कहानियों के ज़रिये उभरी 'बादलों के घेरे' की इन जुझारू कोशिशों में थीमगत वैविध्य का प्राचुर्य है और इसके ट्रीटमेंट की भी अनेक नवीन पद्धतियाँ आजमायी गयी हैं। इन कहानियों में असफल प्रेम की टीस है, विभाजन की पीड़ा है, मौत की छाया तले सहमी-सिकुड़ी ज़िन्दगी है, अपनी धुरी से भटकी नये युग की नवयौवना है, भटकती राहों में सिर धुनती निर्बुद्धि है, पश्चात्ताप के आँसुओं में उजली-निथरी (लेकिन अपने लिए वर्जित) राह अवलोकती सद्‌बुद्धि है, आँसू हैं, दर्द है, पीड़ा के अक्षय कोश हैं, हाथ से छूट-छूट जाते जीवन को मुट्ठी में कस कर बाँधने की ललक है, पराजय है, अवसाद है। नहीं है तो उल्लास, आशा, मंगल, उत्साह, भविष्य की फटती पौ, उजाले की किरण, जीवन का संगीत, घर-सम्बन्धों की पुख्ता हदबन्दी।

1

मौत का सर्द अहसास उर्फ़ 'मैं किसी की कुछ नहीं, कोई नहीं'

'बादलों के घेरे' में असफल प्रेम की रोमानी कथाएँ हैं (बादलों के घेरे, दो राहें: दो बाँहें, दोहरी साँझ, कुछ नहीं, कोई नहीं), वृद्धों की ठण्डी ठहरी-ठिठकी दुनिया है (दादी अम्मा, अभी उस दिन ही तो), भारत विभाजन की पीड़ा है (सिक्का बदल गया, डरो मत, मैं तुम्हारी रक्षा करूँगा, मेरी माँ कहाँ है), परिवार की हदबन्दियों में उठती-दबती रंजिशें हैं (दादी अम्मा, बहनें, एक दिन, बदली बरस गयी), रेखाचित्र हैं (भोले बादशाह, कामदार भीखमलाल), संस्मरण है (लामा), और है भावुक रिपोर्ताज (नफीसा), यानी ज़िन्दगी के हर रंग को, हर रूप को, हर परत को कई-कई कोणों से उलट-पुलट कर देखने की बेताबी। कहीं ये कहानियाँ प्रबल भावोच्छ्‌वास के रूप में प्रकट हुई हैं तो कहीं दीर्घ निःश्वास में; कहीं करुण क्रन्दन के रूप में तो कहीं

अश्रुधारा में; कहीं मुखर विलाप में तो कहीं आतंक भरे सन्नाटे में। कहानियों में न पात्र याद रहते हैं, न वस्तु, सिर्फ़ प्रभाव और प्रभाव की दृष्टि से भी एक ही बिन्दु पर टिकी हुईं – बादलों के घेरे में घिरने की बेबसी। बादलों के घेरे मौत के अहसास का प्रतीक हैं। पहाड़ी क्षेत्र के ये बादल बनते हैं, उमड़ते हैं, घिरते हैं और वहीं-वहीं मँडरा कर तिरोहित हो जाते हैं, पुनः लौट आने को। ये बादल सूखे हैं, बरसना नहीं जानते। अतः इनकी शुष्क, भारी उपस्थिति झेलना पात्रों की नियति है।

मौत के थर्राते सन्नाटे में 'बादलों के घेरे' की लगभग सभी कहानियाँ गुँथी हुई हैं। यहाँ जीवन निर्झर सा बहता नहीं। मौत के कूलों में बँधे ताल सा उसी दायरे में लौटता, सिर धुनता सड़ने को अभिशप्त है। ऐसा नहीं कि इन कहानियों के पात्रों में जीने की लालसा चुक गयी है। वे जीना चाहते हैं, तमाम सुख़, आनन्द और रस के साथ। लेकिन सामने खड़ी मौत का ख़ौफ़ उन्हें पुनः अपने खोल में धकेल देता है। भविष्य के नाम पर उनके पास है मौत की सर्द सरहद और अनुभव के नाम पर अतीत की स्मृतियाँ। आगे बढ़ने का चाव नहीं, अतः बार-बार पीछे मुड़ने की बाध्यता। उल्लेखनीय है पहाड़ों की घुमावदार उतराइयाँ-चढ़ाइयाँ अतीत को मृत नहीं होने देतीं। यहाँ मैदानी इलाक़े के हर मोड़ के साथ अतीत दृष्टिओझल नहीं होता, वरन् सुस्पष्ट हो साथ-साथ भागता चलता है। ये पात्र दम साधे अतीत के पन्ने पलटते रहते हैं-वहाँ से जीवन के लिए ऊर्जा बटोर लाने के प्रयास में। इनके लिए जीने का अर्थ है भरपूर ऐन्द्रिय सुख़-बाँहों को बाँधने के लिए मचलती बाँहें, मीठी देह पर प्यार बरसाने झुकती बलिष्ठ देह; रात के मधुर क्षणों का आश्वासन देतीं गहरी चितवनें। और मृत्यु का अर्थ है इस देह-सुख़ की अनुपस्थिति –"मरना सचमुच में मर जाना होता है। न तन रहता है, न राग, न अनुराग।" जब सोच का वातायन इतना छोटा हो तो ज़िन्दगी के गहन गम्भीर अर्थ को समझने की गुंजाइश नहीं रहती।

पात्रों की मनःस्थिति के अनुरूप पहाड़ों का शान्त, निर्जन, ठहरा हुआ वातावरण है जिसे परत-दर-परत छीलते जाओ, ख़ामोशी के सिवा कुछ हाथ नहीं लगेगा। यूँ ख़ामोशी आत्म-साक्षात्कार के लिए वरदान है, लेकिन आत्म-साक्षात्कार के लिए जिस गहराई और निर्भीकता की आवश्यकता होती है, वह इन कमज़ोर भावुक पात्रों के पास नहीं। अतः ख़ामोशी इनके लिए आतंक की सृष्टि करती है, जीवन की सहजता को लील जाती है।

'न गुल था, न चमन था' की नादिरा दस्तूर और नादिरा दस्तूर के अक्स में स्वयं को देखती मिस जया माधुरी अपने इर्द-गिर्द सम्बन्धों का कोलाहल जमा-कर आत्मप्रवंचिता नारियों का प्रतीक बनने के अतिरिक्त और कुछ नहीं कर पातीं। 'बादलों के घेरे' की अधिकांश कहानियाँ ठहरे हुए वक़्त की कहानियाँ हैं या अवसाद के कोहरे में लिपटी। इसलिए जितना भी चल पाती हैं, लेखिका की उँगली पकड़ कर ही; और इसलिए कोई चरित्र अलग से नहीं उभरता, उभरती हैं कुछ रेखाएँ। लेकिन ज़िन्दगी तो ठहराव या अवसाद का पर्याय नहीं। अतः प्रश्न उठता है कि एक के बाद एक थके, परास्त, हताश, अवसन्न पात्रों की सृष्टि कर लेखिका पाठकों तक क्या सम्प्रेषित करना चाहती हैं? नहीं, इस प्रश्न का उत्तर अभी नहीं, बल्कि इसे संख्याबद्ध करते हैं – प्रश्न एक, किसी एक बड़े प्रश्न के उपांग के रूप में।

लालसाएँ मदमाते रूप में इन कहानियों में उभरती-फैलती रही हैं। कहीं ये लालसाएँ कोमल सपनों का मासूम रूप लेकर उभरती हैं तो घोर अनुशासन की धज्जियाँ उड़ा 'अपना' घर बसा लेने की स्वाभाविक माँग करती हैं (बदली बरस गयी); कहीं अतृप्त रह जाने के कारण आत्म-प्रताड़ना की ठण्डी हिमशिला में परिवर्तित हो जाती हैं (दोहरी साँझ); कहीं उदासीनता का स्वाँग रचाती हैं (एक दिन); तो कहीं अन्तहीन भटकाव में दिशा पाने की आकुलता में व्यक्त होती हैं (पहाड़ों के साये तले)। लालसाओं का अग्निशिखा-सा लपलपाता विनाशकारी रूप उभरा है 'गुलाबजल गंडेरियाँ' और 'कुछ नहीं, कोई नहीं' कहानियों में। इन लालसाओं का दाहक रूप गुलाबजल गंडेरियों के रूप में शीतलता की फुहारों की माँग करता है और अन्ततः उपलब्धि रूप में कुछ भी न पा सकने की कसैली अनुभूति की प्रतीति कराता है–"रूप, मैं आज तुम्हारी कुछ नहीं हूँ। आनन्द के बच्चों को आनन्द का सब कुछ सौंप कर तीन-चार दिन में यहाँ से चली जाऊँगी। फिर न कभी घर देखूँगी... न घर का सामान... न सामान से लिपटी अतीत की स्मृतियाँ...। कहाँ रहूँगी, कहाँ जाऊँगी, कुछ पता नहीं। रूप, अब किसे आज जानना है मैं कहाँ हूँ-मैं क्या हूँ? मैं किसी की कुछ नहीं, कोई नहीं...।"

घर की तलाश इन कहानियों की साँझी पहचान है। लेकिन घर की जगह इन स्त्री पात्रों को मिलते हैं डाक-बँगले या बिना देहरी के द्वार जहाँ न भली गृहस्थी का परदा है, न परिवारवाले घर की-सी गरमाई; सिर्फ़ एक-दूसरे को पूरी तरह पा लेने की प्यास, एक-दूसरे को जकड़ लेने की चाह।

और यह सच है कि लालसाओं की नींव पर घर नहीं बना करते। घर अर्थात् नेहभरे इन्सानी रिश्तों से बँधा परिवार–पति, पत्नी, बच्चे; परस्पर विश्वास में गुँथे जीवन-मूल्य; कर्त्तव्यों की कान्ति से निखरी दायित्व भावना, विषाद की छाया से मुक्त निर्बाध बहता जीवन-प्रवाह। घर अर्थात् व्यक्तित्व की संरचना में ताने-बाने की तरह समर्पण, सद्भाव, त्याग, विश्वास की बुनावट। अतः इन गुणों से छूँछी नायिका की पीड़ा को मार्मिक अभिव्यक्ति दे लेखिका सिर्फ़ भावुकता की लिजलिजी हदों को छूती प्रतीत होती है। यहाँ से उठता है एक अन्य प्रश्न कि नकार, निषेध, निगेटिव का अंकन ही क्या सर्जना का एकमात्र लक्ष्य है?

वास्तव में इन दोनों प्रश्नों के ज़रिये हमें कृष्णा सोबती के भीतर का सर्जक कलाकार एक सुनिश्चित आकार ग्रहण करता दिखाई पड़ता है। पहला प्रश्न आत्म-साक्षात्कार से जुड़ा हुआ है। अतः लेखिका विश्लेषक की मुद्रा अपनाती हैं–कहानीकार के रूप में अपनी जीवन-दृष्टि का मूल्यांकन करते हुए। इस मूल्यांकन में दृष्टिगत न्यूनताओं का सहज स्वीकार तो है ही, उन दोषों का परिहार करने का व्याकुल भाव भी है। दूसरा प्रश्न लेखकीय दायित्व से जुड़ा है जो उसे 'स्वार्थ' के संकुचित घेरे से निकाल कर व्यापक के साथ जुड़ने को प्रेरित करता है। साहित्य विक्षिप्त का प्रलाप नहीं होता, न ही वैयक्तिक पीड़ाओं-अश्रुओं का आगार। वैयक्तिक सुख़-दुख, उल्लास-अवसाद, आशा-निराशा के माध्यम से जब तक वह व्यष्टि के हृदय को नहीं झकझोरता, उसे बृहत्तर समाज से जुड़ने की उदात्त प्रतीति नहीं कराता, तब तक वह डायरी के पन्नों में क़ैद ज़िन्दगी की तरह निजी है, निहायत 'प्राइवेट' जिसके बन्द पन्नों को किसी दूसरे द्वारा पलटने की कोशिश असभ्यता मानी जाती है। साहित्य इसके विपरीत, साहित्यकार की निजी रचना नहीं होता। वह देशकाल की सीमाओं का अतिक्रमण कर जीवन की धरोहर हो जाता है जिसे हस्तान्तरित करते रहना देशकाल की विवशता है और दायित्व भी। वास्तव में यही एक ऐसा बिन्दु है जो 'व्यक्ति' को 'रचनाकार' बनाता है, उसमें सृजन की अकूत शक्तियाँ भरता है।

'बादलों के घेरे' की लेखिका भीतर तक परम असन्तुष्ट एवं द्वन्द्वग्रस्त हैं। वे इतना अवश्य जानती हैं कि यह उनका लक्ष्य नहीं, लेकिन गन्तव्य क्या है, यह नहीं जानतीं। क़दम बढ़ाती हैं, लेकिन पाती हैं कि क़दमों की

वह छोटी-सी दौड़ उन्हें मंज़िल से और दूर ले गयी है। वे अवश भले ही हों, हताश नहीं हैं। 'किंग ब्रूस एंड द स्पाइडर' की मकड़ी की तरह गिर कर वे बार-बार ऊपर चढ़ना चाहती हैं। इसलिए एक के बाद एक वही विषय उनकी लेखनी से नयी कहानियाँ बन कर उभरते हैं, बल्कि कुछ कहानियाँ किंचित् हेर-फेर के बाद ज्यों-की-त्यों उनके परवर्ती कथा-साहित्य में उपन्यास के अंश रूप में देखी जा सकती हैं। जैसे 'कलगी' कहानी में चिल्लयाँवाला में लड़े गये अंग्रेज़ों व खालसा सरदारों के निर्णायक युद्ध में रणभूमि की ओर प्रयाण करता खालसा सरदार जोधासिंह, तोपों के साये तले उसके जीवन की मंगलकामना करती उसकी परिणीता सुल्लखी और खालसा सेना की पराजय के समाचार के साथ ही पति की मृत्यु का सदमा—डार से बिछुड़ी' की नवेली (पाशो) और मँझले की याद ताज़ा कर देता है। ठीक इसी प्रकार 'तिन पहाड़' में कलकत्ता से दार्जिलिंग, कालिंगपोंग से सिंगरापोंग भटकती जया की बेचैनी में 'पहाड़ों के साये तले' कहानी की नायिका की व्याकुलता खोजी जा सकती है। 'जिगरा की बात' की दिलेर अमरो की ट्रांसफार्मेशन 'ज़िन्दगीनामा' की शेरदिल माई में देखी जा सकती है जो सज़ायाफ़्ता पुत्र की काली करतूतों पर शर्मसार नहीं —"अरे, शेर के पूत को डर काहे का? हिम्मत थी तो डाका मारता था, चोरी तो नहीं करता था।" बरखुरदार ख़ाँ की दादी द्वारा पौत्र की रिहाई पर खजूरों की चंगै़र गाँव में घुमा कर ऐलान करना कि "बग्गड़ बघियाड़ जाते हैं...।" उसे अमरो का प्रतिरूप बना देता है। फिर, 'सिक्का बदल गया' की शाहनी और 'ज़िन्दगीनामा' की शाहनी में क्या खोजे से भी अन्तर मिल सकता है ? वही ममता, व्यक्तित्व की वही भव्यता, भौतिक सुख के प्रति वही निस्पृहता...। किसी भी लेखक द्वारा एक ही विषय की समूचे साहित्य में आवृत्ति प्रायः दो आशंकाओं को जन्म दिया करती है। एक, क्या उसकी सम्भावनाएँ चुक गयी हैं? या कि अपने मूल मन्तव्य को सन्तोषजनक अभिव्यक्ति न दे पाने की बेचैनी में वहीं अटका हाथ-पाँव मार रहा है? कृष्णा सोबती के सन्दर्भ में दूसरी शंका उचित जान पड़ती है। उनकी रचनाओं के अनुशीलन से स्पष्ट है कि वे अपने कथ्य को सही सन्दर्भ एवं दृष्टि के साथ प्रस्तुत न कर पाने की व्यथा से पीड़ित होती रही हैं। इसका प्रमुख कारण है भावनाओं का उच्छ्ल आवेग जो एकबारगी लेखकीय संयम और तटस्थता को अपने साथ बहा कर ले जाता है। फलतः लेखक सर्जक (क्रिएटर) न रह कर भोक्ता पात्र (कैरेक्टर)

बन जाता है और कथा के साथ उसकी 'इन्वॉल्वमेंट' कलात्मकता पर सीधा प्रहार कर रचना के प्रभाव को क्षीण कर देती है। अपनी बात की पुष्टि के लिए भारत-विभाजन को आधार बना कर लिखी गयी कहानियाँ 'डरो मत, मैं तुम्हारी रक्षा करूँगा' तथा 'मेरी माँ कहाँ...' लेना चाहूँगी। लेकिन जहाँ वे भावनाओं के उमड़ते उफान को संयमित कर पायी हैं, वहाँ 'सिक्का बदल गया' जैसी प्रौढ़ व समर्थ रचना को जन्म दे सकी हैं। दूसरे, विषय की आवृत्ति कर वे स्वयं को दोहराती नहीं, वरन् हर आवृत्तिमूलक रचना में मूल समस्या को एक भिन्न दृष्टिकोण से देख उसे एक नया आयाम देने की कोशिश करती हैं। 'बादलों के घेरे' के विपरीत उनके परवर्ती साहित्य में असफल प्रेम की टीस उत्तरोत्तर कम हुई है। श्री को खो देने की यन्त्रणा जया को आत्महत्या के लिए प्रेरित करती है (तिन पहाड़), लेकिन असद को खो देने का तल्ख अहसास एक प्रेरक शक्ति के रूप में रत्ती के मन में घर कर जाता है (सूरजमुखी अँधेरे के)। ''रत्ती-एक बहादुर लड़की'' असद के ये शब्द रत्ती को ज़माने की प्रतिकूलताओं से लोहा लेने को तत्पर करते हैं। ऐसा नहीं कि प्रेम एवं पुरुष के संसर्ग की चाह कृष्णा सोबती की नायिकाओं के लिए गौण हो गयी है, लेकिन अब वे इससे कहीं अधिक गहरे एवं गम्भीर प्रश्नों की ओर उन्मुख हो गयी हैं – सहचर पुरुष से कुछ पाने से पूर्व अब वे अन्तर्मन में झाँक कर आत्म-परिचय प्राप्त कर लेना चाहती हैं। ठीक इसी प्रकार भारत-विभाजन का भीषण नर-संहार एक चीत्कार के रूप में सतह पर न उभर कर गहरे दर्द की तरह परवर्ती रचनाओं में दिल की गहराइयों में उतर गया है – वह दर्द जो हादसों के आर-पार देखने की दृष्टि प्रदान करता है। यह दृष्टि उन्हें पंजाब के जातीय गौरव के प्रति और अधिक मोहासक्त करती है और वे पंजाब के अंचल विशेष के आँचल में फलते-फूलते जीवन को पोर-पोर में महसूस करना चाहती हैं। 'जिगरा की बात' और 'कलगी' इस दृष्टि से दो भिन्न कहानियाँ न होकर उस बिछुड़े अंचल के प्रति श्रद्धानत होने की दो चेष्टाएँ हैं जो बाद में 'ज़िन्दगीनामा' में पूर्ण विकसित रूप में दृष्टिगत होती हैं। ''वतन किसी का भी हो, केवल भूगोल ही नहीं। वतन सिर्फ़ इतिहास भी नहीं। न किसी प्रदेश की नदियाँ हैं। न पहाड़। वतन वह सब कुछ है जो आपके चाहने न चाहने के बावजूद आपके अस्तित्व में संचित होता रहता है। लगातार आपके दिल-दिमाग़ और आत्मा की गहराइयों को सींचता है, हरियाता है।'' (सोबती एक सोहबत)

यह उद्‌गार आक्रोश, क्रोध, घृणा, भय, आतंक से सिहरते-उबलते व्यक्ति का कदापि नहीं हो सकता। यह सोचा-सुलझा वक्तव्य उसी का हो सकता है जो हादसों के आतंक से गुज़र कर दर्द से चीख़ता-तड़पता नहीं, वरन् उन्हें अपने भीतर जज़्ब कर एक ताक़त के रूप में ग्रहण करता है। कहना न होगा कि रचना-दर-रचना एक ही विषय को दोहराना जहाज़ के पंछी की लाचार वापसी नहीं, वरन् अपने से बाहर निकल कर जीवन को बृहत्तर सन्दर्भ में देखने की चुनौती भरी कोशिश है।

2

आत्मान्वेषण की कठिन यात्रा उर्फ़ 'जिन खोजा तिन पाइयाँ, गहरे पानी पैठि'

"ऐसी कहानियाँ, उपन्यास नहीं लिख पाती जिसका ब्यौरा या कथानक लिखने से पहले ही मुझे मालूम हो जाये जहाँ कुछ ढूँढ़ लाने का, डुबकी लगा कर पा लेने का आश्चर्य न हो, उसे क़लम से लिखना बेमानी ही लगता है।" कृष्णा सोबती ने 'सोबती एक सोहबत' में आत्मविश्लेषण के क्षणों में अपनी जिस विवशता या विशेषता का स्पष्ट स्वीकार किया है, वह निस्सन्देह एक जद्दोजहद के रूप में उनके समूचे साहित्य में जहाँ-तहाँ देखी जा सकती है। 'बादलों के घेरे' की कहानियाँ फ्रेम में जड़ी तस्वीरों की तरह हैं जिन्हें ज़िन्दगी की रवानी से काट कर पल-विशेष में क़ैद कर लिया गया है और इस प्रकार वह पल-विशेष ही उनकी पहचान बन गया है, और उनका भविष्य भी। वे मिल कर 'कोलाज' का आभास तो देती हैं, जीवन को समग्रता या गहनता में नहीं देख पातीं। इसलिए 'डुबकी लगा कर कुछ पा लेने को' व्यग्र संवेदनशील रचनाकार का उन्हें रच कर भी सृजन की आनन्ददायिनी प्रसव-पीड़ा के वंचित रहने का अहसास सहज ही समझ में आता है।

लेखक, आम आदमी की तरह, जीवन भर किसी-न-किसी वस्तु, व्यक्ति या विचार को लेकर 'ऑब्सैस्ड' रहता है। साहित्य, एक स्तर पर, उसके इस 'ऑब्सैशन' की शब्दमयी अभिव्यक्ति है। कृष्णा सोबती जीवन के मांसल पक्ष के प्रति एक अदम्य आकर्षण महसूसती रही हैं जो 'बादलों के घेरे' में लालसाओं की हौंसभरी ज़मीन पर खड़ी हर स्त्री में कमोबेश देखा जा सकता है। सिर्फ़ यही क्यों, 'मित्रो मरजानी' की मित्रो, 'सूरजमुखी अँधेरे के' की रत्ती,

'डार से बिछुड़ी' की पाशो, 'तिन पहाड़' की जया, 'दिलो दानिश' की कुटुम्ब और महक या 'ऐ लड़की' की वृद्धा अम्मू – लालसाओं को जीत कर वीतरागी होने का दावा कोई नहीं करती। वास्तव में यही एक ऐसा बिन्दु है जहाँ से वे अपनी नायिकाओं के साथ आत्मान्वेषण की कठिन यात्रा शुरू करती हैं। लालसाएँ यदि मनुष्य का आदिम स्वरूप हैं और भोग जीवन का सत्य – तो तमाम ऐन्द्रिय सुख, तमाम लौकिक इच्छापूर्तियाँ एक गहराती अतृप्ति या बेचैनी का सबब क्यों बनती हैं – यह एक ऐसा सवाल है जो किन्हीं अतल गहराइयों में पड़े जीवन के वास्तविक अर्थ को खोज लाने की अहमियत उजागर करता है। 'बादलों के घेरे' में सिर्फ़ सवाल हैं, किन्हीं बेचैनियों को रेखांकित करने के प्रयास में प्रयासपूर्वक उकेरे गये सवाल नहीं, वरन् भोग के अनिवार्य 'बाय-प्रोडक्ट' के रूप में अनायास उभरे सवाल जो परवर्ती रचनाओं के प्रणयन का कारण बने हैं। आत्म-पड़ताल की यात्रा सघन होती है और कुछ लम्बी भी। इसलिए संयोग नहीं कि इसके बाद लेखिका ने लम्बी कहानियाँ (तिन पहाड़, ऐ लड़की) लिखी हैं, लघु उपन्यास (यारों के यार, मित्रो मरजानी) या उपन्यास (डार से बिछुड़ी, सूरजमुखी अँधेरे के, ज़िन्दगीनामा, दिलोदानिश); कोई कहानी नहीं।

कृष्णा सोबती फ़िक्रमन्द लेखक के तौर पर सामाजिक सरोकारों को किसी-न-किसी तरह रचना के कैनवस में धकेलने के दबाब तले नहीं जीतीं, बल्कि उनकी ख़ुर्दबीनी नज़र मन के भीतर दूर तक फैली बेहद जटिल, बेहद गहरी दुनिया की हर हलचल पर टिकी है। वे जानती हैं, मन में अँकुराते सवालों, शंकाओं या भटकावों के जवाब दूसरों से नहीं पाये जा सकते। उन्हें अपने भीतर ही तलाशना होता है। दूसरों के अनुभवजन्य सच स्वयं उनके लिए धरोहर हो सकते हैं, किसी और के लिए नहीं, ठीक उसी प्रकार जैसे अपने पैरों पर चल कर ही मंज़िल पायी जा सकती है। चाह कर भी क्या किसी और के पैर माँगे जा सकते हैं? जहाँ कहीं यह चाहना उगी भी है, वहाँ साथ ही फैली है अतृप्ति, निराशा और असफलता की कसैली अनुभूति। ''हम ओढ़नी थे, अँगिया थे, सलवार थे...'' महक बानो अपनी दुर्गति के कारणों पर तभी उँगली धर पायी है, जब वह आत्मविश्लेषण कर सकी है। आत्मविश्लेषण के लिए ज़रूरी है तटस्थता – एक क्रेटिव्ल डिस्टेंस – और हादसों में पिस कर भी 'साबुत' बने रहने का अडिग विश्वास। 'बादलों के घेरे' में ऐसा कुछ नहीं। इतनी गहरी 'इन्वॉल्वमेंट' है वहाँ अपने तईं,

और इतनी भारी आत्मवेदना कि ज़िन्दगी के किसी मोड़ पर अचानक सिर धुनती अपनी कोई बेवकूफ़ी दिखाई पड़ ही जाये तो उससे सबक लेने का साहस नहीं। ऐसे में भविष्य को सँवारने के लिए वहाँ से फूट पड़ने वाली ललक की अपेक्षा करना ही बेमानी है। 'कुछ नहीं, कोई नहीं' की शिवा यदि महक की तरह बेगानी नज़र से अपने को उलट-पलट कर देख पाती तो ज़िन्दगी को डाकबँगलों की वीरानगियों के हवाले करने के त्रास से बच जाती। बेगानी नज़र से वह आनन्द के बच्चों को देख पायी है – "परायी होने की निर्दयता से मन में सोचा कि यह दोनों भी अनाथों की पंक्ति से अलग नहीं। जब मैं ही इनकी कुछ नहीं होती हूँ..." और पूर्व पति रूप और अपनी नन्हीं बेटी को। लेकिन मानसिक दृढ़ता के अभाव में उन टुकड़ों को जोड़ नहीं पायीं जिस मोह भरे आवेश ने उसे रूप और पुत्री से दूर कर आनन्द से बाँधा है, वह आनन्द के बच्चों – विनय और मीनू – के साथ स्नेह का एक तार भी नहीं जोड़ सका। वहाँ है विरक्ति और बेगानापन। इसलिए आनन्द की मृत्यु के बाद उसे मिला है एक बड़ा-सा शून्य और 'बेघर' होने का अहसास।

शिवा पलायन कर सकती है, कृष्णा सोबती नहीं। उन्हें एक साथ उसके भटकाव को भोगना है और उससे निजात पाने का हर सम्भव प्रयास भी करना है। वे स्थूलता को परत-दर-परत छील महीन करती गयी हैं। जिन खोजा तिन पाइयाँ। इसलिए कोई आश्चर्य नहीं कि 'गुलाबजल गंडेरियाँ' वर्षों की घुटनभरी तड़प झेलने के बाद 'मित्रो मरजानी' के रूप में अपना अभीष्ट पा लेती है। बेशक 'गुलाबजल गंडेरियाँ' की धन्नो और 'मित्रो मरजानी' की मित्रो में कोई साम्य नहीं। धन्नो कभी मित्रो बन ही नहीं सकती। मित्रो बनने के लिए जिस दबंग, निर्भीक, उछाह से भरपूर दमकते उल्लास और ईमानदारी की ज़रूरत होती है, वह बस मित्रो की ही थाती है। फिर भी, 'गुलाबजल गंडेरियाँ' और 'मित्रो मरजानी' को साथ-साथ रख कर पढ़ें तो साफ़ ज़ाहिर होता है कि 'मित्रो मरजानी' 'गुलाबजल गंडेरियाँ' को 'इम्प्रूव' करते–करते अपने–आप पैदा हो जाने वाली रचना है। 'मित्रो मरजानी' की ज़मीन ही नहीं, केन्द्रीय पात्र को भी 'गुलाबजल गंडेरियाँ' से उठाया गया है। वही एक–सी यौवन के उद्दाम वेग को न सँभाल पाने की मीठी विवशता, मांसल देह के आकर्षण में बँध अगणित पाँवों को अपनी ओर खींच लाने की शोख अदाएँ, 'राह' पर चलने की हर सीख की धज्जियाँ

उड़ाती बेशर्म हँसी; अपने परायों की 'कुबुद्धि' पर मासूम तरस कि "बुढ़िया (सास) उम्र भर एक ही कोठरी से लगी रही है। क्या समझेगी वह इस धूल फाँकने को" और रस्सा तुड़ा कर भागने की हर सम्भव कोशिश –"चुन्नी के मर जाने के बाद समय-असमय जिस–जिसके रुपये-धेले ने उसकी मुट्ठी भरी, उन्हें क्या वह सास के कहने भर से छोड़ देगी?" मित्रो को ढूँढ़ने के लिए धन्नो से बाहर कहीं जाने की ज़रूरत नहीं है। तो भी, वे एक-दूसरे का पर्याय नहीं। मित्रो धन्नो का परिष्कार है, या कहें उसकी अन्तरात्मा की आवाज़। अपने को विभाजित कर धन्नो मित्रो और बालो के रूप में 'मित्रो मरजानी' में प्रकट हुई है। उसका दुर्भाग्य कि 'गुलाबजल गंडेरियाँ' में आत्मविश्लेषण का क्षण उसके जीवन में बहुत देर से आया। लेकिन आया अवश्य, यह तय है क्योंकि उन्हीं लम्हों में उसने कटरे के परिचित शोर–शराबे को एक अजनबी कान से सुना था –"धन्नो ने नीचे की ओर लटका हुआ हाथ कान पर रख दिया। आज इतना शोर क्यों? वह यहाँ रहते-रहते पक गयी है, पर ऐसा दिन उसने पहले नहीं जाना। न कभी इतनी उमस थी, न इतना शोर। क्या बाज़ार और कटरे का काम-धन्धा पहले न चलता था?" और तब पहली बार उसे महसूस हुआ था कि "उन दिनों के बाद (ससुराल छोड़ने के बाद) आज तक... आज तक उसने बर्फ़ नहीं खायी।" उसे ताज्जुब भी हुआ कि यहाँ कटरे में सब कुछ मिलता है और वह ताउम्र तरसती रही। वे छोटी-छोटी तृप्तियाँ जो चुन्नी (पति) के घर उसे अनायास मिल जाती थीं, उन्हीं की व्यवस्था के लिए आज उसे चिन्तित होना पड़ रहा है –"पैसे... पैसे... आज बाबूराम मिला तो वह उससे ज़रूर कहेगी... ज़रूर। वह कहेगी... पर क्या कहेगी..." "बाबूराम, तुम्हारे बापू ने एक दिन... एक दिन के लिए ही कहो, मुझे सब कुछ मान लिया था। तुम उसके बेटे हो। मुझे ठण्डक पहुँचाओ। ठण्डक..." नहीं, धन्नो हरगिज़ ऐसा नहीं कह सकती। वह सिर्फ़ छटपटा सकती है, सूखे होंठों पर जीभ फेर कर हसरत भरी सूनी आँखों से आसमान ताक सकती है –"कब बरसेंगी पानी की बूँदें...? और इस प्यास को आँखों में समाये दम तोड़ सकती है –"धन्नो ने छटपटाती–सी साँस ली। सिर एक ओर लुढ़क गया। हिलता-हिलता परदा तन–मन की आँखों पर आ गिरा। पानी के लिए धन्नो के होंठ हिले। फूटा घड़ा सूखा पड़ा था। कोठरी अँधेरी थी। पर बाहर के कोलाहल के साथ-साथ ही एक बौछार पड़ने लगी...।

धन्नो ने पथराई दृष्टि से बरसते पानी की बौछार देखी—छम... छम — छम... छम! आँख मुँदी, छम... छम से टकरा कर एक धीमी, बहुत धीमी आवाज़ उसे हमेशा के लिए ठण्डा कर गयी।"

सरदारीलाल को शराब के सरूर में मस्त कर मित्रो धन्नो की राह पर चल ही दी थी और 'धन्नो' बन भी जाती यदि ऐन वक़्त पर, ठहर कर, अपने ख़ौफ़नाक भविष्य का नज़ारा न करती। बेशक विवेक से ज़्यादा माँ के 'मसान से सूने' भविष्य ने उसे चेताया है, लेकिन कामनाओं के उमड़ते ज्वार को रोक कर उसके अंजाम को आँकने का जतन तो उसका अपना था। एक स्थान पर ठहर कर एक्स-रे की मानिन्द ठोस सत्य को बींध कर आर-पार देख सकने की पैनी नज़र ही वह शक्ति है जो मित्रो और धन्नो को तेज़ी से दो विपरीत ध्रुवों पर आसीन करती हैं। और यही वह तड़प है जो लेखिका को ऊर्ध्व दिशा की ओर ले जाकर उसका कायाकल्प कर देती है।

धन्नो के लिए देह जहाँ संसार का सबसे बड़ा सच है, वहीं मित्रो के लिए संसार के सच को समझने का एक ज़रिया। यह ठीक है कि देह के मायावी प्रलोभनों से बचना कई बार कठिन हो जाता है, लेकिन देह अपने आप में पूर्ण, स्वतन्त्र, निरपेक्ष इकाई तो नहीं। वीरानगियों के बीच उसके अस्तित्व की सार्थकता कहाँ? भीड़ भरे संसार में प्रवेश करते ही सम्बन्धों का मोहक महीन जाल उसे इस तरह अपने में समेट लेता है कि अपने को मुक्त करना सम्भव ही नहीं जान पड़ता। उन सम्बन्धों के अनुरूप होते हैं कितने ही दायित्व, कितनी ही अपेक्षाएँ। फिर, बाहर की दुनिया के समानान्तर फैली है देह के भीतर मन की दुनिया—कितने ही विकारों, वर्जनाओं और चाहतों के तन्तुओं से सिरजी मन की निस्सीम दुनिया। क्या इसके रहस्यों से पर्दा उठाना ज़रूरी नहीं? क्या इन दोनों दुनियाओं के टकराते दवाबों के बीच सन्तुलन बैठाना ज़रूरी नहीं? धन्नो नहीं, मित्रो यह सब सोच सकती है। इसलिए देह की बुलाहटों से कहीं ज़्यादा ज़रूरी लगती हैं संसार की बुलाहटें। समाज उसकी देह का अविभाज्य हिस्सा बन गया है, इसलिए अब उसे डाक-बंगलों की बजाय 'घर' मिल गया है और भटकन की बजाय एक सुनिश्चित दिनचर्या।

'गुलाबजल गंडेरियाँ' एक कोण से यदि 'मित्रो मरजानी' का उद्‌गम-स्रोत है तो दूसरे कोण से उसका उपसंहार। धन्नो और बालो में अभेद की स्थिति है, बल्कि वह बालो के स्याह भविष्य की बोलती तस्वीर है।

मित्रो के पति सहित घर लौट जाने के उपरान्त सिर धुनती ख़ामोशियों के सामने घुटने टेक क्या बालो ने धन्नो की तरह अपने से ही सवाल नहीं किया होगा कि "कहाँ है वह स्वयं, जिसकी रूपहीन किन्तु मांसल देह अगणित पाँवों को अपनी ओर खींच लाती थी?" क्या भीड़ भरी दुनिया में एक नाम भी वह सोच पायी होगी जो मृत्यु-वेला में पानी की एक बूँद उसे पिला सके? क्या सास की उस कड़ी तरेर के नीचे छिपी नरमाई सारे आयामों और परिणामों को उजागर करती रोशनियों की तरह उसकी आँखों के आगे छिटकी न होगी? यानी 'गुलाबजल गंडेरियाँ' कोई अलग कहानी न होकर 'मित्रो मरजानी' का अभिन्न अंग है। मित्रो को जिस तरह उमंग, उल्लास, आशा, निष्ठा, संवेदनशीलता के ताने-बाने से बुना दबंग स्वभाव प्रदान कर ऊँचा उठाया गया है, वह असल में समाज के सन्दर्भ में देह के सत्य को समझने का सराहनीय प्रयास है। चूँकि लेखिका दोनों के अन्तःसम्बन्ध को बखूबी समझ सकी हैं, इसलिए उनकी सोच धन्नो का कृश, रुग्ण, विकृत चोला छोड़ मित्रो की चिर युवा, चिर नूतन काया में प्रविष्ट हो सकी है और इसलिए इसके बाद कोई भी कमज़ोर या ओछा चरित्र उनकी सोच के द्वार पर दस्तक नहीं दे पाया है।

मित्रो का परिवार की ओर प्रत्यावर्तन पलायन या विकल्पहीन अवस्था नहीं, बल्कि उस मानवीय दृष्टि से सम्पन्न होने का ऐलान है जो मनुष्य को उसकी समग्रता में देखती है; उसे उसकी जड़ों की पहचान करा न केवल भविष्योन्मुख करती है बल्कि मृत्यु के बाद एक नये रूप में इस संसार से जुड़े रहने का आश्वासन देती है। इस क्रम में जीवन उसके समक्ष निरन्तर हो उठता है और मृत्यु पराजित। (यही कारण है कि इसके बाद उनकी किसी भी कथाकृति में मृत्यु का ख़ौफ़ दिखायी नहीं देता जो 'बादलों के घेरे' में क़दम-दर-क़दम बिछा है।) अम्मू (ऐ लड़की) इस रहस्य को समझ सकी हैं, इसलिए मृत्यु-शैया पर पड़े होने पर भी घबराती नहीं। अतीत की पोटली खोल-खोल कर मृत्यु की आँख में आँख डाल वे पुनः बीते क्षणों को जी लेना चाहती हैं, और कितने ही भोज्य पदार्थों को चख कर जीवन की प्रत्येक लालसा का भरपूर भोग करने का दर्शन प्रस्तुत करती हैं। दृष्टि में अपेक्षित विस्तार और गहराई आ जाये तो आसक्ति और विरक्ति, भोग और त्याग, जीवन और मृत्यु की हदें एक-दूसरे को छूने और काटने लगती हैं—अम्मू और महक (दिलोदानिश) से बेहतर कौन जान पाया है?

लेखिका के 'ग्रो' करने की, 'सैल्फ' को पहचानने की एक कोशिश 'बदली बरस गयी' कहानी के ज़रिये भी सतह पर लायी जा सकती है। 'बदली बरस गयी' और 'बादलों के घेरे' 'गुलाबजल गंडेरियाँ' से बिल्कुल अलग मिजाज की कहानियाँ हैं – जीवन के स्पन्दन से काट कर मौत की घड़ियाँ गिनने को मजबूर कर दी जाने वाली अनुभूति की कहानियाँ, हालाँकि आमने-सामने रख दिये जाने पर इन दोनों में पारस्परिक भिन्नता कुछ ज़्यादा ही दिखाई देगी। मन्नो संसार से स्वयं नहीं कटी, वरन् क्षयरोग जैसे घातक एवं संक्रामक रोग ने उस पुल को तोड़ दिया है जो दिलों और रिश्तों के सगेपन को बाँधता है। वह अपनी बीमारी के साथ अकेली है – उसी के साथ जीने-मरने, हँसने-बतियाने को अभिशप्त। जीवन ने उसके लिए अपने कपाट बन्द कर दिये हैं; लेकिन उसके अन्तस्थल में जीवन के लिए आज भी मंगलकामनाएँ हैं –''बस, इतना ही चाहती हूँ यह कपाट उनके लिए खुले रहें जिनसे बिछुड़ कर मैं अलग आ पड़ी हूँ।'' बिछुड़ना बहुत दुखदायी होता है, शायद इसलिए कि सारी हलचलों-हसरतों से परे अपना सूना वजूद इतना वज़नी हो जाता है कि बोझ उठाये नहीं उठता।

मन्नो इसी भारीपन को बाँटने कभी-कभी अपनी हदें भूल चाची से मिलने आ जाती है, उसके परिवार में अपने लिए प्यार की एक बूँद गरमाहट पाने। लेकिन मिलता है एक सर्द स्वागत, ख़ौफ़भरा चौकन्नापन और उस अवांछित उपस्थिति से 'अपनों' को बचाने की सजग कोशिशें। 'दो दिन की मेहमान' एक ही दिन बाद अपनी उस चिर-परिचित बीमार दुनिया में लौट जाती है – एक स्पष्ट अन्त की बाट जोहने। दुर्भाग्य के आक्टोपसीय शिकंजे ने उसे पूरी तरह से जकड़ लिया है, वह जानती है। इसलिए प्रेम का प्रतिदान प्रेम नहीं दे सकती। देती है एक ठण्डी नसीहत –''रवि, जिसे तुम झेल नहीं सकते, उसके लिए हाथ न बढ़ाओ।'' उसका तन रोग-जर्जर है, मन तो नहीं। मन में यौवन का ज्वार है, प्रेम की उफनती तरंगे हैं, सपनों की तैरती डोंगियाँ हैं, हँसती रंगीन चाहतें हैं। रवि के लिए वह जर्सी नहीं बुनती, रवि के साथ अपने साझे भविष्य को बुनती है और मरणोपरान्त उसके नाम पार्सल छोड़ मानो ताकीद कर रही हो उस अधूरे किन्तु साझे भविष्य को अमानत की तरह सम्हाल कर रखने की। निस्सन्देह, मन्नो एक प्रतीक्षा है – अनन्त प्रतीक्षा।

'बदली बरस गयी' भी जीवन के प्रवाह से छिटकी कहानी है, लेकिन अपने कूलों में प्रवाहित। ये कूल साध्वी माँ ने स्वयं बनाये हैं, सोच-समझ कर, विचार-परख कर। बल्कि कहें कि इन कूलों में ही उसे ज़िन्दगी का प्रवाह मिला है, अन्यथा पति की अकाल मृत्यु के बाद वह अंजुरी भर पानी के लिए ही तरस गयी थी। सास के ताने, देवरानी की ज़्यादतियाँ – साधवी माँ को लगने लगा था आँखों के खारी समन्दर में वह डूब जायेगी। बेशक मन्नो की तरह वह भी मरना नहीं चाहती, लेकिन मन्नो की तरह मौत की उदास प्रतीक्षा उसकी नियति नहीं। मन्नो के ललाट की लिपि उसके ललाट की लिपि नहीं है। उसका जीवन जाने कितना लम्बा, कितना बीहड़ है– वह नहीं जानती। इसलिए दिशा भी स्वयं उसे देनी है और गति भी। संसार में रहना भी है और संसार से विरक्त भी है। कमलवत् जीवन जीने के लिए वैराग्य से बेहतर क्या होगा? साध्वी माँ के लिए आत्मिक शान्ति पाने के लिए आध्यात्मिक चोला पहनना ज़रूरी हो गया था। 'मूर्त तपस्या-सी' साध्वी माँ कल्याणी की ही नहीं, आश्रम के सभी संन्यासियों की माँ है। बेशक वह "मोह के पानी को छोड़ कर भगवत् आनन्द में मग्न थी", बेशक "उसके अतीत के, घर-गृहस्थी के बन्धन, तन-मन के रस सब उससे विलग होकर एक कल्याणी में मण्डित हो गये थे", और "उन मौन और शान्त आँखों में इस पहचान का मूल्य नहीं रह गया था। उसके लिए अपना-पराया सब एक थे", बेशक जब "महाराज विराग की परख से माँ-बेटी को जाँचते तो ग़ौरी माँ की मायारहित साधना उन्हें ऊँची, बहुत ऊँची लगती"; लेकिन क्या साध्वी माँ वाकई इतनी निस्पृह, इतनी वीतरागी हो पायी थी? कामनाओं को जीतने की भरसक कोशिश के बाद भी क्या सास के स्मरण ने उसे सिहरा कर उन क्रूर दिनों को जिला नहीं दिया था? कल्याणी के चेहरे पर बनते-उभरते पति के तेवरों ने क्या उसे अतीत में नहीं धकेल दिया था? कल्याणी के आश्रम से जाकर 'अपना घर' बना लेने के दृढ़ संकल्प ने क्या उसे बेतरह अपमानित-पराजित नहीं किया, मानो 'घर' बसाने की चाहना कल्याणी ने नहीं, स्वयं उसी ने की है? यानी वही मनोविकार अब भी उसके अन्तःस्थल में गतिमान हैं – घृणा, राग, अधिकार – हाँ, सतह पर नहीं, सतह से बहुत नीचे, गहरे दबे हुए, किन्तु जीवित, और सिर उठाने को व्यग्र। "ग़ौरी साधवी बरसती आँखों से आँचल लगा कर सोचती रही – साधना और संयम के इन लम्बे वर्षों में क्या उसके मन पर भी ऐसी ही काली बदली घिरती चली आ रही थी... जो आज बरस गयी है।"

'गुलाबजल गंडेरियाँ' और 'बदली बरस गयी' कहानियाँ एक-दूसरे से पूरी तरह अलग होते हुए भी एक ही उद्देश्य को व्यक्त करती हैं कि लालसाओं की अनियन्त्रित पूर्ति व्यक्ति के मानसिक स्वास्थ्य के लिए जितनी हानिकारक है, उतना ही हानिकारक है उनका दमन। समाज को दरकिनार कर निजी स्तर पर व्यक्ति सुख़, शान्ति, सन्तोष पाने के कितने ही आयोजन क्यों न कर ले, मन की आँख में आँख डाल कर ऐसी किसी उपलब्धि का कोई दम्भ वह नहीं कर सकता। इसलिए धन्नो को पछाड़ कर मित्रो अन्त तक स्मृति में बनी रहती है तो साध्वी माँ को पछाड़ कर कल्याणी। ''आश्रम पर मेरी कोई आस्था नहीं''– आश्रम की छाया में पल कर बड़ी होने वाली कल्याणी आश्रम के बाहर की दुनिया से वाक़िफ़ होना चाहती है। जोगिया रंग पहन कर वह अघाई नहीं, लेकिन उसके अतिरिक्त अन्य रंगों का होना अपने-आप में एक इतनी बड़ी सच्चाई है कि वह उसे अनदेखा नहीं कर सकती। जो सबके लिए सहज है, सहज प्राप्य है, वही उसके लिए दुर्लभ या वर्जित क्यों? नवयौवना कल्याणी की आँखों में बचपन में देखी घर-परिवार की छोटी-छोटी झलकियाँ हैं जिनमें हैं कितने ही सम्बन्ध-दादी, माँ, बुआ, चाची...। माना दादी ने उसे कभी दुलारा नहीं था; चाची ने जब-जब मौक़ा लगा उसे छोड़ा नहीं; लेकिन यही तो कुल जीवन न था। और भी था उसमें – कितने ही रंग, कितने मोहक दृश्य, कितने मधुर संवाद। बुआ के रंग-बिरंगे कपड़े, रेशमी महीन धोती, फूलदार कपड़े की चोली और कमर के पीछे लटकते डोरे... कल्याणी आश्रम की व्यस्त दिनचर्या में मशगूल है पर ''आँखों में बुआ के – कपड़े झिलमिलाते हैं। बुआ के नहीं, कल्याणी के रंगीन रेशमी आवरण कहाँ हैं?'' नहीं, कल्याणी साध्वी माँ हरगिज़ नहीं बनेगी। उपवास, भजन, ध्यान-कितने फीके जतन हैं शान्ति पाने के। ''मैं अब अपना घर बना कर रहूँगी...। पहले पिता के घर जाऊँगी और फिर अपने घर।'' कल्याणी का यह आत्मविश्वास भरा निर्णय हर प्रकार की वर्जनाओं का निषेध कर विवेकपूर्ण दृष्टि का परिचय देती उस युवती का निर्णय है जो परवर्ती रचनाओं में सबसे पहले मित्रो और बाद में पूरी तरह से रत्ती और महक बानो में दिखाई देता है।

जहाँ कृष्णा सोबती ने धन्नो के भीतर से दो सम्भावनाओं को निरख-सिरज कर 'मित्रो मरजानी' में मित्रो और बालो का रूप दिया है, वहीं रत्ती आप ही साध्वी माँ है, और आप ही कल्याणी। बलात्कार के हादसे के बाद उसने

अपने आपको संसार से काट लिया है। सबकी बोलती-ढकी आँखें उससे एक ही बात कह रही हैं कि "रत्ती गन्दी लड़की है"। रत्ती यह अपमान नहीं सह सकती। वह उन आँखों को फोड़ देना चाहती है या खुद अपनी आँखें मूँद लेना। दोनों ही स्थितियाँ उसे स्वाभाविक नहीं रहने देतीं। अपने से लड़ती, अपने को ज़ख़्मी करती वह अपने लिए ही हिंसक और क्रूर हो गयी है – आत्मपीड़न, दमन और नकार के गाढ़े अँधेरों में क़ैद; लेकिन सूरजमुखी के फूल की तरह खिलने को आतुर। रत्ती साध्वी माँ की तरह बरसों से मन के भीतर उमड़ती बदलियों की साक्षी बना रहती, यदि आप ही अपनी सीमाओं को लाँघ कर उसने कल्याणी की तरह बाहर के उजाले को देखने की कोशिश न की होती। कल्याणी और रत्ती में फ़र्क़ एक 'स्टिल' और गतिशील चित्र का है। कल्याणी का फैसला साध्वी माँ की जड़ता से मुक्ति पाने की कामना है और रत्ती का फ़ैसला इस कामना को पूर्ण करने के लिए संघर्ष की रहस्यमयी जटिल डगर पर बेख़ौफ़ बढ़ने का आत्मविश्वास है। लक्ष्य पाने के लिए जिस लग्न, उत्साह, निर्भीकता, संकट से बार-बार जूझ कर भी अविचल बने रहने का धैर्य अनिवार्य होता है, वह सब रत्ती में है – शुरू से ही थाती रूप में था नहीं, बल्कि असफलताओं और निराशाओं के बीच से अर्जित किया है। इसलिए उसकी उपलब्धि उसको 'निजी' है, लेखिका का उससे कोई लेना-देना नहीं। मित्रो के बाद कृष्णा सोबतो की नायिकाएँ संघर्ष की आँच में तप कर इतनी मज़बूत और खुद्दार हो गयी हैं कि अपनी पूर्वजाओं की तरह अपनी बात कहने के लिए लेखिका का सहारा नहीं तकतीं। हाथ-पैर, आँख-नाक, दिल-दिमाग़-सारे अंगों से युक्त अब वे हाड़-मांस की स्त्रियाँ हैं, लेखिका के हाथ में खेलती कठपुतलियाँ नहीं।

वास्तव में लेखिका को कठपुतलियाँ कभी पसन्द ही नहीं रहीं। वे ताउम्र व्यक्तिगत आज़ादी की पक्षधर रही हैं – दिमाग़ी और आर्थिक आज़ादी। जब तक उनकी नायिकाएँ इस आज़ादी को अपने जीवन और ज़ेहन में नहीं उतार पायीं, वे उनके साथ वहीं एक ही बिन्दु पर जड़-सी खड़ी रही हैं – चाहे वे 'बादलों के घेरे' की अधिकांश कहानियाँ हों या 'तिन पहाड़' और 'डार से बिछुड़ी'। वे शिद्दत से महसूस करती हैं कि "अगर हमने स्वयं अर्जित की हुई व्यक्तिगत आज़ादी को जिआ नहीं तो कुढ़न भरी पसोपेश और कुण्ठाओं की मार से हम आजीवन 'भद्रलोक स्पेशल भंगिमा' ही ओढ़े रहेंगे।

अपने धुले-धुलाये उजले कपड़ों को बचाने के लिए, आप अपने ही दिल को चिथड़ों में लपेट किसी कूड़े के ढेर में छिपा देंगे और फिर निहायत भोलेपन से उसे दूसरों की अंटी में ढूँढ़ते रहेंगे।" इसलिए पाशो और जया अपनी तमाम करुणा और प्रवंचना के बावजूद उनसे तिलभर सहानुभूति नहीं बटोर पायीं। इन दोनों पात्रों का नामकरण भी यूँ ही नहीं हो गया है, वरन् उसके पीछे छिपी लेखिका की असहमति और असन्तोष को छुआ जा सकता है।

पाशो के माध्यम से पाश अर्थात् जकड़न को व्यक्त किया गया है। यह पाश दोहरा है – एक, समाज के दोहरे नैतिक मानदण्डों से उपजा है जिसके कारण कामातुर पुरुष की लोभी दृष्टि का शिकार होकर वह बार-बार अनादृत हुई है। इस स्थूल पाश के विपरीत एक अमूर्त पाश भी है जिसे अनजाने उसने स्वयं गढ़ा है – परम्परागत संस्कारों की छाया तले बैठ कर, जिसके तहत सिधाये गये पालतू जानवर की तरह वह उस शख़्स के पीछे-पीछे चलना अपना परम कर्त्तव्य समझती है जिसके हाथ में उसकी नकेल है। छोटी-सी आयु में जीवन की कठोर सच्चाइयों से दो-चार हो कर पाशो स्त्री की नियति का दो टूक विश्लेषण कर पायी है; लेकिन अपनी बँधी दृष्टि के कारण सामने फैली अनन्त ऊँचाइयों और असीम विस्तार को देख नहीं पाती। दृष्टिगत संकीर्णता ने न केवल पाशो के मानसिक विकास को अवरुद्ध कर दिया है बल्कि उससे समस्त रचनात्मक ऊर्जा छीन कर उसे सिर्फ़ एक 'पाश' में तब्दील कर दिया है।

जया में जीवन को 'जय' करने का भाव प्रबल है, किसी दार्शनिक की तरह जीवन-मृत्यु की रहस्यमयी गुत्थियों को सुलझा कर या किसी योगी की तरह हठ साधना करके ईश्वरोन्मुख हो कर नहीं वरन् किसी विजेता की तरह जीवन को मनोनुकूल ढाल कर। लेकिन रुग्ण, एकांगी और संकीर्ण दृष्टि के कारण जया 'पराजया' हो गयी है। जीवन को मनचाहे ढंग से न जी पा सकने के कारण उसे जीवन से पलायन करना पड़ा है। यहाँ वक्रता का सहारा लेकर लेखिका ने न केवल अपना लेखकीय मन्तव्य प्रकट किया है वरन् लेखनी-प्रसूत रुग्ण पात्रों की हत्या कर स्वयं को उनकी प्रेत छाया से मुक्त करने का प्रयास भी किया है।

कहना न होगा कि इसके बाद ही आज़ादी और आत्मानुशासन का अर्थ समझने वाले पात्रों का सृजन कर वे आत्मविश्वासपूर्वक अपनी बात कह पायी हैं –"आपकी आज़ादी पर अंकुश वे नहीं जिनकी अपेक्षा दूसरे आप

से करते हैं, वे हैं जो आपके अपने विवेक और आपकी स्वतन्त्र सत्ता को परिभाषित करते हैं, आपकी विवशताओं को नहीं...। नतीजा... आप व्यक्ति की हैसियत से अपने और दूसरों के अधिकार जाँचते हैं। न आप घेराव में रहना चाहते हैं, न किसी का घेराव करना चाहते हैं। आप स्वयं अपनी सामर्थ्य और सीमा से जूझना चाहते हैं। अपने ही बल पर कुछ पा लेना चाहते हैं।'' यही कारण है कि अपने को 'बीइंग' समझने की स्वाभिमान भरी लड़ाई लड़ने की वजह से (हवेलियों और कुटुम्बों की हदबन्दियों के बाहर रहने के बावजूद) महक बानो अन्त तक अपने व्यक्तित्व की महक बनाये रख सकी है। रक्त सम्बन्धों की डोर में गुँथे प्रत्येक परिवार की परिधि के बाहर खड़ी रत्ती अपने को तलाशने की जीवट भरी लड़ाई लड़ने की वजह से जब दिवाकर के ज़रिये अपने ही भीतर छिपी उर्वर सम्भावनाओं को पा लेती है, तब स्वयं में 'रत्ती-सी' मूल्यहीन-भारहीन होते हुए भी सोने-जवाहरात जैसी अमूल्य सम्पदाओं को तौलने वाली इकाई बन जाती है। और सुमित्रावंती उर्फ़ मित्रो! पूरे उपन्यास में वह कहीं भी अपने गरिष्ठ नाम के बोझ तले दबी शालीन, उपेक्षित, परम्परावादी बहू दिखाई नहीं पड़ती। वह मित्रो है – मित्रता का प्रतीक जिसमें दो भाव अनिवार्य रूप से गुँथे रहते हैं – उन्मुक्तता और सहृदयता। उन्मुक्तता ने उसे वर्जनाओं से मुक्त कर उदार दृष्टि दी है तो सहृदयता ने परिवार, सम्बन्ध और मनुष्य का सम्मान करना सिखाया है।

यही है कृष्णा सोबती के समूचे लेखन का कुल जोड़—अपने-आप को पाने और पहचानने के प्रयास में सत्य की खोज और मूल्यों की शिनाख़्त करना। वे जानती हैं, मनुष्य प्रकृत्या अपूर्ण है, लेकिन अपूर्णता उसकी सीमा नहीं, शक्ति है, क्योंकि यही उसे पूर्णता की ओर अग्रसर करती है और इस प्रकार निरन्तर परिष्कृत, निरन्तर निखरे-निथरे रूप में परिवर्तित करती है। संघर्ष गति है और गति का नैरन्तर्य ही जीवन है। मृत्यु मात्र एक स्टेज है, एक चरण; अन्तिम सत्य नहीं। अपनी तमाम जड़ता और भयावहता के बावजूद जीवन के अजस्र प्रवाह को वह छू भी नहीं पाती।

मन्नू भण्डारी : नायक-खलनायक-निर्धारण के बीच रचनात्मक ऊर्जा का क्षय

मेरे सामने लब्धप्रतिष्ठ लेखिका मन्नू भण्डारी की दो कहानियाँ हैं –'बन्द दराजों का साथ' और 'ऊँचाई'। लिखने के दबाव में समझ नहीं पा रही हूँ, किस पर एकाग्रचित्त होऊँ। एक-दूसरे की प्रतिद्वन्द्विता में तन कर खड़ी दोनों कहानियाँ मुझे समान भाव से लुभा रही हैं। निर्णय लेने की ऊभ-चूभ में थी कि देखा एक-दूसरे का विलोम बन कर वे यकायक पारस्परिक सान्द्रता में ऐसी गुँथ गयी हैं कि एक के बिना दूसरे को बूझना भी कठिन। चकित भी हूँ अपनी खामख़्याली पर कि जो विलोम है, उसी को पारस्परिकता में गुँथी अभिन्नता कैसे मान रही हूँ। लेकिन शायद वस्तुसत्य यही है, ठीक अँधेरे और उजाले के विलोम-सा जो विपरीत युग्म में न उभर कर अपनी स्वतन्त्र सत्ता लिए अलग-अलग आते तो एक-दूसरे के सन्दर्भ में अपने होने को अधिकारपूर्वक न जता पाते।

कहानी मेरे लिए कृति का पाठ भर नहीं है। पाठ की भौतिक सीमा समाप्त होने के बाद अनन्त तक फैले ख़ाली स्पेस में पहले वह सघन प्रभाव-लहरी बन कर मुझे अपनी गिरफ़्त में लेती है, फिर मेरी बेचैनी में सवालों की अनन्तिम जिरह भर कर समूचे जगत को उसके शास्त्र और व्यवस्था के साथ लिए आती है। कहानी, मेरे तईं, वह नहीं जो रचनाकार ने सिरजी है, वह है जो मेरी उद्विग्नता ने रचनागत पात्रों के मनोजगत में पैठ कर रेशा-रेशा खुद बुनी है। मेरी उद्विग्नता में अपने समय की शिनाख़्त कर लेने की कोशिश है तो उन सब परिस्थितियों-प्रभावों को जानने की ललक भी जो रचना-समय से चल कर मेरे समय तक बनते-बिगड़ते एक ख़ास अन्दाज में पहुँचते हैं और परम्परा तथा आधुनिकता की आपसी टकराहट में वक़्त को एक ख़ास चेहरा-चरित्र देते हैं।

ज़ाहिर है कहानी केस स्टडी का ज़रिया है मेरे लिए।

हाँ, केस स्टडी ही तो। मंजरी ('बन्द दराजों का साथ') के साथ दो अलग-अलग परिस्थितियों में दो-दो बार विश्वास भंग की पीड़ा झेलते हुए मैं जितनी कटु, अवसन्न और अश्रुपूरित हुई हूँ, छिटक कर उतनी ही सतर्क और चौकन्नी भी हुई हूँ कि मोहभंग और विश्वासघात के बीच पाये जाने वाले महीन से फ़र्क़ को समझ सकूँ। कहानी वह नहीं जो पाठक को अपने अजस्र प्रवाह में लील कर चकरघिन्नी सा घुमा दे। वह है जो अपने भीतर छिपे हरहराते समन्दर को बिन्दु में बाँध कर उसकी चेतना में जा बैठे।

दबे पाँव अनधिकार भाव से घुसते हुए मंजरी ने मेरी चेतना को पूरी तरह आक्रान्त कर लिया है। तलाकशुदा स्त्री और एक बच्चे की माँ मँजरी! शरीर और मन दोनों जगह निचाट सूनेपन से तिल-तिल टूटती मंजरी! जीवन क्या दायित्वों से बँध कर शुष्क बेदम साँसों को भरने-छोड़ने की प्रक्रिया भर है? अचानक मुझे मंजरी के चेहरे के बीच से 'आपका बंटी' की शकुन आकार लेती दीखने लगती है। अजय से सम्बन्ध विच्छेद के बाद डॉ. जोशी के साथ ब्याह कर जीवन को फिर से जीने की हौंस से उमगती शकुन! हाँ, पुनर्विवाह! एक प्रयोग! कि सम्बन्ध की असफलता ज़िन्दगी के कपाल पर मौत की नियति लिख देने का कारण नहीं हो सकती। मैं हुलस कर मंजरी को बधाई देना चाहती हूँ। बहुत कम लोग होते हैं जो सही वक़्त पर सही निर्णय ले पाते हैं। ज़्यादातर की ज़िदगी तो बिसूरने में ही निकल जाती है। लेकिन थम जाती हूँ। अचानक कुछ याद आता है और दौड़ कर कहानी उठा लेती हूँ। तेज़ी से पन्ने पलटते हुए अभीष्ट स्थल पर उँगली रख देती हूँ। 'जतन' (चोरी एवं सावधानी) से बन्द की गयी विपिन की दराज को 'जतन' (छल) से खोल कर मंजरी पाती है विपिन के निजी जीवन का वह कोना जो अर्धांगिनी मंजरी को सब कुछ समर्पित कर देने के बाद भी किसी अबूझ कौशल के साथ अपने लिए बचा ले गया है। दराज में हैं – कुछ डायरियाँ...। एक महिला और बच्ची की तस्वीरें... पत्र... विपिन का अतीत ही नहीं, भविष्य की योजनाओं से भरा वर्तमान भी। फूट-फूट कर रोती मंजरी को दिलासा देने के लिए मेरे पास शब्द नहीं। जानती हूँ, वह ठीक कह रही है कि "जिसे धरती समझ कर पैर रखा था, वहाँ शून्य था।" उसकी सोच के संग क़दम-दर-क़दम चलते हुए यह भी जान जाती हूँ कि विपिन के प्रेम में थरथराती अपनी देह के प्रति कैसी घिन से भर उठी होगी अब वह।

पुरुष के समूचे व्यक्तित्व को उसकी देह में प्रतिष्ठित करना और फिर ख़ुद भी देह बन कर देह-राग के ज़रिये जीवन-राग से पोर-पोर में उल्लास भर लेना स्त्री के लिए तब तक सम्भव नहीं जब तक अपनी और दूसरे की भास्वर अस्मिता के प्रति एक गरिमामय विश्वास ने उसे अपना सब कुछ दाँव पर लगाने का साहस न दिया हो। स्त्री की शर्तों और अपेक्षाओं को समाज समझे, न समझे, 'पूरा' देकर 'पूरा' ही पा लेना चाहती है स्त्री। मंजरी भी। इसलिए "सम्पूर्ण विपिन उसे हमेशा फूल की तरह हल्का लगता था, पर खण्डित विपिन का बोझ उसके लिए जैसे असह्य हो उठा।"

मंजरी के साथ आत्मपीड़न और आत्मदया की लिजलिजी भावुकता को चुभला ही रही थी कि एकाएक कौंधा–क्या मंजरी उस स्त्री और बच्ची के साथ विपिन के सम्बन्ध के बारे में बिल्कुल नहीं जानती थी? आख़िर क्या सम्बन्ध रहा होगा उनके साथ विपिन का?

ब्याह... तलाक़?

...प्रेम और देह सम्बन्ध... जो विवाह की परिणति तक नहीं पहुँच पाया?

...या विवाह के बाद भी विपिन द्वारा अपने प्रेम सम्बन्ध को निभाए चले जाने की निष्ठा?

...लेकिन यह बच्ची?

...मैं विपिन को अभियुक्त के कठघरे में खड़ा कर देती हूँ। शारीरिक शोषण की बात छोड़ भी दें तो परम्परा से पुरुष स्त्री का भावनात्मक शोषण तो करता ही आया है।

हठात् मेरे सामने दुष्यन्त की याद में निमग्न आत्मविस्मृता शकुन्तला आ गयी... साथ चली आयी दीपा (मन्नू भण्डारी की ही कहानी 'यही सच है' की नायिका)। नौकरी का इंटरव्यू देने कलकत्ता क्या गयी कि पुराने प्रेमी निशीथ से मिलते ही बौरा गयी। कानपुर लौट कर भी चेतना निशीथ के चहुँ ओर, मानो संजय को बता देना चाहती हो कि "ढाई साल मैं स्वयं भ्रम में थी और तुम्हें भी भ्रम में डाल रखा था, पर आज भ्रम के, छलना के सारे जाल छिन्न-भिन्न हो गये हैं। मैं आज भी निशीथ को प्यार करती हूँ...। तुम्हारे प्रति मेरे मन में जो भी भावना है, वह प्यार की नहीं, केवल कृतज्ञता की है।" समर्पण का भाव लिए दीपा निशीथ की एक पुकार भर सुनना चाहती है, लेकिन उस ओर औपचारिकताएँ हैं; प्रेमोन्मत्त अधिकार नहीं। मैं नहीं जानती, संजय के जिस प्रेम को 'कृतज्ञता' का नाम देकर दीपा ने किनारा

करने की कोशिश की, उसी के गले लग कर निशीथ को भुलाने के क्रम में उसने वह सम्बन्ध दाम्पत्य तक पहुँचाया या नहीं, इतना ज़रूर जानती हूँ कि पुरुष की तरह स्त्री के मन में भी प्रेम की कोंपल एकाधिक बार फूट सकती है। प्रेम कोई अनैतिक कृत्य तो नहीं। आकर्षण से शुरू होकर क्रमशः वह जिस अन्तरंगता की ओर बढ़ता चलता है, वहाँ देह-लोभ गौण होते-होते देहातीत सख्य भाव ठोस उपलब्धि की तरह हाथ लगता है। जीवन की बदलती परिस्थितियों में प्रेम और प्रिय पात्र भी अपने उसी आरम्भिक रूप में अपरिवर्तित नहीं बने रहते। समझदारी और वैचारिक परिपक्वता हुई तो प्रेम के इर्द-गिर्द बुनी कुहरीली गोपनीयता गाढ़ी दोस्ती की सामाजिकता में तब्दील हो सकती है। वर्जना की गोद में गुड़ी-मुड़ी पड़े प्रेम को उठा कर हमारी आज की नयी पीढ़ी ने उसके पैरों पर खड़ा कर दिया है।

अपनी सन्तान के हाथों पराजित होना किसी को बुरा नहीं लगता। लेकिन सोचती हूँ, पुरानी पीढ़ी के हम लोग प्रेम को वर्जना के साये में ही क्यों देख पाये? क्यों नहीं समझ पाये कि पुरुष को जायज़-नाजायज़ प्रेम का अधिकार देने वाला समाज स्त्री के परकीय प्रेम को ही वर्जना बना कर पेश करता रहा है। इसलिए कि नैतिकता के दोहरे मानदण्ड अपनी तमाम क्रूरता के साथ वैध बने रहें और प्रेम को 'पाने की हौंस' (पजेस करने का भाव) का पर्याय बना कर इसके विस्तार लेते सामाजिक दायरे को अनदेखा किया जाता रहे। प्रेम की इस 'कुटिल' सनातनी व्याख्या ने स्त्रियों का अहित ही तो सबसे ज़्यादा किया। न स्वयं साहसपूर्वक अपने प्रेम को स्वीकार कर पायीं, न पति/परिवार को बता पायीं कि विवाह सम्बन्ध में न बँधने के बावजूद वह प्रेम सम्बन्ध समाप्त नहीं होता, रूप बदल कर ज़िन्दगी के हर मोड़ पर साथ चलता रहता है। वर्जना की कील निकल जाती तो सहेलियों-सा हितैषी पाकर वह भीतर तक निर्मल और निर्भार हो जाती। स्त्री ने अपनी कसक और आकांक्षाओं को किसी को नहीं बताया क्योंकि राज़ खोलती ऐसी कोई फुसफुसाहट तक उसने कभी सुनी नहीं। अकेली और अनैतिक पड़ जाने के डर ने उसे प्रेम को सन्देह और अविश्वास की इबारत में लिखने-पढ़ने की मूढ़ता दी। प्रेम अपना भी, पति का भी और पराया भी।

मैं विपिन की ओर लौट पड़ती हूँ। तलाकशुदा विपिन की कल्पना मैं चाह कर भी नहीं कर पाती। तमाम प्रगति के बावजूद हमारा कंजरवेटिव समाज आज भी 'तलाक़' के नाम पर बिदकता आया है। ऐसा नहीं कि

पुनर्विवाह के प्रस्तावों का ढेर न लगता हो उसके सामने, लेकिन तलाक़शुदा होने की स्थिति ढोल पीट-पीट कर आगे चलती रहती है। इसलिए विपिन और उस महिला के बीच मुझे किसी पुराने प्रेम सम्बन्ध की बू ही आती है। एक ऐसा प्रेम-सम्बन्ध जिसके नाज़ुक रेशों को समझने की संवेदना चूँकि समाज के पास नहीं है, इसलिए गोपनीयता ही उसके अस्तित्व की बुनियाद बन गयी है। ठीक वैसे ही जैसे संजय के साथ 'चुम्बित-प्रतिचुम्बित' होते हुए दीपा निशीथ के साथ अपने प्रेम की गहराइयों का आभास तक नहीं होने देती; या जैसे अतुल के संग दैहिक संसर्ग के बावजूद पति शिशिर को उस सम्बन्ध की भनक तक नहीं लगने देती शिवानी, 'ऊँचाई' कहानी की नायिका। सवाल यहाँ स्त्री या पुरुष की चरित्रहीनता का नहीं है, उस संवादहीनता का है जो वर्जना को मूल्य बनाने की संस्कारग्रस्त्ता के कारण जीवन के सुन्दर और सत्य दोनों को खो देती है। क्यों अप्रिय सत्य से साक्षात्कार होते ही भाग खड़े होते हैं दोनों कहानियों के 'शिकार' पात्र—मंजरी और शिशिर? मंजरी चाहती है विपिन से कैफ़ियत तलब करने के बहाने वह सब कुछ "उसी से साफ़-साफ़ पूछ ले, लड़ ले, झगड़ ले", लेकिन पाती है कि "दराज का ताला जैसे उसकी ज़बान पर आकर लग गया था"। वह क्यों गयी बैकफुट पर? इसलिए कि तमाम लड़ाई-झगड़े के उत्स के रूप में उसे बताना पड़ेगा कि सन्देह के कीड़े ने उसे डस लिया है और विपिन पर अविश्वास करते-करते वह स्वयं 'चोरी' जैसी कारस्तानियाँ करने को बाध्य हुई है? उसे कबूलना होगा कि विपिन के प्यार में पत्नी और गृहस्थी के प्रति उसके अनुरागमय दायित्वों में कहीं किसी कमी या कपट का आभास नहीं हुआ। वह तो बस, उसकी अतिरिक्त सजगता थी कुछ कागज़ों को छुपाने में कि सन्देह का नाग फन काढ़ कर उसके भीतर फुँफकार गया। तब शायद धीरज धर कर सारी स्थिति पर ग़ौर करती मंजरी, तो जान पाती कि सन्देह सत्य को हू-ब-हू प्रतिबिम्बित नहीं करता, उसे विद्रूप और अतिरंजित कर एक सत्याभासी मिथ्या संसार की रचना करने लगता है।

मेरी कल्पना अभी भी पंख पसारे खड़ी है। सोच रही हूँ, मंजरी उन डायरियों, चित्रों और 'महिला' को लेकर लड़-झगड़ ही लेती और विपिन उस 'महिला' से अपने हार्दिक सम्बन्ध के सत्य को स्वीकार लेता, तब क्या दोनों की साझी ज़िन्दगी में तूफ़ान न आता? नौकरीपेशा पढ़ी-लिखी मंजरी की संस्कारग्रस्त्ता ने उसे बेड़ियों और वर्जनाओं को काट फेंकने की स्पष्टता

और दृढ़ता नहीं दी है, काट फेंकने की उदारता के बौद्धिक दम्भ को रगों में पोसा है। यह मंजरी की नहीं, उसकी पीढ़ी की हर स्त्री की द्वन्द्वात्मक नियति है जो परम्परा की ज़मीन छोड़े बिना आधुनिकता को रेशमी कोट की तरह पहन लेने को उतावली है। 'त्रिशंकु' कहानी की मम्मी की तरह!

मैं शिशिर की मंजरी-सरीखी मनःस्थिति की बात अभी नहीं करूँगी। शिवानी की मानसिकता के ज़रिये 'बन्द दराजों का साथ' में अनुपस्थित विपिन को भीतर तक समझने का विश्वास लेकर भी अभी 'ऊँचाई' कहानी पर बात नहीं करूँगी। अभी सिर्फ़ इस बात पर विचार करूँगी कि सन्देह सम्बन्धों के मज़बूत दुर्ग में घुस कर कैसे उन्हें धराशायी कर सकता है। सन्देह एक ऐसी वृत्ति है जो दूसरों की नीयत और आचरण पर सवाल उठाने से पहले अपनी ही पोली शख़्सियत और दरिद्र कन्विक्शंस को उघाड़ देती है। बेशक इसके मूल में दूसरे से सब कुछ हथिया लेने की दस्युवृत्ति हो या अपनी ही मानसिक-नैतिक असुरक्षाओं से बुनी ग्रन्थियाँ – सन्देह की भित्ति जितनी दुर्बल होगी, उतना ही आँख चुरा कर वह घटनास्थल से दूर भागने की कोशिश करेगा। तंज़ और जस्टीफिकेशन, तर्क और आरोप सन्देह को पोसने की कवायदें हैं जो कहीं नहीं ले जातीं। दोनों कहानियों में शुरू से आख़िर तक यही सब तो है।

साठ के दशक में खड़ी मंजरी सतही तौर पर तमाम दुर्बलताओं के बावजूद अपने समय से आगे की स्त्री प्रतीत होती है – बोल्ड, निर्णय लेने में सक्षम और बिखर-बिखर पड़ते भावात्मक उद्वेलन को बोध बना कर ज़िन्दगी में स्थायित्व ढूँढ़ने की आकांक्षी स्त्री। उसकी यह बोल्डनैस एक ठण्डे आवेगहीन भाव से तलाक़ का निर्णय लेने में दिखाई पड़ती है और पुत्र असित को हॉस्टल भेज कर दिलीप से विवाह करने में भी। "एक विश्वास था कि जिस सहज ढंग से सारी स्थिति से उबरी है, उसी तरह नयी ज़िन्दगी का रास्ता भी खोज लेगी"– बेशक लेखिका ने मंजरी को अनुरागपूर्वक जतन के साथ गढ़ा है, उसके जीवट के प्रति पाठकीय सराहना अर्जित करने की अपेक्षा के साथ, लेकिन यहीं से कहीं एक अंडरटोन के साथ वह मंजरी को 'विपिन' में तब्दील करने की क्रमिक प्रक्रिया भी शुरू कर देती हैं, मानो विपरीत-यात्रा शुरू करके ही छिपे हुए सत्य को उद्घाटित करना सम्भव हो। तब लगता है कहानीकार मन्नू भण्डारी का मूल लक्ष्य स्वातन्त्र्योत्तर भारत में अपना स्वतन्त्र व्यक्तित्व विकसित करती स्त्री की विकास-यात्रा को उसके सारे

आयामों के साथ प्रस्तुत करना है। लेखिका चूँकि अपने कड़े आलोचनात्मक विवेक के साथ उसके हर कृत्य, निर्णय और द्वन्द्वग्रस्ता को देखती-उकेरती हैं, इसलिए प्रत्यक्षतया सहानुभूति देते हुए भी वे अपनी नायिकाओं के भीतर पलती शाइस्तगी को या आधुनिक छवि का विलोम रचती उनकी अन्तःवृत्तियों को कहानी में उस समय उघाड़ देती हैं जब अपनी विजय-दुन्दुभि पीट वह स्वयं को सबसे अधिक निरापद महसूस करने लगती हैं। 'त्रिशंकु' की मम्मी के भीतर नाना के चेहरे को ठीक उस समय उभारते हुए, जब ज़ाहिरा तौर पर अपने वक़्त से आगे जाकर वह किशोर बेटी के किशोर दोस्तों को घर में बुला कर दोनों को दोस्ती और सम्बन्ध के प्रति जवाबदेह होने का संस्कार देना चाहती है। 'बन्द दराजों का साथ' कहानी को भले ही विघटनशील दाम्पत्य सम्बन्धों की कहानी के रूप में पढ़ा-गुना जाता रहा हो, मुझे यह कहानी नये परिवर्तनशील समय के अनुरूप वैचारिक उदारता और परिपक्वता अर्जित न कर पाने वाली स्त्री की ग्रन्थियों और अपेक्षाओं की कहानी लगती है जिसकी अपनी सीमाएँ अवश्यंभावी टूटन की त्रासद स्थितियाँ रचती हैं। ज़ाहिर है पारदर्शी सम्बन्धों के बीच तालाबन्द दराजों के उभरने की पड़ताल एक बार फिर मंजरी के भीतर से ही होकर गुज़रती है।

"उसे इस बात पर खुशी भी हुई थी और हल्का सा गर्व भी कि स्थिति बहुत अधिक बिगड़ने से पहले ही एकाएक तटस्थ होकर चीज़ों को उनके सही रूप में देख लेती है और फिर उन्हीं के अनुरूप निर्णय ले पाती है"—मंजरी जिसे निर्णय लेने की क्षमता कह कर कहानी में बार-बार पीठ ठोंकती है, वह दरअसल परिस्थितियों की विकरालता से घबरा कर शॉर्टकट लेने की बेचारगी है। विपिन के साथ माहौल दमघोंटू हो गया है तो उस माहौल से तलाक़ के ज़रिये बाहर आने की कोशिश; और दिलीप से विवाह के बाद नौकरी करना दूभर हो गया है तो नौकरी से इस्तीफ़ा। नौकरी छोड़ने के बाद ड्रेसिंग टेबल पर छमाही इम्तिहान की कॉपियों के गट्ठर की बजाय प्रसाधन सामग्री को देख मुदित और आश्वस्त होती मंजरी अनायास उस आत्मनिर्भर स्वावलम्बी आधुनिका के रोल मॉडल का विलोम बन जाती है जिसके लिए दिमाग़, व्यक्तित्व और अस्मिता को समुन्नत करने की अपेक्षा दूसरे के 'उपभोग' के लिए देह को सँवारना ज़्यादा अहम हो गया है। तो क्या 'हिन्दू स्त्री का पत्नीत्व' पाने के ग़ौरव में इठलाती मंजरी ग़ुलामी के

सुरक्षा-कवच को अपनी उपलब्धि के रूप में स्वीकार करना चाहती है? लेखिका मंजरी से जवाब तलब नहीं करतीं, लेकिन मैं चाहती हूँ कि काश! वह अपने निर्णय के दो गम्भीर परिणामों को गुनने का विवेक अर्जित कर पाती। एक, वह समझ पाती कि अपने भरण-पोषण का अधिकार दूसरों को देकर व्यक्ति अनिवार्यतः आत्मसम्मान खो बैठता है। दूसरे, सम्बन्धों का स्वरूप इतना जटिल, संश्लिष्ट और लचीला होता है कि एक ही वक़्त पर मन की अनेक परतों में अनेकविध होकर भी वह ईमानदार और निष्ठावान बना रह सकता है। सम्बन्धों को नापने का पैमाना कोई एक घटना या कोई एक शब्द नहीं होता; वह परिस्थितियों की लम्बी शृंखला बन कर उसमें अपनी भागीदारी को जाँचने का निस्संग विवेक होता है। इसलिए कहानी के वृत्त को पूरा करने के लिए लेखिका अनायास मंजरी के कमरे में बन्द दराजों वाला मेज़ ले आने की अपरिहार्यता रचने लगती हैं। असित का महँगा स्कूल, फिज़ूलख़र्ची के कारण घर का बिगड़ता बजट और दिलीप की सीमित आय का सच – हर घर-परिवार के ख़र्चे ऐसी ही खींचतान से चलते हैं जो ज़रूरत के मुताबिक़ कहीं हाथ खींच कर ख़र्च करने का विवेक देते हैं, कहीं पेट काट कर भी ख़र्चे को यथावत् वहन करने की दृढ़ता देते हैं। "असित दिलीप का बच्चा होता तब भी वह यह बात कह सकता था। पर असित दिलीप का बच्चा नहीं था और क्योंकि सन्दर्भ दूसरा था, इसलिए बात का अर्थ भी दूसरा हो गया।" मंजरी समझती है, लेकिन बात को हवा में उड़ा कर पारिवारिक सम्बन्ध की बुनियाद को मज़बूत बनाने का जतन नहीं करती। तलाक़शुदा होना, विपिन के बच्चे को दिलीप पर 'लाद' देना और आर्थिक रूप से दिलीप पर निर्भर होना... एक के बाद एक कितने ही कारण उसकी असुरक्षा को बढ़ा कर अपराध-बोध के रूप में उसके भीतर घर करने लगते हैं। आर्थिक स्वावलम्बन और सामाजिक सक्रियता के अभाव में स्त्रियों का दमित स्वाभिमान प्रायः आत्मपीड़न और आत्मदया का रूप लेकर अपने को ही कुतरने लगता है। मंजरी के रूप में उभरने वाली तथाकथित आधुनिका स्त्री की दुर्बलताओं की ओर इंगित कर कहानी बताना चाहती है कि वस्तुस्थिति को उसकी तमाम समग्रता के साथ स्वीकार करके और स्वस्थ संवाद के रास्तों को खुला रख कर ही सम्बन्धों के जटिलतर होते पड़ावों को पार कर पायेगी स्त्री, अन्यथा बँटने और अकेला छूट जाने की पीड़ा हर

बार उसे और अधिक अरक्षित और अकेला करती जायेगी। दूसरों को दोष देकर फौरी तौर पर स्वयं अपराध से बरी हुआ जा सकता है, लेकिन पीड़ा के दंश से मुक्त नहीं हुआ जा सकता।

कहानी दिलीप की मनोव्यथा के बारे में कुछ नहीं कहती, लेकिन अपनी कल्पना के चरखे पर कहानी की कताई करते हुए सोचती हूँ, कभी उसे मंजरी की तालाबन्द दराज में 'झाँकने' का मौक़ा मिल ही गया तो असित के फ़रमाइशी पत्र, चित्र, स्कूल की रिपोर्ट आदि को देख वह चौंके, न चौंके, विपिन के औपचारिक पत्र खोलते हुए ज़रूर उसके हाथ काँप गये होंगे, और फिर किसी एक पत्र में जब वह यह पढ़ेगा कि मंजरी के किसी पत्र के जवाब में उसने असित का आधा ख़र्च देना मंजूर कर लिया है, तो वह कितना तिलमिला गया होगा। यह मंजरी द्वारा उसके पतित्व की ही नहीं, साधिकार स्वीकारे पितृत्व की भी तौहीन है – मंजरी की ओर से माँ-बेटे की निजी ज़िन्दगी में 'बाहरी' व्यक्ति का अस्वीकार। यह दुष्चक्र अविश्वास, घुटन और मुक्ति की छटपटाहट को विपिन-मंजरी-दिलीप की ज़िन्दगी का ही सच नहीं बना देगा, असित/बंटी जैसी नयी पीढ़ी को भी सम्बन्धों की दरकी ज़मीन देगा जहाँ पारस्परिक विश्वास और हार्दिकता की फ़सल लहलहानी असम्भव हो जायेगी। तलाक़ और छीजते दाम्पत्य सम्बन्ध असली समस्याएँ नहीं हैं, चुनौतीपूर्ण समस्या है शिक्षा और आधुनिकता के नाम पर अपने चारों ओर खोखले दम्भ की दीवारें खड़ी कर संवादहीनता के ज़रिये नफ़रत और असहनशीलता की न पाटी जा सकने वाली खाइयाँ चौड़ी करते रहना।

अपवादस्वरूप कुछ कहानियों को छोड़ दें तो मन्नू भण्डारी के कथा-साहित्य में पुरुष के भीतर उतर कर उसके मन को थहाने की कोशिश प्रायः नहीं हुई है। पुरुष की रूढ़ छवि का उपयोग करके स्त्री-पात्रों की मानसिकता के अनुरुप उनके व्यक्तित्व की इकहरी परतों को खोजने का प्रयास किया गया है। कहानी-दर-कहानी परफैक्ट स्त्री रचने की व्यग्रता में वे पाती हैं कि ज़रा सी लेखकीय असावधानी होते ही उनकी नायिकाएँ मूर्खता की हदों को छूते एक अजीब से हठ और दुराग्रह के साथ स्थिति को विकरालतर बनाने में जुट जाती हैं। उच्च शिक्षा ने उन्हें पूर्वाग्रहों से मुक्त होना नहीं सिखाया, बल्कि अपने को पूर्वनिर्धारित निष्कर्षों में बाँध कर 'शहीद' होने की बेबसी को मज़बूत किया है।

वह मंजरी की तरह जानती है कि ''मानसिक तनाव के ऐसे विकट क्षणों में भी उसकी व्यावहारिक बुद्धि कुण्ठित नहीं हुई है'', लेकिन स्त्री की परम्परागत पराधीन/निष्क्रिय स्थिति ओढ़ने के 'सुख़' के साथ आज के विकराल समय में जीने के 'महिमामय कष्ट' से भी स्वयं को वंचित नहीं रखना चाहती –''इस युग में आशा करना ही मूर्खता है, क्योंकि आज ज़िन्दगी का हर पहलू, हर स्थिति और हर सम्बन्ध एक समाधानहीन समस्या होकर ही आता है, जिसे सुलझाया नहीं जा सकता, केवल भोगा जा सकता है; जिसमें आदमी निरन्तर बिखरता और टूटता चलता है।'' ऐसे घुटनों के बल बैठ कर क्या ज़िन्दगी का सफ़र तय किया जा सकता है?

मंजरी के ही हठ और शिला सरीखे मौन से रची गयी है 'ऊँचाई' की नायिका शिवानी – जीवन को देखने की अपनी ही विलक्षण दृष्टि, अपने ही तर्क और अपने ही निष्कर्ष। न संवाद की गुंजाइश, न दूसरे को पक्ष को समझने की इच्छा। इस स्त्री को समझने के लिए इस बार लेखिका सारा परिदृश्य ही पलट देती हैं – विपिन और मंजरी की भूमिकाएँ अदल-बदल कर; और सन्देह की संदिग्धता को 'अपराध' की निश्चयात्मकता में ढाल कर। अपराध विपिन यानी 'ऊँचाई' कहानी के शिशिर ने नहीं किया है, मंजरी यानी शिवानी ने किया है। किसी कमज़ोर पल के दबाव में नहीं, सोच-समझ कर आमन्त्रण देते हुए। ग्यारह बरस के सुख़ी वैवाहिक जीवन के बाद। विवाह-पूर्व प्रेमी अतुल को देह समर्पित करके। न कहीं शिशिर से विश्वासघात की पीड़ा, न अपने कृत्य की अनैतिकता पर ऊहापोह! एक दृढ़ न्श्चियात्मकता – मानो देह समर्पित करके अतुल को अपना प्रेम नहीं लौटा रही, जीवन के प्रति उसकी आस्था और उल्लास को लौटा रही हो। और उस 'वाकये' के बारे में अतुल का पत्र पढ़ कर ईर्ष्या, अपमान, विश्वासघात से तिलमिलाते शिशिर के लिए शिवानी के पास स्नेह और विश्वास का एक 'अपना-सा' बोल भी नहीं। है तो ठण्डे निरावेग ढंग से ढेरों शिकायतें जिनका होना मन को सन्तप्त करने के लिए नहीं, सिर झटक कर उड़ा देने के लिए है कि कैसा आदमी है शिशिर ''जिसने नैतिकता, प्रेम, विवाह, सेक्स सबको नापने के लिए अपने अलग गज़ बना रखे थे। एक ही बार नापने का मौक़ा आया तो गज़ छोटा पड़ गया।'' या ''जो कुछ हो गया, वह क्या इतनी बड़ी बात थी जिसके लिए यह सम्बन्ध टूट जाये? कितना गहरा था उनका यह सम्बन्ध

और कितनी गहरी आस्था थी उस सम्बन्ध के प्रति। उस आस्था ने ही तो उससे बिना किसी दुविधा-संकोच के वह सब करवा लिया था जो किसी भी नारी के लिए शायद असम्भव है।''

मैं जानती हूँ शिवानी कभी मंजरी को उसके बचकानेपन के लिए फटकारेगी नहीं। नहीं समझायेगी कि ''मिल कर बिताये हुए सुख़-दुख'' के दिन इस तरह 'झुठलाये' नहीं जा सकते; कि जो अपना है, उसे पूरे मन से लेकर और उतने ही पूरे मन से देकर दूसरों के प्राप्य पर आँख गड़ा कर क्यों रखी जाए यह भी जानती हूँ कि मंजरी-सी स्थिति में स्वयं आने पर वह अपने सब तर्कों को पलट देगी। अपने जिस तर्क के सहारे अब वह शिशिर की बोलती बन्द कर देना चाहती है, तब शिशिर के मुँह से वही तर्क सुन कर आगबबूला हो जायेगी कि ''मेरे जीवन में तुम्हारा जो स्थान है, उसे कोई नहीं ले सकता। लेना तो दूर, उस तक कोई पहुँच भी नहीं सकता। किसी के कितने ही निकट चली जाऊँ, चाहे शारीरिक सम्बन्ध भी स्थापित कर लूँ, पर मन की जिस ऊँचाई पर तुम्हें बिठा रखा है, वहाँ कोई नहीं आ सकता।'' शिशिर का यह सवाल तो अब तक अनुत्तरित पड़ा है शिशिर-शिवानी के बीच कि ''अगर मैं किसी दूसरी स्त्री से शारीरिक सम्बन्ध स्थापित करूँ तो तुम बर्दाश्त कर लोगी?''

मानना पड़ेगा कि चित-पट के खेल में ग़ज़ब की महारत हासिल की है इस स्त्री ने। ऐसी अडिग आस्था के साथ हठ को 'दृष्टि' बनाने की पैंतरेबाज़ी। याद पड़ता है सिमोन द बोउवा ने 'द सैकेंड सैक्स' में लिखा है कि यदि स्त्री को स्वतन्त्र आचरण करने की छूट दी जाये तो वह अनिवार्यतः पुरुष-व्यवस्था द्वारा बनाये गये नियमों का विरोध करेगी। लेकिन यह स्त्री तो जिस पितृसत्तात्मक व्यवस्था का विरोध करती है, उसी के आधारभूत नियम – पातिव्रत्य – को अपनी ताक़त बना कर खड़ी है। विरोधी जान कर प्रहार कहाँ करे कोई? 'पैट्रियार्क स्त्री' – मेरे लिए शिवानी इन्हीं दो शब्दों में सिमट जाती है और तब मामला स्त्री-पुरुष सम्बन्ध की पड़ताल का न रह कर दो सामन्तों के द्वन्द्वयुद्ध का बन जाता है। सोचती हूँ, यदि शिशिर क्षण भर को अपने होने को भूल कर 'सुनीता' (जैनेन्द्र कुमार) उपन्यास के श्रीकान्त की भूमिका स्वीकार कर ले तो क्या शिवानी-अतुल (सुनीता-हरिप्रसन्न) सम्बन्ध को झेलना उसके लिए सरल नहीं हो जायेगा? अपने इशारे पर पत्नी को किसी के भी बिस्तर में धकेलता पति यदि जायज़ है तो यही पहलक़दमी पत्नी

की रज़ामन्दी से होते ही नाजायज़ कैसे? शिवानी से भी मेरा यही अनुरोध है कि क्षण भर को वह स्वयं को सुनीता मान ले, और तब इस सवाल का उत्तर देने का प्रयास करे कि श्रीकान्त के आदेश की एकनिष्ठ अनुपालना में हरिप्रसन्न के सामने निर्वस्त्र होते हुए क्या उसके भीतर अपमान का लावा नहीं फूटा होगा? स्त्री-देह का उपयोग करके पुरुष के भीतर पुरुषत्व के बल और विश्वास को पोसने का प्रयास करते हुए क्या समूची पितृसत्तात्मक व्यवस्था स्त्री के मनुष्यत्व का अपमान नहीं करती रही? शिवानी के 'अवतार' में लौट कर उसे यह बताना ही होगा कि अतुल के प्रति देह समर्पण के मूल में मजनूँ-सरीखे उस प्रेमी को 'पजेस' कर लेने का दुर्निवार लोभ है या उस अहल्या-से पुरुष को शापमुक्त कर देने का बड़प्पन? या फिर नैतिकता का उलटा खेल खेलते हुए पितृसत्तात्मक व्यवस्था के वर्चस्ववादी उत्तराधिकारियों को चुनौती देने की चाहना?

मन्नू भण्डारी इस मायने में हिन्दी की प्रारम्भिक कहानीकार मानी जायेंगी कि वे पुरुष के उत्पीड़न की शिकार स्त्री की बेबसी को चित्रित करने की अपेक्षा एक ऐसी स्त्री को परिदृश्य पर लाती हैं जो तमाम नेकनीयती और सदाशयता के बावजूद अपने ही अन्तर्विरोधों और कपटपूर्ण आचरण से अपने चहुँ ओर मकड़जाल बुनने लगती है। मानो बता देना चाहती हों कि समय रहते यदि इस स्त्री ने अपने क़दमों को पीछे न लौटाया तो प्रतिशोध में उफनते आवेश के कारण वह अपनी गरिमा और सम्बन्धों को मर्यादा को फूँक डालेगी। ठीक वैसे जैसे 'चाक' उपन्यास में कलावती-पहलवान प्रकरण और श्रीधर-सारंग प्रकरण अपनी 'नैतिकता' को सिद्ध करने के लिए ठीक शिवानी सरीखे तर्क जुटाते हैं कि "यदि मैं ज़रा-सा देकर किसी के जीवन में पूर्णता ला सकती हूँ, उसके अभावों को भर सकती हूँ, उसके सारे जीवन का रवैया बदल सकती हूँ तो उसे देने में क्या हर्ज है?" या फिर सरक कर थोड़ा और आगे आयें तो मधु कांकरिया की कहानी 'चूहे को चूहा रहने दो' जो नफ़रत और प्रतिशोध के बीच अपनी दुस्साहसिकता को आधुनिकता का नाम देना चाहती है। अद्भुत है यह जानना कि साठ के दशक में स्त्री की यौन स्वतन्त्रता की पैरवी और नैतिकता के दोहरे मानदण्डों की निरर्थकता पर बहस उस समय की तीनों बड़ी कहानीकार अपनी-अपनी रचनाओं के माध्यम से कर रही थीं। घर की चारदीवारी में घुट कर दब्बू जीवन जीने वाली स्त्री की अपेक्षा सामाजिक जीवन में अपनी स्पष्ट माँगों और ज़रूरतों

के अनुरूप भागीदारी करने वाली स्त्री उभरने लगी थी। कृष्णा सोबती की 'मित्रो मरजानी' और उषा प्रियंवदा की 'मछलियाँ' कहानी में यौन-नैतिकता के परम्परानुमोदित प्रतिमानों को झटकने की क़वायद शुरू हो गयी थी। ख़ास बात यह थी कि स्वतन्त्रता और उच्छृंखलता दोनों के अन्तर को इन लेखिकाओं ने कभी धुँधला नहीं किया।

'ऊँचाई' कहानी का महीन पाठ शिवानी-अतुल सम्बन्धों की गहराइयों का विस्तार नहीं करता, दैहिकता के छिछले पोखर में जा डूबने की पीठिका रचता है। बिछोह के ग्यारह वर्ष का समय दोनों की ज़िन्दगी में अलग-अलग रंगत लिए आया है। शिवानी के पास इस दौरान पति और दो बच्चों से महकता भरा-पूरा संसार है, तो अविवाहित अतुल के पास शिवानी की स्मृतियों का जानलेवा बोझ जिसने उसे लोथ बना कर इस भौतिक संसार में तिल-तिल जीने को छोड़ रखा है। फिर भी, निजी ज़िन्दगी की पीड़ा को गरिमापूर्वक स्वीकारा है अतुल ने। ''अधिकार-अनधिकार की अपनी सीमाएँ जानता हूँ शीनू, तुम्हें बतानी न होंगी''– जीवन के अथाह विस्तार के बीच अपनी अकिंचनता का अकुण्ठ स्वीकार! ग्यारह वर्ष बाद मिली शिवानी ने उसके जतन से ढाँपे ज़ख़्मों को हरा नहीं किया है, बियाबान में औचक मिले किसी आत्मीय की तरह पुलका दिया है। अपेक्षाहीन मुलाक़ात भीतर की रिक्तियों को कैसे लबालब भर देती है, वह अनुभव करता है। उम्र और अनुभव के जिस मुकाम पर वह पहुँच चुका है, वहाँ जानता है मैत्री में मित्र का जेंडर बेमानी हो जाता है। उसने शिवानी को अब जिस नये रूप में पाया है, वहाँ वह अकेली नहीं, अपने परिवार के साथ उभरती है – बच्चों से भरा ऐसा परिवार जहाँ का निष्कपट प्रीतिपूर्ण वयवहार उसके भीतर तक को स्नेहपूरित कर जायें –''तुम्हारे सुख से सुख़ी होने का प्रयत्न कर रहा था।'' ठीक ज्ञानपीठ पुरस्कार विजेता गुरदयाल सिंह के उपन्यास 'मढ़ी का दीवा' के जगसीर की तरह जिसके लिए हृदय में भले ही भानी की यादें शेष हों, अब वह दुलारे बच्चों की माँ के रूप में ही उसके सामने उभरती है। वह उसके लिए एक ऐसी शरणस्थली बन जाती है जहाँ जाकर ज़माने भर का ठुकराया एकाकी जगसीर उसके बच्चों के संग खेलते हुए रसपगे वर्तमान और भविष्य में जीने का सुख़द अहसास कर पाता है। यही सब तो अतुल भी चाहता है – एक मधुर प्रगाढ़ सामाजिक सम्बन्ध। ''तुम जानती हो शीनू, तुम क्या कर रही हो? यह सब मैं तुम्हें कभी करने नहीं दूँगा... कभी नहीं।

मेरे लिए तुम अपना सारा संसार मिटा कर रख दो, तुम्हारी इतनी अनुकम्पा मुझसे सही नहीं जायेगी।'' शिवानी के आक्रामक प्रेम-वर्षण के बीच वह अपने को 'बचा' लेना चाहता है। पुरुष बलात्कार का शिकार नहीं होता, लेकिन जिस प्रकार वह अपनी 'अरुचि' का हवाला देते हुए शिवानी को बार-बार बरज रहा है, उससे लगता है कि वह वासना के कीचड़ में लोटपोट होने के उत्सुक ज्वार को रोक देना चाहता है। भावनात्मक आलोड़न की सृष्टि करती शिवानी की दलीलें उस तक आते-आते बेअसर हो उठी हैं –''मेरे प्यार की लाश ने तुम्हें जीती-जागती लाश बना दिया है। मेरा प्यार ही तुम्हें नया जीवन भी देगा। मेरे इस अधिकार को मुझसे कोई नहीं छीन सकता है।'' समाज में रह कर समाज के नियमों की अवहेलना नहीं की जा सकती। असहमति होने पर उन्हें बदलने की मुहिम शुरू की जा सकती है। निर्जन अँधेरे में मनमाफ़िक तोड़-फोड़ कर सार्वजनिक जीवन में उनका संवर्धन करना अनैतिक है। अतुल शिवानी को उसकी अनैतिकता से रू-ब-रू करा देना चाहता है –''यहाँ जो किया, कह सकोगी उसे (शिशिर से)?''

शिशिर के ऐसे ही नुकीले सवाल से भी कतरा कर निकल जाना चाहती है शिवानी कि ''सच-सच बताना, तुम क्या यह कहना चाहती हो कि सिर्फ़ देने की भावना से ही तुमने यह सब किया... शायद दया के वशीभूत होकर... भोगने या पाने की भावना उसमें कहीं नहीं थी?'' लाख कहती रहे शिवानी कि ''देने-पाने का हिसाब रखने की मेरी वृत्ति नहीं'', लेकिन शिशिर के समक्ष तमाम निरासक्ति के बावजूद मन में अतुल के साथ नया जीवन शुरू करने की वैकल्पिक व्यवस्था तो है ही –''अतुल इस बात को (शिशिर के साथ सम्बन्धविच्छेद) जानेगा तो कितना दुखी होगा, अपने को कितना-कितना कोसेगा और साथ ही एक बड़ी अजीब-सी बात उसके मन में आयी-मान लो भावावेश में आकर वह कह दे, मेरे कारण, मेरी ज़रा-सी खुशी के कारण तुमने अपने को बर्बाद कर लिया शीनू, अब-अब मुझे बनाने का अवसर और अनुमति भी दो।''

मैं शिवानी को बिल्कुल नहीं समझ पा रही हूँ। क्या वह उर्वशी-मेनका बन कर पुरुषों की समाधि भंग करने हेतु अपनी सदाशयता (?) और स्वतन्त्रता का इस्तेमाल करने के लिए विकसित हुई आत्मनिर्भर सुशिक्षित स्त्री है? अच्छा है कि मन्नू भण्डारी अतुल और शिशिर दोनों छोरों से उसे रिजेक्ट करती प्रतीत होती हैं। एक-से-एक अकाट्य तर्क हैं शिवानी की प्रत्यंचा में,

और भावनात्मक ब्लैकमेलिंग करती अपीलें भी। शिशिर को पानी-पानी करने के लिए अपनी मासूमियत पर विश्वास का मुलम्मा चढ़ाती है –"मैं तो सोचती थी, यह सम्बन्ध इतना ज़्यादा पवित्र है कि सारे संसार की अपवित्रता भी इसमें आकर पवित्र हो जाती है", और "तुम्हें लेकर मन का कोना-कोना कुछ इस तरह भरा हुआ है कि उसमें कोई और कहाँ से आयेगा भला?" तो अतुल को लट्टू-सा घुमाने के लिए इतना ही कहना काफ़ी है –"मेरे लिए जैसे शिशिर, वैसे ही तुम हो।"

सोच रही हूँ, आज के युग में जब ऊँचे तबके की नाइटलाइफ में 'वाइफ स्वाइप' सामान्य-सी बात हो गयी है, और वर्जिनिटी की अवधारणा को ध्वस्त करते हुए सिंगल मदर को समाज स्वीकार करने लगा है, तब बकौल शिवानी, उसने ऐसा क्या 'पाप' किया कि अपनी पिछड़ी सोच का परिचय देकर मैं राई का पहाड़ बनाये जा रही हूँ। हाँ, मैं उच्छृंखल यौनाचार की समर्थक नहीं हूँ – स्त्री के भी, पुरुष के भी। सदियों से पुरुष के अतिचार से स्त्री ने देह, मन, परिवार और समाज के स्तर पर जो यन्त्रणा झेली है, उसे पुरुष तक हस्तान्तरित करके हिसाब बराबर नहीं किया जा सकता। ठीक कहती है शिवानी कि "यदि हमारे सम्बन्धों का आधार इतना छिछला है, इतना कमज़ोर है कि हल्के से झटके को भी सँभाल नहीं सकता तो सचमुच उसे टूट ही जाना चाहिए।" तोड़ने के लिए ठण्डे दिमाग़ से बार-बार स्थिति पर पुनर्विचार करने की ज़रूरत नहीं पड़ती, लेकिन यह भी तय है कि आवेग और असहिष्णुता की वह मानसिकता किसी भी नये सम्बन्ध में जुड़ कर उसके भीतर रचने-बसने का स्थायित्व भी नहीं देती। मंजरी की तरह।

हठात् रवीन्द्रनाथ टैग़ौर की कहानी 'नष्टनीड़' याद हो आयी है। शिवानी की तरह ठीक पति की नाक के नीचे अमलेन्दु से प्रेम करती चारुलता! प्रेम को प्रेम की तरह छक कर पीती चारुलता! उस पर शिवानी की तरह किसी औदात्य की लीपापोती बिल्कुल नहीं। पति की 'नैतिकता के गज़' छोटे हो जाने के उलाहने देने की तमीज नहीं चारुलता में, लेकिन अपने पत्नीत्व को झुठला देने का अपराध-बोध तो है ही। भूपति में शिशिर की तरह विश्वासघात का दंश खाकर फुफकार उठने और पत्नी के प्रेम में कोमल पड़ कर उसके साथ सम्बन्ध निभाते चले जाने का द्वन्द्व है। शिशिर की तरह पत्नी की लाउड क्षमायाचना सुन कर 'माफ़' कर देने के विकल्प पर सोचता तक नहीं भूपति।

जानता है, अपमान से तार-तार हुई अस्मिता को सहेजने के लिए दीर्घकालिक एकान्त चाहिए, और प्रायश्चित्त की साधना के लिए भी ताकि अपने कलुष धोकर एक नया व्यक्तित्व पाया जा सके। यह भी जानता है कि स्पेस देकर और पाकर ज़ख़्मों को भरा जा सकता है। लेकिन गुरुदेव के कथा-चरित्रों सा औदात्य इन दोनों कहानियों के पात्रों में नहीं।

व्यक्ति में वैचारिक औदात्य का न होना जीवन में विभीषिका का प्रवेश-द्वार खोलने का सबब बनता है, इसमें कोई दो राय नहीं।

उषा प्रियंवदा : आत्मपरकता की उलझी सरणियों का मोहक संजाल

उर्फ़ रोमेंटिसिज़्म में फिर-फिर वापसी

"किस बिन्दु पर एक छोटी, भोली-भाली नासमझ लड़की गम्भीर हो जाती है, अपने बारे में, अपने आस-पास के संसार में, लिखने-पढ़ने में, किस बिन्दु पर देस-परदेस का भूगोल, परिभाषा और संज्ञा बदल जाती है, कब अपनी और परदेस की भाषाएँ आपस में अभिन्न हो गुँथ जाती हैं—शायद यह विभाजन रेखा बहुत क्षीण और धुँधली सी है।

वास्तविक और काल्पनिक चरित्रों, उनके गढ़े गये जीवन की उलझी-सुलझी गुत्थियों का हल ढूँढ़ने और उन्हें अपनी दृष्टि से स्वाभाविक और सहज समापन पर लाते हुए, अपने वर्तमान और अतीत को भी एक समीक्षक की दृष्टि से देखने की आदत बन गयी है। जैसे मेरा जीवन भी एक पुस्तक है, जिसमें कुछ एक़दम खुला है और कुछ एकदम गोप्य – जो मेरा प्राप्य और संचित पूँजी है, जो कि मेरी प्रेरणा का स्रोत और उत्स है, पर जब वह कहानी या उपन्यास के माध्यम से पृष्ठों पर बिखरता है, तब वह इतना बदला हुआ होता है कि उसमें मेरा कुछ भी अंश नहीं होता। शायद आत्मकथा और गल्प में यही अन्तर होता है। जीवन अनुभवों, भावनाओं, विचारों, अनुभूतियों के एक पतले से तन्तु को लेकर एक़दम नया संसार गढ़ सकना, उसे तरह-तरह के चरित्रों से आबाद करना, इसी में मेरी वास्तविक़्ता, प्रेरणा और कल्पना का मिश्रण है।"

(उषा प्रियंवदा, भूमिका, सम्पूर्ण कहानियाँ)

उषा प्रियंवदा को पढ़ना एक साथ बहुत से बिम्बों में घिर जाना है। बिम्ब, जो घुमड़ते बादलों की तरह अनायास तैरते चले आते हैं और एक सार्थक संगति में गुँथ कर पहले दृश्य का रूप लेते हैं, फिर एक बृहद् परिदृश्य में तब्दील होकर अपनी रचयिता की संवेदनात्मक अन्तर्दृष्टि और सरोकारों को बुनते हैं। सबसे पहला बिम्ब है 'छुट्टी का दिन' कहानी से। कॉलेज में पढ़ाने वाली आत्मनिर्भर अविवाहिता स्त्री... अकेलापन जाड़े की ऋतु की तरह हवाओं में घुला हुआ है... और उदासी की शॉल ओढ़ कर वह अपने को बचाने की कोशिश कर रही है।

फिर इस दृश्य में आ जुड़ता है 'कोई नहीं' कहानी का अक्षय... इस एकाकिनी बैरागिन के निरुद्वेगपूर्ण बर्फ़ से जमे अकेलेपन का रहस्य समझाने...। असफल प्रेम की टीस... दोनों ओर। बिछुड़े प्रिय को पाने की अदम्य लालसा और अप्रीतिकर यथार्थ का कटु बोध...

तीसरा बिम्ब एक मुकम्मल दृश्य न रच कर दृश्य तक पहुँचने वाली वैकल्पिक वीथियों की रचना करता है। इस बिम्ब में हैं अपने भविष्य, विवाह और सम्बन्ध से बेहद उदासीन स्त्री – आत्मघाती मानसिकता का प्रत्यक्षीकरण करते-करते जैनेन्द्रीय स्त्री का प्रतिबिम्ब रचती हुई ('सुरंग', 'प्रसंग' कहानियाँ); या फिर पलायन की एक और भंगिमा – हॉण्ट करती स्मृतियों के दंश से बचने के लिए देश की सरज़मीं छोड़ विदेश की अजनबियत में मुँह छुपाती कातरता ('सागर पार का संगीत' और 'टूटे हुए' कहानियाँ)।

रोमान उषा प्रियंवदा की कहानियों की विशेषता है जो आप्लावित कर देने वाली लहर की तरह उमड़ता है और पाठक के भीतर उदासी की कितनी ही बन्दिशों को भर देता है। चूँकि उल्लास की तरह उदासी का भी अपना एक सुनिश्चित आकार और आस्वाद होता है, इसलिए वह अपने को थहाने की क्रमिक अन्तर्यात्रा में अपने व्यक्तित्व की बनत को पहचानने, परिवेश के साथ सम्बन्धों की संगति को बैठाने, और बदलती परिस्थितियों के अनुरूप अपने को अधिक जीवन्त और मानवीय बनाने की साधना का नाम भी है। उषा प्रियंवदा की कहानियों में उदासी आत्ममुग्धता का रूप लेकर उपस्थित होती है और आत्मालोचन की तीखी सान पर चढ़ कर अपने को निःसंगतापूर्वक जाँचती है, लेकिन मुक्ति का रहस्य नहीं जानती। यह उषा जी सहित नयी कहानी आन्दोलन की तमाम कहानियों की विशेषता कही जा सकती है। इतनी समरूपा कि उषा प्रियंवदा की नायिकाओं की उदासी

के बरअक्स यदि निर्मल वर्मा की कहानी 'परिन्दे' की लतिका के अलगाव बोध में रची असंलग्नता को रखा जा सकता है तो शेखर जोशी की कहानी 'कोसी का घटवार' के गोसाँई की अनन्य संलग्नता भरी प्रतीक्षातुरता को भी, और हिरामन-हीराबाई के अन्तर्लोक को प्रदीप्त कर किन्हीं आचार-संहिताओं के अमूर्त दबाव में गुम होती हूकों को भी।

उषा प्रियंवदा की कहानियों में परम्परा के निर्वहण की अभ्यस्तता और उसे तोड़ देने की सजगता एक साथ गुँथी हुई मिलती है। आज की इक्कीसवीं सदी में हालाँकि प्रेम अनेक विधि-निषेधों से गुज़र कर कभी अपने को नितान्त उपभोक्तावादी रूप में प्रस्तुत कर रहा है और कभी सामन्तवादी पजेसिव चरित्र लेकर स्त्री को देह के पार नहीं देख पा रहा है, लेकिन हिन्दी कथा-परम्परा में प्रेम त्याग, समर्पण और औदात्य की ऐसी ज़मीन रहा है जहाँ बिछोह नियति का और मानसिक आराधन मनुष्यता का प्रतीक बन कर प्रेम को अलौकिक आनन्द की वस्तु बनाता रहा है। भारतीय परिवार और समाज का ढाँचा जितना अपरिभाषेय प्रेम का दमन करता है, मन के गुह्य कोनों में प्रेम की चाह उतनी ही तीव्रतर होती चलती है। इसलिए आश्चर्य नहीं कि हिन्दी की अधिकांश प्रारम्भिक कहानियों में प्रेमोन्मत्तता और प्रेम की पुकार ही दिखाई देती है जो प्रसाद, जैनेन्द्र, अज्ञेय आदि दिग्गज कथाकारों के हाथ से गुज़रते हुए नयी कहानी आन्दोलन तक पहुँचती है। यह ठीक है कि प्रेम-केन्द्रित कहानियाँ समाज में होने वाली भीतरी-बाहरी हलचलों की थाह उस प्रामाणिकता और गहनता में नहीं ले पातीं, लेकिन यह भी उतना ही बड़ा सत्य है कि प्रेम के इर्द-गिर्द बुनी कहानियाँ प्रिय के द्वन्द्व, मानसिकता, ऊहापोहों के ज़रिये समाज की वैचारिक-नैतिक मान्यताओं, सामाजिक संस्थाओं के भीतर गुपचुप आकार लेने वाली हिलोरों, देशी-विदेशी प्रभावों तले बनती एक नयी संस्कृति को भी प्रकाश में लाती हैं। इसलिए आश्चर्य नहीं कि उषा प्रियंवदा की कहानियाँ में उभरने वाली बिम्बात्मकता प्रेम-समर्पिता स्त्री तक जाकर समाप्त नहीं होती, वह 'मछलियां' कहानी में 'बड़ी मछली' का बिम्ब बन कर मूक समर्पण को काँइयाँ प्रतिशोध तक ले जाती है। कम-से-कम हिन्दी साहित्य के लिए यह एक चौंकाने वाली परिघटना है – त्याग की प्रतिमूर्ति को प्रतिशोध की चिंगारी में तब्दील कर डालने की साहसिकता भर नहीं,

'भारतीयता' के इर्द-गिर्द बुनी 'आदर्श स्त्री' की अवधारणा को ध्वस्त कर डालने की पाखण्डविहीन निर्भीकता। इसलिए भी कि पुरुष से जिस कर्त्ता भाव की अपेक्षा की जाती है, और स्त्री को निष्क्रिय छवि में रूढ़ कर परिणामों को भोगने की अपेक्षा की जाती है, अब वही स्त्री स्वयं स्थितियों की नियन्ता होकर घटनाओं को अंजाम देने और दूसरों की भाग्य-लिपि लिखने का जोखिम उठाने लगी है।

1952 से 1989 तक के कालखण्ड में फैली उषा प्रियंवदा की कहानियों का अधिकांश साठ के दशक में उनके विदेश प्रवास के बाद आया है। ज़ाहिर है डायस्पोरा मनोविज्ञान रिवर्स कल्चरल शॉक से उबरने की क्रमिक प्रक्रिया को नॉस्टेल्जिया में तब्दील कर देता है। इसलिए उषा जी की कहानियों की ज़मीन भले ही विदेशी हो गयी हो, वहाँ की खुली संस्कृति और उदार वर्जनामुक्त माहौल से सम्बन्धों में सहजता और कुण्ठाहीनता पनपी हो, लेकिन उनकी नायिका स्वयं को भारतीयता के संस्कारों से मुक्त नहीं कर पायी है। यही वजह है कि दाम्पत्येतर प्रेम सम्बन्ध बनाते हुए भी वह अपराध बोध और लोकापवाद के भय से ग्रस्त रहती है। सरपट दौड़ते हुए अचानक ठिठक कर खड़े हो जाना, और फिर बिना कुछ कहे अपनी खोह में दुबक जाना उनकी स्त्री की विशेषता है। उषा जी बेहद महीन और कलात्मक पच्चीकारी के साथ उसके चारों ओर रहस्यात्मकता का वातावरण बुनती हैं, जो एक सम्मोहक तिलिस्म का रूप धर कर पाठक के भीतर सीढ़ी-दर-सीढ़ी उतरता चला जाता है, ठीक कृष्णा सोबती की लम्बी कहानी 'तिन पहाड़' की जया की तरह। मैनरिज़्म उषा प्रियंवदा की नायिकाओं की ख़ास पहचान है जो उन्हें आभिजात्यपूर्ण गरिमा देने के साथ-साथ ठहराव भरा व्यक्तित्व भी देता है। शिक्षिता एवं आर्थिक रूप से आत्मनिर्भर नायिकाओं का यह उदासी भरा ठहराव चूँकि सम्बन्धों की ज़मीन से परे उनके कार्यक्षेत्र, गार्हस्थिक सरोकारों या सामाजिक संलग्नताओं में दिखाई नहीं पड़ता, इसलिए अपनी अन्तिम परिणति में जड़ फ्रेम में विघटित होने को अभिशप्त होता है।

ठीक यहीं पाठक की बेचैनी उसे तदयुगीन अमेरिकी समाज के भीतरी चरित्र की शिनाख़्त करने को प्रेरित करती है। उषा प्रियंवदा की कहानियों का पाठ करते हुए यह ध्यान रखा जाना बेहद ज़रूरी हो जाता है कि साठ के दशक में भारत छोड़ कर विदेश-प्रवास के लिए जब वे अमेरिका गयीं,

उस समय भारत और अमेरिका की सामाजिक-सांस्कृतिक-आर्थिक परिस्थितियों में ज़मीन-आसमान का अन्तर था। लगभग एक सदी के अनथक संघर्ष के बाद स्वतन्त्रता प्राप्त कर भारत सामन्तवाद और साम्राज्यवाद के चंगुल से मुक्त होकर लोकतान्त्रिक परिवेश में आधुनिकता का 'सुख़' पा रहा था; और अमेरिका सहित पूरा पश्चिम युद्धोत्तर समय में आधुनिकता को उत्तर-आधुनिकता की बहसों में ढाल कर पूरी तरह से उपभोक्तावादी समाज में तब्दील हो रहा था। ब्रांड संस्कृति, लालसाओं को जगाने वाली वस्तुओं से भरे जगर मगर मॉल, जेब में क्रेडिट कार्ड के रूप में दास की तरह सिर नवा कर पड़ी बेशुमार दौलत, टी.वी. द्वारा परोसे गये विचारों (विज्ञापनों) से चेतन होने का 'आत्मविश्वास'– इक्कीसवीं सदी के आज के दौर में भारतीय समाज जिस आत्मप्रवंचनात्मक यथार्थ को जी रहा है, वह उस समय के पाश्चात्य समाज का अलौकिक लगने वाला सच था जिसकी तदयुगीन भारतीय द्वारा एक सुरक्षित दूरी के साथ कामना तो की जा सकती थी, लेकिन स्वयं को उसके बीच पाकर तत्पर अनुकूलन नहीं किया जा सकता था। ज़ाहिर है इसीलिए उषा प्रियंवदा की कहानियाँ इस परिवेश में अनुकूलन नहीं करतीं, एक गहरी असुविधापूर्ण भंगिमा के साथ तकनीक-विज्ञापन द्वारा रची उपभोक्तावाद की मायावी संस्कृति की संश्लिष्ट तहें खोलने लगती हैं। विदेश-प्रवास के दौरान रची गयी कहानियाँ हालाँकि सतही तौर पर प्रेम की द्वन्द्वात्मकता के बीच उन्मुक्त यौन सम्बन्ध की ओर बढ़ती आधुनिका भारतीय स्त्री की बदलती (बोल्ड) छवि को सामने लाती हैं, लेकिन असल में इन कहानियों में उषा प्रियंवदा खुद अपने से दो स्तरों पर जूझते हुए दिखाई देती हैं। एक, आत्मसार्थकता की तलाश में निकली भारतीय स्त्री के सपनों का पीछा करते हुए उसके पर कतरने वाली संस्थाओं की क्रमिक शिनाख़्त; और दूसरे, पश्चिम की समृद्धि, विकास और उन्मुक्त माहौल के पीछे की जड़ताओं-जकड़बन्दियों को अनुभव के स्तर पर झेलना। वे देखती हैं कि स्त्री को 'वस्तु' रूप में देखने का आदी भारत का सामन्ती समाज स्त्री की मानवीय इयत्ता को लेकर इतना अधिक असंवेदनशील हो गया है कि स्वयं स्त्री भी अपनी जीवन्तता के प्रति सन्देही हो उठी है। ठीक वैसे ही जैसे वस्तुओं-सुविधाओं-ऐश्वर्यों के बीच जन्नत का लुत्फ़ लूटता पश्चिम का उपभोक्ता समाज इतना अधिक वस्तु-संवेदी (ब्रांड कांशस) हो गया है

कि स्वयं वस्तु में तब्दील हो अपनी ऐहिक भूख को हवा देते-देते मनुष्य की अस्मिता और मानवीय सम्बन्धों की गरिमा के प्रति असंवेदनशील हो गया है। कहने को पूर्व और पश्चिम की परिस्थितियाँ दो ध्रुवों की तरह एक-दूसरे के ठीक विपरीत हैं, लेकिन परिणामजन्य स्थितियाँ बिल्कुल एक सी हैं – वही असंवेदनशीलता और अ-हार्दिकता–एक जगह स्त्री के प्रति, दूसरी जगह मनुष्य मात्र के प्रति।

समानता के बाहरी ढाँचे को तैयार करने में कितनी मशक्कत क्यों न की जाये, इतना तय है कि भारतीय परिवेश में रहकर रचना करने वाली लेखिकाओं और उषा प्रियंवदा की वैचारिक यात्रा में समय के साथ-साथ मूलभूत अन्तर गाढ़ा होता गया है। 1971 को हिन्दी स्त्री कथा लेखन का महत्त्वपूर्ण मोड़ मानें तो कहा जा सकता है कि इस समय तक एक द्वन्द्वहीन, निर्भीक, वैचारिक रूप से प्रखर और मौन को ज़हरीले शब्दों में बोलने वाली औरत का जन्म हो चुका था। मृदुला गर्ग, ममता कालिया और बाद में नासिरा शर्मा ने प्रेम और पारिवारिक-सामाजिक सम्बन्धों के वर्तमान स्वरूप के औचित्य पर सवाल उठाना शुरू कर दिया था। परिधि पर अकारथ घूमती स्त्री को केन्द्र में लाने की, और व्यवस्थाजनित आचार-संहिताओं के दबाव को झटक कर अपनी रीढ़ के सहारे खड़े होने की कोशिशें समय का नया सफ़र-ताल रचने लगी थीं। उल्लेखनीय है कि मोहभंग की प्रचारित उद्घोषणाओं के बावजूद भारतीय समाज मूल्यों-प्रतिबद्धताओं और साम्प्रदायिकता की भावना में डूब-उतरा रहा था। तकनीकी और सूचना क्रान्ति दूर-दूर तक नहीं थीं। विकास की गति मन्थर थी, सबको साथ ले चलने की धीर शालीनता और दायित्वशीलता के साथ। संवाद मनुष्य को मनुष्य से, मनुष्य को सम्बन्धों की गर्माहट से और समूचे समय-समाज से जोड़े रखने वाली अविच्छिन्न कड़ी था। संवाद समय को पलटने की ताक़त ही नहीं होता, मिल-बैठकर परिवर्तन का साझा ड्राफ्ट बनाने की वैचारिक समृद्धि का द्वार भी खोलता है। उषा प्रियंवदा की कहानियों के अमेरिकी परिवेश में तमाम भौतिक समृद्धि के बीच मनुष्य के अन्तरतम को रंक कर देने वाली यह विपन्नता (संवादहीनता) साफ़ देखी जा सकती है। इसलिए वे 1984 में 'आधा शहर' कहानी की रचना करें या 1989 में 'प्रसंग' की, उनकी स्त्री की आकांक्षा कोई एक ऐसा कन्धा पा लेने की है जिस पर सिर टिकाकर वह

वर्षों से संचित हृदय का बोझ उँड़ेल सके। तब पितृसत्तात्मक व्यवस्था के विरुद्ध विद्रोह का झंडा उठाकर चलती अन्य हिन्दी कहानीकारों की अपेक्षा उषा प्रियंवदा की कहानियाँ एक ऐसे बिम्ब को रचती हैं जहाँ मातृत्व के सहारे आत्मसार्थकता और निष्कलुष निःस्वार्थ संवाद पाने की बेचैनियाँ हैं। चूँकि उषा प्रियंवदा की कहानियाँ भारतीय परिवेश से भिन्न एक अति विकसित समाज के बीच पनपी परिस्थितियों की कहानियाँ हैं, इसलिए तत्कालीन भारतीय पाठक की दृष्टि और अपेक्षाओं के लिए वह समय से आगे की रचनाएँ हैं जो 21वीं सदी के दूसरे दशक के पाठक के लिए समकालीन भाव-बोध की रचनाएँ बन जाती हैं। 'पुनरावृत्ति' कहानी को निस्संकोच उदाहरण के रूप में प्रस्तुत किया जा सकता है। उषा जी की ख़ासियत है कि रोमानी प्रेमकथा का भ्रम रखते हुए वे अपनी कहानियों में समाज के यान्त्रिकीकरण की घोर अमानवीय स्थिति को केन्द्र में ले आती हैं। 'पैरंबुलेटर' कहानी जैसा संवेदनात्मक आवेग उनकी कहानियों में क्रमशः छीजता चलता है क्योंकि मानवीय संवेगों-सम्बन्धों को वस्तुओं द्वारा प्रतिस्थापित करने की मुहिम को विकास का नाम देकर समय ने चकाचौंध भरी रोशनियों के पिछवाड़े खड़े अँधेरे और खोखलेपन को समाज का सच बना दिया है। उषा प्रियंवदा की कहानियाँ एक स्तर पर स्त्री की तरल आकांक्षाओं का प्रगीतात्मक आरोह हैं, तो दूसरे स्तर पर समय की विभीषिकाओं की स्तब्ध पड़ताल भी। बड़बोलेपन को मौन प्रतिरोध, संघर्ष को चिन्तन, और जीने की लालसा को जीवन के विश्लेषण की अपरिहार्यता में ढालकर उषा प्रियंवदा अपनी अलग पाँत बनाती हैं। वैश्विक धरातल पर घटनाओं और स्थितियों में भारी उथल-पुथल के बावजूद उनकी स्त्री अपनी उन्हीं बुनियादी अभिलाषाओं और सपनों के साथ एक अनुत्तरित सवाल बन कर खड़ी है। उत्तर तक न पहुँच पाना लेखक की सृजनात्मक क्षमता की चूक नहीं, भौतिक परिवर्तनों के हिंडोले पर झूलते समाज की आत्मरतिग्रस्त्ता का प्रत्यक्षीकरण है जो स्त्री (पुरुष), सम्बन्ध और समाज की गरिमा पर पुनर्विचार किये बिना लीक पीटने को ही आगे बढ़ना मानता है। प्रेम कर सकने की क्षमता को उषा प्रियंवदा स्त्री-पुरुष, समय और समाज के 'मनुष्य' हो जाने का मूलमन्त्र मानती हैं क्योंकि प्रेम किसी को पा लेने, या ना पा सकने की स्थिति में उसी-उसी एक बिन्दु के वृत्त में क्षरित होते चले जाने का नाम नहीं है। प्रेम एक्सटेसी के एक 'रियल' प्रगाढ़ पल

को जीवन भर की थाती समझकर समय के अनुरूप अपने को ढालने-जीते जाने की परिपक्वता भी है। कोहरे की तरह अंकवार करती उदासी और आग के दरिया सरीखे दैनन्दिन दायित्वों में गुम हो जाने की 'तत्परता' में अपने को बार-बार अन्वेषित और विस्तृत करता प्रेम उनकी कहानियों के अन्तिम बिम्ब की तरह पाठक की चेतना को आवेष्टित कर लेता है।

कुछ पल गजाधर बाबू के साथ

प्रेम मायूसी है। मृगतृष्णा भी। लेकिन तभी जब अपेक्षाओं की अँधेरी चादर विवेक की आँख पर गान्धारी-पट्टी की तरह आ बँधे। प्रेम न कुछ पाने की जद्दोजहद है, न अपने आनन्द में मग्न रहने की निश्चिन्तता। वह निरन्तर 'दूसरे' के बारे में सोचते रहने की चैतन्य अवस्था भी है। 'वापसी' कहानी पढ़ती हूँ तो लगता है, रिक्तियों और दबावों के बीच तनाव और अवसाद, उपेक्षा और अकेलेपन से जूझते हुए अपने को बचाये रखने की जिन्दादिली ही दरअसल प्रेम है ताकि बरगद की तरह छाँह देकर दूसरों के दुख-ताप को हरा जा सके। प्रेम ज़िम्मेदारियों में पैबस्त नित्यक्रमिकता है, और अपने को भरा-पूरा हरियाये रखने की मानसिकता भी। संवेदना का वह नरम तन्तु जो चिन्ता और लगाव बनकर अपने और पराये के बीच सम्बन्धों की कितनी ही महीन उजली परतों को बुनता-पिरोता चलता है, वह प्रेम नहीं तो और क्या है?

सोचती हूँ, यदि उषा प्रियंवदा ने 'वापसी' के अतिरिक्त अन्य कुछ भी न रचा होता तो भी वे चन्द्रधर शर्मा गुलेरी की तरह हिन्दी साहित्य-प्रेमियों के हृदयासन पर आरूढ़ रही होतीं। 'वापसी' की बात करते ही स्मृति में कितने ही शब्द-चित्र कौंधने लगते हैं – छोटे से रेलवे स्टेशन पर हरी झंडी दिखाकर ट्रेन को विदा करते गजाधर बाबू; गनेसी के हाथ की गरमा-गरम जलेबी-पूरियाँ खाकर भी पत्नी-बच्चों की याद में बुढ़ाते गजाधर बाबू; रिटायरमेंट की रिक्तता के बरअक्स 'घर' जाकर 'समृद्ध' हो जाने की कल्पना में उड़ते गजाधर बाबू; रज़ाई-अचार के मर्तबानों और ठुँसे हुए छोटे से स्टोर में अपनी जर्जर-सी चारपाई पर लेटे गजाधर बाबू। लेटने में पस्त होने की हताशा जितनी उग्र होती है, उतनी ही मुखर होती हैं स्मृतियाँ – किन्हीं दो पलों को आमने-सामने रखकर खोना-पावना का हिसाब-किताब करतीं ढीठ स्मृतियाँ। पस्त होने में परास्त होने की मनःस्थिति तो है ही।

गजाधर बाबू यदि पाठक के चित्त पर दशकों के अन्तराल के बाद भी अमिट हैं तो महज़ इसलिए कि परिस्थितियों द्वारा परास्त किये जाने के बावजूद वे परिस्थितियों के सामने घुटने नहीं टेकते। गृहस्थी की शर-शैया पर भीष्म पितामह की तरह रोम-रोम में पीड़ा महसूस रहे हैं वह। अपने ही रक्त द्वारा परित्यक्त कर दिये जाने की पीड़ा! लेकिन इच्छा-मृत्यु को जीवन का अन्तिम विकल्प बनाने से पहले वह इच्छा, जीवन और मृत्यु तीनों के चरित्र की अलग-अलग शिनाख़्त कर लेना चाहते हैं।

मैं संवेदना को क़मन्द बनाकर कहानी में उतरने लगती हूँ। साथ ही बेआहट चलते आ रहे हैं ज्ञानरंजन की कहानी 'पिता' के पिता। बेहद सजग भाव से मेरी नज़रों से स्वयं को छिपाते हुए। मैं भरपूर देखकर उन्हें न देखने का अभिनय करती हूँ – अपनी और उनकी दोनों की लाज बचाये रखने को। तन्मयतापूर्वक गजाधर बाबू की इच्छाओं की पोटली को खोलने लगती हूँ। कैसी तो साधारण सी दुनियावी इच्छाएँ हैं! स्नेह देकर स्नेह पाने की आकांक्षा! घोर पारिवारिक व्यक्ति हैं गजाधर बाबू! परिवार माने ज़िम्मेदारियाँ – बच्चों की शिक्षा, बेहतर जीवन-स्तर, ब्याह-शादियाँ! और वे स्वयं मानो बैल हों! लीक पर बँधे श्रम और समर्पण का प्रतीक! ज़िन्दगी की किताब में उन्होंने बस यही सब लिखा है। कहीं-कहीं कोई फड़फड़ाता रंगीन पन्ना है भी वहाँ तो महज़ एक, जिसमें चीनी मिल के रामजी लाल से गाढ़ी छनती दोस्ती की खिलखिलाहट है और समाज के बीच इज़्ज़त-रसूख पाने के कुछ गौरवपूर्ण क्षण। अपनी ज़िन्दगी से कोई उज्र नहीं गजाधर बाबू को। वे यथार्थ पर गहरी पकड़ बनाये रखना चाहते हैं और पत्नी-बच्चों से बिछोह की कसक को कल्पना का मनोरम लोक बुन कर धो डालते हैं जहाँ रिटायरमेंट के बाद बच्चों के साथ जी भर कर 'उपद्रव' मचाना है; पत्नी के संग मीठा-मीठा गपियाना है, और बच्चों का नेह भरा संरक्षण पाकर पुलकित भाव से ज़िन्दगी की दूसरी पारी को खेलना है। ये इच्छाएँ मुंगेरीलाल के हसीन सपने कदापि नहीं। फिर क्यों हुआ ऐसा कि गजाधर बाबू इनमें से कुछ भी मनचाहा नहीं कर पाये? गुड़ीमुड़ी गठरी की तरह अपने ही निर्जन अकेलेपन में फेंक दिये गये?

मैं पूर्ववर्ती आलोचकों की इस राय को स्वीकार नहीं कर पाती कि यह कहानी पुरानी पीढ़ी के प्रति नयी पीढ़ी की संवेदनहीनता का आख्यान है; कि आधुनिक होते क्रूर समय ने परम्परा, मूल्यों और भावनाओं को तिलांजलि

देकर भौतिक स्वार्थों की राह पकड़ ली है; कि यह सम्बन्धों के छीजते चले जाने की कहानी है।

यदि पूर्ववर्ती आलोचकों के रंग में रंग कर मान भी लूँ कि यह सम्बन्धों के छीजते जाने की कहानी है तो फिर इस सवाल का जवाब तो खोजना ही पड़ेगा न कि गजाधर बाबू को 'पराया' करने वाला परिवार उनकी पत्नी के साथ एक गहरी अनुरागमयी आत्मीयता से क्यों बँधा है? क्या महज़ इसलिए कि वह उपयोगी है – खाना बनाने से लेकर गृहस्थी चलाने तक के सारे दायित्वों को अपने सिर पर ढोती श्रममूलक इकाई जिसका भुगतान नकद मुद्रा में करना पड़े तो मध्यवर्गीय परिवारों के छक्के छूट जायें? यदि ऐसा है तो क्या बच्चों द्वारा 'इस्तेमाल' किये जाने की अपमानभरी अनुभूति से गजाधर बाबू की पत्नी तिलमिलाती नहीं होंगी? हो सकता है, वह अपने बुनियादी चरित्र में गुज़रे जमाने की पितृसत्तात्मक व्यवस्था की सोच से परिचालित पितृसत्ताक स्त्री हो, जो मानती हो कि बचपन मे पिता, जवानी में पति और बुढ़ापे में बेटे के अधीन रहना उसकी नियति है. और इसलिए बेटा-बहू-बेटी को लेकर तमाम शिकायतों के बावजूद मन मारकर वहाँ पड़ी हो। निष्कृति के तमाम रास्ते बन्द हों तो सिर की छत ही आश्वस्ति देने लगती है। लेकिन यदि वह सचमुच उस 'अपमान भरे' माहौल में 'घुट' रही होती, और उस घर से बाहर 'मुक्ति-द्वारों' की कामना कर रही होती, तो चीनी मिल में नयी नौकरी के लिए निकले गजाधर बाबू के प्रस्ताव पर ख़ुशी से न उछल पड़ती। गजाधर बाबू के चले जाने की ख़बर ने उन्हें जितना सुकून दिया है, साथ ले चलने के प्रस्ताव ने उतना ही बड़ा झटका भी दिया है–"मैं? मैं चलूँगी तो यहाँ का क्या होगा? इतनी बड़ी गृहस्थी... फिर सयानी लड़की...।" आड़ लेना चाहे तो बहानों की कमी नहीं रहती इन्सान के पास। तो सवाल जस का तस वहीं बना हुआ है कि परिवार में गजाधर बाबू की अस्वीकृति और उनकी पत्नी की स्वीकृति के पीछे कौन से अन्य कारण सक्रिय हैं?

बार-बार नज़र बचाकर किसी झाड़ी, किसी ओट में छुपते पिता (ज्ञानरंजन) अचानक लड़खड़ा गये हैं। बहुत हुआ आँख-मिचौली का बचकाना खेल! मैं ठीक सामने जाकर प्रणाम करती हूँ और कुशल क्षेम के बाद बताती हूँ कि गजाधर बाबू की विडम्बनात्मक स्थिति को लेकर कितनी चिन्तित हूँ।

वह कुछ असहज हो गये हैं। दुख से नहीं, मन की किसी चोर-ग्रन्थि पर पैर रखे जाने से। उनकी असहजता पर लेप लगाने की गरज से कहती हूँ –'आपके पुत्र तो कितना-कितना ख़्याल रखते हैं आपका! कमरा, सामान, सुख़-सुविधाएँ – सब एक से बढ़कर एक। आप पंखा बन्द कर भीषण गर्मी में खर्राटे भरते हैं और वे जाग-जाग कर परेशान रहते हैं कि क्यों पिता अपने को इतना दुख दे रहे हैं। आपकी आत्म-पीड़ा उनके लिए कठोर दण्ड बनकर आती है।'

पिता ने एक उचटती नज़र मुझ पर डाली और खिसकने के लिए ज़रा हिले ही थे कि मैंने अपनी मज़बूत मुट्ठी में उनकी दुबली कलाई बाँध ली। 'गजाधर बाबू तो आप जैसे रूखे, कड़क, आत्मकेन्द्रित नहीं हैं बाबा। उत्फुल्ल भाव से बच्चों की महफ़िल में जा धमकते हैं कि बुढ़ाती उम्र में ज़िन्दगी के लुत्फ का जवान चेहरा भी चीन्ह-पहचान सकें। आप तो जैसे चौबीसों घण्टे कोप भवन में।" मैं हँस दी। सचमुच बेटों को खड़का देने वाले पिता बेटियों के लाड़ में बँध जाते हैं। मेरे आरोप के प्रतिकार में एक भी जवाब नहीं। बस गहरी साँस! फिर कहा–'पिता को समझते हैं बेटे। उन्हीं का प्रतिरूप हैं न! वही अहं, वही ग्रन्थियाँ, वही कर्त्ता होने का भाव, वही केन्द्र में बने रहने का चाव। पिता (पुरुष) स्त्री नहीं होते कि माँ (स्त्री) की तरह क्षण-क्षण खिसक कर जगह देते रहें – कभी गोद में, कभी बाहों में, और कभी अपना समूचा वजूद अँगूठे की ओट में छुपा कर अदृश्य हो जायें। पुरुष का इच्छा-लोक समर्पण में नहीं, आदेश से संचालित होता है। वह प्रतिद्वन्द्वी के रूप में आत्मसमर्पिता स्त्री को नहीं पाता, सामने तने पुत्र को पाता है जो उसके स्वामित्व की ज़मीन छीनते-छीनते इंच भर जगह भी उसके लिए छोड़ना नहीं चाहता। तुम सत्ताहीन स्त्रियाँ क्या जानो सत्ता से बेदख़ल कर दिये जाने का त्रास क्या है? मैं मारा-मारा फिरता हूँ कि शून्य कर दिये जाने की नियति मुझे बेचैन बनाये रहती है; आत्म-दया को आत्म-पीड़न की तरह इस्तेमाल करता हूँ कि मेरा साम्राज्य छीन कर मेरा प्रतिद्वन्द्वी पुत्र मेरे वजूद को कभी भूल न पाये।'

'छिः!' गहरे तिरस्कार से मेरा सर्वांग काँप गया।

'पिता सन्तान को संरक्षण देता है। उसके व्यक्तित्व में अपने सपने गूँथ कर एक अनन्त आसमान उड़ने के लिए तैयार करता है। सन्तान उसका आत्मविस्तार है, पूरक अंश!'

पिता हँस दिये –'ब्याह के सब गीत सच्चे नहीं होते। मूल्य और मर्यादा किताबों में संजोकर न रखे जायें तो ज़िन्दगी में हर पल वीरानगियों के अन्धड़ उड़ते चलें। सिंहासन पाने के लिए पिता और भाइयों के सर काटते हैं पुत्र। पुत्रियाँ नहीं। सत्ता से बेदख़ल स्त्रियाँ स्नेह के तार जोड़कर मज़बूत न बनें तो जिएँ कैसे? इसलिए वे दबी-ढकी सच्चाइयों की ख़ुर्दबीनी जाँच नहीं करतीं। नेह की एक तार लेकर उसी से लच्छी भर सूत कातने लगती हैं। तुम्हारे गजाधर बाबू इतने ममतालु हैं क्योंकि वह स्त्री-क़लम की संवेदनशीलता से रचे गये हैं। टिपिकल बेटी के टिपिकल पिता! सारे आड़-आवरण हटाकर पढ़ पाओ उन्हें तो मेरी ही उद्विग्नता का रूप लगेंगे। वैसे यह जान लो, विस्फोट धड़कते ज्वालामुखी ही नहीं करते, वजूद का नौ बटा दस हिस्सा पानी में छुपा कर मासूम आइसबर्ग भी करते हैं।'

नहीं, मेरा हाजमा इतना दुरुस्त नहीं कि ऐसी हौलनाक सच्चाइयों को हजम कर सकूँ। भटकते रहें पिता वर्चस्व की अतृप्त इच्छाओं के अपने अन्धकूप में। मैं परिवार के बीचोबीच जाकर समाज के मनोविज्ञान को पढ़ने की कोशिश करूँगी। मैं बार-बार उसी दृश्य को उठाती हूँ जो मेरी संवेदना पर मर्मान्तक प्रहार बनकर आया है। कहकहों से गूँजते कमरे में गजाधर बाबू प्रवेश करते हैं तो जैसे लहलहाती फ़सल पर पाला पड़ जाता है। नृत्य-मुद्रा में कमर पर हाथ रखकर फ़िल्म अभिनेता की नकल उतारता नरेन्द्र एक़दम 'स्टैचू' बन जाता है। बेसुध हँसी हँसती अमर की बहू को मानो साँप सूँघ जाता है और क्षणांश बाद होश में आते ही पल्लू-अंचल सँभाल दृश्य से ग़ायब हो जाती है। बेटी बासन्ती है कि गम्भीर बनने की लाख कोशिशों के बावजूद हँसी की अवरुद्ध लहरियों से फड़फड़ा रही है। गजाधर बाबू को काटो तो ख़ून नहीं। वे तो उत्सव से आनन्द-रस लेने आये थे; यमदूत की तरह ज़िन्दगी पर मौत का कहर बरसाने नहीं। क्यों उनकी सदाशयता बच्चों तक नहीं पहुँची? मैं ख़ुद से सवाल करती हूँ और पचास-साठ के दशक के भारतीय परिवारों की संरचनात्मक पड़ताल करने लगती हूँ। पिता परिवार के लिए पूँजी जुगाड़ने की मशीन हुआ करते थे तब (आज की शब्दावली में एटीएम या क्रेडिट कार्ड) और माँ स्नेहपूर्ण साज सँभाल की प्रतीक। पिता के साथ 'सम्मान' शब्द जुड़कर आता था जो अपनी अर्थव्यंजना में 'आतंक' के निकटवर्ती हुआ करता था। पिता अनुशासन का प्रतीक थे। कर्मक्षेत्र था घर से बाहर।

घर में सुबह-रात के बीच झूलते लम्बे वक़्त में उनकी उपस्थिति प्रायः नहीं हुआ करती थी। उनका मुख्य काम बच्चों को सलाह (उपदेश) देना या हड़काना था। संवाद पूरी तरह से नदारद था। माँ पिता-पुत्र के बीच मध्यस्थ होती थी। दोनों ओर मिन्नत-चिरौरी करके दोनों की कठोरता को गलाने का प्रयास करती संवेदनात्मक अकुलाहट! पुत्र का आत्मीय सम्बन्ध माँ की गोद और दिल से था जिसे बड़े होकर हड़का देने पर भी वह अपने लिए उतना ही स्नेहशील, चिन्तातुर, समर्पित पाता था। माँ के साथ सम्बन्धों का गणित उलझा नहीं था। सीधा-सपाट था – कोरी स्लेट जैसा जिस पर इबारत लिखने का अधिकार पुत्र का ही था। भारतीय परिवारों में पिता अरबी नस्ल का उम्दा घोड़ा होने के बावजूद मिज़ाज़ से बिगड़ैल था कि सवार को पुट्ठों पर हाथ तक न धरने दे। जब संवाद नहीं तो संवेदनापरक सम्बन्ध कैसे विकसित होंगे? सम्बन्ध नहीं तो अपेक्षा और दायित्व की डोर से बुना आत्मीय संसार कैसे बनेगा? इसलिए भरे-पूरे परिवार के बीच गजाधर बाबू के हिस्से आया है अकेलापन, और उनकी पत्नी के हिस्से व्यस्ततम दिनचर्या जिसमें गार्हस्थिक दायित्वों को निबटाने की थकान है तो बच्चों (भविष्य) को अपने आँचल में बाँधे रखने की निश्चिन्तता भी; परिवार जनों से ढेर सी शिकायतें-उलहाने हैं तो उन्हीं के संग सन्तोष-आह्लाद के क्षण जीने के चाव भी। वह गद्गद हैं कि डोरी की तरह अदृश्य होते हुए भी मनकों को पिरो कर परिवार को माला का रूप दे रही है।

मैं दृष्टि गजाधर बाबू से हटाकर उनके बच्चों पर केन्द्रित करती हूँ। पारिवारिक मर्यादा के ऐसे भी क्या लौह-अनुशासन कि बड़ों के सामने बच्चे मुँह न खोल पायें? मन की हसरतें बयान न कर पायें? बच्चे मशीनी कल-पुर्जे नहीं होते कि व्यवस्था रूपी मशीन पर उन्हें ठोंक-कस दिया जायें मैं स्वयं को नरेन्द्र-बासन्ती और अमर दम्पत्ति के अधिक क़रीब पाती हूँ। इसलिए समझ जाती हूँ कि नरेन्द्र के 'सिकुड़' जाने के मूल में अतीत की कटु स्मृतियाँ हैं जहाँ बाबूजी के स्नेहिल हाथों ने पुचकारने की बजाय झन्नाटेदार तमाचा ही बरसाया होगा कि क्यों वह पाठशाला का सबक भूल गया था? कि क्यों इम्तिहान में अच्छा दर्जा नहीं ले पाया? सन्तान कितना ही अपने को पढ़ने में झोंक दे, माता-पिता की आकांक्षाएँ सुरसा की तरह बढ़ती चलती हैं। आज पारिवारिक परिदृश्य से 'तमाचे' ग़ायब हो गये हैं तो उनकी जगह दबाव बनाने की 'हितैषी' युक्तियाँ माता-पिता और सन्तान

के बीच दीवार बनकर खड़ी हो जाती हैं। फिर वह वक़्त तो इन सूक्तियों को चुभलाने का था कि 'खेलोगे कूदोगे होगे खराब, पढ़ोगे लिखोगे बनोगे नवाब'। ऐसे में खेल-कूद, सिनेमा-मनोरंजन, हँसी-ठिठोली कुफ्र ही तो होंगी। पिता की त्रासदी है कि परम्परा और पितृसत्ता की रूढ़ छवियों में बँध कर वह अपनी सदाशयता को कठोरता के नकाब में छुपाता है और सन्तान की सीमा है कि उस खोल से बाहर निकलने की क़वायद करते पिता की नेकनीयती पर विश्वास नहीं कर पाती। व्यवस्था भौतिक-सामाजिक जीवन में आचार-व्यवहार की रीति सुगम बना सकती है संवाद और सख्य भाव स्थापित नहीं कर पाती। यही वजह है कि अमर की बहू गजाधर बाबू में पिता को नहीं, दण्डाधिकारी को देखती है और पल्ला-आँचल फैला कर स्त्री (मनुष्य) नहीं, कपड़ों की पोटली में तब्दील हो जाती है। भारतीय परिवारों का ढाँचा संवादोन्मुखी नहीं है। वह गृहस्वामी को केन्द्र में रखकर शेष सबकी मानवीय अस्मिता को कठपुतली में तब्दील कर डालता है। इसलिए वहाँ या तो वृद्ध होने तक सन्तानें गोद से चिपकी रहती हैं या अपनी ही ग्रन्थियों से लड़ते हुए अपराधी और उद्दण्ड हो जाती हैं। अपने कार्य-मन्तव्यों-आदेशों को पारस्परिकता में देखने का भाव प्रायः नहीं पनपता। 'मैं' की परिक्रमा महत्त्वपूर्ण बनी रहती है। इसलिए परिवार के आचरण से अप्रसन्न होकर भी गजाधर बाबू आत्मावलोकन की जहमत नहीं उठाते कि परिवार के साथ स्नेह-सूत्र विकसित करने में वे कहाँ चूक गये। स्वयं को 'शहीद' साबित करने की लम्बी-चौड़ी फ़ेहरिस्त ज़रूर उनके सामने मौजूद है कि अकेले रहकर उन्होंने बच्चों को बेहतर परवरिश-शिक्षा दी है। वह यह नहीं सोच पाते कि अच्छी परवरिश आत्मीय संरक्षण और संवाद का मिलाजुला रूप भी है। अपने को कठघरे में खड़ा करके वह नहीं पूछते कि क्यों उन्होंने बच्चों को विश्वास में लेकर यह बताना कभी ज़रूरी नहीं समझा कि नौकरी-जन्य मजबूरियों की वजह से वे सब अलग-अलग ज़रूर रह रहे हैं, लेकिन उनके बीच अलगावपूर्ण सम्बन्ध नहीं है? कि क्यों बड़े होते जाते बच्चों के साथ दोस्ताना सम्बन्ध विकसित करके उन्हें भावनात्मक-मनोवैज्ञानिक संरक्षण देने की बात उन्होंने नहीं सोची? अपने-अपने द्वीप बनाकर रहने की आदत धीरे-धीरे व्यक्तित्व और पहचान बन जाती है, जिसे आसानी से पाटना सम्भव नहीं। फासले धीरे-धीरे सम्बन्धों की ऊर्जा को लील लेते हैं। सतह पर सिर्फ़ उनके ढूह खड़े रहते हैं। यह कहानी गजाधर बाबू की ओर से लिखी गयी है,

लेकिन मिलेनियल पीढ़ी और नेक्स्ट जेन पीढ़ी की माँ होने के नाते पारिवारिक सम्बन्धों में जिस आमूलचूल परिवर्तन को पिछले चालीस सालों में घटित होते देखा है, उससे कह सकती हूँ कि यह कहानी पितृसत्ता की परिवार-संस्था के रिव्यू की कहानी है जो गजाधर बाबू की केन्द्रीयता को छिन्न-भिन्न करती है। बेशक कहानी में लेखिका ने ऐसी कोई मंशा व्यक्त नहीं की है, लेकिन कहानी की रिक्तियों के बीच गजाधर बाबू को अपदस्थ करते ही हाशिए पर फेंक दिये गये पारिवारिक सम्बन्धों के गौण स्वरों का हाहाकार सुनाई पड़ने लगता है। कहानी अपनी सघन बुनावट में अनकही गूँजों को भरती चलती है जो स्वप्नद्रष्टा पाठक की सघन वैचारिकता से टकरा कर अपने को अभिव्यक्त करने लगती है।

गृहस्वामी होने का अहं और स्टोर रूम में चारपायी डालकर पड़े रहने का दंश गजाधर बाबू को पहली बार पराधीनता का बोध कराता है। बदलती परिस्थितियों के साथ समझौता करने की बजाय परिस्थितियों को अपने हिसाब से मोड़ने की आकांक्षा परिवार में उनकी स्थिति को अस्वीकार्य और अप्रिय करती चलती है। बेशक जीवन मैराथन रेस है, लेकिन इसमें हमेशा दौड़ा नहीं जाता। एक वक़्त में चुपचाप दर्शक-दीर्घा में बैठकर आने वाली पीढ़ियों का उत्साहवर्धन करना भी ज़रूरी होता है – देखरेख और उपदेश की बुज़ुर्ग हरकतों को छोड़कर। गजाधर बाबू का अस्मिता बोध उपदेश और आदेश की इसी बुज़ुर्गियत से बना है जिसे छोड़ना उनके लिए सम्भव नहीं। उनकी आत्म-संकुचित दृष्टि नहीं देख पाती कि उनकी उपस्थिति ने घर में आते ही अमर के हाथ से गृहस्वामी की हैसियत छीन कर भूचाल ला दिया है। ताक़त और उन्मुक्तता का स्वाद चखने के बाद परतन्त्रता/अधीनता उसके लिए भी उतनी ही दुखदायी है जितनी गजाधर बाबू के लिए। घुटन दोनों के लिए असह्य है। दोनों के पास निष्कृति के अलग-अलग रास्ते भी हैं और दोनों उन रास्तों की ओर क़दम भी बढ़ाते हैं। अमर अलग होने का निर्णय लेकर; गजाधर बाबू दूर पुराने शहर में नयी नौकरी का ऑफर लेटर लेकर। घुटन मृत्यु नहीं होती, लेकिन टूटन की विनाशकारी भूमिका तो रचती ही है।

गजाधर बाबू के अकेलेपन से संत्रस्त होते हुए भी मैं उन्हें क्लीनचिट नहीं दे पा रही हूँ। वह मुझे शेक्सपियरन ट्रेजेडी के नायक जैसे लगते हैं। तमाम सद्गुणों के बावजूद एक-दो बुनियादी चारित्रिक दुर्बलताओं (हमर्शिया)

से ग्रस्त जो उनकी विडम्बनात्मक दारुण परिणति हेतु खुद उन्हें ज़िम्मेदार ठहराती हैं। पहली दुर्बलता है अहम्मन्यता। दूसरी दुर्बलता है सम्बन्धों में लोकतान्त्रिक चेतना का अभाव। पत्नी के साथ अनुरागपूर्ण सम्बन्ध न बना पाना इसका प्रमाण है। बेशक लेखिका ने जतनपूर्वक कहानी में पत्नी के प्रति उनके अनुराग और दुलार को, प्रणय-प्रेम को संकेतों में बेहद खूबसूरती से दर्ज किया है। गजाधर बाबू की स्मृतियों में पत्नी महकती कस्तूरी है– कर्त्तव्यपरायणा स्त्री और लावण्यमयी प्रणयिनी। लेकिन स्मृतियाँ यथार्थ नहीं होतीं; आकांक्षाओं और कल्पना के योग से बुनी गयी पच्चीकारियाँ होती हैं जिनके सहारे ज़िन्दगी की कठोरताओं से स्वयं को महफूज़ रखा जा सके। ज़िन्दगी से रूबरू होते ही तामझाम के साथ खड़ी की गयी स्मृतियाँ झनझना कर टूट जाती हैं। "यही थी क्या उनकी पत्नी जिसके हाथों के कोमल स्पर्श, जिसकी मुस्कान की याद में उन्होंने सम्पूर्ण जीवन काट दिया था? लगा कि वह लावण्यमयी स्त्री जीवन की राह में कहीं खो गयी और उसकी जगह आज जो स्त्री है, वह उनके मन और प्राणों के लिए नितान्त अपरिचित है।" टूटन की इन किरचों में पत्नी के विघटित होते चले जाने के 'सत्य' पर आरोप है, उन स्थितियों की पड़ताल नहीं कि एक अजनबी शहर में 'सिंगल मदर' की भूमिका में उस स्त्री ने तीन बच्चों के साथ कैसे समय काटा होगा? कैसे पारिवारिक ज़िम्मेदारियाँ सँभाली होंगी? कैसे निपट अकेले सामाजिकता का निर्वाह किया होगा? या यह समझा हो कि सम्बन्ध साहचर्य-सिक्त स्नेह से बनते हैं। ज़रूरी होते हुए भी पैसा सारे सम्बन्धों का समाधान नहीं होता। गजाधर बाबू को अपनी पत्नी में 'सहानुभूति का पूर्ण अभाव' खटकता है। उन्हें लगता है कि "उनसे यदि राय-बात की जाती कि प्रबन्ध कैसे हो तो उन्हें चिन्ता कम, सन्तोष अधिक होता।" लेकिन कभी अपने अन्दर झाँक कर नहीं देखते कि पत्नी से कब-कब किस मुद्दे पर वह स्वयं सलाह-मशवरा करते रहे हैं, कि पत्नी को भावनात्मक ज़रूरत के रूप में ज़िन्दगी में कितना शामिल करते रहे हैं, कि क्या हमेशा 'होंठ भींच करवट लेकर' 'पत्नी की ओर पीठ' कर लेने का आसान विकल्प ही वे नहीं चुनते रहे हैं? सम्बन्धों की दरकन द्विपक्षीय होती है। अतः अपनी भूमिका की शिनाख़्त पहले ज़रूरी है।

उषा प्रियंवदा की कहानियाँ पाठ की भीतरी तहों में जाकर ज़्यादा खुलती हैं। लेखिका समाजमनोवैज्ञानिक होने का दावा नहीं करतीं,

लेकिन सम्बन्ध और मनुष्य के मनोविज्ञान की गहरी परतों की पकड़ उनकी कहानियों को रचती है। उषा जी के पास संवेदना की सघनता है, पैनी पर्यवेक्षण दृष्टि और कल्पना के सहारे स्थितियों को रचने की क्षमता है। इसलिए 'ज़िन्दगी और गुलाब के फूल' जैसी कहानी में बेरोज़गार पुरुष सदस्यों के परिवार के हाशिए पर आने और अर्जक स्त्री सदस्यों के मुख्यधारा बनने के क्रान्तिकारी परिवर्तन की आहट भी ले पायी हैं। उषा प्रियवंदा की कहानियाँ स्टीरियोटाइप्स को तोड़ती नहीं, उनकी शिनाख़्त की पैरवी करती हैं। अतः पूरक पाठ हेतु वे सह-सर्जक पाठक की संवेदनशील सहभागिता की प्रतीक्षा करती हैं।

दूसरा खण्ड : सदी के आर-पार

मृदुला गर्ग : व्यंग्य की अर्थव्यंजक ध्वनियाँ और संवेदना का फैलता वितान

शब्द की तरह स्वतन्त्र और सार्थक होने के बावजूद कोई भी रचनात्मक कृति अपने आप में निरपेक्ष और सन्दर्भहीन नहीं हुआ करती।

लेखक की अन्य रचनाओं की पाँत में शामिल हो वह उसकी विकास-यात्रा का एक पड़ाव बन जाती है – स्वतन्त्र भी और अविच्छिन्न भी।

विलियम हेनरी हडसन तो यह भी कहते हैं कि रचना लेखक की दुलारी आत्मजा न रह कर समरूपा साहित्य-धारा रूपी समाज की ज़िम्मेदार नागरिक बन जाती है-अपने ढंग से युग का हलाहल पीकर अपने तर्क से उसे नयी विडम्बनाओं / विद्रूपताओं / दिवास्वप्नों / जिजीविषाओं में ढालती। वक़्त का एक लम्हा बन कर वक़्त पर पुरअसर टिप्पणी करने को बेचैन।

ज़ाहिर है रचना का मूल्यांकन मात्र रचना के सन्दर्भ में करने का अर्थ है अविभाज्य काल के बीच पसरे उसके वजूद को कतर-कुतर कर अनजाने ही अपनी सीमाओं का रेखांकन कर बैठना।

यानी निःसंग सटीक विश्लेषण के लिए ज़रूरी है कृति विशेष के समानान्तर लेखक की संवेदना और समाज के सरोकारों को केन्द्र में रखने की वयस्क आतुरता; उनके आपसी मेलमिलाप और टकराहटों से उत्पन्न होने वाली कम्पनों को सुनने-गूँथने की तटस्थ परिपक्वता; और इस प्रक्रिया में अनायास खुल-खुल जाती नयी दिशाओं और क्षितिजों को शब्दों तथा बाँहों में बाँध लेने की रचनात्मक ऊर्जा।

हर पल सृजन और समीक्षा का नैसर्गिक घालमेल जो अपने होने को बरकरार रख कर दूसरे के सतत विकास का सबब बनता है – समर्पण नहीं, सह-अस्तित्व की अनुकरणीय स्थिति!

पाँच दशकों के बीच फैले मृदुला गर्ग के सम्पूर्ण कृतित्व का बीजमन्त्र! वासनायुक्त प्रेम (उसके हिस्से की धूप) से अशरीरी प्रेम (चितकोबरा) के उपलब्धि भरे सत्यों को कौटूम्बिक प्रेम (बतर्ज वसुधैव कुटुम्बकम्) के बृहद् समाजोन्मुखी सरोकारों में ढाल कर (कठगुलाब) प्रेम और व्यक्ति के आपसी सम्बन्धों को पुनर्व्याख्यायित करने का महावृत्तान्त! ठीक स्त्रीवाद के भारतीय संस्करण की विकास रेखाओं की तरह भीतर-बाहर की उलझी दुनिया के छोरों का संस्पर्श करता जो अन्ततः दाम्पत्य/दाम्पत्येतर सम्बन्धों के जुगुप्सा, अविश्वास और अवसाद भरे अनुभवों से गुज़र कर अपने लिए हॉरीज़ॉण्टल स्पेस बनाती स्त्री की 'शौर्य कथा' है – इस विशिष्ट उपलब्धि के साथ कि दसवाँ दशक आते-आते कटुता को सकारात्मकता, अनास्था को आस्था तथा स्वप्न को संग्राम में तब्दील कर उसने युगीन वास्तविक्ताओं से जुड़ कर अपनी 'वर्तमानता' पर आँच नहीं आने दी। यह युगीन सन्दर्भों से जुड़ाव का ही परिणाम है कि उसने भ्रष्ट होती व्यवस्था और अपराधकेन्द्रित होती राजनीति के प्रभावों तले स्वप्न, संवेदना और पैशन के क्षय को तीव्रता से महसूस किया है। न, आज की स्त्री इस क्षति पर ज़ार-ज़ार रोकर टीसती कहानियाँ नहीं लिखती, रंगे सियारों की भीड़ में शामिल हो उन्हीं के हथियारों और बोली-बानी का इस्तेमाल कर उन्हीं को शिकस्त देती है। डाकू से विधायक और मन्त्री बने श्रीराम शास्त्री (अल्मा कबूतरी-मैत्रेयी पुष्पा) की 'घोषित' विधवा के रूप में अल्मा कबूतरी का उप-चुनाव लड़ने का फ़ैसला क्या 'सहानुभूति लहर' को भुनाने का आसान नुस्खा नहीं? जनसेवा की जनसेवा और आत्म सशक्तीकरण अलग से। इसी 'घिनाते' सच के बीच से उठाई हैं मृदुला गर्ग ने अपने महत्त्वपूर्ण कहानी संग्रह 'मेरे देश की मिट्टी, अहा!' की लगभग सभी ग्यारह कहानियाँ।

1

मृदुला गर्ग बेशक स्त्री रचनाकार जैसे विशेषणों से चिढ़ती हैं क्योंकि उनकी नज़र में रचनाधर्मिता लिंग और पृष्ठभूमि की समाजशास्त्रीय संरचनाओं से पूर्णतया विमुक्त हो भीतर के नाद को बाहर के संकुल जगत से अनुस्यूत करती है – तमाम निस्संगता, निःशब्दता और गहन-गूढ़ अभिव्यंजनाओं के साथ। लेकिन सवाल उठता है कि स्त्री होने की सच्चाई परिवार और समाज में स्त्री नियति से टकरा कर प्रश्नों-चुनौतियों से जूझती हुई विद्रोह की

जिन अनुगूँजों को व्यक्त करती है, क्या वे उससे मुँह मोड़ सकती हैं? न, कथाकार के रूप में ऐसा कोई संकोच या पूर्वाग्रह उन्हें छू भी नहीं गया है, बल्कि तौलने-मापने की बात आये तो कहानियों का तीन-चौथाई स्त्री-प्रश्नों (जो साहित्यिक मंडी में स्त्री विमर्श के ब्रांड में बिक रहा है) पर केन्द्रित है। 'चितकोबरा' के ज़रिये अपनी अलग लीक बनाने वाली मृदुला गर्ग की प्रारम्भिक कहानियों का पाठ एक सुखद विस्मय पैदा करता है कि पूर्ववर्ती कहानी-परम्परा से छिटक कर नहीं, बल्कि उससे गहरे जुड़ कर ही वे नयी राहों का अन्वेषण कर पायी हैं। विशेष रूप से कृष्णा सोबती की प्रारम्भिक कहानियों 'कुछ नहीं, कोई नहीं', 'पहाड़ों के साये तले', 'एक दिन' तथा दो राहें : दो बाँहें' आदि का रूमानी प्रभाव उन पर स्पष्ट दीखता है जो 'यह मैं हूँ' की सरल कालरा को सुन्दर देहयष्टि की स्वामिनी होने के गर्व में उन्मत्त करता है, 'ग्लेशियर से' की मिसेज़ दत्ता को उन्मुक्तता की तमाम निर्बन्ध कामना के बावजूद मिस्टर दत्ता के जुमले दोहराने को मजबूर करता है और 'लिली ऑव द वैली' की पति-त्रस्ता निशि को सार्वजनिक जीवन में मुग्धा नायिका की भूमिका अभिनीत करने की सामाजिक लाचारी देता है। लेकिन वहीं कहीं चौकस-सतर्क मृदुला गर्ग अपने लिए पुख्ता ज़मीन भी तलाश लेती हैं जिस कारण उनकी ये तीनों नायिकाएँ रूढ़ छवि की निष्क्रिय पोषक न रह कर उनकी निस्संग मीमांसक बन जाती हैं – मिसेज़ दत्ता श्यामला के बिम्ब में विलीन होकर, निशि की गोपनीयता अ-गोपन होकर और सरल कालरा अपने चित्र में उभरी आँसुओं से भीगी, यन्त्रणाओं से बोझिल, सन्त्रास से विस्फारित 'अपरिचित' महिला को देख कर। 'काल के हाथों पिटी-हारी' होने की प्रतीति उसे जिस संवेदन में धकेलती है, वहाँ छद्म और मुखौटों को बींध कर अपनी मानवीय इयत्ता और अस्मिता से दो-चार होने की सिर धुनती ईमानदारी के अतिरिक्त कुछ शेष नहीं रहता। असल में यही मृदुला गर्ग की कथा-यात्रा का प्रस्थान बिन्दु है जो ज़िद, धुन और मनचीता करने की चाह में तर्कातीत हो उठता है – विसंगति को जन्म देते हुए। आश्चर्य नहीं कि 'हरी बिन्दी' विसंगतियों के बीच डोलती-फाँदती स्त्री का तर्कसंगत मानवाधिकार-पत्र बन जाती है जिसे सम्मानपूर्वक जीना है तो सबसे पहले ख़ुद अपने को आत्मपड़ताल की सान पर चढ़ाना होगा। इस शृंखला में 'रुकावट' और 'अवकाश' बीज कहानियों के रूप में स्मरणीय हैं जो लेखिका के रचनात्मक विकास को क्रमशः 'चितकोबरा' और

'उसके हिस्से की धूप' तक ले जाती हैं। यौन शुचिता एवं पातिव्रत्य धर्म जैसे संस्कारों की व्यर्थता (रति-क्रिया के बाद ''लगा, धो देने से ही सब कुछ धुल जायेगा। पानी डालते-डालते उसने सोचा, यह तो सर्दी से ठिठुरते भिखारी पर दुशाला डाल देने जैसी बात हुई। जाना तो मुझे है ही'' अवकाश) तथा दाम्पत्य सम्बन्ध में वेश्यावृत्ति जैसी प्रतीति (''सम्मोहन की चादर हट जाये, अनुराग के संगीत में बाधा आ जाये तो बचता क्या है? बस, अनावृत्त शरीर, पसीना और चिपचिपाहट'' रुकावट) लेखिका की संवेदना को एक साथ तरल और प्रगाढ़, सूक्ष्म और सघन करते हैं जो हज़ारहा आँखों और ऐन्द्रिक रंध्रों के साथ देश-काल की दूरियों में बँटी स्त्री की वेदना और हाहाकार को 'कठगुलाब' में सर्जनात्मक परिणति दे पाये हैं। यह ठीक है कि इस बीच 'मेरा', 'रेशम', 'कितनी क़ैदें', 'मीरा नाची' जैसी कहानियों में कथा परिणति के जाने-माने रास्ते से गुज़रते हुए मृदुला गर्ग आदर्शवादी विद्रोही स्त्रियों को गढ़ती हैं, लेकिन यह भी सच है कि ये नायिकाएँ न होतीं तो इनके विद्रोह के आरोपित बड़बोलेपन से घबरा कर जीवन को जीवन की परतों से कुरेद कर बाहर लाने का बीड़ा भी वे न उठातीं। यही वजह है कि देह के ज़रिये पति को पाने के प्रयास में कुटती-पिटती या दुलराई जाती 'तुक' की 'मैं' रोती-बिलखती औसत स्त्री न रह कर 'वितृष्णा' कहानी की ठण्डी-निस्संग शालिनी बन जाती है जिसकी नज़रों में अपने जीवन भर के बर्बर आचरण की स्थायी तस्वीर पाकर रिटायर्ड पति सुविधाओं से भरे घर में आकर भी अस्वस्ति अनुभव करता है।

मृदुला गर्ग की कहानियों में स्त्री विमर्श के लगभग सभी महत्त्वपूर्ण पड़ाव देखे जा सकते हैं। प्रारम्भिक दौर में स्त्रीवाद के भीतर विवाह एवं परिवार संस्था के प्रति कुलबुलाती अनास्था यदि उनकी एकाधिक कहानियों में दर्ज हुई है तो भगिनीवाद विस्तार की मुखर आवश्यकता एक संवेदनशील बन्धुत्व में गुँथ कर भी उभरी है। इस मायने में 'डैफोडिल जल रहे हैं' उनकी बीज कहानी कही जा सकती है जहाँ जिना दस्तूर और कथावाचिका स्पर्श और संवेदन के शब्दातीत सम्बन्ध में जुड़ कर अभिन्न हुई हैं – एक-दूसरे के दुख को महसूसती-बाँटतीं। यह प्रवृत्ति कालान्तर में उनकी परवर्ती कहानी 'वह मैं ही थी' में प्रसव के समय उचित उपचार सुविधाएँ न मिलने के कारण मृत्यु को प्राप्त होती भारतीय स्त्रियों को वेदना एवं त्रासदी की एक कड़ी में जोड़ती हैं जहाँ सद्यजात कन्या-शिशु में अपनी दारुण स्थिति में परिवर्तन की आशा निहित है। भगिनीवाद विस्तार सशक्ततम रूप में तमाम बद्धमूल धारणाओं

तथा पितृसत्तात्मक षड्यन्त्रों का अतिक्रमण करते हुए 'वो तीसरी' कहानी में उभरा है जहाँ पति की पहली मृत पत्नी के प्रति सौतिया डाह नहीं, न ही उसकी तुलना में अपनी हीनतर फूहड़ स्थिति को लेकर क्षोभ। है तो 'पहली' की शालीनता और गरिमा का सहज स्वीकार, इस कचोट के साथ कि पुरुष की भद्रता और प्रतिष्ठा सती पत्नी के दमन में निहित है। यह प्रतीति उसके भीतर एक अनोखे विद्रोह को जन्म देती है – पति के साथ गृहस्थी करते हुए भी गृहस्थी की बेड़ियों से दूर 'वेश्या के मुहल्ले में रहने वाली' बनाम तबले-हारमोनियम की संगत में ऊँचे सुर में ग़ज़ल गाने वाली की छवि ओढ़े रखना; तथा सौत द्वारा आईने में देख कर उकेरे गये अपने ही पेंसिल स्केच में उभरे सौन्दर्य और कला–अन्तः-बाह्य व्यक्तित्व को सँजो कर रखना ताकि समय आने पर तीसरी पीढ़ी की स्त्री को उसकी मलिन कर दी गयी मानवीय इयत्ता जीवन्त रूप में सौंपी जा सके। 'वो तीसरी' जैसी कहानियाँ संवेदना के सूक्ष्म तन्तुओं को प्रगाढ़ कर जिस मानवीय समाज की संरचना करने का स्वप्न देखती हैं, वह सचमुच आश्वस्तिकारक है और समूचे उदात्त विस्तार के साथ 'कठगुलाब' के गोधड़ प्रकरण में मौजूद है। दरअसल यहीं से वह ऊर्ध्व दिशाओं की ओर उठान भी लेता है जो एक साथ व्यापकतर भी होती चलती हैं अर्थात् स्त्री सबलीकरण का संकल्प जहाँ 'स्व' और 'पर' की हदबन्दियाँ बेमानी होकर समूचे हाशियाबद्ध समाज की परिचर्या और कल्याण में जुट जाती हैं। आठवें दशक के अन्त में उभरी इन अन्तर्ध्वनियों को 'समागम' कहानी की अमला के व्यक्तित्व में गूँथ कर मृदुला गर्ग अन्ततः जिन दो कहानियों –'तीन किलो की छोरी' तथा 'मेरे देश की मिट्टी अहा!'– की रचना करती हैं, वे एक-दूसरे का विलोम होते हुए भी पिछड़े देहाती अंचल में ग्रामसेविका की वरदान सी उपस्थिति और आर्थिक आत्मनिर्भरता के चलते स्त्री की सकारात्मक विद्रोह भंगिमा को विश्वसनीय ढंग से प्रस्तुत करती हैं। यूँ विद्रोह की तीखी चेतना के लिए 'ज़ीरोक्स' अविस्मरणीय कहानी है जो नशशिख वर्णन और नायिका-भेद जैसी कामुकता में लिप्त पुरुष मानसिकता को ठीक उसकी ज़मीन पर जाकर उसी की भंगिमा में झन्नाटेदार तमाचा मार आती है। कला के नाम पर स्त्री देह को नग्न करते चले जाने वाला पुरुष-मद स्त्री की घूरती स्थिर नज़र में स्वयं को निर्वस्त्र होते देख जितना अरक्षित-अपमानित महसूस करता है, उतनी ही समूची स्त्री जाति के अपमान का बदला लेने के तोष से भरती चलती हैं मेधा दी।

लेकिन यह विद्रोहभरी असुविधाजनक भंगिमा मृदुला गर्ग के लेखन की स्थायी टेक नहीं। सह-अस्तित्वपरक सम्बन्धों की कामना करते हुए वे स्त्री-पुरुष के नैसर्गिक निर्दोष प्रेम को प्रतिष्ठित करना नहीं भूलतीं, चाहे वह 'सात कोठरी' कहानी का लोककथात्मक विन्यास हो या 'साठ साल की औरत' कहानी में देह और वय की देहरी लाँघ कर समूचे भावजगत को आलोड़ित करता ज्वार। यही नहीं, उत्तरोत्तर मातृत्व की प्रतिष्ठा भी उनका प्रमुख लेखकीय सरोकार बन जाता है। उल्लेखनीय है कि नब्बे के दशक से पहले उनकी कहानियों तथा उपन्यासों में मातृत्व के लिए ललकती स्त्रियाँ प्रायः नहीं हैं। अपवादस्वरूप 'मेरा' कहानी अवश्य प्रभावशाली है जहाँ 'नपुंसक का हृदय लिए एक पुरुष देह' के पुंसत्व पर व्यंग्य करने के साथ-साथ अपनी दयनीय स्थिति और सामाजिक विधान के प्रति क्षोभ भी है कि ''वह केवल महेन्द्र की पत्नी है और उसके गर्भ में भटक आया जीव, वह बच्चा जिसकी माँ वह तब तक नहीं बन सकती जब तक महेन्द्र उसका बाप बनने का तैयार न हो।'' कथा-यात्रा के अन्त तक आते-आते मृदुला गर्ग स्त्री की सम्पूर्णता मातृत्व में मानने लगी हैं, इस उद्घोष के साथ कि ''मैं चिल्ला-चिल्ला कर कहती हूँ, मैं एक बच्चा पालना चाहती हूँ...। अपनी आँखों के सामने अपने पर निर्भर बच्चे को आत्मनिर्भर बनते देखना चाहती हूँ। उसे आत्मनिर्भर बनाने में इन्वेस्ट करना चाहती हूँ। मैं पालना-पोसना, सहेजना-सँवारना चाहती हूँ। मैं एक सर्जक होना चाहती हूँ।'' ज़ाहिर है इस मायने में 'कठगुलाब' उनकी दृष्टि की परिपक्वता का उदाहरण बन जाता है।

2

मृदुला गर्ग की विशेषता है कि व्यंग्य की नुकीली धार के सहारे वे अपनी गहरी मानवीय संवेदना को व्यक्त करती हैं। 'चर्चित कहानियाँ' की भूमिका में उन्होंने स्वीकार किया है कि उनके साहित्यिक लेखन के दो महत्त्वपूर्ण पड़ाव हैं – एक, 1982 तक रचित कहानियाँ, और दूसरा, भोपाल गैस काण्ड के बाद की रचनात्मक अभिव्यक्तियाँ जहाँ पर्यावरण सुरक्षा को लेकर उनकी चिन्ताएँ उत्तरोत्तर घनीभूत होती गयी हैं। उनके इन चिन्तापरक सरोकारों में जहाँ वन्दना शिवा और जर्मन फेमिनिस्ट मारिया माइज़ के 'इको फेमिनिज़्म' का प्रभाव है, वहीं देशज ज़रूरतों से उत्पन्न 'चिपको आन्दोलन' से जुड़ी अशिक्षित-आदिवासी स्त्रियों की व्यग्रता भी जिनके लिए पर्यावरण रक्षा भावी

पीढ़ी के भविष्य से ज़्यादा अपने ज़िन्दा रहने के लिए अनिवार्य हो गयी है। ख़ासतौर पर अपनी दो कहानियों में मृदुला गर्ग ने पर्यावरण के महत्त्व को दो अलग ढंग से उठाया है। 'मेरे देश की मिट्टी, अहा!' में व्यंग्य के ज़रिये जहाँ 'परदूशन' और 'परयावरन' जैसी वक्र भंगिमाओं के सहारे गम्भीर जैनुइन समस्याओं को राजनीतिक नारेबाज़ी और स्वार्थ में रिड्यूस होते दिखाया गया है। बानगी के लिए सिर्फ़ दो उद्धरण। हड्डी की खाद बनाने वाले कारखाने में नौकरी न मिल पाने की मायूसी में पूरा खेड़ी गाँव कारख़ाने के ख़िलाफ़ कमर कस कर खड़ा हो गया है। ''मुसलमान जान हवा में बिसायंध भर दोगे। इतनी बेइंसाफ़ी!'' फिरकापरस्त सोच को राजनीतिक समीकरणों और मानवाधिकारों के साथ जोड़ कर लोग दबाव की राजनीति करना चाहते हैं –''हम – आप खुशक़िस्मत हैं जो संयोग से आजकल हर जगह परदूशन और परयावरन के नारे लग रहे हैं। ऊपर से इलेशन भी होने वाले हैं'' तथा ''दो हज़ार जमा करो और परदूशन के नाम पर मजिस्ट्रेट की अदालत में केस ठोक दो। रुपये उसकी नज़र करो और फ़ैसला अपने हक में करवा लो। किस्सा खतम।'' लेकिन लेखिका की चिन्ताएँ अनन्त हैं। जहाँ वे महानगरीय वाहनों के धुएँ से खीझती-झुँझलाती हैं –''लाख बीड़ियां मिल कर भी उतना धुआँ पैदा नहीं करतीं जितना वहाँ के ट्रक, बस, स्कूटर पल भर में छोड़ देते थे'', वहीं सरकार की मेहरबानी से कल्हड़ की मार से बंजर हुई ज़मीन और पत्थर रोड़ी की खदानों की दुआ से मिली तपेदिक और 'सिंक कुछ' या 'ब्रांक-कुछ' जैसी बीमारियों से होने वाली मौतों को लेकर त्रस्त भी हैं। स्थिति के विपर्यय को देख उनकी हताशा इस कदर बढ़ी है कि प्रदूषण सम्बन्धी जानकारियों को 'आलतू-फालतू' जानकारियों का नाम देकर पेड़ों की जड़ों में प्लास्टिक के थैले और गन्दगी डालने वाले सभ्य नागरिकों को तत्काल आड़े हाथों लेती हैं –"प्लास्टिक से रुँधे पेड़ भी क्या चुनेंगे, यही कि कचरे से मरें या शोर से?'' व्यंग्य की पराकाष्ठा! लेकिन 'इक्कीसवीं सदी का पेड़' कहानी में व्यंग्य-वक्रता के साथ नहीं, बल्कि गहरी साँस भर कर ऑक्सीजन छोड़ने वाले पेड़ की पीड़ा में डूब कर वे अपनो संवेदना को पिरोती हैं –''आजकल पेड़ों की हालत बीमार क़ैदियों जैसी हो गयी है। रोड़ी-पत्थर डाल कर सड़कें बिछाई जाती हैं कि तन फैलाने की क्या कहें, साँस तक लेना दूभर हो जाता है। तपेदिक के मरीज़ की तरह पेड़ कमज़ोर पड़ जाते हैं।'' साथ ही संगुम्फित करती हैं चीन देश से बचती-बचाती भाग कर आयी इकलौती चिड़िया की व्यथा-कथा जिसे 'बेवकूफ़ हुक्मरानों' ने

फ़सलों की रक्षा हेतु मारने का हुक्म तो सुना दिया लेकिन घातक परिणाम भुगतने से पहले समझ नहीं पाये कि इस तरह फ़सलों का सफाया कर डालने वाली कीड़ों की पूरी फ़ौज़ से उन्होंने ख़ुद को असुरक्षित कर लिया है। यानी जंगलों की अन्धाधुँध कटाई और नगरीकरण की विस्फोटक त्वरा के दुष्परिणामों की भविष्यवाणी! निस्सन्देह 'इक्कीसवीं सदी का पेड़' लेखिका की बेहतरीन कहानियों में गिनी जा सकती है।

पर्यावरण सुरक्षा को लेकर यही चिन्ता 1984 की भोपाल गैस त्रासदी के चित्रण में 'विनाश दूत' कहानी में उभरी है लेकिन घनीभूत पीड़ा व्यंग्य एवं करुणा के अतिरेक का वहन न कर पाने के कारण अन्ततः गद्य-कविता का रूप धर लेती है। फिर भी अपने परिवेश और समय से जुड़ कर समस्याओं की आर-पार जाँच करने की व्यग्रता नज़रअन्दाज़ नहीं की जा सकती। यही व्यग्रता उन्हें सर्जनात्मक स्तर पर रचनाकार के साथ-साथ प्रतिबद्ध समाजवैज्ञानिक भी बनाती है।

व्यंग्य की कँटीली धार 'तीन किलो की छोरी' कहानी को भी अधिक अर्थव्यंजक बना देती है। यह कहानी राजनीतिक भ्रष्टाचार की पोल खोलने वाली मामूली कहानी होती यदि लेखिका तमाम अभावजन्य विवशताओं के कारण मूल्यों और मासूमियत को ज़िन्दगी से बेदख़ल करती कथानायिका के ज़रिये इस सवाल को न उठातीं कि भ्रष्ट राजनीति भ्रष्ट मूल्यों की पैरोकार भी होती है। अस्तित्वरक्षण के लिए आम जनता को राजनीति के पैंतरे सीख कर यदि अपना काम चलाना पड़े तो देश के भविष्य के प्रति कतई आशान्वित नहीं हुआ जा सकता। कहानी के केन्द्र में है ग्रामसेविका लल्ली। बारहवीं तक की पढ़ाई और मुस्लिम बहुल इलाक़े में कन्वर्टेड मुस्लिम होने के राजनीतिक फ़ायदों ने (जिसकी बदौलत लल्ली उर्फ़ लैला को 'साथिन' की नौकरी मिली है) उसे इस क़दर ढीठ और दुस्साहसी बना दिया है कि समाज सेवा की राह अपने भविष्य को सँवारना उसे कहीं भी बेज़ा नहीं लगता। साथिन के तीन काम हैं – गाँव के बच्चों को टीका अभियान के लिए जुटाना; आँगनबाड़ी में चना बाँटना; और नसबन्दी के लिए औरतों को लाना। जहाँ सेहतमन्द खुराक यानी चना बाँटने के नाम पर आने वाले साभान को सरकारी अमले द्वारा पहले ही साफ़ कर दिये जाने का चलन हो, वहाँ लल्ली उर्फ़ लैला ही क्यों रीती भावनाओं में बह कर आदर्शवाद का टोकरा अपने सिर पर लादे फिरे? न सही खुराक में हिस्सा, गर्भनिरोधक गोलियों की सप्लाई तो उसी की मुट्ठी में है। वह चाहे तो इन्हें फेंके, चाहे शौहर के

ज़रिये बाज़ार में बेच कर मुनाफा कमाये – उसकी अपनी इच्छा। परिवार नियोजन के फर्ज़ी आँकड़े तैयार करके जब सरकारी खानापूर्ति का काम बखूबी चल निकलता है तो क्यों मुस्लिम इलाक़े में गोलियों के बहाने गालियाँ खाये? अलबत्ता राजनीतिक दाँव-पेंचों की बारीकियों को जानते-समझते बालू में से तेल निकालने की कला उसे खूब रास आ जाती है। इसी 'कला' का सदुपयोग कर वह न केवल बीस बुज़ुर्ग मुस्लिम औरतों को 'फर्ज़ी' नसबन्दी के लिए ले जाकर बतौर इनाम एक हज़ार रुपया कमाती है वरन् ''मुसलमानों से परिवार नियोजन करवाने वाली पहली मुसलमान औरत होने के नाते राष्ट्रपति से समाजसेवी नम्बर एक का खिताब'' भी पाती है। जय हो! जैसे लल्ली के दिन फिरे, सबके फिरें!

किसके कैसे दिन फिरे, यह हिसाब-किताब तो लेखिका नहीं रखतीं, लेकिन दबंग, अवसरवादी, निर्णयकुशल स्त्री पात्रों के ज़रिये भौचक्के समाज के गाल-नाक पर चुटकियाँ काटने का लुत्फ़ ज़रूर उठाती हैं। 'कानतोड़ उर्फ़ कर्णवीर' की नायिका शालिनी की निराली पराक्रम कथा को 'कलि में सत' की उर्मिला की स्ट्रैटजी से जोड़ कर वे जिस नयी स्त्री छवि को गढ़ती हैं, उसके दोनों हाथों में दो अदद लड्डू हैं। एक में शिक्षा, आर्थिक स्वावलम्बन, दैहिक वर्जनाओं से मुक्ति और जोड़तोड़ की युक्तियों से उपजा स्वातन्त्र्य बोध है तो दूसरे में परम्परागत आदर्श भारतीय नारी के अनन्त मुखौटे-सुभीते से पहनो, फेंको-यूज़ एंड थ्रो कल्चर की कड़ी अनुपालना। इसलिए भरत, दशानन और बहुराष्ट्रीय कम्पनियों के साथ सहयोग करके लघु उद्योगों की हिफाज़त के नाम पर उपभोक्तावादी संस्कृति को बढ़ावा देकर, पर्यावरण सुरक्षा के नाम पर अन्तरराष्ट्रीय स्तर पर लोकप्रिय फूलों की बाग़वानी करके (जो कीटनिरोधक ज़हर का आधिकाधिक इस्तेमाल करने के कारण प्रकारान्तर से पर्यावरण को और अधिक दूषित करते हैं) और महमूदाबाद को पंचवटी बनाने के हठ में राघव-सीता-लछमन (जेठ-जिठानी-पति) को जल-समाधि लेने पर मजबूर करके जिस व्यावसायिक तत्परता से रुपया और नाम अर्जित करती है और एक स्वाभाविक प्रक्रिया के तहत ''अपनी अद्वितीय समाजसेवा के लिए मैगसेसे अवार्ड से विभूषित'' होती है, उसी एकनिष्ठ भार्याभाव से वह इस अनुपम एशियाई सम्मान को अपने दिवंगत पति श्री लछमन देव के नाम समर्पित कर देती है। यह वही स्त्री है जो 'किस्सा आज का' में ज़बानदराज अंगूरी बन कर आती है तो बारह-तेरह वर्षीया नौकरानी रामकली की 'इज़्ज़त' बचाने के लिए ज़ुबान सी कर पुलिस से बेभाव की खाती है

और 'ज़ीरोक्स' में अन्तर्मुखी आत्मसजग मेधा दी बन कर इस कदर ठण्डी 'लोहे की कँटिया मानिन्द' नज़र से वासनालोलुप पुरुष के अंग-प्रत्यंग का निर्भीक मुआयना करती है कि स्त्री की तरह अंग-अंग सिकोड़ कर उन नज़रों की गिरफ़्त से छूट-छूट जाने को तड़फड़ा उठता है पुरुष-पहली बार! अहेरी की जगह मात्र 'देह' बन जाने के ख़ौफ़नाक अहसास से भर कर। न, देह मुक्ति या दैहिक सम्बन्धों में स्त्री की स्वतन्त्रता के अधिकार को लेकर नया शगूफा नहीं छोड़तीं लेखिका, लेकिन 'साठ साल की औरत' में कामना-उत्तप्त सुरभि घोष द्वारा डॉ. चन्द्र को बाहुपाश में बाँध लेने की कथा कह कर वे जिस आख्यान को रचती हैं वह कहानी की प्रारम्भिक पंक्तियों –''साठ की होने पर औरत निरापद हो जाती है। कुछ भी करे, लोकापवाद नहीं होता''– की पुष्टि नहीं वरन् शताब्दियों से स्त्री के सीने में साँस लेती भोगपरक सच्चाइयों को निश्शंक बाहर निकलने का धीमा आमन्त्रण है जिन्हें दाब-घोंट कर औरत को औरत होना सिखाया जाता है।

मृदुला गर्ग की तमाम कहानियों में दो कहानियाँ –'सात कोठरी' और 'नेति नेति' सूक्ष्म संवेदना और व्यापक सरोकारों के कारण अलग से विश्लेषण की माँग करती हैं। 'नेति नेति' में परम्पराभीरु, समाजभीरु, धर्मभीरु व्यक्ति की आत्मछलना के दुष्चक्र का चित्रण किया गया है जिससे बाहर निकलने के लिए त्रासदी के घनत्व के अनुपात में अश्रुवर्षण का सामाजिक लोकाचार आवश्यक नहीं। ज़रूरी है निस्संग भाव से त्रासदी की धमक झेल कर निर्वेद तक पहुँचने की अन्तःशक्ति। साम्प्रदायिक वैमनस्य एवं आतंकवाद के ज्वालामुखी पर बैठी मानवता के लिए निर्वेद के मर्म को समझना ज़रूरी भी है जहाँ दुख वर्ग और कोटि में न बन्ध कर सबको माँजने और साथ ले चलने की संवेदना बन जाता है जो निस्सन्देह प्रकारान्तर से दुख के स्थान पर सन्तोष के सन्धान की प्रक्रिया को अपरिहार्य बनाता है।

'सात कोठरी' कहानी दैवी विपत्ति को टालने के लिए कन्या बलि की अन्ध परम्परा का पुनराख्यान है जहाँ दहेज के अभाव में ग़रीब परिवार की कुँवारी रह गयीं सात कन्याओं को सूखे और अकाल की असली जड़ मान कर बलि के लिए तैयार किया जाता है, इस भव्य आयोजन-प्रायोजन के साथ कि ''उनके कूदने के साथ-साथ धरती से पानी का सोता फूटेगा। सात सतियाँ, सात सोते। गाँव वाले आयें और अपनी आँखों से चमत्कार देखें।'' विश्व में अनादि काल से चली आ रही इस परम्परा के नृशंस रूप के बारे में प्रामाणिक सामग्री जुटा कर तसलीमा नसरीन सवाल उठाती हैं कि

प्रत्यक्ष तौर पर इन अमानुषिक प्रथाओं की समाप्ति हो गयी है, किन्तु क्या अब भी पुरुष निर्मित धर्म और समाज लड़कियों को बलि नहीं चढ़ा रहा? (नष्ट लड़की : नष्ट गद्य, पृ. 51) मृदुला गर्ग ने इस सवाल को कहानी की अन्तर्ध्वनि में गूँथते हुए मुक्ति की विकलता हेतु 'विद्रोहिणी कुलटाओं' को ही नये समय का काम्य बता कर पौराणिक मिथों को उलटने का आह्वान किया है। इतिहास वह नहीं होता जो ठीक-ठीक घटता है, वह होता है जिसका घटना किसी ख़ास नज़र और तरतीब से दर्ज करके लोगों की स्मृति में रोप दिया जाता है। इसलिए बेहद 'ग़ैर-सैलानी' ढंग से वे मिथ की अनेक परतों के नीचे दबे सत्य को बार-बार उघाड़ती हैं कि पानी का सोता तो तब फूटा जब आत्महत्या से इन्कार कर सातवीं कन्या अपने चरवाहे प्रेमी महादेव के साथ सन्ध्या के झुटपुटे और लोगों के मूढ़ सम्मोहन का लाभ उठा भाग निकली। "जहाँ-जहाँ उनके पैर पड़े, चट्टान से पानी फूट आया। जहाँ सती के पड़े वहाँ ठण्डा, जहाँ सत के वहाँ गरम।" इतिहास के मानवीय पक्ष का उद्घाटन जिसके विरोध में खड़े हैं वर्चस्ववादी दुराग्रह –"उनका कहना है, पानी तब तक बाहर नहीं आया जब तक सातवीं कुलटा गाँव से पलायन न कर गयी। उसके गाँव छोड़ते-छोड़ते सतियों का सत परवान चढ़ा और पानी फूटा। ठण्डा क्योंकि सतियाँ निष्काम थीं और गरम क्योंकि बहन ने उन्हें आँसुओं से रुलाया था।" इसी के साथ जुड़ा है गाँव की जवान-जहान बेटियों के 'चरित्र' और 'छह सतियों' के पुण्य प्रताप से अर्जित 'पवित्र' पानी को दूषित होने से बचाने के लिए पानी भरी कोठरियों को तालाबन्द रखने का रूपक। यही वह स्थल है जहाँ जनश्रुतियों और मिथकों की पुनर्व्याख्या न केवल स्त्री विमर्श का अहम हिस्सा बन जाता है बल्कि सामन्तवाद को अपदस्थ कर लोकतान्त्रिक सोच के प्रसार का भी।

बेशक मृदुला गर्ग ने कथा-रूढ़ियों को कथ्य एवं शिल्प दोनों स्तरों पर तोड़ा है। व्यंग्य, क़िस्सागोई और फैंटेसी के धारदार औज़ारों के साथ उन्होंने अपनी कहानियों को तराशा ज़रूर है, भरसक इनके अनुपात को असन्तुलित नहीं होने दिया है। 'मेरे देश की मिट्टी अहा!' की कहानियाँ ज़रूर अपवाद हैं जहाँ प्रयोग और परीक्षण की धुन में लेखिका ने व्यंग्य तथा क़िस्सागोई के ताने-बाने में इक्कीसवीं सदी की देहरी पर ठिठकी सामाजिक विकृतियों और विसंगतियों की जम कर ख़बर ली है। बेशक इस उपक्रम में व्यवस्था और व्यक्ति दोनों को समान रूप से कशाघात सहना पड़ा है लेकिन यह सच भी उतना ही बड़ा और सहज स्वीकार्य है

कि दूसरे पर वार करने से पूर्व लेखक स्वयं आत्मान्वेषण की निर्मम प्रक्रिया से गुज़रते हुए अपनी शख़्सियत को सौ-सौ कोणों से परखता-जाँचता है। लेखकीय सरोकार संवेदना और अन्तर्दृष्टि, ध्वंस और निर्माण की पीठिका से युक्त होकर पाठक तक तभी सम्प्रेषित हो पाते हैं जब व्यक्ति, स्रष्टा और श्रमिक के रूप में लेखक स्वयं वहाँ उपस्थिति होता है। उपदेष्टा के रूप में उच्चासन पर आसीन होने की तमाम कोशिशें उसके आधार और नीयत दोनों को क्षरित करती हैं। जहाँ तक मृदुला गर्ग का सवाल है, उपदेष्टा होन का अवकाश उनके पास है ही नहीं क्योंकि उनकी कहानियाँ पाठकों को सम्बोधित नहीं हैं। वे आत्मालाप हैं – डायरी सरीखा ('एक चीख़ का इन्तज़ार') या गद्यगीत जैसा जटिल भावोच्छ्वास जिसे 'प्रतिध्वनि' कहानी में पूरी शिद्दत के साथ महसूसा जा सकता है जहाँ पूरी तन्मयता और तीव्रता के साथ वे बार-बार व्यक्ति को भीड़ में तब्दील होने से रोक रही हैं– भीड़ जो व्यक्ति के व्यक्तित्व और विवेक का आखेट कर उनकी मानवीय सत्ता को 'ठहरे पानी में बास' सरीखी बना देती है, या फिर ''ज़ंजीरों में जकड़े अपनी दिनचर्या'' में जुटे सम्मोहित समूह का अंश रूप। मृदुला गर्ग अपने लेखन में इस सम्मोहित जीव को चेताती हैं, मखमली आवरणों से ढके छिद्रों-स्खलनों को उघाड़ कर उसे तल्ख यथार्थ का बोध भी कराती हैं किन्तु अकर्मण्यता और विकल्पहीनता से आतंकित नहीं करतीं। वे नव-निर्माण के लिए सामूहिक चेतना का आह्वान करती हैं तो यह बताते हुए कि ''भीड़ में कुछ नहीं मिलता। जो मिलता है, अकेले। अकेले जूझना पड़ता है, निपट अकेले।'' साथ ही प्यार बाँटना चाहती हैं–''सबके बीच, बहुत है मेरे पास। तुम्हें भी दूँगी, अथाह ख़ज़ाना है, कभी चुकेगा नहीं, सच।'' (शहर के नाम) हर फ्रंट पर वे स्वयं मौजूद हैं – मनु के रिचर्ड (चितकोबरा) की तरह – कर्त्ता और प्रेरक शक्ति के रूप में। मृदुला गर्ग की संवेदना को यदि बिना लाग-लपेट के बेहद संजीदगी के साथ व्यक्त करना हो तो 'शहर के नाम' कहानी को प्रतिनिधि बनाया जा सकता है जहाँ उनके सपने और महत्त्वाकांक्षाएँ, संघर्ष और संकल्प, वर्जनाओं के अंकुश को ठेल कर उभरता-गहराता व्यक्तित्व तथा समय के साथ मिल कर समय को गढ़ने की अभीप्सा कोरा शब्द जाल नहीं रहते, स्फूर्ति और जिजीविषा बन जाते हैं –''और जो हो, मैं याद रखूँगी मेरे पैरों में नाल नहीं ठुकी, मैं खुले मैदान में दौड़ सकती हूँ। अपना रास्ता चुन सकती हूँ। रेस के ट्रैक पर दौड़ना लाजिमी नहीं बना सकता कोई मेरे लिए।

मैं आज़ाद रखूँगी ख़ुद को उन लोगों के साथ रहने के लिए जो रेस में शरीक होने लायक नहीं।''

यही हैं मृदुला गर्ग! और पाँच दशकों में फैला उनका समूचा कृतित्व! देह के ससीम बन्धनों को अस्वीकार कर आत्मा की ऊँचाइयों तक प्रसार करता हुआ! ऐसे में उनका यह वक़्तव्य अनेक अर्थव्यंजनाओं के साथ उनकी दृष्टि और सरोकारों की गहनता एवं व्यापकता को प्रदर्शित करता है कि ''मैं क्या सिर्फ़ जिस्म हूँ? जिस्म तो घर है मेरा। मैं उसके अन्दर रहती हूँ। हर घर की एक आत्मा होती है। मेरे घर की भी है। मैं उसी आत्मा को लोगों में बाँटना चाहती थी। घर ही उनके हवाले कर देती तो आत्मा कहाँ रहती?'' (शहर के नाम)

क़िस्सागोई मृदुला गर्ग की अधिकांश कहानियों की विशेषता है। कभी नैरेटर के रूप में फटकार और आत्मोपहास के ज़रिये रोचक वार्तालाप रच कर और कभी फैंटेसी के सहारे कौतूहल की सृष्टि कर मृदुला गर्ग चुपके से मार्मिक अभिव्यंजनाएँ भी कर जाती हैं। जैसे 'छलावा' कहानी में धूल भरे चक्राकार बगूले की तरह व्यक्ति के विवेक और हुनर को हरते भोगवाद के प्रसार पर गहरी चिन्ता जो सांसारिक तृष्णाओं से निस्पृह वैद्यराज को हीरे के लोभ में ''अफारा, दर्द, ऐंठन, मरोड़, वात-पित्त'' (पृ. 28) के जानलेवा प्रकोप का शिकार बना मामूली इन्सान में तब्दील कर डालता है। या 'मंजूर नामंजूर' कहानी के बीजवाक्य –'कोई तिथि लौट कर नहीं आती' – से लिपटी प्रेम की टीस जो मूक और अमूर्त होते हुए भी जीवन की सारी स्थूलताओं और चर्याओं को बेमानी कर देती है। आशिक़ पति की ढीठ जड़ता से बँधी मंजूर के जेहन में मेजर लतीफ का अक्स क़ैद है जो उसका एक खत पाते ही बचपन की यादों को साझे भाव से जीने लड़ाई के मैदान से सीधा उससे मिलने बवंडर की तरह आता है और उसे विवाहिता देख आवेग खोए तूफ़ान की तरह बोझिल क़दमों से लौट जाता है'', फिर कभी न आने के लिए। वह भी पल्लू में बाँध कर ले गया है प्रेम की टीस भरी स्मृतियाँ और मजबूरियाँ-उसी एक तिथि से बँधी, फिर न लौटने को अभिशप्त!

ममता कालिया : 'मनुस्मृति' अग्निशिखाओं की पैरवी नहीं करती

पौंश्चल्याच्चलचित्ताच्च नस्नेहयाच्च स्वभावतः।
रक्षिता यत्नतोऽपीह भर्तृष्वेताविकुर्वते।।

(मनुस्मृति, नौवाँ अध्याय, श्लोक संख्या 15)

(अर्थात् स्त्रियाँ चूँकि स्वभाव से ही पर-पुरुषों पर रीझने वाली, चंचल व अस्थिर अनुराग वाली होती हैं, अतः प्रयत्नपूर्वक रक्षित होने पर भी वे पति के साथ विश्वासघात करती हैं।)

स्वतन्त्रचेता सुशिक्षित स्त्री की चेतना को क्रमशः क्षरित करते हुए उसे एक 'पालतू' गृहिणी की तरह गृहस्थी की चारदीवारी में बन्द करने की प्रक्रिया के विरोध में लिखी गयी कहानी 'बोलने वाली औरत' ममता कालिया की सशक्त कहानियों में एक है। यह कहानी अनायास प्रसिद्ध स्त्रीवादी चिन्तक सिमोन द बोउवार की इस उक्ति की याद दिलाती है कि 'स्त्री पैदा नहीं होती, बनायी जाती है'। लेखिका कहानी में इस तथ्य को रेखांकित करना चाहती हैं कि पितृसत्तात्मक व्यवस्था रोज़मर्रा की ज़िन्दगी में घुसपैठ कर स्त्री और पुरुष दोनों की चेतना को इस प्रकार लिंगाधारित भूमिकाओं की वैधता में बाँध देती है कि अपनी-अपनी मानवीय अस्मिता को भूल वे परिवार और विवाह–संस्था के रूढ़ मानकों और छवियों का पालन करने लगते हैं। पितृसत्तात्मक व्यवस्था की एक और विशेषता है कि अपनी दीर्घायु के लिए वह किसी भी विवेकशील विश्लेषक की उपस्थिति स्वीकार नहीं करती जो तर्क और तथ्य के आधार पर उसकी निरंकुशता और बर्बरता को चुनौती दे। इसलिए लैंगिक असमानता पर टिकी रूढ़ स्त्री-पुरुष भूमिकाओं को वैध

ठहराते हुए यह व्यवस्था न केवल महिमामण्डन द्वारा असन्तुष्ट स्वरों को दबा देना चाहती है, बल्कि प्रवंचनाओं को मूल्य बना कर उस भ्रान्त महिमामण्डन के समर्थन में व्यापक जनाधार भी जुटा लेना चाहती है।

ममता कालिया पितृसत्तात्मक व्यवस्था की साजिशों को समझती हैं, इसलिए 'बोलने वाली औरत' कहानी में वे पाठक तक अपने इस विचार को पहुँचा देना चाहती हैं कि घर-गृहस्थी की सलामती के लिए बेशक 'दीपशिखा' की तरह मधुर-मधुर जल कर अपने को होम कर देने वाली स्त्री अनिवार्य है, लेकिन वास्तव में जब तक दीपशिखा 'अग्निशिखा' बन कर अपने अधिकारों और गरिमा के लिए संघर्षपूर्ण लड़ाई नहीं लड़ेगी, तब तक पारिवारिक मर्यादा की आड़ में स्त्रियों का तिल-तिल कर जलना-मिटना जारी रहेगा।

'बोलने वाली औरत' दीपशिखा नामक एक ऐसी स्त्री की कथा है जो प्रेम और विवाह दोनों से छली जाकर भी रूढ़ परम्परा के समक्ष घुटने नहीं टेकती बल्कि भावी पीढ़ी – परिवार संस्था – को समतामूलक संस्कार और शिक्षा देकर बेहतर भविष्य का निर्माण करना चाहती है। किन्तु इस प्रक्रिया में पाती है कि यथास्थितिवाद के पीछे एकजुट प्रबल सुविधाभोगी ताक़तें अपनी संख्या और पुरातनता के बल पर उसी के औचित्य को शंका के दायरे में ला रही हैं। ममता कालिया कहानी में अपनी नायिका को भरपूर सहानुभूति देते हुए दीखती हैं, लेकिन वास्तविक्ता इसके बिल्कुल विपरीत है। एक लम्बी कालावधि में कहानी की समस्त घटनाओं को पिरो कर वे निःसंग भाव से उन्हें पाठक के समक्ष रखती हैं और अपेक्षा करती हैं कि परिवार भर के आरोपों के कठघरे में खड़ी दीपशिखा के प्रति वह स्वयं अपनी संवेदना और विवेक से निर्णय ले सके। लेखिका के लिए पिछले दस बरस की ज़िन्दगी को उसकी तमाम घटनात्मकता के साथ एक-दूसरे के बरअक्स उपस्थित करना अपने पात्रों की मनोरचना और अन्तःसम्बन्धों को जानने की एक युक्ति हो सकती है, लेकिन दरअसल इसके ज़रिये वे इस तथ्य को भी सतह पर ले आती हैं कि बेटी और बहू, प्रेमिका और पत्नी से अलग-अलग अपेक्षाएँ करते हुए पितृसत्तात्मक व्यवस्था में दीक्षित पारिवारिक सदस्य अपनी स्वतन्त्र सोच के साथ मनुष्य के रूप में उभरने वाली स्त्री को गृहिणी और माँ की रूढ़ छवि से इतर अन्य किसी रूप में नहीं देखना चाहते।

शिखा के पति कपिल ने परिवार के विरोध के बावजूद दीपशिखा नामक इस 'कुदेसिन' लड़की से प्रेम-विवाह इसलिए किया क्योंकि वह उसे ''अपने परिवार और परिवेश में'' दिखाई देने वाली स्त्रियों से अलग लगी। इस भिन्नता में विशिष्टता के रंग भरती है उसकी वक़्तृता, मौलिक चिन्तन, दृढ़तापूर्वक अपनी बात कहने की निर्भीकता और दसों दिशाओं में फूट-फूट पड़ता आत्मविश्वास कि ''मैं दीपशिखा नहीं, अग्निशिखा हूँ।'' लेखिका ने कपिल के चरित्र को स्वायत्त ढंग से विन्यस्त करने का प्रयास नहीं किया है। उसे या तो माँ के आज्ञाकारी लाडले बेटे की छाया में उभारा गया है या पति की ठसक के साथ। इसलिए वह 'आत्मनिर्भर, खूबसूरत और स्वतन्त्र सोच' वाला युवक कैसे स्टीरियोटाइप में बदल गया, निश्चयपूर्वक नहीं कहा जा सकता, लेकिन माँ और पत्नी के सन्दर्भ में अपनी टिप्पणियों के साथ वह जिस अधिकारपूर्ण भूमिका में उभरता चलता है, वह पितृसत्तात्मक व्यवस्था द्वारा पुरुष को दिये गये विशेषाधिकारों को भोगने के बाद मिले वर्चस्वशाली आनन्द और उन्माद का परिणाम है। परिवार में अपनी स्थिति मज़बूत करने के उपक्रम में छोटी-छोटी बातों पर सास और बहू का लड़ना, फिर मौका लगने पर सास अथवा पत्नी का पुत्र अथवा पति के कान भरना और अपनी असहाय अवस्था पर आँसू बहाते हुए उसी की कृपा तले सम्मानपूर्वक जीवन जीने के एकमात्र विकल्प की बात रखना – ये कुछ ऐसी सच्चाइयाँ हैं जो तनिक हेरफेर के बाद हर परिवार की रोज़मर्रा की ज़िन्दगी में घटती हैं। पति/पुत्र यहाँ निरन्तर न्यायाधीश की कुर्सी पर विराजमान हैं जिसे सम्बन्धों के समीकरण के साथ-साथ परिवार की शान्ति और मर्यादा भी बनाये रखनी है। ज़ाहिर है उसके पास बदलती परिस्थितियों का विश्लेषण कर न्याय करने के अवसर नहीं हैं, परम्परा के दबाव तले सम्बन्धों और संस्थाओं के रूढ़ स्वरूप को बचाने के रूढ़ दायित्व हैं। इसलिए लेखिका कपिल को 'न्यायप्रिय' न्यायाधीश की भूमिका में अभिषिक्त नहीं करतीं, एक ऐसे पारिवारिक पूर्वाग्रह का रूप देती हैं जो ''शान्त और सुरुचिपूर्ण जीवन जीना'' चाहता है। ''तुम माँ से क्यों उलझती रहती हो दिन भर''– कपिल के इस अभियोग में पत्नी का पक्ष सुनने का धैर्य नहीं है, पत्नी को एकतरफा निर्णय देकर अपराधी घोषित करने की अहम्मन्यता है। इसलिए वह शिखा के तर्क को नहीं सुनता कि ''इस बात का विलोम भी उतना ही सच है''। शायद इसलिए कि मातृत्व का महिमामण्डन करने वाली पितृसत्तात्मक व्यवस्था अपने

वर्चस्वशाली प्रतिनिधि पुरुष को यह बताना नहीं भूलती कि उसका पहला दायित्व प्रतीकों और रूपकों (जो अन्ततः टोकनिज्म में रिड्यूस हो जाते हैं) का पोषण करके अपनी उदार और स्त्री-रक्षक छवि को बचाये रखना है; सचमुच माँ और स्त्री का सम्मान करना ज़रूरी नहीं। इसलिए एक चतुर कूटनीतिकार की तरह वह सारी स्थिति को आप्तवचनों और रूढ़ छवियों की प्रतिष्ठा की ओर मोड़ देता है कि ''माँ की कोई बात ग़लत नहीं होती।'' ज़ाहिर है पुरुष द्वारा शान्त और सुरुचिपूर्ण जीवन जीने की माँग अनिवार्यतः अन्याय और विषमता को लेकर पत्नी के भीतर खदबदाते सवालों की हत्या के साथ ही पूरी होती है। पति जज है, स्त्री के सवालों की नोंक से बिंध कर अदालत के कठघरे में सफ़ाई देता मुजरिम नहीं। वह अपनी 'विशिष्ट' स्थिति भूलना भी चाहे तो मनु महाराज जब-तब उसे पाठ पढ़ाने आ जाते हैं :

इमं हि सर्ववर्णानां पश्यन्तो धर्ममुत्तमम्।
यतन्ते रक्षितुं भार्यां भर्तारो दुर्बलो अपि।।

(मनुस्मृति, नौवाँ अध्याय, श्लोक संख्या 06)

(अर्थात् स्त्री पर नियन्त्रण रखना सभी वर्णों में श्रेष्ठ धर्म के रूप में देखा जाता है। अतः दुर्बल पतियों को भी अपनी पत्नी को नियन्त्रण में रखने एवं रक्षा करने का भरसक प्रयास करना चाहिए।)

ममता कालिया पितृसत्तात्मक व्यवस्था की संरचना से टकराने के लिए व्यंग्य का आश्रय लेती हैं। वे जानती हैं कि परिवार की प्रभुत्वशाली ताक़तों के प्रति ख़ुशामद और समर्पण का भाव स्त्री के जीवन में क्लेश और हिंसा की स्थितियों में कमी ला सकता है। शिखा चकित है कि उसकी समवयस्काएं कैसे सन्तोष से लबालब भर 'मेरा परिवार महान' राग अलाप सकती हैं। गहरी छानबीन करने के उपरान्त वह इस निष्कर्ष पर पहुँचती है कि 'जी और हाँ जी' यानी मूक आज्ञाकारिता से स्त्रियाँ अपने सतीत्व और निष्ठा को प्रमाणित करती चलती हैं और परिवार संस्था की यान्त्रिक व्यवस्था का एक बेजान पुर्जा बन कर पुराने पुर्जे को रिप्लेस करती चलती हैं। लेकिन क्या यही स्त्री का स्वत्व है? और उसके दायित्वों की परिधि? व्यंग्य और उपहास को मिला-जुला कर लेखिका ऐसी व्यक्तित्वहीन 'सती' स्त्री पर चाबुक फटकारती चलती हैं। एक उदाहरण द्रष्टव्य है :

''कल छोले बनेंगे।''

''जी, छोले बनेंगे।''

''पाजामों के नाड़े बदले जाने चाहिए।''

''हाँ जी, पाजामों के नाड़े बदले जाने चाहिए।''

लेखिका की ख़ासियत है कि वे व्यंग्य के भीतर नायिका के विद्रोह को गूँथती हैं जो चिन्तन के गम्भीर क्षणों में उसे विश्लेषण करने का विवेक देता है कि क्यों एक-दूसरे की मौलिकता और जोशो-खरोश की क़द्र करने वाले दम्पति समय के साथ एक-दूसरे के प्रति असहिष्णुता और अविश्वास से भरते चलते हैं। शिखा को लगता है कि पितृसत्तात्मक व्यवस्था ने पुरुष-स्त्री को श्रेष्ठ-हीन, कर्त्ता-अनुकर्त्ता, स्वामी-सेवक के विलोम द्वित्वों में क़ैद ही नहीं किया, उनकी सीमाएँ और भूमिकाएँ भी तय कर दी हैं जो धीरे-धीरे पुरुष और स्त्री के रूप में उनके व्यक्तित्व की विशिष्टताओं और निजताओं को कुतरते हुए उन्हें छाया में तब्दील कर देती हैं। शिखा इस खलनायक को नाम देती है – रुटीन अर्थात् रोज़ की दिनचर्या जहाँ स्त्री के लिए मुँह-अँधेरे उठ कर रात तक कामों के ढेर को निबटाते-निबटाते अपने तन-मन की सुध लेने का भी अवकाश नहीं है, और पुरुष के लिए बाहरी जीवन की व्यस्ताओं के अलावा अपने लिए ढेरों अवकाश है। मैं शिखा के सामने 'मनुस्मृति' के नौवें अध्याय का ग्यारहवाँ श्लोक रख देती हूँ :

अर्थस्य संग्रहे चैनां व्यये चैव नियोजयेत्।
शौचे धर्मेऽन्नपक्त्यां च पारिणाह्यस्य योजने।।

(अर्थात् धन का संग्रह करना एवं ख़र्च करना, घर की स्वच्छता, भोजन बनाना तथा घर की सभी वस्तुओं की देख-रेख का काम स्त्रियों को सौंप देना चाहिए। इस प्रकार स्त्रियाँ घर से बाहर भ्रमण नहीं कर पातीं।)

'हाँ', वह अवसन्न भाव से मुझे 'द सेकेंड सेक्स' के उस पन्ने पर ले चलती है जहाँ सिमोन द बोउवार ने बताया है कि धूल को परम शत्रु मान कर स्त्रियाँ अपनी सारी ऊर्जा, शक्ति, समय और संवेदना उसी से दो-दो हाथ करने में रिता देती हैं, और पाती हैं कि उनका सारा श्रम पुरुष के 'उत्पादक श्रम' की तुलना में निरर्थक और अनुत्पादक बना दिया गया है क्योंकि प्रत्यक्षतया वे परिवार के लिए धन अर्जित करके नहीं ला पातीं।

'कितना पारंगत है पुरुष इन्द्रजाल रचाने में! चौबीसों घण्टे कार्यरत स्त्री के श्रम को अलक्षित कर कैसी कुशलता से उसे रोटी-कपड़ा-छत के लिए अपने पैरों पर झुका देता है।' शिखा अवसाद की स्थिति से धीरे-धीरे बाहर आने लगी है। 'हाथ-पैर बाँध कर पहले तो किसी को पोटली बना कर पीटो, फिर तोहमत लगाओ, कैसा जड़ इन्सान है कि आत्मरक्षा के लिए हाथ-पैर ही नहीं हिलाता।' शिखा के नथुने फड़कने लगे हैं।

'मत भूलो शिखा, तुम्हारी लड़ाई पितृसत्तात्मक व्यवस्था से है, पुरुष से नहीं। पुरुष यदि पितृसत्तात्मक व्यवस्था का लठैत है तो स्त्री उसकी मुस्तैद चौकीदार। तुम यह भी तो देखो न कि कैसे पितृसत्तात्मक व्यवस्था पुरुष की मनुष्यता और स्त्री की अस्मिता का आखेट कर उन्हें कठपुतलियाँ बना रही है।'

'हाँ,' उसकी भृकुटि तनिक ढीली पड़ी तो मुझे ज्ञान बघारने का अवसर मिल गया। कहा, समाज की दृष्टि में चूँकि उसका यह श्रम अनुत्पादक है, इसलिए अपने को महत्त्वहीन मानते-मानते स्त्री स्वयं अपने श्रम का अवमूल्यन करने लगती है और इसे आवृत्तिपरक अनुत्पादक श्रम (बेगार) की संज्ञा दे आत्मसन्तोष और आत्मसार्थकता जैसी सकारात्मक उपलब्धियों से वंचित रहने लगती है।

देख रही हूँ, ''घर की कारा में कैद घटनाहीन दिन बिताने'' की प्रतीति ने शिखा के भीतर व्याकुलता और असन्तोष को घनीभूत कर दिया है। ऐसी अवस्था में उसके सामने दो विकल्प हैं। एक, स्त्रीत्व के परम्परानुमोदित रोल में अपने आपको ढाल लेना। औसत स्त्री के लिए यह विकल्प जितना सरल है, शिखा सरीखी आत्माभिमान से दीप्त विचारशील स्त्रियों के लिए उतना ही दुष्कर। वह भी तब जब उसकी सास की सारी जद्दोजहद शिखा की निजता की प्रखरता को छिन्न-भिन्न कर उसे अपने सरीखा पितृसत्तात्मक व्यवस्था का चौकीदार बना देना है। वह अभिमानपूर्वक अपने पुत्र से शिखा को 'पालतू' बना लेने का दावा भी करती है—''तू फिकर मत कर। थोड़े दिनों में इसे ऐन पटरी पर ले आऊँगी।'' दूसरा विकल्प है अपने हौसले और दृढ़ता के सहारे अपने भीतर की आँच को लहकाये रखना ताकि अवसर मिलते ही जड़ एवं रुग्ण पितृसत्तात्मक व्यवस्था के निरंकुश चरित्र को भस्म किया जा सके। शिखा दूसरे विकल्प का चयन कर अपनी अलग पाँत बनाती है। वह जानती है भीतर की स्त्री को चेतन और जीवित रखने के लिए उसे नींद के

लिए निर्धारित अत्यल्प घण्टों में से समय चुराना है। "शिखा जैसे-तैसे रोज के काम निपटाती और जब समस्त घर सो जाता, हाथ-मुँह धो, कपड़े बदल एक बार फिर अपना दिन शुरू करने की कोशिश करती।"

रात के निबिड़ अन्धकार में 'अपना दिन शुरू करने की कोशिश' में संलिप्त यह स्त्री पितृसत्तात्मक व्यवस्था के दबावों से मुक्त होती स्त्री-चेतना का प्रतीक है। इसके ठीक विपरीत हैं वे स्त्रियाँ जो ग़ुलामी की सुरक्षा में ऊब को चाव, अनुकम्पा को अधिकार और जड़ता को स्वतन्त्रता मान स्वयं को ठगती जा रही हैं। लेखिका एक बार फिर शिखा के क़द को समुन्नत करने के लिए व्यंग्य की मारक धार लेकर परिदृश्य पर उपस्थित होती हैं और कटाक्ष करते हुए कहती हैं कि ऐसी स्त्रियाँ "रोज़ सुबह साढ़े नौ बजे सासों, नौकरों, नौकरानियों, बच्चों, माली और कुत्तों के साथ घरों में छोड़ दी जातीं, अपना दिन तमाम करने के लिए। वही लंच पर पति का इन्तजार, टीवी पर बेमतलब कार्यक्रमों का देखना और घर-भर के नाश्ता, खाना, नखरों की नोक-पलक संवारना, चिकनी महिला पत्रिकाओं के पन्ने पलटना, दोपहर को सोना, सजे हुए घर को कुछ और सज़ाना, सास की जी हजूरी करना, और अन्त में रात को एक जड़ नींद में लुढ़क जाना।"

समाज के बृहत्तर सरोकारों और उत्पादक श्रम की दुनिया से काट कर स्त्री को निष्क्रियता की दुनिया में क़ैद करना, मनुष्य के रूप में एक पूरी स्त्री जाति की सम्भावनाओं को नष्ट करना है। सिमोन द बोउवार की दृष्टि से यह अवस्था कहीं स्त्री को अवसादग्रस्त करती है, कहीं उसे स्वयं को आत्मदया और आत्मघृणा की पात्र समझने की हीनता देती है। सिमोन की मान्यता से सहमत होते हुए ममता कालिया उनके इस विश्लेषण में यह तथ्य और जोड़ देना चाहती हैं कि शिखा जैसी "ज्वालामुखी की तरह फट पड़ने" वाली स्त्रियों की नियति भी इनसे भिन्न नहीं है। समय की सर्जक रचनाकार के रूप में ममता जी की विशेषता यह है कि शिखा को वे दबंग योद्धा के रसायन से रचती हैं। शिखा की विशिष्टता है कि पारिवारिक दबावों के विपरीत जाकर वह अन्याय को अन्याय के रूप में चिह्नित करने और फिर उसके विरोध में डट कर खड़े होने में भय या संकोच महसूस नहीं करती। अपने लिए 'बदतमीज़' और 'बदज़ुबान' जैसे विशेषण सुन-सुन कर वह संकुचित अवश्य हुई है; नामालूम से अपराध-बोध ने आगे बढ़ कर उसकी गति को अवरुद्ध भी किया है, लेकिन देर तक पलायन और निष्क्रियता की

ज़मीन पर वह नहीं रह सकती। इसलिए देर-सबेर उस मानसिकता से उबर कर अगले युद्ध के लिए फेंटा कस लेती है। उल्लेखनीय है कि आत्मसमर्पण की मुद्रा में चुप रहने के लिए वह जिन उपायों पर विचार करती है, वे प्रकारान्तर से चुप्पियों में अपने आक्रोश को गूँथ कर विस्फोटक कर देने की युक्तियाँ ही हैं। टॉयलेट की तर्ज़ पर हर घर में 'टॉकलेट' बनाने और वहाँ अपना गुबार निकाल कर शान्तचित्त बाहर आने के तमाम प्रकरण को लेखिका जिस तरह रस ले-ले कर कहती हैं, उससे लगता नहीं कि शिखा 'गूंगी गुड़िया' बनने को तैयार है, बल्कि 'सेफ्टी वॉल्व' जैसे किसी माध्यम का इस्तेमाल कर वह अपने विद्रोह की ऊर्जा को सही वक़्त पर इस्तेमाल करने के लिए सँजो कर रखना चाहती है।

लेखिका पूरी कहानी में घटना-दर-घटना पात्रों और सम्बन्धों को कठघरे में खींचती चलती हैं, लेकिन अभियुक्त के तौर पर वे किसी एक व्यक्ति विशेष या लिंग विशेष को दोषी नहीं ठहरातीं। पूरी कहानी में वे निर्द्वन्द्व भाव से पितृसत्तात्मक व्यवस्था का पुनरीक्षण करती चलती हैं। झाड़ू को सीधी खड़ी करने का प्रसंग हो या कब्ज-पीड़ित सास को चाय का प्याला पेश करने का प्रकरण – घर-परिवार में घटने वाली घटनाएँ इतनी बड़ी नहीं होतीं कि इनके कारण तूफ़ान आये, लेकिन असलियत यह है कि चाहते न चाहते, वे तूफान लाने का सबब बन जाती हैं। सास-बहू की लड़ाई के दृश्य कहानी में इस पारम्परिक विश्वास की पुष्टि करने नहीं आते कि 'स्त्री ही स्त्री की शत्रु है', बल्कि दो महत्त्वपूर्ण तथ्यों की ओर संकेत करते हैं। एक, पुरुष पर वर्चस्व पाने के लिए स्त्रियों के बीच लड़ी जाने वाली लड़ाइयाँ मूलतः अपनी स्थिति सुदृढ़ करने की कोशिशें हैं, क्योंकि घर के अन्तःप्रशासन का दायित्व वही स्त्री पायेगी जो परिवार के शासक पुरुष के प्रति अपनी निष्ठा एवं वफ़ादारी दिखायेगी। एक-दूसरे को पछाड़ कर स्वामी की अनुकम्पा पाना स्त्रियों के अस्तित्व-रक्षण की बुनियादी लड़ाई है, ठीक वैसे जैसे गुलाम या नौकर परस्पर एक-दूसरे को नीचा दिखा कर मालिक की आँख में ऊँचा उठना चाहते हैं। इस समूची प्रक्रिया में स्त्रियाँ जान ही नहीं पातीं कि अपने निहित स्वार्थों की पूर्ति के लिए कब वे व्यवस्था के हाथ की कठपुतली बन गयी हैं। दूसरे, स्त्रियाँ भी पुरुष की भाँति पितृसत्तात्मक व्यवस्था के षड्यन्त्रों की शिकार हैं जो दोनों की निजता का आखेट कर उन्हें रूढ़ भूमिकाओं में बदलती है। अपनी-अपनी चोटों को सहलाते हुए अपने-अपने द्वीपों में बन्द हो जाने की स्थिति स्त्री को संगठित होने से रोकती है।

चूँकि उसका हर प्रयास हर लड़ाई/पैंतरे के बाद पुरुष की प्रतिक्रिया पाकर उत्साहित या हताश होकर नयी रणनीति बनाना है, इसलिए नेतृत्व क्षमता जैसी मूल्यवान गुणवत्ता उसमें नहीं पनप पाती।

लेखिका सिमोन द बोउवार के इस कथन से सहमत हैं कि स्त्री पैदा नहीं होती, बनायी जाती है। वे इस कथन में अतिरिक्त भाव से यह भी जोड़ देना चाहती हैं कि ठीक इसी तरह पुरुष भी पैदा नहीं होता, 'पुरुष' (असंवेदनशील) बनाया जाता है। लिंग के विभाजन के इर्द-गिर्द बुना गया पुरुष-स्त्री की श्रेष्ठता-हीनता का भाव घर के सदस्यों के स्त्री के प्रति व्यवहार के साथ अनायास अबोध बच्चों के भीतर पैठता चलता है। माँ के प्रति तिरस्कार का भाव और पिता के प्रति भयमिश्रित आदर का भाव भारतीय परिवारों का विद्रूप सच है। लेखिका ने इस सच की निर्माण-प्रक्रिया को बेहद बारीकी के साथ पकड़ा है। बच्चों ने जन्म से ही परिवार में दादा-दादी और पिता को माँ के प्रति हिकारत दर्शाते देखा है। वे अभी इतने छोटे और अबोध हैं कि माँ की तथाकथित 'बदतमीजियों' में छुपे विद्रोह की अनिवार्यता और तार्किकता को समझ पायें। परिवार के अन्य सदस्यों की तरह बच्चों के भी अपने-अपने आकाश हैं और भीतर-बाहर की दुनिया को जोड़ती पगडंडियाँ जहाँ घूम-फिर कर वे दुनिया से संवाद का रिश्ता कायम कर सकते हैं। ऐसे में वे नहीं जान सकते कि 'घर की कारा' में क़ैद माँ क्यों अकबका कर कुछ घड़ी बाहर की निर्द्वन्द्व हवा में लम्बी-लम्बी साँस लेना चाहती है। आगरा या जयपुर घूमना शिखा के लिए ऐयाशी या सैर-सपाटे की मुहिम नहीं है, व्यक्तित्व को पीस डालने वाली गृहस्थी की दैत्याकार चक्की की क़ैद से छूट कर कुछ समय के लिए अपनी अन्तःशक्तियों को संचित करने की मोहलत है ताकि नयी ऊर्जा के साथ अपने वजूद को बनाये रखने वाली इस अदृश्य लड़ाई को वह अनवरत लड़ती रह सके। परिवार के लिए उसकी इच्छा फिज़ूलखर्ची और बेतुकी है –''सारी दुनिया का दर्शन जब टीवी पर हो जाता है तो वहाँ जाने में क्या तुक है?'-- समय-समय पर मुखर रूप से सबके सामने अपमानजनक ढंग से फूट पड़ने वाली पिता की यह हिकारत बच्चों के मन में माँ के प्रति सम्मान और संवेदना का क्षरण करती चलती है जो माँ को काम करने की मशीन का पर्याय समझने का दम्भ देती है। कहानी के अन्त में लेखिका एक ऐसे ही दृश्य की नियोजना करती हैं जहाँ नाश्ता कर लेने के बाद बच्चे जूठी प्लेटें वहीं छोड़ चले जाते हैं। शिखा का क्रोध फटकार बन कर फूट पड़ता है –''यहाँ कोई रूम सर्विस नहीं चल रही है।

जाओ, अपने जूठे बर्तन रसोई में रख कर आओ।'' बच्चों ने घर के पुरुष सदस्यों और बुज़ुर्गों को ऐसा करते नहीं देखा है। वे भी उनकी तरह कोई काम न करना अपना विशेषाधिकार समझते हैं। माँ द्वारा धमकाने और पीटने पर भी वे टस-से-मस नहीं होते क्योंकि अपनी अबोध अवस्था के बावजूद वे परिवार भर की मौन सहानुभूति अपने प्रति पाते हैं। यही वह 'शह' है जिस कारण बड़ा बेटा न केवल माँ पर हाथ उठाता है, बल्कि अपनी ग़लती पर पश्चाताप करने की बजाय दादी के आँचल में छिप जाता है जो शिखा को ही दोषी ठहरा कर पौत्र के भीतर विकसित हो रहे पुरुष को आक्रामक, बर्बर और संवेदनहीन बना रही है –''हमेशा ग़लत बात बोलती हो, इसी से दूसरे का ख़ून खौलता है... । तू बर्तन उठा देती तो तेरा क्या घिस जाता।'' परिवार 'सतीत्व' से किनारा कर अपनी अस्मिता हेतु लड़ती स्त्री के लिए व्यूह-रचना है जिससे उबरने की कला वह नहीं जानती। भारतीय परिवारों की सामाजिक संरचना विवाह से पूर्व भले ही स्त्री को पुरुष की तरह अकुण्ठ भाव से कर्म-क्षेत्र में उतरने का स्पेस दे, विवाहोपरान्त उसे 'गान्धारी' के रूप में ही पाना चाहती है ''जो जानबूझ कर न सिर्फ़ अँधी बनी रहे, बल्कि गूँगी और बहरी भी।'' घर और बाहर के इस द्वैत को समझने और जीवन-व्यवहार में उतारने वाली स्त्रियाँ सफलतापूर्वक दोनों जगह अपने लिए सुपरिभाषित पारम्परिक भूमिकाएँ निभा जाती हैं, लेकिन शिखा सरीखी स्त्रियाँ जो समझौता किये बिना तर्क और न्याय को जीवन का लक्ष्य बना लेती हैं वे मार खाती रह जाती हैं। शिखा तीर्थ-यात्रा और पर्यटन दोनों को दो अलग-अलग खाँचों में न रख कर दोनों को समान भाव से स्त्री (मनुष्य) द्वारा घर की चौहद्दी से बाहर निकलकर मानसिक-सामाजिक रूप से तरोताज़ा होने की नैसर्गिक इच्छा मानती है। शिखा की इस तार्किक व्याख्या को अपनी उम्र और ओहदे के ठसके से अतार्किक करार देना स्त्री की वैयक्तिकता और मुखरता को समूल नष्ट करने के उद्योग हैं जो पति या पति के प्रतिरूप सास के मुँह से आकर उसके हौसले निस्पन्द करना चाहते हैं। शिखा यह जानती है, इसलिए निरन्तर प्रेमी को पति और पति को सामन्त में बदलते देख रही है। ''पहले सिर्फ़ मुझे सताती थीं, अब बच्चों का भी शिकार कर रही हो''– कपिल का यह कथन कहानी में बिडम्बना के नये आयाम को उद्घाटित करता है। विडम्बना यह कि वर्चस्व के शिखर पर खड़ी पितृसत्तात्मक व्यवस्था की चूलें इतनी कमज़ोर हैं कि स्त्री की ललकार पाकर वह थर-थर काँपने लगती है। इसलिए अपनी ही दुर्नीतियों और दुष्ट मन्तव्यों को अभियोग बना कर

वह स्त्री को ऐसा अपराधी बना डालती है जिसे अपने पक्ष में सफ़ाई देने का अवसर भी नहीं दिया जाता।

कहानी के अन्त को स्त्री की नियति और आकांक्षा के बीच चौड़ी होती खाई का रूप देकर ममता कालिया पाठक से इस तथ्य का साक्षात्कार कर लेना चाहती हैं कि ''परिवार में परिवार की शर्तों पर रहते-रहते न सिर्फ़ वह (स्त्री) अपनी शक्ल खो बैठी है, वरन् अभिव्यक्ति भी।'' परिवार के लिए स्त्री का अर्थ उसके हाथ-पैर और देह हैं, अपनी जड़ नियति से दो-दो हाथ करती स्त्री अपने को बुद्धि, तर्क और वाणी द्वारा प्रतिपादित करना चाहती है। वह जानती है कि ''घर के लोग उसके समस्त रंध्र बन्द कर'' उसके वजूद को मिट्टी में मिला देना चाहते हैं, लेकिन उसके भीतर की हठधर्मिता उसके भीतर खौलते-खदकते शब्दों को लावा बना देगी जिसकी अनिवार्य परिणति ज्वालामुखी के विस्फोट में होगी।

पुनश्च :

'मेरी बात कहने से पहले यह जो तुमने मनुस्मृति से पद उद्धृत किया है, वह भला क्यों? क्या मेरा विद्रोह तुम्हें विश्वासघात लगता है?' चलने लगी तो शिखा ने अचानक पीछे से आकर मेरा कन्धा झिंझोड़ दिया।

मैं चौंक गयी। शब्दों, फ़तवों और प्रवंचनाओं पर विश्वास करने वाली कमज़ोर स्त्री तो नहीं शिखा। फिर ऐसी भावविगलित तिलमिलाहट क्यों? क्या आधुनिकता के नकाब तले हर स्त्री सतीत्व की सनदें ही इकट्ठा करते रहना चाहती है? किंचित् सिहर कर मैंने शिखा की आँखों में झाँका। वहाँ कातरता, अपमानजन्य ग्लानि या पीड़ा की कोई लिजलिजी तरलता नहीं थी। थी तो एक दृढ़ता और शैतान मोहक चमक – शोख हँसी के मोतियों से गुँथी। मैं ठठा कर हँस पड़ी, 'जानती हूँ, मनु बाबा के जवाब में तुम सिमोन दादी को ले आओगी कि यदि स्त्री को सोचने, कल्पना और इच्छा करने के लिए स्वतन्त्र छोड़ दिया जाये तो वह पुरुष के आदर्श के साथ विश्वासघात करेगी।

'हम विश्वासघाती औरतें! शब्दों से अपना साम्राज्य भी रचेंगी और इतिहास से लेकर भविष्य भी।' शिखा ने कस कर मेरा हाथ थाम लिया और आसमान के विस्तार में दो बाँहों को लहरा कर पूरी कायनात को मुट्ठी में भींचने का संकल्प चहुँ ओर रोप दिया।

मंजुल भगत : व्रत-कथा की जड़ता में उद्बोधन का निस्सीम विस्तार

मंजुल भगत की कहानी 'ले सर्वसुहागन करवरा' की परम सन्तुष्ट सुहागनें बेहद तल्लीन भाव से मिसरानी से करवा चौथ की व्रत-कथा सुन रही हैं। आभूषणों, बड़बोले सुहाग-चिह्नों और गोटे-किनारी से लदी-फदी ये समृद्ध सुहागनें जिस चौकन्नी सजगता से थाल में जगमगाते आटे के दीपक की लौ को हाथ की ओट से देदीप्यमान किये हैं, और जिस समर्पण भाव के साथ करवे को चूम रही हैं, उससे कहने-सुनने की गुंजाइश तक नहीं बचती कि पति और परम्परा से बाहर इनकी दुनिया का नामोनिशान तक नहीं। आश्चर्य कि इनके शृंगार और साजो-सामान से परे जब-जब मैंने इनके चेहरे पर टटोलती नज़र डाली, मुझे वहाँ गारमेंट शोरूम के बाहर रखे पुतलों के सपाट चेहरे ही नज़र आये – यकसाँ और आकृतिविहीन। अलबत्ता लकदक दमकते पुतलों के बीच एक जानी-पहचानी आकृति ज़रूर मुझसे आँखमिचौली करती रही।

'लाजो, अब बाहर आ भी जाओ।' मैंने आजिज़ आकर उसे पुकार लिया।

लाजो यानी 'करवा का व्रत' (यशपाल) कहानी की नायिका।

'तुम भी ऐसे ही व्रत करती हो?' मेरे प्रश्न में प्रश्न नहीं, बात शुरू करने की रस्मी क़वायद थी।

'हाँ, व्रत की कहानी मैं सहेलियों के बीच अकेले सुनती हूँ, लेकिन व्रत हम दोनों साथ-साथ रखते हैं...। और चाँद को अर्घ्य देकर साथ-साथ व्रत तोड़ते हैं।' वह मुस्करा दी, लाज से, गर्व से।

'हम दोनों...। यानी मैं और वो...' वह शर्म से लाल पड़ गयी– 'कन्हैयालाल, मेरा पति।'

मैंने कस कर सरपट दौड़ते कल्पना के घोड़ों की लगाम पकड़ ली। यह क्या कि ज़रा-सी ढील मिलते ही सड़क छोड़ इधर-उधर पगडंडियों पर दुलकी चलने लगे। लेकिन लाजो ने परिदृश्य पर उपस्थित हो कर अनायास जिस शार्प कन्ट्रास्ट को रच दिया है, उससे मैं आँख भी नहीं मूँद सकती। दो सवाल कैफ़ियत माँगने की मुद्रा में अड़ियल टट्टू से मेरे सामने अड़ गये हैं। व्रत (स्त्रियों को पराधीन बनाने वाले सांस्कृतिक प्रपंच) के मिथ्यात्व को उद्घाटित करने के बावजूद क्यों यशपाल की परम्परा को आगे बढ़ाने वाले कहानीकार लाजो सरीखा विद्रोही पात्र नहीं रच पाये? या कि विद्रोही पात्रों को रच कर यथार्थ और आदर्श के बीच पसरी खाई का रेखांकन करना जितना सरल होता है, उतना ही कठिन है जड़ता और सड़ाँध के बीच आपादमस्तक डूबी मानवाकृतियों में अपनी शक्ल उकेर देना, जिनके प्रति जितनी गहरी वितृष्णा है, उतना ही अपार है भय जो मिलजुलकर अपनी ही प्रकृति को बदलने की पुकार भीतर भरना शुरू करते हैं। बेशक लाजो विद्रोहिणी है – चिर आकांक्षित आदर्श पात्र – और मानो ठीक यहीं मात खा जाती है, क्योंकि वह बुराई (जिसे लेखक कुप्रथा कहता है और, हिन्दू समाज का आम संस्कारी जनमानस सांस्कृतिक उत्सव) को जीतने के लिए गढ़ी गयी वैचारिक संकल्पना है, बुराई से टकराती या अपनी तमाम अनभिज्ञता के साथ बुराई में जीती यथार्थ पात्र नहीं। यशपाल के ठीक विपरीत मंजुल भगत किसी पात्र को गढ़ने का बीड़ा ही नहीं उठातीं। वे कथा भी नहीं कहतीं, कथा सुनती स्त्रियों, कथा सुनाती पण्डिताइनों और सदा-सदा से सुनी जाती करवा की कथा के टुकड़े को पाठकों के समक्ष रख देती हैं, बस। अलबत्ता पाठक से उनकी अपेक्षाएँ भरपूर हैं कि अपनी संवेदना में लेखक की अन्तर्दृष्टि को भर कर वे शून्य में इधर-उधर डोलते टुकड़ों को विश्लेषण और परिष्कार की परिपुष्ट ज़मीन दे।

शीर्षक ही नहीं, समूची कहानी में लेखिका ने करवा-व्रत की कथा को केन्द्रीय महत्त्व दिया है जो आतंक के सहारे सात-सात जन्म तक पति के प्रति समर्पित रहने वाले स्त्रीत्व को प्रगाढ़ करने का संस्कार समाज को देती है। पूरी कथा में विधि और निषेध है। (रूठड़ा मनाई नां/सुतड़ा जगाई नां दान पैर पायी नां, घूम चरखड़ा फेरी नां/कत्ती नां, टेरी नां) उपदेश और नसीहतें हैं (चन्द चढ़े ते पानी पीवां) तथा फल प्राप्ति के आशीष हैं (करवरा बधाइए, जवंदा झोली पाइए अर्थात् सुहागनें करवा पूजेंगी और बेटा झोली में पायेंगी)।

कथा के अन्त में आश्वस्ति की गहरी साँस के साथ संकल्प (पतिनिष्ठा) की दृढ़ता है –"बोलो बहनो, जो पहले हुआ, वह किसी के साथ न हो। और जो बाद में हुआ, वह सबके साथ हो।" पहले यानी पति से बिछोह और सौत के आने पर अपनी बाँदी-सी नियति, बाद में यानी पति की अंकशायिनी बनने का सुख़। हमारे पुरखे जानते रहे है कि आतंक पहले सर्वांग भय का प्रसार करता है, फिर बुद्धि और विवेक को बन्धक बनाने के बाद भय कर्मशीलता को भी कुण्ठित कर देता है। परिस्थितियों के साथ क़दमताल करते हुए जब व्यक्ति अकुण्ठ-निर्द्वन्द्व भाव से स्वतन्त्र चिन्तन के योग्य नहीं रहता, तब उसकी तमाम क्रियाशीलता उसके व्यक्तित्व का प्रस्फुटन और विकास नहीं करती, कठपुतली की मानिन्द उसे किसी अदृश्य परम्परा का मुहरा भर बना देती है। मंजुल भगत आतंक के कटावदार मोड़ों पर व्रत-कथा को बार-बार रोकती ही शायद इसलिए हैं कि राजा-पति, लाडो रानी और बाँदी के त्रिक् में घूमती कहानी के ज़रिये स्त्रियाँ अपनी नियति को पढ़ सकें। मेरे सामने लेखिका द्वारा उठाये गये सवालों की पोटली खुलने लगी हैं। नीम बेहोशी से जागने के बाद क्या पति का इतना स्मृति-लोप सम्भव है कि अपनी अर्धांगिनी की आकृति-प्रकृति को भूल-बिसर किसी बाँदी/अन्या को पत्नी अंगीकार कर ले, और पत्नी के सामने आ जाने पर भी उसे पहचान न पाये? स्मृति-लोप के मूल में कहीं पर-स्त्री के प्रति पुरुष-मन के भीतर निहित लोलुपता तो नहीं जिसे परम्परा 'बेनिफिट ऑव डाउट' देते हुए पुरुष के हक में अनूदित करती चलती है और स्त्री पुरुष-मन्तव्यों (और पुरुष-प्रकृति) को समझते हुए अपनी विवश रजामन्दी के साथ उसे उसी प्रोजेक्टेड रूप में स्वीकार किये चलती है? सवाल यह भी है कि क्या इतनी असुरक्षित है स्त्री कि पति के पराङ्मुख होने पर स्वयं को बाँदी सा असहाय, व्यक्तित्वहीन और लक्ष्यहीन समझने लगे? कि वापस ज़िन्दगी में कूदने के लिए किसी तीसरे के ज़रिये अपने को गला-घुला कर तब तक कातर पुकार करती रहे जब तक राजा-पति अंकशायिनी बनाने के लिए हाथ न बढ़ा दे? लेकिन अंकशायिनी बनने का 'गर्व' भी क्या उसके व्यक्तित्व-क्षरण की क्षतिपूर्ति कर पायेगा? नहीं, जब तक शरीर में प्राण, मस्तिष्क में दिमाग़ और हृदय में आत्मसम्मान है, तब तक किसी भी व्यक्ति के जीवन का केन्द्र कोई 'अन्य' नहीं हो सकता। वक़्त के बीहड़ों में से गुज़र कर न जाने क्यों मुझे विलाप करती उन्मत्त नागमती (जायसी कृत 'पद्मावत' की महत्त्वपूर्ण स्त्री पात्र) दिखाई देने लगती है।

उन्मत्त विलाप और कुछ नहीं, पद्मावती द्वारा अपने स्वत्व (जिसका प्रसार मुट्ठी भर अन्न से लेकर ऐश्वर्य तक किया जा सकता है) को हथिया लेने से उमड़ी प्रतिक्रिया है। चूँकि अन्न उपार्जित कर सकने की क्षमता स्त्री के भीतर कभी विकसित नहीं की जाती, और उसे अपनी सीमाओं को सम्मोहक आवरण की तरह धारण करने और अज्ञानजनित कुटिलता को 'फाँसने' की आकर्षक युक्ति बनाने की दीक्षा दी जाती है, इसलिए वह जान नहीं पाती कि घेरे में बँधी दुनिया से बाहर एक और ठोस चटकीली दुनिया भी है जिसमें स्त्रीत्व की कुटिल कमनीयता से कहीं ज़्यादा मानीखेज़ है दो मेहनतकश हाथ – मानवीय गरिमा, आत्मसम्मान और आत्मविश्वास को पुख्ता करने में निरन्तर जुटे दो हाथ! और यह तय है कि जब दो मेहनतकश हाथ समूचे व्यक्तित्व का केन्द्रबिन्दु बनते हैं, तब कर्त्ता-धर्त्ता-भर्त्ता होने का पद वे किसी और को दे ही नहीं पाते।

मैं प्रश्न की पोटली की एक तह और खोलती हूँ और देखती हूँ कि मंजुल भगत अपनी स्थापना को विजय-परचम बना कर झुलातीं नहीं, प्रतिप्रश्न बना कर जाँचने में जुट जाती हैं। वे खिन्न मुद्रा में सिर हिला रही हैं कि मेहनतकश दो हाथ पुरुष की तरह स्त्री के लिए सौभाग्य का वरण नहीं कर पाते। समाज की सांस्कृतिक संरचनाओं को अँगूठा दिखा कर रास्ता बनाना आसान नहीं है स्त्री के लिए, और कदाचित पुरुष के लिए भी क्योंकि सांस्कृतिक संरचनाएँ समाज की आचार-संहिता और दण्ड-विधान दोनों एक साथ बन जाती हैं। 'सौभाग्य' शब्द ही स्त्री और पुरुष दोनों के लिए दो भिन्न-भिन्न अर्थों में खुलने लगता है। जो 'सौभाग्य' पुरुष को अपने उद्यम से उपार्जित सुख़-समृद्धि-ऐश्वर्य सरीखी भौतिक उपलब्धियाँ देने में स्वयं को ग़ौरवान्वित समझता है, वह स्त्री तक आते-आते उद्यम (कर्मशीलता) को प्रसाद (अनुकम्पा) और ठोस भौतिक उपलब्धियों को अधिनायक (पति) के वर्चस्व में अनूदित करता चलता है। सौभाग्यवती स्त्री पुरुष की तरह ज़मीन पर मज़बूती से पैर टिका कर दसों दिशाओं को अपने प्रभुत्व तले बाँध लेने वाली अदम्य संकल्पदृढ़ता का प्रतीक नहीं बनती; पुरुष के अखण्ड विस्तीर्ण साम्राज्य में एक कोना भर जगह पाने की प्रार्थना में झुकी छाया सरीखी कोई शै बन जाती है। (महादेवी वर्मा के रेखाचित्र की नायिका सबिया और मंजुल भगत की अविस्मरणीय कथा-नायिका अनारो स्मृति-द्वार पर दस्तक देने लगी हैं न!) ज़ाहिर है पुरुष के न रहने पर समाज में उसकी ठोस भौतिक

इयत्ता पीले सूखे जर्जर पत्ते से अधिक नहीं रहती जिसे इधर-उधर ठोकरें खाकर अन्ततः नष्ट होना ही है। विडम्बना है कि सांस्कृतिक संरचनाएँ स्त्री का आखेट करने के लिए स्त्री को ही अपना ज़रिया, प्रवक्ता और संरक्षक बनाती हैं। इसे परम्परा 'औरत ही औरत की दुश्मन है' के सुभाषित में पिरो कर स्त्रियों के अन्तर्कलह को निरन्तर हवा दिये चलती है, लेकिन असलियत में यह भेड़चाल चलती स्त्री के अज्ञान को ही उघाड़ती है जिसमें न एक केन्द्रीय सत्ता के रूप में समाज और सृष्टि के साथ अपने अन्तर्सम्बन्धों को पहचानने की विश्लेषणशीलता है, न कर्त्त के रूप में परम्परागत प्रवंचनाओं को बदल डालने का हौसला। अनुसरण की पारम्परिक स्मृतियों ने नेतृत्व के सम्भावनाशील वर्तमान को ग्रस लिया है। दुर्भाग्यपूर्ण स्थिति यह है कि आधुनिक युग में जीते हुए भी वह अतीतजीवी आचार-संहिताओं से निर्देश और शक्ति पाकर पितृसत्तात्मक व्यवस्था को पुष्टतर करती चलती है। स्त्री के लिए विवेक का अर्थ परम्परा का चौकन्ने भाव से अक्षरशः पालन बन जाता है, और यहीं वह स्वयं अपनी मानवीय गरिमा नष्ट कर व्यवस्था के शिकंजे में फँसने लगती है--यानी पुरुष की छाया होने में अबाध सुख और ग़ौरव की अनुभूति। चकित हैं मंजुल भगत कि कहीं से भी यात्रा शुरू क्यों न करे स्त्री, घूम-फिर कर सुहाग की सत्ता के सामने सिर नवाने की मुद्रा में आ खड़ी होती है। करवा-व्रत की कथा सुनाती विधवा पण्डिताइन के प्रकरण को अनायास नहीं उठातीं लेखिका। वे इस बात की ओर संकेत करती हैं कि करवा का व्रत स्त्री के लिए एक अनुष्ठान भर नहीं है। वह पितृसत्तात्मक व्यवस्था के अनुदेशों की स्वीकृति है। इसलिए विधवा और सधवा होने की स्थिति स्त्री और स्त्री के बीच द्वैत की गहरी खाई खोद देती है। वैधव्य के साथ सामाजिक अवमानना का जो भाव नत्थी कर दिया गया है, वह दरअसल उनके प्रति किये जा रहे शारीरिक-मानसिक शोषण को अनदेखा करते चलने की निर्लज्जता को ढाँपने का उपक्रम ही है।

मैं कहानी के भीतर घुसकर व्रत की कथा कहती पण्डिताइन को पड़ताली नज़र से देखने लगी हूँ। सुहाग की कथा कहते हुए वह सद्य विधवा मन ही मन 'ख़ूनी' परमात्मा को कोस रही है। कहानी के पार जाकर अपने मन की गाँठें वह मुझसे खोलने लगी है कि पण्डित का वरदहस्त उसकी बिरवे सी हैसियत को कैसी ओट दिया करता था; कि कैसी मलंग थी वह।

चूल्हा-चौका सँभाला, बच्चों को पाला-पोसा, पण्डित के निर्देशों पर पण्डिताई के कुछ कार्य किये और छुट्टी। न निर्दयी दुनिया से पाला, न कमाने के झंझट। क्या हुआ पण्डित बेदर्द था, कभी-कभार पीट लेता था, लेकिन दुलारता भी तो ख़ूब था न। और अब? दुनिया भर की चिन्ताओं के अलावा 'अकेले' हो जाने की पीड़ा! मैं संवेदना के दो शब्द बोल पाती कि 'थुलथुल शरीर पर किलो के हिसाब से ज़ेवर चढ़ाये' मुँहफट नयी सास की कर्कश ध्वनि ने हम दोनों को जमा दिया –"पर अब तो वह बेवा है? यह सुहागनों की रीत है। सुहागन ही (कथा) करवाएँगी।" जब तक कुछ समझकर रिएक्ट करूँ, 'आँखों पर पल्लू रख' पण्डिताइन उठ गयी, और चूड़ी वाली गली के नुक्कड़ पर से मिसरानी को बुलाने की ख़ातिर 'आँगन की मालकिन ने झटपट नौकर दौड़ा दिया।'

मैं मंजुल भगत की मुरीद हुए जा रही हूँ। लेखिका ने अकारण ही 'पण्डिताइन-बदल' प्रकरण को फ्रीज नहीं किया है। वे सुहागनों के झुण्ड में किसी एक 'मनुष्य' की तलाश में व्यग्र हैं। कोई एक स्वर चेतना का! कोई एक स्वर विरोध का! कहीं तो किसी के मन में रूढ़ि को रूढ़ि की तरह स्वीकार करते चले जाने की ऊब भरी घिन हो! या 'मनुष्यता' का एक छोटा-सा क़दम ही कि परिस्थितियों की मारी स्त्री को सम्मानपूर्वक अपने पैरों पर खड़े होने में मदद करें। यह कैसा विधान कि पति के मर जाने से स्त्री ही अग्राह्य और तिरस्करणीय हो गयी? बलात्कारी और ख़ूनी के प्रति तो समाज ऐसी संगठित हिकारत नहीं दिखाता? मिसराइन के आने से पहले का लम्बा वक्फा सतह के नीचे खदबदाते इन सवालों से भरा पड़ा है। मैं सोचती हूँ बेवा पण्डिताइन की उपस्थिति में इतना क्यों सिहर रही हैं स्त्रियाँ? क्या स्वयं बेवा हो जाने की आशंका मात्र से? यदि ऐसा है तो उनकी संवेदना और चिन्ता का घेरा असीम हो जाना चाहिए ताकि हर बेवा स्त्री अपने को भौतिक-मानसिक रूप से सुरक्षित समझ परिवार-समाज में अपनी भूमिका दूने उत्साह से निभाती चले।

क्षोभ ने मंजुल भगत के शब्द-प्रयोग में व्यंग्य और वचनवक्रता की नुकीली धार को भर दिया है। वे प्रत्यक्षतया उनके 'थुलथुल' शरीर का उपहास उड़ाती हैं, लेकिन परोक्षतया उनकी कुंदज़हनी और मोटी चमड़ी पर कटाक्ष करते हुए अपना ही माथा ठोंकने लगती है। जानवर की-सी नियति जहाँ पति की दीर्घायु-कामना में अपनी ही रोटी-ज़ेवर के सौ-सौ उद्योग।

'ले, सर्वसुहागन करवरा' व्रत-कथा के कहने-सुनने के इर्द-गिर्द रची गयी छोटी-सी कहानी ज़रूर है, लेकिन अर्थगर्भिता इसे बेहद संश्लिष्ट और अनेकायामी कृति बना देती है। मंजुल भगत की खासियत है कि वे व्रत-कथा के पात्रों और प्रकरणों के समानान्तर कहानी में पात्र और घटनाएँ गढ़ती हैं जिससे एक बार फिर पितृव्यवस्था के इस षड्यन्त्र को समझना सरल हो जाता है कि कैसे स्त्री को संरक्षक और शिकार बनकर वह स्त्री-स्त्री के बीच द्वेष-वैर की खाई गहराती चलती है। लेखिका के पास इस बार मिसरानी और मिसरानी-बहू का युग्म है। सुहाग के दर्प में दिपदिपाती बहू है कि सास को ठेंगे पर धर कर पति के संग कामकेलि करने में तल्लीन। सास जल-भुन कर कोयला। बहू की खटोला छाप लाल बुन्दकियों वाली अँगिया आँख में मिर्ची की तरह चुभ रही है। बात अँगिया की भी है, और बेटे के संग जाकर शनि-हाट से ख़रीद लाने के बड़बोले दर्प की भी –''क्यूँ री छिनाल! घर की सिली बंडी नहीं अँटती तेरे? खसम को लेके शनि की पैठ में घुसे बग़ैर सरे नहीं था क्या? वो भी ऐसा बिका हुआ ग़ुलान हो गया कि पट दनी से ख़रीद देगा, जो भी रानीजी माँगेंगी? कभी कुछ उठा लावेगी, कभी कुछ। बस, खसम की टाटरी फोड़ती रहेगी हर बखत। अरे, तू कोई रखैल है उसकी जो इस तरह ख़ाली करे दे रही है?... खसम के लिए तो इस बहू ने जिनगानी साली, कंजरी की ताल बना के धर दी है। बस, जैसे-जैसे यह नचाती जावै, वो ठुमकता जावै। पीहर भेजते भी कलेजा निकलै।''

दरअसल असली बात तो यही है – आख़िरी तीन पंक्तियों में कही गयी। मिसरानी का कलेजा ईर्ष्याग्नि में धू-धू कर क्यों न जले। बेटा उसका। गू-मूत साफ़ किया उसने। और अब कमाने-खिलाने के दिनों में वही पूत इशारों पर नाचे किसी और के। घर-घर बाँची-खेली जाने वाली इस सास-बहू कथा को मैं होंठ बिचका कर परे भी नहीं ठेल सकती। मुझे इसमें राजा-पति को जीतने के लिए साम-दाम-दण्ड-भेद नीति के साथ रणनीतियाँ बनाती बाँदी और लाडो-रानी दोनों दिखाई दे रही हैं। जिसका पुरुष (पति, पुत्र) पर अधिकार वही रानी। जो अधिकार-क्षेत्र से बाहर, वही अपनी दुर्दशा पर आँसू बहाते हुए अभावों को जीती बाँदी। यानी सारी महत्त्वाकांक्षा पुरुष की अनुकम्पा पाकर अपना लौकिक साम्राज्य विस्तृत करते चले जाने की असुरक्षा में छिपी है। दहेज उत्पीड़न से लेकर वधू-दहन तक की सारी वारदातें अपने अस्तित्व की लड़ाई के लिए नकारात्मक रास्तों का चयन करने के कारण घिनौनी और

आपराधिक हरकतें बन कर रह जाती हैं। मैं देखती हूँ कहानी में 'सीमन्तनी उपदेश' की रचयिता अज्ञात हिन्दू महिला साधिकार घुस आयी हैं। पुलिस अभी-अभी बहू को जिन्दा जला दिये जाने के जुर्म में पूजा करके माल-मेवा बटोरती मिसराइन को हथकड़ियाँ पहना कर ले जा चुकी है। सकपकाई सुहागनें इस 'अघट' के पीछे के सुचिन्तित तारतम्य को समझें कि अज्ञात हिन्दू महिला ने उन्हें करारी डाँट पिला दी है। 'व्रत के ढकोसले और धर्म के पाखण्ड... उफ! कब सुधरोगी तुम पढ़ी-लिखी सुहागनो? सवा सौ साल से अपनी ही किताब के पन्नों में क़ैद हूँ। कैसे-कैसे साक्ष्य जुटाकर नहीं लिखा मैंने कि व्रत, अनुष्ठान और सुहाग के ज़ेवर औरत को ग़ुलाम बनाने के जतन हैं; कि जिसकी पूजा करते-करते अपने को जूती-सी घिसती हो, वह कभी तुम्हें आज़ाद करने नहीं आयेगा। ग़ुलामी के पिंजरे को तोड़ना है तो अपनी ताक़त को पहचानो, पर इस पढ़ी-लिखी जमात को पढ़ने-गुनने की आदत ही नहीं न।'

न चाहते हुए भी कहानी के पूरक पाठ की तरह मृदुला गर्ग के उपन्यास 'मिलजुल मन' का एक प्रकरण बार-बार याद आ रहा है। करवा चौथ के व्रत का दिन... ऐन चाँद निकलने की वेला में ग़ायब हो गये गुल-शमित... घण्टे भर बाद लौटे तो शमित की चाल में लड़खड़ाहट और गुल के नूरानी चेहरे को बेदर्दी से काटती कोई अन्दरूनी पीर... मेज़बान सहेली की चिन्तापूरित तमतमाहट—'पतिदेव की प्यास बुझे, तब न खाना हो'... और गुल का मौन आर्त्तनाद—'निर्जल तो जलाजल हो लिया।' क्या पता अनगिन जख़्मों को निगल कर हँसती-खिलखिलाती गुल की तरह 'नाख़ूनों पे पॉलिश लीपती' मिसराइन-बहू भी पिय के पीहर न जाने देने के 'लाड़' से त्रस्त हो। लोक कथाएँ बताती हैं, कोड़ों की मार से भी ज़्यादा जानलेवा होती है मीठी पूरियों के अम्बार को एकमुश्त खा जाने की सज़ा।

बेशक 'ले, सर्व सुहागन करवरा' कहानी में सुहागनों की सुहाग-कथा की नेपथ्य-लीला नहीं है। लेकिन प्रत्यक्षतया जो नहीं है, वह अनुपस्थित होते हुए भी अपने को बार-बार जता रहा है। व्रत के समूचे अनुष्ठान में अलसुबह उठकर सरगी खाने की ललक है, जल्दी-जल्दी व्रत-कथा सुनने की रस्म को निबटा कर एक प्याली गर्मागर्म चाय पीने की हुड़क है, और चाँद उगने तक की बेसब्र प्रतीक्षा में पति की दीर्घायु-कामना से ज़्यादा अपने जठर में

सुलगती आग को बुझाने की दुश्चिन्ता है। जब भाव और लगाव रिचुअल बनकर रह जायें तब सम्बन्ध लीक पीटने की मजबूरी हो जाते हैं, संयुक्त रूप से ज़िम्मेदारियों को निभाने का बीड़ा नहीं।

मैं हतप्रभ भी हूँ कि पुरुष के अहं और मिथ्या बड़प्पन की रक्षा के उद्योग में अपने को जतन-मगन से तोड़-मरोड़ कर छोटा (और लचीला) बनाने की अभ्यस्त स्त्री अपने सरीखी दूसरी स्त्री के सामने ठूँठ-सी तन कर खड़ी क्यों हो जाती है? क्या सहनशीलता, प्रेम, क्षमा, त्याग और समर्पण उसका नैसर्गिक स्वभाव नहीं, अपने को 'जीवित' रखने की 'स्त्रियोचित' युक्तियाँ हैं जिनका उपयोग देशकाल और पात्र देख कर करना वह ख़ूब जानती है। अरे, तो क्या कहानी 'ले, सर्व सुहागन करवरा' स्त्री के कुट्टनी चरित्र का बखान करने के लिए रची गयी रचना है? नहीं, मंजुल भगत के पास व्यंग्य के नुकीले औज़ार ज़रूर हैं, लेकिन वे आत्म-अनादर और असुरक्षा के दलदल में धँसती स्त्रियों पर कोप नहीं बरसातीं। वे उन्हें विश्वास में लेकर समझा देना चाहती हैं कि जब-जब व्यवस्था किसी भी प्राणी के 'मनुष्यत्व' का क्षरण करने हेतु उस पर कुटिलताओं का आरोपण करती है, तब-तब स्त्री को दूनी सजगता और आग्रह के साथ आत्मसाक्षात्कार करना होगा कि व्यवस्था के शिकंजे में फँसकर वह अपना और समाज का कितना अपकार कर रही है। आत्मसाक्षात्कार मर्मान्तक पीड़ा देकर पैरों तले की ज़मीन खिसकने का आभास ज़रूर देता है लेकिन अन्तर्निहित सम्भावनाओं को क्रियान्वित करने की ताक़त भी भरता है। यहीं यह व्रत-कथा उद्‌बोधन-मन्त्र में ढल जाती है और पितृसत्तात्मक व्यवस्था के कन्धों की सवारी करती सांस्कृतिक प्रवंचनाओं को गुनने का विवेक बन जाती है।

सुधा अरोड़ा : स्पेस का अभाव सम्बन्धों में लोकतान्त्रिक चेतना का अभाव है

टेजीविज़न पर रोज़-रोज़ प्रसारित होते विज्ञापन कर्णप्रिय धुन बन कर दिलोदिमाग़ में इस कदर पैबस्त हो रहे हैं कि अब मुझे चहुँ ओर 'हैप्पी वाला इंडिया' दिखाई देने लगा है। न कहीं ग़रीबी, न भुखमरी; न आत्महत्या करते किसान, न बलात्कार का दंश भोगती स्त्रियाँ; न पानी को तरसते हलक, न प्रायोजित दंगों का भय। सब तरफ़ सुख़-समृद्धि-शान्ति! हिमालय दुर्गम क्षेत्र है तो क्या हुआ, वहाँ की खाँटी देशज संस्कृति के बीच भी 'फोर जी' के ज़रिये क्रिकेट की दीवानगी में अपने दीवानेपन का रंग घोलते स्त्रियाँ-पुरुष टी.वी. के परदे पर खूब देखने को मिल जायेंगे। कैसा सच्चा समाजवाद उतर पड़ा है सब ओर, मानो रामराज्य ही उतर आया हो ज़मीन पर। मैं गद्गद! वातानुकूलित कमरे में बैठ कर टी.वी. देखने की आरामपरस्ती के दौरान सीने में 'दूध-दही की नदियाँ बहने' और 'सोने की चिड़िया' कहलाने वाले देश का नागरिक होने का गर्व आप ही आप हिलोरें भरने लगता है। लेकिन अचानक आँखों के सामने भूख से बिलबिलाता बालक अश्वत्थामा कौंध गया है। पिता द्रोण को अभी कुरुवंश का राजगुरु होने का ग़ौरव नहीं मिला है। नौकरी की तलाश में भूख और फटेहाली को गले से लगाए वह परिवार के साथ मारा-मारा फिर रहा है। बालक को दूध चाहिए। माँ आँसुओं के साथ पानी में सत्तू घोल कर बालक को लाड़ से दुलार रही है –'ले बेटा! दूध पी ले!' बेटा एक साँस में 'दूध' का गिलास ख़ाली कर उछलता-कूदता अपनी मित्र-मण्डली की ओर जा रहा है। 'दूध' पीने के स्वाद और वैशिष्ट्य का गर्वभरा बखान करने के लिए।

मैं अपने आप को बरज देती हूँ। इतिहास-पुराण के उन गड़े मुर्दों को नहीं उखाड़ना चाहिए जो हमारे वर्तमान की शान्ति और गौरवपूर्ण उद्घोषणाओं को ललकारने के लिए प्रेत बन कर आ जायें। जानती हूँ, कुछ असुविधाजनक सच्चाइयों को ज़मींदोज़ किये बिना सत्ता और प्रशासन का कामकाज नहीं चलता। यह भी जानती हूँ कि सत्ता के आलोक से आलोकित होते रहने के अभ्यास से, और फिर स्वयं सत्तासीन होने पर उस आलोक के खुमार में गढ़ी गयी भ्रान्तियों को सच्चाई साबित करने की व्यस्त्ता इस क़दर बढ़ जाती है कि सच्चाइयों से आँख मिलाने में दहशत होने लगती है। इसलिए अपने-अपने हिस्से की भ्रान्त सच्चाइयों के साथ हम अपने-अपने हिसाब से 'रामराज्य' की सृष्टि करने लगते हैं। हमारे रामराज्य में सब हमारे समानधर्मा लोग होते हैं-समान रुचियाँ, समान स्तर, समान आकांक्षाएँ, समान भाषा, समान संस्कृति। भिन्नता हमें खिझाती है। हमसे भिन्न आचरण करने वाला वह 'अन्य' सबल हुआ तो हमारे अहं पर चोट करता है। ज़ाहिर है तब हम उसे 'दानव' कह कर अनायास अपना शत्रु सिद्ध कर देते हैं। अक्षम हुआ तो उसे 'मनुष्य' में न शुमार कर हम उपेक्षा से आगे बढ़ जाते हैं, या अपने मन्तव्यों की पूर्ति के लिए उसका मनचाहा इस्तेमाल करने लगते हैं। दरअसल हमारे रामराज्य के केन्द्र में न केवल हम ही हैं, बल्कि जीवित मनुष्य होने का गौरव भी सिर्फ़ हमें है। इसलिए सम्मान, संवाद और आदान-प्रदान नहीं, संहार या तिरस्कार हमारी कार्य-शैली बन जाते हैं।

'वसुधैव कुटुम्बकम्' को खील-खील छितरा कर मैं सवर्ण समाज के अभिजात दर्प के समक्ष नतमस्तक बैठी हूँ। वैचारिक मोतियाबिन्द से ग्रस्त समाज जानता है, साहित्य उसके मन के भीतर पलते मुखौटाविहीन 'अस्तित्व' को जस-का-तस उघाड़ देगा, इसलिए विज्ञान और टेक्नोलोजी का ढोल पीट-पीट कर वह अपने को सप्रयास साहित्य से दूर रखने की संवेदनहीनता को नये युग का मूल्य बना रहा है।

सुधा अरोड़ा की कहानी 'बुत जब बोलते हैं' पढ़ते हुए इन विचारों का उमड़ना मुझे हैरान किये जा रहा है। यह कहानी सांस्कृतिक-राजनीतिक विडम्बनाओं पर कटाक्ष नहीं है, एक सम्पन्न परिवार के शादी की दावत में जाने और वहाँ जाड़े की ठिठुरती रात में नंगधड़ंग बच्चे को भगवान शंकर का बुत बनाये जाने के प्रतिरोध को बयान करती है। तो क्या मैं इसे सीधे-सीधे

सामाजिक कुरीतियों के विरोध में रची गयी कहानी कहूँ? लेकिन कोई भी टिप्पणी करने से पहले मैं अपने ही सवालों का सामना कर लेना चाहती हूँ। भगवान शंकर का बुत बने उस लड़के को मिसेज़ देवयानी कुमार की तरह तमाम सहानुभूति देते हुए मैं रीतती नहीं चलती, आक्रोश से भरती जा रही हूँ। न, उच्च मध्यवर्ग की सामाजिक-सांस्कृतिक विरासत और आडम्बरप्रियता पर फुँफकारते हुए मैं जनवादी लहजे में कड़ी-कठोर सैद्धान्तिक टिप्पणियाँ नहीं करूँगी। मेरे रोष का कारण हैं मिसेज़ देवयानी कुमार। अपनी उदास चुप्पियों की दिव्याभा में घिरी यह अभिजात स्त्री मुझे आकृष्ट कर रही है। साथ ही, 'मम्मी' नहीं 'माँ' संबोधन के ज़रिये बेटे से सम्बन्ध को पुनर्परिभाषित करने वाली यह महिला मेरे भीतर रवायत से परे हट कर कुछ अपेक्षाएँ भी जगा रही है। कथावाचक मिसेज़ देवयानी कुमार का किशोर बेटा है, और शादी में जाने के चाव से ज़्यादा वह माँ के व्यक्तित्व के भीतर दबी गुत्थियों और गाँठों को उलझा रहा है। कृष्णा सोबती की कहानी 'तिन पहाड़' की नायिका जया की तरह उदास सौन्दर्य की चूनर ओढ़े यह स्त्री एक मनोहारी बुत में तब्दील होती जा रही है। दस साल पहले किशोर बेटे को हादसे में खो देने वाली माँ कैसे किसी शादी-ब्याह की गहमागहमी में चहक सकती है, वह भी तब जब शादी का उत्सव दिवंगत बेटे के दोस्त का हो? संवेदना तरल होकर मेरी आँखों के भीतर झिलमिलाने लगी है और कहानी का प्रभाव गाढ़ा होकर पाठक को अपनी गिरफ़्त में कसने लगा है। लेकिन लील लिए जाने के बिन्दु के ऐन बीचोबीच मेरा आलोचकीय विवेक आक्रोश बन कर छिटक गया है। खुद से पूछती हूँ, बुत बने बच्चे के बिम्ब को अपदस्थ कर बुत बनती जा रही मिसेज़ देवयानी कुमार को केन्द्र में लाकर क्या मैं सीधे-सीधे किसी एक ख़ास तरह के वर्ग, ख़ास तरह की संवेदना, ख़ास अन्दाज़ के दुख को तरजीह नहीं दे रही हूँ? सुधा अरोड़ा कहानी में ऐसी कोई 'हल्की' चेष्टा नहीं करती हैं। उन्होंने यदि दो बुत रचे हैं तो उन्हें अपना-अपना स्वतन्त्र स्पेस भी दिया है, और बुत के रूप में उनकी अर्थव्यंजनाओं को प्रतीकात्मकता में भी ढाला है। लगता है दोहरे कथानक वाली इस संश्लिष्ट कहानी को मुझे धीरतापूर्वक खोलना होगा – दो रंग के स्वेटर की बिनाई की तरह जहाँ एक-दूसरे की संगति में जुड़ कर पैटर्न बनाते ऊन के दो गोले अलग-अलग न रखे जायें तो आपस में ही उलझ कर बिनाई के काम को अवरुद्ध कर दें।

सुधा अरोड़ा की कहानियों की बुनावट अक्सर इकहरी और सरल होती है। ब्यौरे और घटनात्मकता उनकी कहानियों में ख़ास जगह घेरते हैं जो सतह के नीचे धीरे-धीरे पात्र और व्यवस्था का चरित्र उकेरते चलते हैं। वे अपनी कहानियों से मुक्तिबोध की तरह बुद्धि को झिंझोड़ने का काम नहीं लेतीं। न ही चेखव की तरह कलेजे के भीतर कटार घोंप कर पाठक को रिसते घावों के साथ अकेला छोड़ कर आगे बढ़ जाती हैं। वे उसकी संवेदनाओं को आलोड़ित करते हुए किसी भी पारिवारिक-सामाजिक विडम्बना पर संवाद करने के लिए आमन्त्रित करती हैं। उनकी कहानियों की ताक़त यही है कि जहाँ वे ख़त्म होती हैं, दरअसल ठीक वहीं से पाठक के साथ एक नये सर्जनात्मक सफ़र पर निकल जाती हैं। 'बुत जब बोलते हैं' कहानी में यह विलक्षणता तो द्रष्टव्य है ही, यहाँ पहली बार सुधा अरोड़ा अपने शिल्प का अतिक्रमण कर नया प्रयोग करती भी दीखती हैं। कहानी की धुरी के चारों ओर घूमती परिधि के अलावा प्रस्तुत कहानी में एक और 'शैडो परिधि' है जो असावधान पाठक को भरमाती है और सजग पाठक को अर्थगर्भी व्यंजनाओं के भीतर पैठने का रास्ता बताती है।

मैं कहानी की 'शैडो परिधि' पर दृष्टि फोकस करती हूँ। देखती हूँ, शादी के समारोह-स्थल में कलात्मक पत्थरों के ढेर, बर्फ़ और थर्मोकोल के टुकड़ों की सहायता से तैयार किये गये 'कैलाश पर्वत' पर शिवशंकर विराजमान हैं। सोचती हूँ, गले में सर्पमाला, सिर पर जटाजूट, हाथ में डमरू, और बदन पर पुता नीला रंग – शिवशंकर के भेस में बुत बने इस बालक पर बिना ध्यान दिये मैं क्यों आगे बढ़ जाना चाहती रही हूँ? क्या इसलिए कि रईसी का घिनौना प्रदर्शन करते हर मध्यवर्गीय ब्याह में ऐसे पुतले देखने को मिल जाते हैं; और धीरे-धीरे पण्डाल की अनिवार्य सज़ावट का हिस्सा मान इस अमानुषिकता को सामाजिक स्वीकृति देते-देते मैं भी असंवेदनशील हो गयी हूँ? या इसलिए कि मुझे मिसेज़ देवयानी कुमार से डाह होने लगा है? कि बुत बने इन बच्चों की दयनीय अवस्था पर मन किरकिराया ज़रूर है, पर मिसेज़ देवयानी कुमार की तरह कोई ठोस एक्शन लेने का साहस (या ज़रूरत?) भीतर नहीं सँजोया? शायद यह बिन्दु डाह का नहीं, आत्मग्लानि का बिन्दु रहा हो कि मैं भी सुविधाभोगी मध्यवर्ग की तरह इन्सान नहीं, शुतुरमुर्ग बन गयी हूँ। लेकिन अब कहानी में जब मिसेज़ देवयानी कुमार ने सर्दी से ठिठुरते उस भूखे-नंगे बच्चे को

'साइट' से उतरवा कर खाना खिला दिया है, उसकी पारिवारिक मजबूरियों का जायज़ा ले लिया है, और पाँच सौ रुपये के मामूली मेहनताने पर अपना उबलता आक्रोश व्यक्त कर मेजबान की अमानुषिकता की क्षतिपूर्ति करते हुए शगुन के पाँच हज़ार रुपये उस बच्चे को थमा दिये हैं, तो मेरे सामने कहानी 'कहानी' बन कर नहीं, सूचना बन कर आती है। वह लड़का वर्णाश्रम व्यवस्था, पूँजीवादी संस्कृति और राजनीतिक निरंकुशता का कोई भी अक्स उकेरे बिना एक गूँगी हक़ीक़त बन कर ठहरा खड़ा है। मैं इस शैडो परिधि द्वारा लगाई गयी बाड़ को फाँद कर कहानी के भीतर प्रविष्ट करने की जुगत में हूँ। इतनी सतही, ऊपरी और लाउड नहीं होती कहानी कि बाहर-बाहर से उसे छू कर बिना भीगे निरापद अपने पाले में लौटा जा सके। कहानी का 'कहानीपन' उसके प्रभाव में निहित है जो कहानी के भीतर किसी घटना/पात्र/तत्त्व में नहीं, कहानी और पाठक के बीच बनने वाले आपसी सम्बन्ध की गुणवत्ता में निहित है। यह प्रभाव एक 'कौंध' (अंग्रेज़ी कथाकार जेम्स ज्वायस के शब्दों का इस्तेमाल करूँ तो इसे 'एपीफेनी' नाम दिया जा सकता है) बन कर जैसे ही पाठक के भीतर जगता है, वह कहानी और लेखक के गुरुत्वाकर्षण से मुक्त होकर अपना एक समानान्तर लोक रचने लगता है। बेशक इस लोक में वही कहानी है, वही पात्र-परिवेश और लेखक भी, लेकिन अब केन्द्र में है पाठक का भावबोध (जिसकी निर्मिति में उसकी वैचारिकता और अन्तर्दृष्टि का केन्द्रीय महत्त्व है) और उसका अपना समय-संसार। उल्लेखनीय है कि लेखक इस 'कौंध' का साक्षात्कार लिखने से पूर्व करता है, या यों कहें कि यह 'कौंध' ही उसके भीतर की आलोचनात्मक पकड़ को सर्जनात्मक बाना पहनाती है। लेखक जानता है 'कौंध' का आकर्षण छुपे होने में है, इसलिए पूरी कहानी में उस 'कौंध' को बुनते हुए 'भ्रम' का आवरण डालना उसके लिए बेहद ज़रूरी हो जाता है। 'कौंध' का जीवन ही 'कौंध' की ख़ूबसूरती है। क्षणांश के लिए दीप्त होकर वह किन्हीं अँधेरों में विलीन नहीं होती, अँधेरों के भीतर उतरने की अदृष्ट मशाल बन जाती है। पाठक के लिए 'कौंध' लेखक के आभ्यन्तर में उतर कर कहानी और जीवन के साथ उसके सम्बन्धों की थाह लेने का प्रस्थान बिन्दु है। फिर समूचे जीवन के साथ अपने को देखने और पहचानने का ज़रिया भी। ज़ाहिर है तब कहानी हर पाठक की अपनी-अपनी 'कौंध' के अनुरूप नया अर्थ लेने लगती है,

और हर पाठ अपने-अपने कोण से देखे गये सत्य का एक नया भाष्य रचता है। इसलिए साहित्यालोचना में 'मिसरीडिंग' नाम की कोई शै नहीं होती। दरअसल 'मिसरीडिंग' कुछ और नहीं, किसी 'दूसरे' के पाठ के प्रति अपनी असहमतियों को जायज़ और अन्तिम ठहरा देने की हठधर्मिता है।

चूँकि कहानी का पहला पाठ लेखक की उँगली पकड़ कर किया गया अनुशासनबद्ध पर्यटन है, और 'कौंध' जगते ही पाठ की गति और दिशा का बदल जाना अवश्यंभावी है, इसलिए कहानी में जतन से गढ़ा गया 'बुत प्रकरण' आगे बढ़ कर बुत बन गयी मिसेज़ देवयानी कुमार को प्रकाश में ले आता है। ''तुम्हारे पास ये नोट, ये तुम्हारी गाढ़ी कमाई के पैसे न होते तो मेरा बेटा आज ज़िन्दा होता।'' मैं नहीं जानती, मिसेज़ देवयानी कुमार प्रलाप कर रही हैं या प्रतिरोध, लेकिन कहानी में ईंट-दर-ईंट चिना गया रहस्य का भवन अचानक भरभरा कर गिर जाता है। वहाँ दबा अतीत एक कर्णफोड़ू आर्त्तनाद के साथ सुनाई पड़ने लगा है। न, मिसेज़ देवयानी कुमार का आर्त्तनाद नहीं, सोलह वर्षीय सिद्धार्थ का आर्त्तनाद, जब सपनों से महकती उस नाज़ुक उम्र में ज़िन्दगी की हौंस ठाठें मार रही थी। हाथों में भी अपना भविष्य गढ़ने के मज़बूत इरादे थे। गिटार, तैलचित्र और कला का उन्नत आसमान – सिद्धार्थ एक अलग ही दुनिया का बाशिन्दा है, और उस दुनिया में अपनी लगन और उत्साह से अपना मुकाम पाने का आकांक्षी भी। कला किसी भी क़िस्म के हस्तक्षेप को नहीं स्वीकारती। फिर सिद्धार्थ कैसे स्वीकारता कि नोटों की गड्डियों के बदले उसे किसी प्रोफ़ेशनल कॉलेज में सिर्फ़ इसलिए दाख़िला दिलाया जाये कि वहाँ से वह नोटों की गड्डियाँ बनाने का हुनर लेकर लौटे। वह अपने पिता की सन्तान है, उनकी इच्छाओं का सेवक नहीं। लेखिका सिद्धार्थ को एक हादसे और स्मृति से ज़्यादा कहानी में नहीं उकेरतीं, लेकिन वह एक सवाल बन कर कहानी में यहाँ से वहाँ तक गूँजता रहता है। उस गूँज के कारण उसका नेपथ्य में बने रहना भी कठिन हो जाता है। वह कहानी के केन्द्र में आ विराजता है – हर साल आत्महत्या करती, या गधे की तरह अपने माता-पिता के सपनों की गठरी लाद कर हाँफती नयी पीढ़ी का प्रतिनिधि बन कर। वह सवाल उठाता है कि अपने सपनों का संवाहक बना कर माता-पिता श्रवणकुमारों की जिस परम्परा को नित नवा बनाये रखना चाहते हैं, वह क्या एक ज़िन्दा इन्सानी वजूद को 'बुत' बनाने के लिए काफ़ी नहीं?

बुत बनने के मूल में आर्थिक अभावों का रोना ही क्यों रोया जाये हमेशा? क्या भावनात्मक शोषण और सब्ज़बाग़, अतिशय प्रेम की फुहारें और विश्वास-आपूरित लाउड घोषणाएँ भी इन्सान से आगे बढ़ने के सारे अवसर नहीं छीन लेतीं? बुत बन जाना 'जड़ता' (वैचारिक) के उसी बिन्दु पर फ्रीज हो जाना भी है जहाँ इन्सानियत की ओर ले जाती ज़िन्दगी की आँख में आँख डाल कर न देखना एक तरह की शर्त बन जाता है। ठीक यहीं मुझे दस साल पहले की नामचीन डॉक्टर मिसेज़ कुमार भी दिखाई देने लगती हैं। न, कहानी में उनकी कर्मठ भूमिका कहीं नहीं है। दरअसल कहानी का शिल्प ऐसा है कि अतीत में दफ़न सारी सकारात्मक सकर्मकताएँ स्मृतियाँ बन कर आती हैं। डॉ. देवाशीष कुमार की एकमात्र कर्मठता, जो कहानी में दीख पड़ती है, वह भी ज़िन्दगी को रवानी देने वाली गति न होकर अपनी ही निर्धारित पटरियों पर आवाज़ाही करती खिलौना ट्रेन से अधिक नहीं।

कहानी पूरी तरह से मिसेज़ कुमार के क़ब्ज़े में है। पत्नी, माँ, गृहिणी और नागरिक – प्रत्यक्षतया हर मोर्चे पर एक अवसादजन्य जड़ता के साथ वे घुन खायी ज़िन्दगी के साथ जी रही हैं। ''इस घर में चूहे ही चूहे हैं। इन्सान यहाँ रहे कैसे?... आख़िर चूहे आते क्यों हैं, कभी सोचा है? जब घर गन्दगी से अटा-पटा रहता है, तब।'' कहानी का यह प्रारम्भिक वाक्य बिना किसी पैरवी के मिसेज़ कुमार को अभियुक्त करार दे देता है। कहानी का नैरेटर अभि अभी किशोर है। चुप्पा माँ की उदासी से भयभीत है, इसलिए संवाद के अवसर डॉ. पिता से अधिक पाता है। अकुण्ठ भाव से माँ-बाप के बारे में बात करते-करते वह उनके दरके रिश्तों पर ही प्रकाश नहीं डालता, माँ की 'लापरवाहियों' को भी उघाड़ने लगता है। ''घर में माँ ऐसे कपड़े पहने रहती हैं कि उनसे साफ़ तो हमारी लक्ष्मीताई दिखती हैं-- साफ़-सुथरी चमकदार साड़ी और कान में चमकते सोने के बुंदे और कलाई भर-भर लाल-हरी कांच की चूड़ियाँ।'' या फिर ''कभी-कभार माँ मुझे बहुत लाड़ करतीं, पर उनके छूने में लगता, जैसे मुझे नहीं, भैया को दुलार रही हैं। एक स्पर्श जो होकर भी नहीं था।'' फिर जैसे ही आपे में लौटता है, डैमेज कंट्रोल की कोशिश में माँ के तेजोमय अतीत का बखान करने लगता है। लेखिका ने दस बरस पहले छह साल का अबोध बालक रहे उस किशोर को नैरेटर बनाया ही इसलिए है कि वे अपनी नायिका के 'स्वर्णिम अतीत' को अपनी क़लम से सिरजना नहीं चाहतीं।

वे चाहती हैं, आधी-अधूरी सूचनाओं के सहारे पाठक ख़ुद उनके अतीत को जिए, सधी रफ़्तार से दौड़ती ज़िन्दगी में अचानक आ जाने वाले अलंघ्य स्पीडब्रेकर को लाँघने का रास्ता ढूँढ़े, और टकरा कर लहूलुहान हो जाने की सूरत में ज़रूरी सबक लेकर एक नये दम-खम के साथ नये सफ़र पर निकल सके। घुटने के घाव के कारण न चलने का संकल्प लेना बुद्धिमानी नहीं। मैं देवयानी कुमार के प्रति एकाएक कठोर हो गयी हूँ। ठीक है कि गन्दगी से अटे उस पूरे घर में सिर्फ़ एक ही चीज़ साफ़-सुथरी है, और वह है दिवंगत बेटे की माला चढ़ी तस्वीर। लेकिन इसी से क्या वह अपने पुत्र की हत्या (आत्म) में बराबर की भागीदारी से मुक्त हो गयी? ''हत्या?'' मैं ख़ुद ही अपने शब्द-प्रयोग पर चौंक पड़ती हूँ और उठने वाली आपत्तियों का पूर्वानुमान लगाते हुए ख़ुद ही निराकरण भी करने लगती हूँ कि वह शब्द मेरा नहीं, पति पर दोषारोपण करती मिसेज़ कुमार का है –''बाप नहीं, हत्यारे हो तुम! मार डाला तुमने उसे।'' आवेश में मिसेज़ कुमार भूल सकती हैं कि नोटों की गड्डियों पर मालिकाना हक़ आज डॉ. साहब का है, लेकिन मैं नहीं भूल सकती कि दस साल पहले पति की अपेक्षा वे अधिक विख्यात डॉक्टर थीं जिन्हें अपने मरीज़ों की लम्बी क़तार निबटाने में अपेक्षा अधिक समय लगता था। सफलता के उच्चतम शिखर पर आरूढ़ व्यक्ति अक्सर नीचे नहीं देखता। उसे तो अपने आसपास का जायज़ा लेने की सुधबुध भी नहीं रहती। सफलता का नशा सातवें आसमान पर पहुँच कर भी उसके पार किन्हीं अभेद्य-अदृश्य मंज़िलों पर अपना सिक्का जमा लेना चाहता है। ठीक साम्राज्यवादी उन्माद की तरह! विजय-यात्रा और विजयोन्माद के बीच अलबत्ता वह एक बात ख़ूब याद रखता है कि उसके एम्पायर की सीमाएँ और उम्र जितनी अनन्त है, उसकी अपनी उम्र और सीमा उतनी ही छोटी। इसलिए बेटे को वारिस मानने का उसका भारतीय संस्कार बेटे को 'सत्ता हस्तान्तरण' ही नहीं करता, उसे अपना 'उपनिवेश' भी बना डालता है। सोचती हूँ, सिद्धार्थ को डॉक्टर बनाने के हठ के पीछे क्या अकेले डॉ. साहब का गणित और मंसूबे ही सक्रिय रहे होंगे? क्या मिसेज़ कुमार का मूक-मुखर अनुमोदन उनकी ताक़त में इज़ाफ़ा करके उसे निरंकुश चरित्र नहीं दे रहा होगा? चिन्तन की प्रक्रिया में परेशान तो इस बात से भी हूँ कि क्यों मिसेज़ कुमार बेटे की तस्वीर साफ़ करने को जितनी मुस्तैद हैं,

उसकी प्रिय चीज़ों – गिटार, पेंटिंग्स, ब्रश-रंग, संगीत की किताबें– को लेकर उतनी ही असम्पृक्त? क्या इसी असम्पृक्ति ने दस बरस पहले इन चीज़ों को 'बच्चे का भविष्य' बाधित करने वाली बहुत बड़ी बाधा का रूप नहीं दिया होगा? यदि एक कलाकार के रूप में अपने बेटे के करियर को उन्होंने अपनी एकल स्वीकृति दी होती तो आवेश में चीखते हुए पिता को 'हत्यारा' खिताब देने के साथ-साथ वे अपनी 'निर्दोष' और 'पैरवीकार वकील' की भूमिका को भी रेखांकित करना न भूलतीं।

यहाँ सवाल एक नया मोड़ लेकर मेरे सामने आ खड़ा हुआ है कि मिसेज़ कुमार बुत बनी ही क्यों? क्या इसलिए कि वे भावनात्मक-मानसिक रूप से बेहद कमज़ोर स्त्री हैं? बेशक हादसे इन्सान को तोड़ते हैं, लेकिन वे रोज़-रोज़ जीने वाली मौत का पर्याय बन कर अपने को नित नवा नहीं करते। मृत्यु की अन्तिम परिणति 'नष्ट' हो जाने में है क्योंकि ज़िन्दगी की उत्ताल लहरें निस्पन्द-निष्प्राण चीज़ों को बेरहमी से छोड़ कर ख़ुशगवार गति के साथ आगे बढ़ने में विश्वास रखती हैं। फिर वे ही वहीं क्यों रुकी रह गयीं? कहीं इसलिए तो नहीं कि हादसे ने उन्हें अपनी 'सहभागिता' को देखने की अतिरिक्त संवेदना और अपराध-बोध दिया है? मैं अनुमान लगाती हूँ, एकान्त के अनन्त पलों में दस बरस पीछे के गलियारों में चहलक़दमी करते हुए वे सिर्फ़ और सिर्फ़ सिद्धार्थ को ही देखती हैं। वे जानती हैं, माँ होने के कारण उन्होंने ख़ुद कई बार महसूसा है कि सिद्धार्थ की कच्ची उम्र ने कला में अपनी साँसों की डोरी बाँध दी है। चाँदी का चम्मच मुँह में लेकर पैदा हुए अपने बेटे के कलापूरित फ़ाकाकश भविष्य की कल्पना करते हुए वे कई बार सिहर उठी हैं। आशंका के उस उफान में उन्होंने 'विशुद्ध माँ' की तरह बेटे को 'राह' पर ले आने का आग्रह भी किया होगा। हो सकता है, रंग-गिटार अलमारी में बन्द कर पढ़ने की असली/बनावटी क्रोधभरी धमकियां भी दी हों। ''हर माँ-बाप ऐसा ही करते हैं।'' वे आश्वस्त भी रही होंगी और कहीं पुलक भरी कहानी भी तैयार कर रही होंगी कि पन्द्रह-सत्रह साल बाद जब सिद्धार्थ शहर का नामी डॉक्टर बन कर 'मरीज़ों का मसीहा' ख़िताब हासिल कर लेगा, तब वे उसे उसकी गिटार और पेंटिंग से जुड़ी बचपन की बेवकूफ़ियों की कहानी सुनाया करेंगी। दरअसल लीक पर चलने का आदी इन्सान उड़ने के जनून को नहीं जानता। वह अपनी भौतिकता में इस क़दर उलझा रहता है कि अपने से

इतर किसी दूसरे के वजूद को न पहचानना चाहता है, न चाह कर भी स्पेस देने की उदारता अर्जित करता है। बेटे के न रहने से रिक्त हुआ वह स्पेस अब मिसेज़ कुमार को दंशित कर रहा है। उस रिक्त स्पेस में बेटे का धड़कता वजूद, खिलती खुशियाँ, अपने को चटकीले रंगों में अभिव्यक्त करती रुचियाँ-सब कुछ ज्यों का त्यों है। उस रिक्त स्पेस में मिसेज़ कुमार को एक ऐसी करियरिस्ट स्त्री भी दिखाई दे रही है जिसने नाम और दाम के लोभ में बेटे को जी भर कर दुलारा ही नहीं। जब भी घर लौटी, शारीरिक-मानसिक थकान के साथ; और इस तनाव के साथ कि शाम को या कल सुबह फिर क्लीनिक जाकर मरीज़ों की भीड़ को जाँचना है। महत्त्वाकांक्षाओं ने कब मृगतृष्णा बन कर उससे नेह की ठोस चमकदार उपलब्धियाँ छीन लीं, वह जान ही नहीं पायीं। अब सिद्धार्थ के न रहने पर जान पायी है कि नेह के रिश्ते ख़ून के गहरे तन्तुओं से जुड़े होने के बावजूद आपसी संवेदना और समन्वय की माँग करते हैं। वे पत्थर पर उकेर दी गयी लकीर की तरह अमिट, इकहरे और जड़ नहीं होते।

मैं चाह कर भी कहानी को 'रोंग पेरेंटिंग' की कहानी नहीं कहूँगी। कहानी के मर्म तक पहुँचने की प्रक्रिया में यह एक पड़ाव ज़रूर है। कहानी इससे भी परे एक और गहन परत में छिपी है। 'प्रायश्चित्त!' मैं बेहद आशान्वित होकर इस परत का ऊपरी छिलका उतार कर परे फेंक देती हूँ। मन में कहीं न कहीं मिसेज़ कुमार के प्रति सराहना का भाव है कि समर्थ मालदार लोगों द्वारा इस्तेमाल किये गये सॉफ्ट टारगेट के प्रति वे न केवल करुणा से भर उठी हैं, बल्कि अपने तईं एक कठोर स्टैंड लेकर उस अन्याय का प्रतिकार भी कर रही हैं। यह सिद्धार्थ का इस्तेमाल कर उसे अपने खाँचे में फिट कर देने की उनकी अपनी क़वायद का प्रायश्चित्त है। मेरा अपना आक्रोश उत्तेजना को उत्साह में ढाल कर मिसेज़ कुमार के ज़रिये आत्मलिप्त भौतिक संसार के समानान्तर उसके सारे मूल्यों और उसूलों को पलट कर एक नये संसार की रचना कर लेना चाहता है। चूँकि प्रायश्चित्त अपने कु/दुष्कृत्यों की शिनाख़्त के बाद किया गया पश्चात्ताप है, इसलिए वह पूर्ववर्ती आचरण का विलोम बन कर ठोस, रचनात्मक और सकारात्मक सन्दर्भों में सामने आता है। प्रायश्चित्त ज़िन्दगी में लौटने की खानापूर्ति भर नहीं होता, सीखे गये सबक से ज़िन्दगी को दुबारा गढ़ने का संकल्प होता है जिसमें सर्जक होने का स्वाभिमान आह्लाद बन कर जड़ता पर छा जाता है।

लेकिन मिसेज़ कुमार मेरे बढ़े हुए हाथ को थामने के लिए ज़रा भी उत्सुक नहीं। शायद मैं ही अति-उत्साह में उनसे ज़रूरत से ज़्यादा अपेक्षाएँ करने लगी हूँ। ध्यान से देखती हूँ तो पाती हूँ कि दस साल से लगातार अपने और परिवार-समाज के बीच ऊँची-ऊँची अभेद्य दीवारें खड़ी कर वे अकेले ही दुख को टॉफी की तरह चुभला रही हैं। दस साल से लगातार उसी मानसिक अवस्था में बने रहना...। दुख से उबरने की कोशिश न करो तो ड्रग बन कर वह शरीर में पलायनवादी उन्माद पैदा करने लगता है। मुझे लगता है, मिसेज़ कुमार आत्मविस्मृति की जिस मनोहारी जड़ता में इस हादसे से पहले जी रही थीं, अब हादसे के बाद भी उससे निकलने की कोशिश नहीं कर रही हैं। यह अपने आपको 'बन्द' कर लेने की विकृति है जो मुक्ति की राहों पर पैर बढ़ाना नहीं चाहती। तब अनायास शंका उठती है कि अपराध-बोध की बीहड़ यन्त्रणा के दौरान क्या मिसेज़ कुमार स्थितियों का विश्लेषण कर अपने को भी भीतर तक खँगाल पायी होंगी? बुत बन जाना सदमे की प्रतिक्रिया होती तो समय के साथ उसका घनत्व भी कम होता। लेकिन हर बीतते पल के साथ वे चुप्पी की चादर ओढ़ कर और भी हिंसक और उग्र हो रही हैं। घृणा उनका मूल्य-बोध बन गयी है, और असुरक्षा जीवन की उपलब्धि। यदि वे ज़रा भी धीरज के साथ अपने भीतर उतर पातीं तो देखतीं कि सिद्धार्थ की आड़ में वे सिर्फ़ और सिर्फ़ अपने 'मैं' की ही परिक्रमा कर रही हैं जिसमें अबोध बेटा अभि और पति, घर-अस्पताल-मरीज़, सामाजिक दायरा कुछ भी नहीं। फ़र्क़ यह है कि पहले उनके पास जीने के लिए डॉक्टरी पेशा था, अब दुख की गाढ़ी काली चादर। यह आत्ममुग्धता की रुग्ण स्थिति है जो ज़िम्मेदारियों के प्रति लापरवाही को विशेषाधिकार बनाती है और दूसरे के अन्तरंग तक पहुँचने के सारे रास्ते बन्द कर देती है। यहाँ एकाएक शंकर बना वह बालक एक प्रखर विलोम रचता हुआ मेरे सामने उपस्थित हो गया है। दस-बारह साल का वह बालक करोड़ों की ऐश्वर्यपूर्ण शादी में भूखा-प्यासा, ठण्ड से ठिठुरता और अपनी बालसुलभ चंचलता को सीने में छुपाये बुत बन कर खड़ा है, क्योंकि जानता है, एक रात के 'अभिनय' के बाद उसे पाँच सौ रुपये जैसी 'बड़ी' राशि मिलेगी। इस राशि से उसे बीमार माँ की दवाइयाँ लानी हैं...। मैं जाने क्यों इस बच्चे को 'हामिद' नाम देना चाहती हूँ – अपनी फटेहाली के बीच भी 'अपनों' के बारे में सोचता हुआ एक संवेदनशील विवेक।

अभाव संवाद और संवेग के रास्ते बन्द नहीं करता; अघाई हुई आत्ममुग्धता ही व्यक्ति को दूसरे के भीतर पैठने की नैसर्गिकता नहीं देती। मिसेज़ कुमार ने 'मैं' के कँटीले खूँटे से मुक्त कर ख़ुद को सिद्धार्थ के सपने से जोड़ा होता तो जान पातीं कि कला और संगीत की दुनिया विज्ञान और तकनीक की तंगदिल दुनिया से अलग हर इन्सान के आन्तरिक सौन्दर्य को देखने और उससे जुड़ कर समृद्ध होने की अद्‌भुत क्षमता देती है। हो सकता है तब शायद वे समझ पातीं कि सिद्धार्थ की मेडिकल प्रोफ़ेशन के प्रति अरुचि का एक बड़ा कारण उसके माँ-बाप की अतिशय धनलिप्सा और स्वार्थपरता भी रही हो। तब जानने का यह बिन्दु अपने को गरियाने और नफ़रत से बींधने का सतही प्रतिक्रियात्मक अवसर नहीं रहता, अपने मेडिकल प्रोफ़ेशन में 'इन्सानियत' को जोड़ कर उसे नया स्वरूप देने का अभियान बन जाता। शायद तब वे जान पातीं कि अपनी सामाजिक साख को बनाये रखने के लिए रैड क्रॉस, रोटरी क्लब या अन्य एनजीओ से जुड़ कर गाहे-ब-गाहे रुपया-पैसा या फ्री मेडिकल कैम्प के ज़रिये समाज सेवा (जिसे बड़े स्तर पर कारपोरेट सोशल रिस्पांसिबिलिटी कह कर ग़ौरवान्वित हुआ जाता है) की सारी जुगतें 'दीनबन्धु' छवि उकेरने की झूठी प्रवचनाएँ हैं। अपने हुनर का इस्तेमाल वे सारी उम्र तिज़ोरी भरने के लिए करती रही हैं, अब ज़रूरतमन्दों को 'सेहतयाब' बनाने के लिए कर सकती थीं। डॉक्टरी पेशे में सिद्धार्थ की अरुचि के साथ अपनी घृणा मिला कर वे ऊपर उठने और अपने ताबूत से बाहर निकल कर रोगी-समाज से जुड़ने के सारे रास्ते ख़ुद ही बन्द कर देती हैं। देख रही हूँ, हज़ार-हज़ार के पाँच नोट बुत बने लड़के की मुट्‌ठी में रखने के बावजूद मिसेज़ कुमार उसके सामने बेहद बौनी और पराजित नज़र आ रही है। उनकी 'कृपा' में 'दाता' होने का अहंकार न जाने क्यों मुझे गूँजता हुआ सुनाई दे रहा है। तब मेरा यह विश्वास पुख्ता हो जाता है कि दुख ने अवसाद बन कर उनका क्षरण किया है, परिमार्जक ताक़त बन कर व्यवस्था की संकीर्णताओं से टकराने का माद्दा नहीं भरा, जबकि वैचारिक-आर्थिक-सामाजिक सभी दृष्टियों से वे क़ाबिल और 'चेतन' रही हैं। शायद तमाम सहानुभूति के बावजूद उनके प्रति मेरे मोहभंग का कारण भी यही है। ज़ाहिर है तब कहानी कुमार दम्पत्ति के परिवार की कथा नहीं रहती, आज की उपभोक्तावादी

संस्कृति में अपनी ही क्षुद्रताओं में जीती उच्चमध्यवर्गीय व्यक्ति की सीमाओं की कहानी बन जाती है। 'मनुष्य' को 'उत्पाद' बनाने की उपलब्धि (?) वैज्ञानिक-तकनीकी प्रगति की विकास-यात्रा का उन्नत ग्राफ बेशक तैयार कर ले, यह मनुष्य की बौद्धिक-नैतिक-संवेदनात्मक शक्तियों के चुक जाने की त्रासदी को ही व्यक्त करती है। चलते-फिरते बुत किसी अभिशप्त तिलिस्मी लोक की रोमांचक काल्पनिक कथा कहने का ज़रिया हो सकते हैं, हमारे समय का सच नहीं। लेकिन दुर्भाग्यवश सच तो यही है – बेहद कड़वा और सर्व-स्वीकार्य।

रमणिका गुप्ता : जुझारु वीरांगनाओं का ज़मीन से जुड़ा स्त्री विमर्श

रमणिका गुप्ता के समूचे लेखन से गुज़रने के उपरान्त एक तथ्य सामने आता है कि लिखना उनके लिए अभिव्यक्ति का माध्यम नहीं, वक़्त और समाज को गढ़ने की संजीदा कोशिश है जो 'आइवरी टावर' में बैठ कर मनोविलास से नहीं उपजती, ज़िन्दगी की तल्ख सच्चाइयों से मुठभेड़ करके एक व्याकुलता के रूप में उभरती है। बेशक उनके उपन्यासों, कहानियों और कविताओं में वही एक-सा कर्मक्षेत्र, एक सी संघर्ष गाथा, एक-सी चुनौतियाँ और एक-सी उपलब्धियाँ हैं किन्तु विधागत दबाव उनके बाहरी स्वरूप को चिह्नित करता हुआ मर्म के रूप में उभरने वाली आन्तरिक संरचना एवं प्राथमिकता को भी बदल देता है। यही कारण है कि 'सीता' और 'मौसी' सरीखे उपन्यासों के पात्र 'बहूजुठाई' की अधिकांश कहानियों में वही नाम और तेवर लेकर आने के बावजूद अपने व्यक्तित्व, कर्मठता और जद्दोजहद की बिल्कुल अलग छाप पाठकों पर छोड़ते हैं। उपन्यासों के फैलाव में जहाँ कोयला-खदानों की ऐतिहासिक-राजनीतिक पृष्ठभूमि तथा आदिवासी क्षेत्र की आर्थिक-सांस्कृतिक विशिष्टता प्रमुख पात्रों से नायकत्व छीन कर अपनी नहत्त्वपूर्ण भूमिका दर्ज करती हैं, वहीं कहानियों में जुझारू नायिकाओं की चुनौतियों से जूझने की संकल्पदृढ़ता ही युगीन परिदृश्य को सामाजिक-राजनीतिक-आर्थिक-सांस्कृतिक सन्दर्भों सहित सुस्पष्ट करने लगती है। रमणिका गुप्ता ने कहानियों के लिए विषय-वस्तु कहीं बाहर से नहीं जुटाई है, आसपास की ज़मीन पर क़दम-दर-क़दम चल कर ख़ुद जी है। इसलिए वे 'बहूजुठाई' की भूमिका में ख़ुद स्वीकार करती हैं कि "भारत के हर कोने का भूगोल ऐसी कहानियों से अटा पड़ा है पर इन्हें लोग शायद खोजते ही नहीं, अनदेखा करते हैं...। स्वान्तः सुखाय नहीं लिखीं ये कहानियाँ मैंने...। जो लिखा है, सत्य है, यथार्थ है – अनुभवों पर आधारित है।"

रमणिका गुप्ता की विशेषता है कि विविधता दिखाने की झोंक में उन्होंने अपने अनुभव-क्षेत्र से बाहर पैर नहीं रखा है। छोटा नागपुर क्षेत्र कोयला खदानों और आदिवासी समाज के साथ जिस बीहड़ सत्य को पाँचवें दशक से लेकर आठवें दशक तक बुनता रहा है – उसी का लेखाजोखा हैं उनकी कहानियाँ। इन कहानियों की केन्द्रीय शक्ति हैं नायिकाएँ जो जीवन की विपरीत स्थितियों में बर्बरताओं और समाज की विकृतियों को झेलतीं, उससे जूझती रहीं, पर कभी थकी नहीं। अपनी अस्मिता का अहसास उनमें ज़बरदस्त था और था अपने होने का, अपने को ज़िन्दा रखने का चट्टान-सा ठोस संकल्प। उनमें ज़िन्दा थी अपनी शर्तों पर जीने की ज़िद तो कहीं अपनी निर्मिति। ठीक अपनी सर्जक की तरह उद्दाम जिजीविषा और चुनौतियों से भिड़ जाने की दृढ़ता। हर कहानी में आत्मोपलब्धि अथवा मनोरथ-पूर्णता के साथ उभरने वाली ये नायिकाएँ भले ही अपनी निजी पहचान खोकर एक प्रेरक शक्ति का प्रतीकात्मक रूप ले लेती हैं, किन्तु लेखिका ने इनके ज़रिये पितृसत्तात्मक व्यवस्था की अमानुषिकता को रेखांकित करने में कोई कोर कसर नहीं छोड़ी। प्रस्थान बिन्दु के रूप में वे सुसंस्कृत शहरी समाज को बता देना चाहती हैं कि आदिवासियों के वर्जनाहीन उन्मुक्त जीवन को लेकर उनके विश्वास कितने भ्रान्त रहे हैं। दरअसल पिछड़ेपन और हाशिए पर बने रहने की पीड़ा ने आदिवासी समाज के हृदय में प्रगति, विकास, सभ्यता और संस्कृति के नाम पर जिस आदर्श की प्रतिष्ठा की है, वह ब्राह्मणवादी और मनुवादी व्यवस्था की धूर्तताओं से दमकती सामन्तवादी व्यवस्था है। ज़ाहिर है, प्रगतिशीलता की भीतरी परतों में छिपी है पतनोन्मुख खाइयों का निर्माण करती रुग्ण मानसिकता जिसने एक अदद 'कमाऊ हाथ' होने के बावजूद आदिवासी स्त्री को मध्यवर्गीय स्त्री की तरह 'जिंस' बना डालने का बीड़ा उठा लिया है। रमणिका गुप्ता की नायिकाएँ इस विडम्बना से जूझ कर प्रतिकार का महाख्यान रचती हैं।

रमणिका जी की स्त्रियाँ आदिवासी दलित समाज की निर्बल इकाइयाँ हैं– खटने-कमाने वाली औरतें जो कोयला ढोते, लकड़ी काटते, निकोने-कटनी करते, रेजा का काम करते, बालू-ईंट ढोते ज़िन्दगी की स्लेट पर व्यवस्था द्वारा लिखी इबारत को किसी ज्ञानी-ध्यानी से ज़्यादा गहराई से पढ़-बूझ जाती हैं। बेशक प्यारी की तरह पति पर पल-पल निछावर हो जाने का संस्कार उसके भीतर की औरत को संवेदनात्मक तरलता, निष्ठापरक ईमानदारी और प्रतिदानहीन समर्पण की भास्वरता देता है, लेकिन साथ ही उसकी मानवीय

इयत्ता को एक शून्य अथवा परछाईं में तब्दील भी कर देता है। दिन-रात नशे में टुन्न पति शीतल के लिए प्यारी का अर्थ है – एक अथक चाकर! मिमियाती भेड़! वक़्त-ज़रूरत पड़ने पर मूँड लो या जिबह कर दो। अपना माल, अपना फ़ैसला! कोई नालिश नहीं। इसलिए पति की नज़र में बेमानी हो जाती हैं वे सारी प्रेम-संवेदनाएँ और क्रियाएँ जो नशेड़ी निकम्मे मर्द के आत्मसम्मान को बनाये रखने के लिए प्यारी को उसकी जगह ख़ुद खटने (यानी दूना काम करने) का चाव देती हैं। दरअसल अपनी आत्मरतिग्रस्त छवि में क़ैद मर्द जीती-जागती औरत को कर्म और श्रम की तन्मयता में संलग्न देख ही नहीं पाता। वह अन्ततः 'जिंस' है, द्रौपदी की तरह दाँव पर लगाने वाली क़ीमती चीज़। लेकिन द्रौपदी जैसा प्रचंड तेज़ उसे स्वीकार्य नहीं। यदि प्यारी को जुए में हार कर वह फागू को सौंप देना चाहता है तो प्यारी की क्या मजाल कि वह चीं-चपड़ करे। विरोध करने का अर्थ है शीतल की मर्यादा पर चोट। न, पति का श्रेष्ठता दम्भ ऐसी किसी ओछी और विद्रोही हरकत को स्वीकार कर अपनी 'जाति' के साथ विश्वासघात नहीं कर सकता। इसलिए रात के अँधेरे में प्यार के व्यक्तित्व और अस्तित्व की सबसे क़ीमती चीज़-नाक-काट कर वह अपने तईं कोई अनहोनी नहीं करता। सिर्फ़ विश्वासघातिनी औरतजात को सबक सिखाना चाहता है। दलित समाज में प्रत्यक्षतः तथा मध्यवर्गीय सम्भ्रान्त समाज में प्रतीक़ात्मक ढंग से गाहे बगाहे स्त्रियों के साथ घटने वाली ये घटनाएँ पितृसत्तात्मक व्यवस्था की नृशंसता पर अरण्य रोदन नहीं करतीं बल्कि अपनी अन्तिम परिणति में स्त्री की अदना-सी हैसियत में विद्रोह का तूफ़ान भर देती हैं। प्यारी जैसी स्त्रियाँ निरक्षर होते हुए भी जीवन की पाठशाला से जो सबक सीखती हैं, उसे क्रियान्वित करने के लिए उन्हें बैसाखियों या हथियारों की ज़रूरत नहीं। बस, ज़रूरत है अदम्य हौसले और प्रचण्ड घृणा की। उत्साह, लगन और सिर-धड़ की बाज़ी लगा देने का जनून तो उनकी रगों में लहू बन कर दौड़ ही रहा है। इसलिए प्यारी की मानसिकता का सूक्ष्म अध्ययन कर जब लेखिका उसे ठोस चट्टान सरीखी आत्मनिर्भर इकाई के रूप में कायान्तरित होते चित्रित करती हैं तो ज़रा भी अस्वाभाविक नहीं लगता। अपनी ही अन्तश्चेतना की उँगली पकड़ कर की गयी जागरूकता की हर यात्रा अन्ततः ऊर्ध्वमुखी होती है– अपने साथ-साथ अपने जैसे के पैरों तले की ज़मीन को पुख़्ता करने का सबब लिए हुए।

रमणिका गुप्ता की कहानियाँ स्त्री विमर्श के जिस सकारात्मक स्वर को गूँज के रूप में बुनती हैं, वह प्यारी की इस पीड़ा और निर्णय से उभरा है कि स्त्री को "अपने आप को पूर्णतया विश्वास के आधार पर सौंप कर निश्चिन्त नहीं" रहना है, और कि उसे दूसरों को "परखना" सीख लेना होगा। यह बोध उनकी स्त्रियों में दो रूपों में दिखाई देता है। एक, मर्दों के प्रति उत्कट घृणा तथा दूसरे, आर्थिक स्वावलम्बन-"अब वह पहले की तरह सारी कमाई मर्द को लाकर नहीं देती। वह अपने पास रखती है सब पैसा...। जानती है ज़िन्दगी में खटना है, कोयला बोझना है पर अपने हक की रक्षा खुद करनी है।" उल्लेखनीय है कि मर्दों के प्रति घृणा इन स्त्रियों का प्रतिशोधात्मक मनोविलास नहीं, अस्तित्व-रक्षण की मजबूरी है। 'चमेली' की चमेली को कोयला खदान में एग्रीमेंट की धारा 9-4-2 के अधीन मृतक के स्थान पर नौकरी मिल जानी चाहिए, लेकिन चूँकि वह स्त्री है, अतः समूची व्यवस्था और क़ानून मर्दवादी नज़रिये के साथ उसका रास्ता छेंके खड़े हैं –"आश्रित अगर औरत है तो उसे प्रमाण देना होगा कि घर में कोई भी मर्द नहीं है या कि उसका बेटा बड़ा होकर नौकरी लेने के योग्य नहीं है...। चमेली के लिए औरत होना ही गुनाह हो गया है...। वह औरत है, इसलिए नौकरी नहीं मिलेगी...। (औरत) बदनाम कर दी जाती है। फलाना से 'फँसल' है, ढिमाका से 'फँसल' है... अभी तो गनीमत है उसे डायन नहीं कहा किसी ने।" तब आवेश में खदबदाती चमेली क्या करे? एक अदद कमाऊ हाथ बन कर मर्दों से ज़्यादा खटना सीखा है उसने तो क्योंकर वह खटने के अवसर प्रतिबन्धित करने वाली मर्दाना तिकड़मों के आगे सिर नवा दे? क्यों न मन में पनपे अरमान को हवा-पानी देकर सींचे कि "एक बार नाकैरी तो पाय लूँ, फिर... ऐसन सभे मरदवन को ठीक कर दूँगी जो डौकियन को साग-भाजी समझते हैं।"

स्त्री मुक्ति की सबल पैरोकार रमणिका गुप्ता निजी तौर पर मर्दों से घृणा करने की समर्थक नहीं। कामलोलुप पुरुष जाति के टुच्चेपन को निकटता से जान-भोग कर भी मनुष्य के रूप में उनकी स्वतन्त्र इयत्ता का वे आदर करती हैं। आत्मकथा 'हादसे' में वे स्वयं कहती हैं कि "ऐसा नहीं है कि मैं पुरुष समाज की विरोधी हूँ। मैं महिला मुक्ति की उन हदों को नहीं छूती जहाँ पुरुषों को नकारा जाये मैं जानती हूँ कि पुरुष औरत की सबसे बड़ी कमज़ोरी है और औरत पुरुष की। इसलिए दोनों को साथ चलना ही पड़ेगा। परस्पर घृणा में भी कहीं प्रेम पलता रहता है।"

इसलिए कहानियों में जब घृणा को सकारात्मकता का प्रस्थान बिन्दु बनाती हैं तो उसके पीछे एक ठोस वजह भी जुटाती हैं। 'नौकरी' की चन्दा में यह वजह अपनी व पति की नौकरी बचाये रखने के लिए दलाल मुंशी उदय के अनवरत यौन शोषण को सहने की त्रासदी से उत्पन्न होती है तो 'परबतिया' में घर की ज़मीन के लोभ में बहन द्वारा ज़बरन पिता की उम्र के जीजा से ब्याह दिये जाने की यन्त्रणा से जहाँ रिश्ते ही नहीं, स्वयं उसकी अस्मिता सवालों के घेरे में आ खड़े हुए हैं –"वह बेटी थी या माँ, पत्नी थी या सौत, बहिनी थी या रखनी, वह समझ नहीं पा रही थी। उसके ज़ेहन में सारे रिश्ते गड्डमड्ड हो गये थे।" 'टू बी' और 'नॉट टू बी' का यह सवाल चिरन्तन द्वन्द्व बन कर इन स्त्रियों को दार्शनिक गुत्थियाँ सुलझाने का व्यस्त भाव नहीं देता, ठोस निर्णय बन कर अपनी रणनीति बनाने का विवेक देता है। वह रणनीति जिरवा (जिरवा और जिरवा माय) की तरह सौदेबाज़ी का रूप भी ले सकती है-"देह तो जब लोग लूट ही लेते है...। तो क्यों न लूटने वालों को मोहरा बनाये वह'। "लेकिन रमणिका गुप्ता महसूस करती हैं कि बुराई के प्रतिकार में उसी बुराई को अंगीकार करना समस्या का निदान नहीं, बिसात को उलट देना भर है और यह तय है कि शोषण और उत्पीड़न के इस बदले परिदृश्य में दोनों पालों की बाहरी सूरत और नाम भले ही बदल जाये, भीतरी सीरत और कार्यशैली वही रहेगी – कालचक्र पूरा होते हैं ठीक उसी असन्तोष और विद्रोह को पुनर्जन्म देने के लिए। इसलिए उनकी स्त्री देह-मुक्ति के सहारे अपनी लड़ाई लड़ कर सामन्तवाद को चिरजीवी बनाये नहीं रखना चाहती। वे उसे राजनीतिक रूप से सक्रिय बनाते हैं ताकि नीति-निर्धारण में स्वयं हिस्सा लेकर अपनी तकदीर खुद लिख सके। यही कारण है कि चमेली हो या परबतिया या चन्दा, उनकी अधिकांश स्त्रियाँ राजनीतिक मंच पर मुखर और जुझारू हैं। बेशक इन स्त्रियों को तीजमतिया (यूनियन लीडर महिला जिसे विरोधी पुरुषों ने मिल कर मार डाला) के उदाहरण के रूप में पुरुष समाज डराना चाहता है, किन्तु ये उत्पीड़िता स्त्रियाँ रेणुका देवी (जो स्वयं रमणिका गुप्ता हैं) के नेतृत्व में अपने-अपने स्तर पर यूनियन का संचालन कर रही हैं। यूनियन की गतिविधियों में भागीदारी इन्हें आत्मसन्तोष और आत्मनिर्भरता का बोध देती है। बेशक मर्दों को मज़ा चखाने का प्रतिशोधात्मक भाव भी इसमें विद्यमान है, किन्तु चारपायी के पायों के नीचे पत्नी की हथेलियाँ दबा कर क्रूरता का आस्वाद लेते पति के ख़िलाफ़ वह सहृदय क्यों हो? परबतिया ने चूँकि उत्पीड़न की पराकाष्ठा को झेला है,

इसलिए उसी परिमाण में यूनियन में उसकी सक्रियता और सकारात्मकता भी अधिक है। ''वह मर्दों के दंगल की सरदारिन बन गयी और यूनियन में अपनी पोखरी की प्रतिनिधि...। परबतिया को यूनियन के माध्यम से मर्दों का नेतृत्व करने में भीतर ही भीतर बड़ा अच्छा लगता था... जब मज़दूर उसके पास अपनी समस्याएँ लेकर आते और वह उनके सवालों को लेकर ठीकेदारों को गरियाती, जब पुलिस लाठी ठोंकती उनके धौड़ों की तलाशी लेने आती तो वह काछा बाँध कर, सीना तान कर... सभी मर्दों की तरफ़ से पुलिस का मुक़ाबला करती, उनके सवालों का जवाब देती और फिर एक हाँक लगा कर सबको जमा करती। मुट्ठी बाँध कर नारे लगाती और लगवाती तो उस वक़्त उसे लगता कि खटिया के 'पाये' जो उसकी हथेलियों पर बराबर खड़े रहते थे, मुट्ठियों के वार से टूट गये हैं।''

रमणिका गुप्ता की विशेषता है कि घृणा जैसे नकारात्मक मनोभाव को उन्होंने सामाजिक सरोकारों के साथ जोड़ कर सकारात्मक परिणति दी है। फलतः घृणा व्यक्ति विशेष से द्वेष न रह कर बुराई के नाश का आह्वान बन जाती है और घृणा से उत्पन्न आक्रोश व्यक्तिगत प्रतिशोध का रूप न लेकर अपने सरीखे दलित वर्ग के उत्थान का नैतिक दायित्व। इसलिए पति-बेटा, भाई-बाप–हर रिश्ते के मोह और बन्धन से ऊपर उठ कर उनकी स्त्री (प्यारी) अन्याय के प्रतिकार में दूसरों की लड़ाई लगने लगती है तो कभी ''सब रिश्ते एक साथ एक जमात बन'' कर उसे अपने आपको नयी नज़र से चीन्हने का आलोक देते हैं जहाँ एक ऐसी औरत प्रतिष्ठित है ''जो ख़ुद से जीना जानती है, औरत, जो दूसरों को ज़िन्दा रखने की औकात रखती है। औरत जो सबको जनती है, पालती है और उन्हें दिशा देती है।'' इस समष्टि बोध में रमणिका जी अपनी नायिकाओं को सही अर्थ में जीने का तोष देती हैं। उल्लेखनीय है कि 'नौकरी' की चन्दा के प्रतिशोध के साथ लेखकीय संवेदना व्यक्त करते हुए वे भले ही उसे स्थानीय आदिवासी समाज में 'अजर-अमर' के रूपक में बाँधती हैं, किन्तु अन्तिम उपलब्धि के रूप में चन्दा को आत्माभिमान की आभा से दीप्त नहीं दिखातीं। चन्दा अदालत से बाइज़्ज़त बरी किये जाने के बावजूद अपराध-बोध से मुक्त नहीं है हालाँकि जानती है कि उदय सरीखी मानुष-जोंकों को टांगी के वार से टुकड़े-टुकड़े करके ही मुक्ति पायी जा सकती है। चन्दा का यह आक्रोशजन्य व्यवहार नागपुर कोर्ट के अहाते में उग्र महिलाओं के दल द्वारा सरेआम दिनदहाड़े बलात्कारी का क़त्ल करने के दुस्साहसिक कृत्य की याद दिलाता है जो

'पोएटिक जस्टिस' जैसी भावना की तुष्टि के क्षणिक आह्लाद के उपरान्त सभ्य समाज में आदिम बर्बरता की पुनरावृत्ति होने की आशंका अधिक व्यक्त करता है। रमणिका गुप्ता हर प्रकार के स्खलन से बच कर स्त्री के मानव-मुक्ति आन्दोलन को रचनात्मक आधार देना चाहती हैं। यही कारण है कि जिरवा जैसी तेज़तर्रार मर्दविरोधी स्त्रियाँ तब तक छली और छिली जाती रहती हैं जब तक निजता को सामाजिक प्रतिबद्धता, आवेश को विवेक, और हिंसा को आन्दोलन में तब्दील करने का मूलमन्त्र नहीं जानतीं। वैयक्तिक राग-द्वेष की क्षुद्र सीमाओं का अतिक्रमण करते ही वह क्रमशः 'अंगद का पाँव' और 'व्यक्तित्व' बन कर प्रतिष्ठा अर्जित करने लगती है। यह उसकी दोहरी सफलता है—अपनी पहचान खुद बनने के लिए तथा 'मुर्दा समाज को पोस्टमार्टम-टेबल' तक पहुँचाने के लिए। 'खुस रहो' की वकील की माँ ठीक इसी वजह से लेखिका की शाबाशी पाती है क्योंकि आत्मसम्मान की लड़ाई को आन्दोलन का रूप देकर वह बड़ी जातियों का दर्प-दलन करने में सक्षम हुई है।

रमणिका गुप्ता की कहानियों का पाठ एक संशय मन में उत्पन्न करता है कि क्या ये वास्तव में कहानियाँ हैं? दरअसल अपनी आन्तरिक संरचना में ये कहानियाँ नहीं, रेखाचित्र हैं। महादेवी वर्मा के बाद क्रमशः क्षीणतर होती रेखाचित्र विधा को भले ही हम अपनी अतिरिक्त व्यस्त्ताओं के कारण भुला बैठे हों, लेकिन अपनी मार्मिकता एवं प्रश्नाकुलता के साथ रेखाचित्र यथार्थ को अविश्वसनीय विश्वास का जो आधार देते हैं, वह कहानी विधा के बूते की बात नहीं। स्वयं लेखिका भी मानती हैं कि प्यारी, चन्दा, चमेली, जिरवा, परबतिया, ललिता के रूप में पन्नों पर जीने वाली ये नायिकाएँ असल ज़िन्दगी में हाड़-मांस की स्त्रियाँ हैं। लेखिका के रूप नें उनका श्रेय बस यही है कि ज़िन्दगी की धूल में धूमिल होने से बचा कर उन्होंने इन्हें साहित्यिक दुनिया में प्रतिष्ठित कर दिया है – उनकी सामाजिक-सांस्कृतिक लड़ाई को नवनिर्माण के सुनहरे सपने में जड़ कर। चूँकि अनेक उतार-चढ़ाव झेल कर समय के साथ वे अपनी संघर्ष-दौड़ में एक निश्चित मुकाम तक पहुँच गयी हैं, इसलिए उनकी जीवन-कथाओं में एक सुनिश्चित अन्त को बुनती ठोस उपलब्धियाँ या उमगते सपने हैं। द्वन्द्व, अनिश्चितता या सन्त्रास की विलम्बित लय अन्तिम टेक बन कर अचीन्हे भविष्य तक नहीं पसरती जो पात्र और पाठक दोनों को अन्तहीन परिणति तक पहुँचने की प्रतीति दे। कहानी विधा का यह कथा-मैनरिज़्म यथार्थ को कल्पना, संवेदना, विज़न तथा पुनर्निर्माण

की ललक के साथ गहरे सम्बद्ध करने के साथ-साथ यथार्थ को पुनर्जीवित कर देने की अहम भूमिका भी निभाता है। रमणिका गुप्ता के पास कहानीकार की इस टैकनीक का अभाव है। शायद इसलिए कि अपने सुख़-दुख की संगनियों को कथानायिका बनाने के लोभ में वे उनकी जद्दोजहद, दिशा एवं उपलब्धि को अनुशासित करना अनैतिक मानती हैं। इसलिए ये स्त्रियाँ अपने खाँटी रूप में विद्यमान हैं – कहानी विधा की अपेक्षाओं को पूरी तरह अँगूठा दिखाते हुए। ज़ाहिर है इस तथ्य को समझ लेने के उपरान्त इन कहानियों/रेखाचित्रों का मूल्यांकन करने की दृष्टि और अपेक्षाएँ ही बदल जाती हैं। तब घटनात्मकता, वर्णनात्मकता, पात्र को चरित्र रूप में न ढाल कर केस के रूप में प्रकट करने की युक्ति, अवान्तर प्रसंगों का समावेश, लेखकीय उपस्थिति आदि दुर्बलताएँ तिरोहित हो जाती हैं। बेशक कहानी का सजग बुद्धिजीवी पाठक मात्र कथारस के आस्वाद के लिए कहानियाँ नहीं पढ़ता। कहानियों के ज़रिये वह समाज और वक़्त की पड़ताल करते हुए अपनी भागीदारी और ज़िम्मेदारी दोनों को चीन्ह लेना चाहता है किन्तु फिर भी इतना तय है कि विश्लेषण की यह प्रक्रिया 'रस' के बिना सम्भव नहीं। रेखाचित्र अपनी बुनियादी बुनावट में रस को किंचित् पीछे धकेल कर निबन्ध की तथ्यात्मकता को कहानी की सरसता में सानने की मिश्रित कला है। इसलिए यहाँ उद्बोधन/सोद्देश्यता ही केन्द्रीय बिन्दु है। कहना न होगा कि इस दृष्टि से रमणिका जी की ये कृतियाँ रेखाचित्र के क़रीब हैं।

कहानी से भिन्न रेखाचित्र लेखकीय उपस्थिति के ज़रिये पाठक को चिन्तन के नये बिन्दु प्रदान करने के साथ-साथ उसकी सोच को एक निश्चित परिप्रेक्ष्य एवं आधार देने का काम भी करता है। इन रचनाओं में रमणिका गुप्ता अनायास अपने युग की प्रवक़्ता बन कर उन सभी समस्याओं और विसंगतियों पर पाठक का ध्यान आकृष्ट कर लेना चाहती हैं जो उन्हें कथा के दायरे से छूटती नज़र आती हैं। मसलन 'ललिता' में अर्जुन और ललिता के प्रेम-विवाह के प्रश्न पर सामाजिक आपत्ति दर्ज है। लेखिका पात्रों, घटनाओं, संवादों के सहारे सफलतापूर्वक बता जाती हैं कि माता-पिता के रूप में जीती पुरानी पीढ़ी सांस्कृतिक उदारता के चलते भले ही ऐसे प्रेम-विवाहों को स्वीकृति देने को तत्पर है किन्तु दलित होने के अभिशाप को धोने के लिए सामन्तवादी मानसिकता को ओढ़ती-बिछाती नयी पीढ़ी ज़्यादा ही ब्राह्मण हो गयी है। पाकिस्तान की क़बीलाई संस्कृति और हरियाणा की पंचायती राजनीति की अनुपालना करते हुए अपने जातिगत बड़प्पन को

दिखाने के दम्भ में प्रेमी युगल का वध करने या उनके विवाह को ख़ारिज कर अपनी-अपनी जातियों में पुनर्विवाह करने को मजबूर करने में उन्हें कोई संकोच नहीं। अर्जुन-ललिता जैसे अनेक उदाहरण उनके अहं को सहलाने का सबब बने हैं। अनैतिकता के ढूह पर बैठ कर नैतिकता की बातें करने वाले इस समाज से रमणिका जी बेहद क्षुब्ध हैं। उनके क्षोभ का एक कारण यह भी है कि पुलिस, क़ानून और प्रशासन भी इस मिलीभगत में शामिल है। टंकार बन कर वे पाठकों को इस षड्यन्त्र से वाक़िफ़ करा देना चाहती हैं कि "जब पिता लड़की का नाबालिग आयु में ब्याह करता है तो न पुलिस पूछती है, न समाज, न ये तथाकथित पंच लेकिन अगर लड़की अपने प्रेमी के साथ भाग जाती है तो बालिग लड़की को भी माँ-बाप नाबालिग करार कर केस कर देते हैं। लड़कियों की इस स्थिति में रक्षा के लिए कोई क़ानून नहीं है।" यही नहीं, अर्जुन एवं ललिता के बाल-विवाह की अवैधता को साक्ष्य रूप में प्रस्तुत कर वे पाठकों को इस सवाल पर विचार करने के लिए भी आमन्त्रित करती हैं कि "क्या (अर्जुन के) पाँच वर्ष की अयु के विवाह को क़ानूनी माना जाये या ललिता के साथ अर्जुन का ब्याह जो बगोदर बस्ती के पण्डित ने कराया, उसे वैध माना जाये? क्या ब्याहता लड़की का ब्याह उसका पिता या नागेश्वर राम या अन्य पंच मिलकर कर सकते हैं?... क्या दोनों लड़कियाँ अर्जुन की पत्नियाँ बन कर रहें?... दोनों पत्नियों को रखने का अर्थ बहु-विवाह प्रथा को प्रश्रय देना है जो ग़लत है। अब अर्जुन किसे छोड़े – पूर्व पत्नी को या प्रेमिका पत्नी को? क्या पहला विवाह वैध है? ललिता ने यह सवाल अपने बाप से पूछा कि जब मेरा विवाह ग़लत है अर्जुन के साथ तो तुम कैसे दूसरे के साथ मेरा विवाह करा रहे थे?"

रमणिका गुप्ता कहानीकार से पहले सामाजिक कार्यकर्त्री हैं। छोटा नागपुर का आदिवासी क्षेत्र हो, बिहार विधान परिषद का सत्र हो या साहित्यिक क्षेत्र-सामाजिक मुद्दों पर राय बनाने का कोई भी मंच वे हाथ से जाने नहीं देतीं। 'ज़िन्दा रहने के लिए' चेखव की मार्मिक कहानी 'द मेल फैक्टर' का स्मरण कराते हुए एक ऐसे आदिवासी समाज को सामने लाती है जो चोरी छिपे महुआ चुआने, लकड़ी काटने और टी.टी. को घूस देकर बिना टिकट रेल सफ़र करने में कुछ भी तो ग़लत नहीं मानता। जब सरकार ने ज़रूरत के अनुसार जंगल और ज़मीन पर क़ब्ज़ा करने के उनके पुश्तैनी हक को छीन लिया है तो पेट भरने के लिए वे कुछ तो करेंगे ही। यह 'कुछ' क़ानून या सम्भ्रान्त समाज की नज़र में 'चोरी' या 'अवैध' है तो हुआ करे।

क्या इसके लिए वे हाड़-तोड़ मेहनत नहीं करते? उन्हें तो बल्कि अपनी 'मेहनत की कमाई' पर नाज है। ''पेट पाले खातिर कियल काम चोरी ना है बाबू। हम सब लकड़ी न काटबे जंगल से, न बेचवैं बाज़ार जायके, कोइला न बीछ के लाइबै कोलरी से चुप्पे-चुप्पे तो की खाइबे? तोर मुंडी?'' मासूमियत और मजबूरी के बीच फैले इस तर्कशास्त्र के सामने निर्वाक् है लेखिका। नैतिकता के मानदण्ड कितने बेमानी और नाकाफ़ी हो जाया करते हैं कभी-कभी। तब उन्हें इनका प्रत्येक आचरण नैतिक और वैध लगने लगता है – सरकार के मशीनी तन्त्र के ख़िलाफ़ एक मानवीय आवाज़ जिसमें अपनी 'पहचान' और 'स्वीकृति' की गहरी तड़प है –''इन लोगों का रोज़गार भी सरकार द्वारा सुनियोजित बेरोज़गारी के षड्यन्त्र का जवाब है। इनका पत्थर चलाना सरकार की योजनाबद्ध हिंसा का गुरिल्ला तरीक़े से जवाब है। क़ानून तोड़ कर जनविरोधी क़ानूनों की निरर्थकता जताने का एक सार्थक तार्किक तरीक़ा है।''

एक विचारक के तौर पर रमणिका गुप्ता संक्रमणकालीन दौर की उभरती इस सच्चाई से बेहद व्यथित हैं कि ब्राह्मणवादी एवं पितृसत्तात्मक व्यवस्था की बुराइयों से दूर आदिवासी समाज अपनी उन्मुक्त संस्कृति के कारण जिस उदारवादी वर्जनाहीन जीवन दृष्टि का परिचय देता रहा है, वह अब धीरे-धीरे लुप्त हो रही है। पुरुष ही नहीं, स्त्रियाँ भी समाज की मुख्यधारा में शामिल होने के प्रलोभन में अपने गिर्द लक्ष्मण रेखाएँ खींचने को तैयार हैं– भले ही उनकी स्वायत्तता और मानवीय गरिमा दाँव पर लगती हो। 'जिरवा और जिरवा-माय' में रमणिका जी माँ-बेटी के रूप में एक ऐसा विलोम-युग्म प्रस्तुत करती हैं जहाँ सामन्ती मानसिकता में दीक्षित नया-नया आदिवासी समाज/पुरुष उसके सतत शारीरिक-मानसिक उत्पीड़न का सबब बना है और उन नवदीक्षित संस्कारों में ढली स्त्री (जिरवा माय) मर्द की हर अमानुषिकता को ज़ख़्म भरने के बाद सिर्फ़ इसलिए माफ़ कर देने को तैयार है कि उसने बरसों की परित्यक्ता को गले लगा कर 'बेवा की पदवी' दे दी है। यही नहीं, ''बिरादरी ने उसे उसके स्वामी का किरिया-करम करने'' और ''भोज-भात के लिए जिरवा-माय को कर्जा देना'' भी स्वीकार कर लिया है। यह क्या कम उपलब्धि है कि दुराचारिणी स्त्री को समाज अपने में मिला कर ग़ौरवान्वित अनुभव कर रहा है? मर्दवादी संस्कारों में पगी यह स्त्री रुक कर इस बात पर विचार करना नहीं चाहती कि पति की बरसों की अनुपस्थिति में यदि उसने कोयरी से दाम्पत्येतर यौन सम्बन्ध बनाये तो यह उनकी लचीली आदिवासी संस्कृति द्वारा स्त्री-पुरुष – मनुष्य मात्र – को दी जाने वाली छूट है जिसे

पत्नी के गर्भवती हो जाने पर परदेस गये पति को 'गमछा' भेजे जाने जैसी परम्पराएँ पुष्ट और वैध बनाती हैं। वह यह भी प्रश्न करना नहीं चाहती कि पुरुषों को एकाधिक 'रखनी' रखने का अधिकार देने वाली समाज व्यवस्था को सही मान कर वह उसका समर्थन क्यों करे? स्त्री चूँकि पुरुष की दृष्टि से अपने आचरण को निरन्तर निरखती-परखती रहती है, अतः अपराध बोध एवं आत्मदया से भर कर स्वयं को ज़ख्मी करती रहती है। जिरवा-माय के रूप में ऐसी अ-चेतन स्त्रियाँ लेखिका की श्रद्धा की पत्र नहीं। अलबत्ता ऐसी जड़ता में क्रान्ति के बीज अवश्य छिपे होते हैं। अतः जिरवा को माय का विलोम बना कर वे उसे समाज से टकराती एक ऐसी चेतन इकाई के रूप में चित्रित करती हैं जो स्वतन्त्र, निर्णय सम्पन्न, निडर और स्वाभिमानिनी है। बेशक माँ की तरह अनेक मर्दों के हाथ से फ़िसल कर वह देह एवं दैहिक उन्माद की क्षणभंगुरता को जान गयी है। साथ ही जान गयी है 'भोग्या' से 'व्यक्ति' बनने की जटिल प्रक्रिया जहाँ 'अपने मन पर क़ाबू रखना' अपनी नयी पहचान को प्रतिष्ठापित करने के लिए बेहद ज़रूरी है। गिड़गड़ाने के स्थान पर आक्रोश, प्रार्थना के स्थान पर तर्क और अनुकम्पा के स्थान पर अधिकार – जिरवा की कार्यशैली में 'स्त्री' नहीं, 'मनुष्य' सक्रिय है। लेकिन रमणिका गुप्ता उन फ़िसलनों की ओर संकेत करना नहीं भूलतीं जो स्वतन्त्र चेतन स्वाभिमानी स्त्री को 'सम्भ्रान्त' कहलाने के प्रलोभन में उस समाज में घुलमिल जाने को प्रेरित करता है जिसकी क्रूरता जिरवा-माय सरीखी असहाय समर्पिता स्त्रियों को पीट-पीट कर हाशिए से बाहर करती है। हाशिए पर रह कर बाग़ी जिरवा जैसे ही अपने लिए प्रतिष्ठा और पहचान जुटाती है, समाज की मुख्यधारा में घुस कर समाजानुमोदित रिश्ते और घर पाने की लालसा उसके हृदय में बलवती होती चलती है। बरसों पहले पति के नाम पर जिस बुतरु (अपनी आयु से छोटा लड़का) के संग युवती जिरवा को ब्याहा गया था, उसे जवान होता देख जिरवा के भीतर की रागात्मकता तरलता, समर्पण और असहायता में रिस कर उसे कमज़ोर बनाने लगती है –"अपनी नयी अर्जित शक्ति से दरपाया हुआ मन उसे पति के अदृश्य खूँटे की ओर जाने को उकसा रहा था। उसे मध्यवर्गीय दृष्टिकोण, इज़्ज़त-सम्मान और आदर का चस्का लग चुका था...। यह ललक उसके मन में ही नहीं उदर में जग गयी थी और कोख में भी। वह सर्वहारा समाज से उठ कर मध्यवर्गीय समाज की ओर जा रही थी। उन्मुक्त स्वच्छन्द आचरण से निकल निषेधों के दायरे वाले समाज में प्रवेश कर रही थी। बिरादरी के फतवे की ढीली पकड़ से

छूट कर स्वनिर्मित वर्जनाओं के जाल में फँसने जा रही थी। वर्जनाएँ जिन्हें तोड़ना आत्महत्या या हत्या का रूप लेता है या फिर आग की लपटों का।"

रमणिका गुप्ता जिरवा के इस प्रलोभन को मानवीय मनोविज्ञान की कसौटी पर कसते हुए सही पाती हैं लेकिन चिन्तित भी हैं कि स्त्री-मुक्ति की अँकुराती चेतना को ये चौहद्दियाँ पुनः क़ैद कर लेंगी। अपने दायरे को व्यापक करने की आकांक्षा से लड़ी गयी लड़ाई यदि भौतिक लिप्साओं के चलते एक कठघरे में तब्दील हो जाये तो उसकी ग़लत दिशा को समय रहते ही मोड़ दिया जाना चाहिए। रमणिका गुप्ता चिन्तक के रूप में सामने रखी समस्या पर समग्र विचार कर सकती हैं, उसे कथा-रूप में ढाल कर पात्रों के साथ विकसित नहीं कर सकतीं। इसलिए उनका चिन्तन चेतावनी बन कर यथार्थ जीवन के जीते-जागते दिग्भ्रमित पात्रों को बरजता है और पाठकों को ऐसी रपटीली ढलानों के ख़तरों के प्रति आगाह करता है।

रेखाचित्र एवं कहानी के विवाद को तूल न देते हुए इस तथ्य को सर्वसम्मति से स्वीकार किया जाना चाहिए कि 'बहूजुठाई' संग्रह की दो कहानियाँ 'बहूजुठाई' तथा 'खुस रहो' और 'देह का सच' (जो 'हँस' में 'भूतसवार' शीर्षक से प्रकाशित हुई थी) रमणिका गुप्ता को श्रेष्ठ कहानीकार साबित करती हैं। स्वयं को पात्रों की निजता के सम्मोहन से मुक्त कर यहाँ वे समाज-सांस्कृतिक व्यवस्था की जटिलताओं का निर्माण करती पुरुषवादी सामन्ती मानसिकता की शिनाख़्त करती हैं जो सत्ता के मद और लोभ में विचारहीन-चेहराहीन होते-होते आदिम बर्बरता का पर्याय बन गया है। दरअसल इस व्यवस्था में मनुष्य जीवन की स्निग्धता-सद्भाव और मूल्य हैं ही नहीं। हैं तो मात्र दो वर्ग – कमज़ोर और ताक़तवर, कठपुतलियाँ और सूत्रधार। फिर समता, सृजन और संवाद की सम्भावना ही कहाँ? साँसों के थम जाने तक लीक पीटने की तरह अपनी-अपनी 'सुपरिभाषित' नियति जीना और विरासत में वही याचना या दर्प अगली पीढ़ी को दे जाना– सामन्तवादी ढाँचे में फेरबदल की कहीं कोई गुंजाइश नहीं। लोकतन्त्र एक राजनीतिक व्यवस्था का नाम है किन्तु उसे क्रियान्वित करने वाले चेहरे-मन-मस्तिष्क स्वयमेव लोकतान्त्रिक मूल्यों से भासमान हो जायें, ऐसा लोकतन्त्र के लम्बे वैश्विक इतिहास में नहीं हुआ। क्रियान्वयक शक्तियाँ आज भी सामन्तवाद से गठजोड़ किये हैं – पैटी बुर्जुआ हैं तो अगले जन्म में ज़मींदार बनने की आस में दान-पुन्न करती जीवन-शैली के साथ, और दलित हैं तो उसी रास्ते चलकर पैटी बुर्जुआ बन जाने की मन्नत के साथ।

रमणिका गुप्ता समाज के इस विषमतामूलक ढाँचे को तोड़ देना चाहती हैं लेकिन ऊपरी तबकों की उदार वैचारिक क्रान्तियाँ सम्स्या का निदान नहीं। व्यवस्था में उलटफेर तभी सम्भव है जब शोषित-दलित-उत्पीड़ित वर्ग जड़ता और निस्सहायता की ग्रन्थि से मुक्त हो अपनी मानवीय अस्मिता की रक्षा के लिए दो-चार डग बढ़ाए। आँख खुलने का अर्थ ही है दिन के आलोक से सराबोर होना। इसलिए ये तीनों कहानियाँ अलग-अलग कोणों एवं संदर्भों से मूलतः उद्‌बोधन एवं जागरण की अहमियत रेखांकित करती हैं जो सदियों से बन्द समाज में एक गति, एक हड़कम्प, एक ज्योति लाते हैं। 'खुस रहो' का दलित आन्दोलन प्रेमचन्द की कहानी 'सद्‌गति' का अधुनातन संस्करण बन कर अगड़ी जातियों के जातीय दम्भ पर कुठाराघात करके ही नहीं रह जाता, दलितों की 'मनुष्य' बन जाने की रोमांचित-पुलकित प्रतीति से ओतप्रोत भी कर जाता है कि वे ''चमार-दुसाध नहीं, आदमी है।'' अपने भीतर की आदमियत का साक्षात्कार करने के लिए पहले उन्होंने 'घृणा करना सीखा' और फिर उसी 'घृणा ने सदियों से मृत उनकी देह में त्राण फूँक दिए।'' दम्भ नहीं, कर्त्तव्यनिष्ठा, प्रतिशोध नहीं, जातीय ग़ौरव का उन्नत भाव और 'बड़प्पन' का पाखण्ड नहीं, अथक श्रम में पूर्ण विश्वास – इन गुणों ने दलितों को यदि साधन-सम्पन्न, शक्ति-सम्पन्न बना दिया है तो जातीय अभिमान की रक्षा में हाथ पर हाथ धर कर बैठी नित्यप्रति जर्जर होती बड़ो जातियों की कुण्ठा, हताशा और प्रतिशोध को क्योंकर सहानुभूति दी जाये? शून्य का संग-साथ बड़ी से बड़ी गिनतियों को भी शून्य बना देता है।

'बहूजुठाई' कहानी में रमणिका गुप्ता आदिवासी समाज में प्रचलित उस कुप्रथा के विरुद्ध मोर्चा खोलती हैं जहाँ दलित परिवारों की नववधुओं की डोली ससुराल के द्वार पर नहीं, गाँव के ठाकुर की हवेली पर रुकती है। यानी अपनी बेटियों से यौन शुचिता की कड़ी माँग करने वाला बड़-समाज प्रजा के रूप में ऐसे आश्रितों पर राज करता है जहाँ ''सभी की बहू तो ठाकुर जुठलाय हैं और सभे के माय ठाकुर साब के बाप।'' यह परम्परा के नाम पर ठाकुरों की सत्ता का अलिखित विधान है। चुनौतीहीन! कलेजा कड़ा करके बहू लाने वाला समाज इरादा मज़बूत करके ठाकुर का प्रतिकार करना नहीं जानता। सदियों की भूख, ग़ुलामी और हाथ बाँधने की आदत ने उन्हें हर तरह से बौना बना दिया है। यह तो कोयला खदानों में खटने से इन्हें पेटभर रोटी के बाद प्रति सप्ताह आठ आना नकद मिलने लगा है जिससे इनके हौसले और मनोबल दोनों बढ़ गये हैं। तिस पर विधायक रेणुका देवी का वरदहस्त

और राजनीतिक सरगर्मियों में जन-जन की भागीदारी। फुलमतिया की विदाई के समय उसके पीहर-ससुराल दोनों को बहूजुठाई की रस्म अपमानजनक लगती है तो नया ख़ून अपनी शक्ति और एकता के सहारे प्रतिवाद का निर्णय लेता है –''आख़िर हम ग़रीबन की भी तो कोई इज़्ज़त है।'' सुरक्षा के लिए लाठी, हँसिया, बन्दूक के अलावा विधायिका और स्थानीय पुलिस को भी सूचना। राधू जैसी पुरानी पीढ़ी के बूढ़े माथे पर आन्दोलनधर्मी उत्साह नहीं, चिन्ता की गाढ़ी लकीरें हैं कि ''यह इज़्ज़त उसे क्या देगी?'' बरसों पुरानी परम्परा को निभाये चलने में जो सुरक्षा है, वह विद्रोह की बानी बोलने में कहाँ –''उन्हीं की ज़मीन, उन्हीं के जूठे खाना खाय के पलत हैं, उन्हीं कै जुठाई महरारू घर में रख सकत हैं, एही लिखल है हमार भाग में।'' प्राणों के भय की सतत चिन्ता –''बड़े जबर हुई ऊ सब। पाँच-पाँच नाल बन्दूक हैं उन कर ठिने। तोर बोन के बीच चौक में मुजरा कराय देत कुँवर साहब जदी आज नाय जाब।'' लेकिन एक बार संग्राम में कूदने पर अपनी ही आवाज़ टंकार बन कर जब कानों में गूँजी तो मानो भीतर तक छायी जड़ता तड़-तड़ टूट गयी –''आवाज़ अपनी टनक सुन कर हैरान हो रही थी। क्या उन्हें बोलन आ गया? क्या उनके भाग्य ने भी पलटा खाया? ठाकुर साहब की-सी बोली में वे भी बोल सकते हैं क्या?'' यह आह्लादमिश्रित बोध उस जड़ समाज की पहली बड़ी विजय है जिसने अपने को जानना-जीना ही नहीं सीखा था। परछाई से ठोस मानवीय इकाई बनने का अहसास उन्हें मनुष्य की गरिमा और दायित्वों के जिस बोध से भर रहा है, वहाँ सुख धारासार बरस रहा है – अनरवत और अनन्त! सुख अपने को महसूसने का, सुख अपने भीतर दबे-कुचले 'स्व' को अक्षत पाने का-''उसने केवल भय जाना था। दुख भी वह नहीं जानता था चूँकि सुख का स्वाद चखा नहीं था कभी। आज उसने सुख को चीन्ह लिया था। इन्सान बनने का सुख महसूस किया था। सुख़-सुख़! हा...। इन्सान बन कर जीना कितना सुख़कर लग रहा था उसे। वह भी खड़ा हो गया तन कर, पूरा इन्सान बन कर।'' बेशक इस आत्मोपलब्धि के बाद की लड़ाई पूरी जमात का बृहद् विजय अभियान है। तब न ठाकुर-वंशी आतंक को बनाये रखने की तिकड़म शेष रहती है, न क़बीलाई रस्मों को क़ानूनी जामा पहनाने की कूटनीतियाँ।

'भूतसवार' ('दाग दिया सच') 'ललिता' का विस्तार बन कर प्रेमी युगल का क़त्ल करती हैवानियत को ज़र्रा-ज़र्रा नंगा करती है और इस प्रक्रिया में उमड़ती चलती है न्याय के ठेकैदारों की रुग्ण-विकृत मानसिकता,

गहरे असुरक्षा बोध को वर्चस्ववादी आतंक में ढालने की चेष्टा और हीनता ग्रन्थि को शुद्धतावादी बुर्जुआ दर्प में ढाँकने की लालसा। ''पत्थरों से महावीर का चेहरा कूच-कूच कर उसे मार डाला गया। सबने जश्न मनाया...। दारू चली रात भर। पत्थरों से कूचने वाला उस रात नायक था पूरी जमात का। वीर योद्धा।'' महावीर के बाप धोकर की व्याकुल तलाश में लिपटी सघन संवेदना को एक नुकीला समाजशास्त्रीय सवाल बना कर प्रस्तुत करती हैं रमणिका गुप्ता कि जो सामाजिक व्यवस्था जातीय अहम् के नाम पर मनुष्यता का गला घोंटने की अनुमति दे, उसे क्यों स्वीकारा जाये? क्यों नहीं उसके मानवीय विकल्पों की तलाश में समूचा बुद्धिजीवी वर्ग, चिन्तक, समाजशास्त्री एवं दर्शनशास्त्री जुट जाते? मनुष्य की अस्मिता को रौंद कर मानव एवं मानवाधिकार की दुहाई देना क्या आत्मघाती आत्मछलना नहीं?

कहानीकार के रूप में रमणिका गुप्ता कहानी के ढाँचे एवं शिल्प-सौष्ठव के साथ बेशक न्याय नहीं कर पाती हों, लेकिन एक ख़ास तरह का अनगढ़पन कई बार बुनियादी सरोकारों को अप्रतिम उठान देता हुआ उन पर पुनर्विचार की मुहिम का सूत्रपात करता है। ऐसी कहानियाँ साहित्यिक दायरे में कालजयी न होते हुए भी तद्‌युगीन समाजशास्त्रीय अध्ययन हेतु महत्त्वपूर्ण सामग्री जुटाती हैं।

मैत्रेयी पुष्पा : राजनीति के मंच पर स्त्री सशक्तीकरण का ठसका

राजनीतिक एवं सार्वजनिक जीवन में स्त्रियों की प्रतिभागिता का जायज़ा लेते हुए राष्ट्र संघ द्वारा जारी रिपोर्ट में कहा गया है कि–

(1) *कैबिनेट एवं राज्य स्तर के विविध मन्त्रालयों में मन्त्री के रूप में विश्वभर में महिलाओं की संख्या केवल 21 प्रतिशत है,*

(2) *केवल चौदह देशों में ही कैबिनेट स्तर पर स्त्रियों की भागीदारी 50 प्रतिशत है,*

(3) *केवल चार देशों में राजनीतिक क्षेत्र महिलाओं की संख्या पचास प्रतिशत या अधिक है। ये देश हैं – रवांडा (61 प्रतिशत), क्यूबा एवं बोलीविया (53 प्रतिशत) संयुक्त अरब अमीरात (50 प्रतिशत)।*

(4) *जहाँ कैबिनेट/राज्य स्तर पर महिला मन्त्री दिखाई भी पड़ती हैं, उन्हें अमूमन कमतर माने जाने वाले या मुख्यधारा से कटे ये मन्त्रालय दिये जाते हैं – परिवार कल्याण, बाल एवं युवा मन्त्रालय, पर्यावरण एवं ऊर्जा मन्त्रालय, रोज़गार मन्त्रालय, स्त्री सशक्तीकरण मन्त्रालय आदि।*

(5) *2030 तक विश्व भर में सतत (सस्टेनेबल) विकास लक्ष्यों की पूर्ति हेतु ज़रूरी है कि राजनीति एवं सार्वजनिक जीवन में स्त्रियों की समान भागीदारी हो, लेकिन उनकी प्रतिभागिता की वर्तमान दर को देखते हुए अगले 130 वर्षों तक समान भागीदारी के लक्ष्य को पाना सम्भव नहीं होगा।*

(6) *भारत में न्यूनतम एक तिहाई आरक्षण नीति के कारण ग्राम पंचायतों एवं स्थानीय निकायों में स्त्रियों की भागीदारी बढ़ी है और महिला सरपंच के रूप में अधिक स्त्रियाँ दिखाई देने लगी हैं, लेकिन तमाम जागृति, शिक्षा एवं प्रचार के बावजूद अभी भी उनके पति ही उनकी जगह निर्णय लेने और प्रशासन चलाने का काम कर रहे हैं।*

मैत्रेयी पुष्पा की कहानी 'फ़ैसला' स्त्री की चिर बन्दिनी मूक छवि को तोड़ कर विद्रोह की भास्वरता प्रदान करती है। मैत्रेयी जी की नायिकाओं का विद्रोह प्रसाद या जैनेन्द्रकुमार की स्त्रियों की तरह भारतीय परम्पराओं और मूल्यों की रक्षा के उद्योग में आत्मदया और आत्मपीड़न में घुल कर नहीं रह जाता, बल्कि वह अपनी मानवीय इयत्तता को रोज़मर्रा की ज़िन्दगी में पुरुष के समकक्ष प्रमाणित करता चलता है। अज्ञेय हिन्दी साहित्य के पहले रचनाकार हैं जिन्होंने बिना किसी महिमामण्डन और छद्म सहानुभूति के स्त्री को उसकी वास्तविक्ता – पराधीन और दमित नियति के साथ जीने की विवशता – में देखा। मैत्रेयी पुष्पा अपने पूर्ववर्ती और समकालीन रचनाकारों से इस अर्थ में भिन्न हैं कि वे स्त्री सशक्तीकरण की अवधारणा को घर-परिवार की चौहद्दियों से बाहर निकाल कर सामाजिक-राजनीतिक सरगर्मियों के बीचोबीच ले आती हैं। दरअसल अब यह शिद्दत से महसूस किया जाने लगा है कि आर्थिक स्वतन्त्रता प्राप्त कर लेना ही स्त्री के लिए यथेष्ट नहीं क्योंकि समाजशास्त्रीय सर्वेक्षणों के अनुसार दो तिहाई कामकाजी स्त्रियाँ आर्थिक स्वावलम्बन के बावजूद अपनी दैनिक ज़रूरतों की पूर्ति के लिए पति अथवा ससुराल की अनुकम्पा पर निर्भर हैं। स्त्री की पराधीनता की जड़ें समाज की सांस्कृतिक संरचना में निबद्ध हैं जिनसे दो स्तरों पर निबटा जा सकता है। एक, धर्म की अनुचित दख़लअन्दाज़ी के प्रति जनचेतना विकसित करके, तथा दूसरे, राजनीतिक स्तर पर स्त्री की अधिकाधिक भागीदारी सुनिश्चित करके ताकि लिंग के आधार पर घर-परिवार-समाज में होने वाले हर अन्याय से नीति-निर्धारण स्तर पर निबट कर क्रमशः समाज को लैंगिक समानता के लिए संवेदनशील बनाया जा सके। मैत्रेयी पुष्पा अपनी रचनाओं में धर्म के स्त्रीद्वेषी स्वरूप पर विचार नहीं करतीं। वे राजनीति में स्त्री को सक्रिय कर उसके माध्यम से समतामूलक न्यायप्रिय समाज का स्वप्न देखती हैं। 'फ़ैसला' कहानी की नायिका वसुमती को उन्होंने इसी स्वप्न की पूर्ति हेतु गढ़ा है।

'फ़ैसला' कहानी की वसुमती का विद्रोह सैलाब की तरह अचानक नहीं उमड़ा है, वह दमन की लम्बी शृंखला से गुज़र कर अपने को बचाने की एक आख़िरी कोशिश का रूप धर कर कहानी में आता है। वसुमतो ग्राम-प्रधान है, लेकिन सब तरह के अधिकारों से छूँछी। उसकी पहली और आख़िरी पहचान है

ब्लॉक प्रमुख की पत्नी होना; और एकमात्र दायित्व है घर-गृहस्थी की साज-सँभाल। ग्राम बैठकों में जाकर न्याय करना, लड़कियों के लिए शिक्षा और बेरोज़गार के बेहतर अवसर उपलब्ध कराना। वसुमती की योजनाएँ उसके सीने में ही दम तोड़ देती हैं क्योंकि ग्राम-प्रधान का असली रुतबा और दायित्व उसका पति निभा रहा है। वह तो कठपुतली की तरह उसके इशारों पर दस्तख़त कर देने के लिए बाध्य है, और एवज़ में अपनी 'आत्मा में चुभती किरचों की चुभन' सहते रहने को अभिशप्त। अक्सर उसे लगता है कि गडरिया बहू ईसुरिया की संटी की मार बकरियों के रेवड़ पर नहीं, उसकी अन्तरात्मा पर पड़ रही है। समाज की रग-रग को अपने इशारों पर चलाती पितृसत्तात्मक व्यवस्था ने पुरुष और सतीत्व की श्रेष्ठता को इतना अधिक महिमामण्डित कर दिया है कि वह चाह कर भी खोल तोड़ कर बाहर नहीं आ सकती। वसुमती पूरी कहानी में चुप है, गूँगी आज्ञाकारिणी पत्नी का मिथ रचती हुई; लेकिन उसके इसी मौन में कभी विद्रोह की चिंगारियाँ तो कभी मुक्ति की आकांक्षाएँ अपनी प्रखर उपथिति भी दर्ज कराती हैं। अपनी नियति के स्वीकार के साथ-साथ उसका प्रतिकार करने की गुपचुप आकांक्षा ही वसुमती का परिचय है जो उसे इस सत्य का दिग्दर्शन कराती है कि मुक्ति का क्षण सोच-विचार की मोहलत नहीं देता; वह सिर पर कफ़न बाँध कर लड़े चले जाने की नैतिक ताक़त देता है। विकरालतर होती चलती परिस्थितियाँ, स्वार्थान्ध रनवीर की बर्बरता और ब्लॉक प्रमुख के चुनाव का अवसर उसे निर्णय के दोराहे पर ले आते हैं। एक ओर पतिव्रता स्त्री के महिमामण्डन का धर्मसम्मत मार्ग है जो उसकी व्यक्तित्वहीनता को पुष्ट करते हुए उसके समूचे अस्तित्व को ही अदृश्य कर देता है। दूसरी ओर आग के दरिया से अवरुद्ध मार्ग है जो अपनी मनुष्य-अस्मिता को पाने के लिए धर्म और शास्त्र के रूप में उपस्थित होने वाली हर बाधा से टकराना चाहता है। वसुमती दूसरा मार्ग चुनती है और ब्लॉक प्रमुख के उम्मीदवार रनवीर के ख़िलाफ़ वोट डाल आती है। उसका यह क़दम बेहद सांकेतिक है – मुक्त होने की साहसिक लड़ाई का उद्घोष, भगिनीवाद के विस्तार का विश्वास, दलित अस्मिताओं के सशक्तीकरण का मोर्चा। वसुमती की चुप्पी में दिलेरी गूँथ कर मैत्रेयी पुष्पा जिस नयी स्त्री को रचती हैं, वह राजनीतिक अखाड़े में उतर कर पितृसत्तात्मक व्यवस्था से स्त्री को 'मनुष्य' रूप में देखे जाने की माँग करती है क्योंकि क़ानून और नीतियों का निर्धारण यहीं होता है।

'फ़ैसला' कहानी वसुमती के फ़ैसले की कहानी होते हुए भी मूलतः उसके द्वन्द्व की कहानी है। यह द्वन्द्व धर्म और न्याय, परम्परा और चेतना के बीच है ताकि एक मनुष्य और नागरिक के तौर पर अपने दायित्वों को पहचान सके। कथा के अन्त को कथा का प्रारम्भिक बिन्दु बना कर कथा कहने के कई जोखिम होते हैं। फिर भी मैत्रेयी पुष्पा इसी कथा-युक्ति को अपनी शैली बनाती हैं तो इसलिए कि वसुमती के जीवन में आने वाले घटना-क्रम को गुनने की प्रक्रिया में पाठक स्वयं अपने जीवन-क्रम और निर्णय लेने की अनिवार्यता उपजाती स्थितियों को ठीक ढंग से गुन-चीन्ह पाये। मैत्रेयी पुष्पा की विशेषता है कि कहानी में अपने विशिष्ट नैन-नक्श और व्यक्तित्व के साथ उभरी दो स्त्री पात्रों – ईसुरिया और हरदेई को दो अलग-अलग चरित्रों के रूप में जीवन्त भी करती हैं, और उन्हें वसुमती के व्यक्तित्व की दो अन्तर्धाराओं का रूप देकर उसकी मनोरचना को जानने का माध्यम भी बनाती हैं। हरदेई और ईसुरिया एक-दूसरे का विलोम रचते हुए दो भिन्न-भिन्न स्त्री चरित्र तो हैं ही, अपनी मूल उद्भावना में क्रमशः परम्परापोषित एवं महिमामण्डित स्त्री छवि तथा विद्रोहिणी स्त्री की मनुष्य-छवि का प्रतीक बन जाती हैं। परम्परा और आधुनिकता के द्वन्द्व का यह स्थल स्त्री के सतत उत्पीड़न का वह स्थल है जहाँ उसके समूल नष्ट होने अथवा अपनी राख में से पुनः उठ सकने की सम्भावना निहित रहती है।

पैनी आब्जर्वेशन क्षमता, सच को बेलाग भाव से दो टूक कह देने की निर्भीकता और अन्याय के सामने तन कर खड़े रहने की दृढ़ता – ये कुछ ऐसी विशेषताएँ हैं जो गडरिया बहू ईसुरिया के व्यक्तित्व को रचती हैं। वह अशिक्षित है और हाशियाग्रस्त दलित समाज की स्त्री भी, इसलिए समाज में उसकी आवाज़ अनसुनी रह जाती है। फिर भी वह सीधे केन्द्र से टकराने की हिम्मत नहीं छोड़ती। काम के बोझ से वह चूँ तक नहीं करती, लेकिन बेवजह डाँट-फटकार या मारपीट सहने को तैयार नहीं। पति की मार कुलीन स्त्री की तरह उसके पास 'पति का प्यार' बन कर नहीं आती, उत्पीड़न का रूप धर कर आती है जिसका प्रतिकार करने के लिए वह पति सलिगा के ख़िलाफ़ पुलिस में दरख़्वास्त भी दे आती है। "उन दिनों सलिगा हल-हल काँपने लगा था। हाथ तो क्या, उल्टी-सीधी ज़ुबान तक नहीं बोल पाया कई दिनों तक। हमारे जाने रन्ना (रनवीर) ने कागद दाब लिया, सलिगा सेर बनके चढ़ आया छाती पर।" ईसुरिया क़ानून की ताकत से अपनी खोयी हुई

प्रतिष्ठा पा लेना चाहती है, लेकिन देखती है कि क़ानून के रक्षक ही अपने वर्ग, जाति, समुदाय और लिंग के हितों की रक्षा के लिए कैसे मूक भाव से समझौता कर हाशिए के पास खड़ी अन्य अस्मिताओं को कुचलने में लगे हैं। वह जान गयी है कि उत्पीड़ित अस्मिताएँ अकेले-अकेले संघर्ष करके व्यवस्था को चुनौती नहीं दे सकतीं। उन्हें संगठित होकर व्यक्ति-विशेष के प्रति नहीं, व्यवस्था के भीतर निहित उसी के प्रतिपक्ष से लड़ना होगा जो दमनकारी और विभाजनकारी रूप अपना कर स्त्री के मुक़ाबले पुरुष को वर्चस्वशाली और श्रेष्ठ बनाता है। कहानी में ईसुरिया मुखर है, लेकिन सांकेतिक ढंग से लेखिका बताती हैं कि ईसुरिया सरीखी सोच हर स्त्री का 'भीतरी सत्य' है क्योंकि प्रधान पद की उम्मीदवार के रूप में खड़ी वसुमती को इन्हीं स्त्रियों के मौन समर्थन ने भारी मतों से विजयी बनाया है। इसलिए उत्साह से छलकती ईसुरिया की घोषणा में गाँव की अन्य स्त्रियों का उत्साह, विश्वास और स्वप्न भी गुँथा है कि ''एएए, सब जनी सुनो, सुन लो कान खोल के! बरोबरी का जमाना आ गया। अब ठठरी बँधे मरद माराकूटी करें, गारी-गरौज दें, मायके न भेजें, पीहर से रुपइया पइसा मँगवावें, क्या कहते हैं कि दायजे के पीछे सतावें, तो बैन सूधी चली जाना वसुमती के ढिंग।'' साथ ही कहीं राजनीति के चरित्र को क़रीब से समझने के कारण आशंका भी है जिसकी पुष्टि करा लेना चाहती है कि ''ओ वसुमतिया, तू रनवीरा की तरह अन्याय तो नहीं करेगी? कागद दाब तो नहीं लेगी?''

नौ फेल रनवीर के मुक़ाबले 'ग्यारह किलास पढ़ी' वसुमती की 'सेकेटरी' बनने के ठसके के धुर विपरीत खड़ा है ईसुरिया का स्यापा-''विरथा है तेरी विदया! खाक है तेरी पढ़ाई। और राख हो गयी तेरी परधानी।'' मैत्रेयी पुष्पा की विशेषता है कि विश्वास और विश्वास-भंग की पीड़ा के बीच पसरे गहरे मूक हाहाकार को वे वसुमती के भीतर उतार कर अभिमान, हताशा और ग्लानि की भाव-लहरियों के सहारे पढ़ने की कोशिश करती हैं। ईसुरिया के ज़रिये वे वसुमती को अपनी चेतना के दो छोर पहचानने का बोध देती हैं – कुछ बेहतर कर सकने का सामर्थ्य और न कर पाने की लिजलिजी बेबसी। गौण पात्र होने की वजह से मैत्रेयी पुष्पा ईसुरिया की सदेह उपस्थिति को कहानी में ज़्यादा देर तक नहीं रचतीं, उसे एक अन्तः पुकार का रूप देकर वसुमती के हृदय में रोप देती हैं कि ''हौदा पर तो वसुमती और राज करे रनवीर।'' यहीं से वसुमती के चरित्र की संश्लिष्ट परतें एक-एक कर खुलने लगती हैं।

यान्त्रिक कुशलता के साथ घर-गृहस्थी के दायित्वों को निभाती वह कर्त्तव्यनिष्ठ स्त्री अनायास अपने कर्त्तव्यों का विस्तार कर लेती है जिसमें स्कूल और गाँव की गलियों को पक्का करने, बेरोज़गारों को छोटा-मोटा रोज़गार देने के सपने हैं, लेकिन वस्तुस्थिति बिल्कुल उलट है। वह प्रधान नहीं, 'अँगूठा' भर है जिसे जब चाहे पति यहाँ-वहाँ लगाकर अपने स्वार्थ ओर हित–लाभ सिद्ध करता जा रहा है। वह अन्तर्वेदना से कराह उठती है कि कब तक दुबक कर अपने ही 'मजबूर' दस्तख़त से अपने सपनों को नुचते देखे। साथ ही इस बात का तल्ख अहसास भी है कि कर्मठता की कान्ति से दीप्त हुए बिना कर्त्तव्य सपनों की मरीचिका बन कर रह जाते हैं। वह निर्णय नहीं कर पाती कि पति की उद्दण्डता ने उसकी बेचारगी को बढ़ाया है या उसकी अकर्मण्य साहसहीनता ने पति को आक्रान्ता की सुविधाजनक स्थिति में ला बैठाया है? वह देखती है पति ने कभी हड़का कर और कभी फुसला का उसे घर की चौहद्दी में धकेल दिया है कि ''पंचायती चबूतरे पर बैठती तुम शोभा देती हो? लाज-लिहाफ मत उतारो...। औरत की गरिमा आढ़-मर्यादा से ही है'', और वह स्वयं पत्नीत्व के दबाव तले मिमियाती बकरी सी जिबह होने उसी के पीछे-पीछे चली जा रही है। प्रधान होने का आत्मविश्वास उसे कर्त्ता की हैसियत नहीं देता, शिकायतकर्त्ता का आधा-अधूरा फरियादी स्वर बना देता है कि गाँव में ''कुछ भी तो नहीं हुआ जवाहर रोज़गार योजना के पैसे से।'' अपने दस्तख़त की ताक़त जानती है वसुमती, लेकिन विवाह संस्था की अपेक्षाओं और सीमाओं को परे धकेल कर दस्तख़त करने का हौसला नहीं जुटा पाती। वसुमती अपने को पहचानने की कोशिश करती है। ज़िन्दगी को सिनेमाई रील की तरह उसने छोटे-छोटे फ्रेमों में विभाजित कर लिया है, और देखती है हर फ्रेम में वह रनवीर के चंगुल में फँसी हुई है, ठीक उसी तरह जैसे बिल्ली के मुँह में दबी चिड़िया। संज्ञान का यह बिन्दु व्यक्ति को तुरन्त निर्णय लेने की अनिवार्यता की ओर ढकेलता है। लेकिन मैत्रेयी पुष्पा अभी इसके मर्मान्तक प्रभाव को और सघन करना चाहती हैं। ईसुरिया ने वसुमती को जो वैचारिक गत्यात्मकता और प्रश्नाकुलता दी है, उसके ठीक विपरीत लेखिका हरदेई की वैचारिक जड़ता और पलायन को चित्रित कर स्थिति को और भी भयावह बना देती हैं।

पितृसत्तात्मक व्यवस्था स्त्री को चयन का विकल्प नहीं देती। वह दुविधा और द्वन्द्व जैसी स्थितियों से अनजान स्त्री स्टीरियोटाइप की प्रतिष्ठा करती हैं

जो कोल्हू के बैल की तरह पातिव्रत्य की अबाध परिक्रमा करती रहे। पुरुष (पति अथवा पिता) के वृत्त से बाहर न स़्त्री की परिकल्पना की जाती है, न मुँह खोल कर बोलने-हँसने की अनुमति। बाल्यावस्था, युवावस्था, वृद्धावस्था-जीवन की हर अवस्था में पुरुष रूपी अंकुश के अधीन रख उससे श्रम और श्रम-उपार्जित सेवाओं/धन की वसूली की आशा की जाती है। हरदेई के माध्यम से मैत्रेयी पुष्पा न केवल स्त्री के स्वत्व का हनन करने वाली परिवार संस्था की विकृतियों को कठघरे में ला खड़ा करती हैं, बल्कि इन विकृतियों के पोषण-संवर्धन में ऐसी वर्चस्ववादी ताक़तों को बेनकाब करने की माँग भी करती हैं जो अत्यन्त प्रिय एवं आत्मीय पारिवारिक सम्बन्ध के रूप में स्त्री का सतत शोषण करती चलती हैं। ''हमारी बेटी का न्याय-फ़ैसला कराव बहू''-परिवार के मसले को पंचायत में लाने की लाज और त्राता के रूप में वसुमती से गहरी अपेक्षाएँ लेकर आयी हरदेई की माँ के दुखों का मूल एक ही है – हरदेई का 'राच्छस बाप'। बेटियों या घर-परिवार की निकटस्थ सम्बन्धियों के यौन-शोषण के बहुतेरे मामले क़ानून और पुलिस के दायरे में आने से रह जाते हैं क्योंकि लड़कियों को परिवार की इज़्ज़त बताने और फ़िर पारिवारिक मर्यादा के नाम पर यौन-शोषण की शिकार निर्दोष लड़की को मार डालने की परम्परा भारतीय समाज में रही है जिसके अवशेष आज भी ऑनर किलिंग के रूप में समाज में विद्यमान हैं। हरदेई ब्याहता है और विवाह के तुरन्त बाद पति के लाम पर चले जाने के कारण पिता के घर रह रही है। साल-दो साल बाद छुट्टी मिलने पर दामाद जब भी घर आता है, हरदेई को लिवा ले जाने की बात करता है, लेकिन पिता उसे ससुराल भेजने को राज़ी नहीं। टाल-मटोल से जूझते दामाद की छुट्टियाँ बीत जाती हैं और अगली छुट्टियों की प्रतीक्षा में हरदेई फिर वहीं पिता के घर रह जाती है। सतही तौर पर मामला पेचीदा नहीं लगता, लेकिन दरअसल हरदेई को सोने का अंडा देने वाली मुर्गी बना कर पिता उसे अपने चंगुल से छूटने नहीं देता। हरदेई के पिता को हरदेई से दोहरा लाभ है। एक, दामाद की ओर से पत्नी के भरण-पोषण हेतु नियमित आने वाला मनीआर्डर, और दूसरा, हाकिमों की हवस पूरा करके अपने काम निकालने का ज़रिया। हरदेई के पिता की काली करतूतें गाँव में किसी से छिपी नहीं। प्रत्यक्ष-अप्रत्यक्ष थू-थू भी होती है उस पर, लेकिन माल की तरह यहाँ से वहाँ आपूर्ति के लिए भेजी जाती हरदेई को न्याय दिला पाना किसी के लिए सम्भव नहीं क्योंकि हाकिमों के

रूप में पूरा प्रशासन-तन्त्र हरदेई की देह का शिकारी बन कर खड़ा है। वसुमती रनवीर के धृतराष्ट्र चरित्र से परिचित है और उसकी कपटलीला से भी। वह जानती है न्याय की आस रनवीर से व्यर्थ है, न्याय उसे स्वयं अपने न्यायाधीश के आसन पर बैठ कर करना होगा। यह भी जानती है पंचायत के चबूतरे तक पहुँचने का अर्थ ही घर में क्लेश के बीज बो देना है। निर्णय उसे लेना है कि वह अपनी गृहस्थी की चूलें बचाये या हरदेई के मन-आँगन में सपनों का आकाश उतार दे। अपनी गृहस्थी की चूलें बचा भी लेगी तो क्या स्वयं अपने से नज़रें मिलाने का नैतिक साहस जीवन भर बटोर पायेगी? वसुमती की दुविधा में संकट गहराने की स्थिति नहीं, धुँध को छाँट कर दृढ़ होने की स्पष्टता है। इसलिए पति-पत्नी के हक़ में फ़ैसला देकर हरदेई को आततायी पिता के चंगुल से मुक्त करने के बाद जब वह घर लौटती है तो अपूर्व तोष में छलकती हुई मानो "सम्पूर्ण गन्दगी रिता दी हो अपने हाथों से। अब मानो नयी वाटिका का बीजारोपण होगा वहाँ।" यह फ़ैसला एक स्त्री को मुक्त करने का फ़ैसला नहीं था, न ही रनवीर के अंकुश तले सिटपिटाती अपनी अस्मिता और स्वाभिमान को बचाने की मुहिम, बल्कि सम्पूर्ण स्त्री-जाति को उसका दाय दिलाने का सन्तोष था और आत्मविश्वास से लकदक एक घोषणा भी कि वह दिन दूर नहीं जब स्त्रियों के अधिकारों की रक्षा के लिए लामबन्द होकर स्त्रियाँ अपना मोर्चा खोल देंगी।

पितृसत्तात्मक व्यवस्था को परत-दर-परत खोलते हुए मैत्रेयी पुष्पा इस तथ्य की ओर संकेत करना भी नहीं भूलतीं कि यह समाज व्यवस्था राजनीतिक पैंतरों को आत्मसात करके ही अपने वर्चस्व को बनाये और बचाये हुए है। जर्मेन ग्रियर अपनी पुस्तक 'द फीमेल यूनक' में लिखती हैं कि पुरुष ने स्त्री जाति को बाँटने के लिए रंग के आधार पर हीन-श्रेष्ठ बता कर उन्हें परस्पर प्रतिद्वन्द्वी बना दिया है। गोरी स्त्री को अन्तःपुर में और काली स्त्री को परिचारिका के रूप में घरेलू कार्यों में उलझा कर वह दोनों से मतलब गाँठ रहा है। भारतीय सन्दर्भ में यह विभाजन रंग की अपेक्षा जाति के आधार पर होता है जहाँ कुलीन और अकुलीन स्त्रियों की आचार-संहिता और जीवन-शैली अपने-अपने ढंग से उनकी पराधीनता का संसार रचती हैं। दैहिक-नैतिक वर्जनाओं का अंकुश और घर की चारदीवारी में बन्द रहने की छटपछाहट अकुलीन कही जाने वाली स्त्रियों के हिस्से प्रायः कम आती है। ईसुरिया को अपेक्षया मुक्त स्त्री के रूप में चित्रित करने के पीछे

मैत्रेयी पुष्पा की इसी मान्यता का हाथ रहा है। इसलिए वे जिस नयी स्त्री को गढ़ना चाहती हैं, उसे नैतिक वर्जनाओं के उत्ताप में मुक्त, निर्भीक और स्वतन्त्र निर्णय लेने वाली विवेकशील मेधा के रूप में देखना चाहती हैं। वसुमती की अस्फुट कामना में लेखिका के इसी आशय की अनुगूँजें सुनी जा सकती हैं –''काश! मैं ईसुरिया होती। आढ़-मर्यादा की दीवारों के बाहर मुक्त आकाश तले। कुलीन कही जाने वाली थोथी परम्पराओं के भरम से परे। काश! रनवीर के पास आभिजात्य की तुरप चाल न होती तो परों को बींधता हुआ यह पिंजड़ा मैं साथ ही उड़ा ले जाती।'' लेकिन मुक्ति न कामना से सम्भव है, न एक क़दम चल कर। राजनीतिक पैंतरेबाज़ी को राजनीतिक लड़ाई से नहीं जीता जा सकता। उसके लिए छत्रपति शिवाजी की तरह छापामार युद्ध की ज़रूरत होती है, लुक-छिप कर अपना दाँव खेल कर प्रतिपक्षी को बौखला देने की रणनीति। इसलिए कहानी में वे हरदेई के पक्ष में लिए गये फ़ैसले को केन्द्रीय महत्ता नहीं देतीं, इस फ़ैसले की प्रतिक्रिया में घटने वाली घटनाओं के ज़रिये वसुमती की राजनीतिक समझ को विकसित करती हैं। फ़ैसले से अगले ही दिन हरदेई की लाश का कुएँ से बरामद होना कहानी में एक अप्रत्याशित मोड़ की तरह आता है जिसके एक ओर संज्ञाशून्य सी वसुमती है तो दूसरी ओर हरदेई के पिता और अपने पति की नौटंकी में छिपी परतों को बींध कर सत्य तक पहुँचने वाली बेधक दृष्टि है। रो-रो कर बेहाल हुए हरदेई के पिता के अभिनय पर पुलिस और प्रशासन रीझा हुआ है। ''दहेज के लोभी पति से मारपीट हुई थी, रात के समय। उसकी बिगड़ी हुई आदतों के चलते हम अपनी बेटी को नहीं भेजते थे उसके साथ। पर होनी को नहीं टाल पाये, दरोगा जी! पिरान खो दिये मेरी हरदेई ने। माँ बेहोस पड़ी है घर में।'' कोई आश्चर्य नहीं कि आँख का काँटा बन गये हरदेई के पति को वे क़ानूनी शिकंजे में ले अपना मार्ग निष्कंटक करें।

'फ़ैसला' कहानी घटनाप्रधान वर्णनात्मक कहानी होने के बावजूद घटना के फलितार्थों की सपाटबयानी नहीं करती, उनके प्रभाव से आकार लेते व्यक्तित्व की स्पष्ट-अस्पष्ट बुनाइयों की ओर संकेत करती है। लेखिका कहीं संकेत नहीं करतीं कि हरदेई की हत्या/आत्महत्या के उस हादसे के बाद वसुमती पति के निर्देश पर दस्तख़त करने वाली मशीन बनी रही या प्रधान की भूमिका निभा कर ईसुरिया के इस आरोप को धोने का प्रयत्न

करने लगी कि "अच्छा होता वसुमती, हम अपना वोट काठ की लाठिया को दे आते, निरजीव लकड़ी को। उठाये उठती तो। बैरी पर वार तो करती। अतीचालों के विरोध में पड़ती। पर रनवीर की दुलहन, तुम तो बड़े घर की बहू ही रहीं। पिरमुख जी की पतनी। घूँघट में लिपटो पतुरिया सी चलती रही, आँखें मूँद के।" वसुमती की रचना उन्होंने आइसबर्ग की तरह की है जिसका दसवाँ हिस्सा ही सतह पर है, शेष अंश तो भीतर ही भीतर अपनी हलचलों से संत्रस्त और विस्फोटक होता चलता है। ठीक इसी स्थल पर कहानी के अन्त को कहानी के प्रारम्भ में कह देने की युक्ति समझ में आने लगती है। हरदेई की मृत्यु के बाद कहानी में घटनाविहीनता का समय वसुमती के आत्मस्थ और चैतन्य हो जाने का समय है। यह अपने अनुभव की पाठशाला से जीवन के कठोर सबक ग्रहण कर लेने का शिक्षण काल है। सबसे पहले मैत्रेयी पुष्पा वसुमती को चुनाव, वोट और सत्ता के त्रिक् में घूमते मतदाता की अहमियत को समझने का विवेक देती हैं; फिर राजनीति के अपराधी चरित्र को पहचानने की पैनी दृष्टि। यहीं कहीं वे स्त्रीविषयक इस शास्त्रसम्मत मान्यता को बेहद विद्रूप ढंग से सत्य होते भी दिखाती हैं कि पुरुष के भाग्य और स्त्री के चरित्र को कोई नहीं जानता। लेखिका आतुरतापूर्वक बता देना चाहती हैं के पति की हिताकांक्षिणी होने का दावा करती पत्नी और अपने स्वत्व एवं स्वाभिमान के लिए पति एवं पितृसत्तात्मक व्यवस्था से टकराती पत्नी एक ही स्त्री के पाखण्डी चरित्र की दो परस्पर सम्बद्ध परिणतियाँ नहीं हैं, बल्कि व्यवस्था द्वारा स्पेस न दिये जाने के कारण उसी संकुचित स्थान में अपने वजूद को फैलाने-सँवारने की व्यग्र कोशिशें हैं। मैत्रेयी पुष्पा वसुमती के रूप में जिस नयी स्त्री-चेतना की रचना करती हैं, वह पितृसत्तात्मक व्यवस्था में आवश्यक फेरबदल के साथ अपनी मानवीय अस्मिता की स्वीकृति चाहती है; सम्बन्धों को तिलांजलि देकर परिवार एवं विवाह संस्था को नष्ट नहीं करना चाहती। यह कहानी स्त्री के लिए राजनीति के बन्द गवाक्षों को खोले जाने की पैरवी ही नहीं करती, स्त्री से निरन्तर अपनी सोच और संवेदना को तटस्थ ढंग से जाँचते रहने की माँग भी करती है क्योंकि पातिव्रत्य के रूप में मिला सुरक्षा-घेरा उसके वजूद को निगलने में देरी नहीं लगाता। ईसुरिया यदि लक्ष्य-सन्धान हेतु टेरती उन्नत पुकार है तो हरदेई पलायनवादी समझौतापरक आत्महन्ता दृष्टि। वसुमती की तरह स्त्री के पास चयन के लिए इन दो विकल्पों के अतिरिक्त अन्य कोई विकल्प नहीं।

मैत्रेयी पुष्पा पितृसत्तात्मक व्यवस्था के स्त्री-विरोधी स्वरूप को दर्शाने के लिए अपनी रचनाओं में अक्सर स्टीरियोटाइप पुरुष पात्रों का अतिरेकपूर्ण चित्रण करती हैं। इसके दो कारण हैं। एक, व्यवस्था का प्रशिक्षण संस्कारग्रस्ता के नाम पर जहाँ स्त्री को स्त्री (हीन) बनाने का दायित्व निभाता है, वहीं पुरुष को पुरुष (श्रेष्ठ एवं सबल) होने का दम्भ देता है जिसकी परिणति सम्बन्धों की ऊबड़खाबड़ ज़मीन में होती है। दूसरे, पुरुष का बर्बर हिंसक रूप स्त्री के प्रति सहानुभूति जगाने का काम करता है जिससे व्यवस्था की विसंगतियों को न केवल समझा जा सकता है, बल्कि व्यवस्था की पुनर्रचना हेतु संवेदनशील और गम्भीर मुद्दों पर व्यापक विमर्श भी सम्भव हो पाता है। लेखिका की इस चरित्र-चित्रण शैली का एक नुक़सान अवश्य है कि वे अपने स्त्री और पुरुष पात्रों को समग्रता में नहीं देख पातीं; और छूट लेते हुए उनका मनमाना विकास उसी दिशा में करती हैं जहाँ वे उनके उद्देश्यों को सिद्ध कर सकें। इसे एक बड़े रचनाकार की 'बड़ी' दुर्बलता कहा जा सकता है, लेकिन 'फ़ैसला' कहानी की सफलता इस तथ्य में निहित है कि यह स्त्री की व्यक्तित्वहीनता और अधिकारहीनता की दमघोंटू क़ैद से मुक्त होने की छटपटाहट को एक स्पष्ट दिशा-बोध के साथ चित्रित करती है। कहानी में वसुमती की प्रधान के रूप में कार्य-शैली भले ही अलक्षित रह गयी हो, लेकिन आज समाज में महिला सरपंच 'डमी सरपंच' की क़ैद से मुक्त हो अपने पतियों को उनकी जगह वापस धकेल अपने पदानुरूप दायित्वों का समुचित निर्वाह कर रही हैं।

तीसरा खण्ड : हमारा समकाल

अलका सरावगी : यह फैंटेसी नहीं, भविष्य को गढ़ने की गहन चिन्ता है

कन्याभ्रूण हत्या हमारे सुसभ्य-सुसंस्कृत-प्रगतिशील समय की मारक सच्चाई है। बेशक आज समय उन्नीसवीं सदी सरीखा ख़ौफ़नाक नहीं रहा कि 1870 की जनगणना का हवाला देकर पण्डिता रमाबाई सरीखी किसी समाज-वैज्ञानिक को अपनी पुस्तक 'हिन्दू स्त्री का जीवन' में व्यंग्यपूर्वक कहना पड़े कि महज़ एक वर्ष में ही अमृतसर में भेड़ियों ने नवजात शिशुओं के कोमल मांस-भक्षण के लोभ में तीन सौ नवजात कन्या शिशुओं को अंग्रेज़ सरकार की नाक के नीचे से ही चुरा लिया है। लेकिन यह तय है कि बीसवीं-इक्कीसवीं सदी के भारत में जिस अनुपात में कन्या-भ्रूण-हत्या के आँकड़े बढ़ रहे हैं और साथ ही स्त्रियों के यौन-शोषण की ख़बरें रोज़ अख़बारों के पन्नों में ज़्यादा जगह घेरने लगी हैं, उससे पता चलता है कि शिक्षा एवं उदारवादी माहौल के बावजूद आज भी भारतीय समाज का अवचेतन स्त्री की दोयम स्थिति को स्वीकरने में संकोच नहीं करता। 2021 के आँकड़ों के अनुसार भारत में पुरुषों की कुल आबादी 51.96 प्रतिशत के मुक़ाबले स्त्री-आबादी 48.04 है यानी प्रति सौ महिलाओं पर 108.18 पुरुष। वैश्विक सन्दर्भ में देखें तो कुल 201 देशों में न्यूनतम स्त्री-लिंगानुपात की दृष्टि से भारत का स्थान 189वाँ है। एशिया में भी उसकी स्थिति बेहतर नहीं कही जा सकती। यहाँ वह 51देशों में 42वें पायदान पर खड़ा है। एशिया की ही बात करें तो नेपाल और रूस में प्रति सौ स्त्रियों पर पुरुषों की संख्या क्रमशः 84.55 तथा 86.8 है जबकि पुरुषों के प्रति आग्रही सोच के कारण पाकिस्तान एवं चीन में भी प्रति पुरुष स्त्रियों की संख्या भारत से बेहतर है। आँकड़ों के दर्पण में देखें तो स्थिति कुछ इस प्रकार है :

चीन – प्रति सौ स्त्रियों पर 105.3 पुरुष-आबादी
पाकिस्तान – प्रति सौ स्त्रियों पर 105.7 पुरुष-आबादी
भारत – प्रति सौ स्त्रियों पर 108.18 पुरुष-आबादी।

आँकड़ों का विश्लेषण करने पर यह तथ्य भी उभर कर सामने आता है कि यूरोप एवं अमेरिका महाद्वीपों में सामान्यतया स्त्री-पुरुष समान लिंगानुपात है। यू. एस. में प्रति सौ स्त्रियों पर पुरुषों की संख्या 97.45 है और कनाडा में 98.54। यूरोप के जर्मनी में पुरुषों की यह संख्या 97.75 हो जाती है। ब्रिटेन में 99 पुरुष प्रति सौ स्त्री। यानी विषम लिंगानुपात का एक कारण जहाँ सांस्कृतिक-धार्मिक पूर्वाग्रह हैं, वहीं ग़रीबी, अशिक्षा, समुचित स्वास्थ्य सेवाओं का अभाव, निम्न जीवन स्तर का होना भी है। यह वह कठोर यथार्थपरक स्थिति है जो बुनियादी कल्याणकारी योजनाओं के अभाव में वेल्फेयर नेशन-स्टेट के रूप में सरकार की अपने नागरिकों के प्रति संवेदनात्मक प्रतिबद्धता के अभाव को भी दर्शाती है।

वर्ष 1998 में अपने पहले ही उपन्यास 'कलि कथा वाया बाइपास' के कारण चर्चा में आयी कथाकार अलका सरावगी अपनी रचनाओं में प्रायः स्त्री-प्रश्नों पर विचार नहीं करतीं। उनके सरोकार बृहत्तर सामाजिक सन्दर्भों से जुड़ कर उन सब विसंगतियों की पड़ताल कर लेना चाहते हैं जो मनुष्य जीवन को कठिनतर बनाती चलती हैं। लिंग, धर्म, वर्ग, वर्ण, जाति, सम्प्रदाय आदि-आदि विभाजनों से परे वे मनुष्य को उसकी अखण्डता में देखती हैं। इसलिए मनुष्य और मनुष्य के सम्बन्ध, मनुष्य और समाज के सम्बन्ध तथा समाज और समय के अन्तस्सम्बन्ध पर विचार करती हैं। अलका सरावगी की एक अन्य खासियत कथा-शिल्प के प्रचलित ढाँचे को तोड़ कर उसे नया रूप देना भी है, जहाँ वे न केवल अन्तर्वस्तु में निहित सूक्ष्म अर्थाभिव्यंजनाओं को गहराई से उकेर पाती हैं, बल्कि कथा के शैल्पिक ढाँचे को समृद्धतर करते हुए उसे कभी आख्यान परम्परा से जोड़ती हैं तो कभी जातीय परम्परा की शिनाख़्त में अधुनातन सूचना प्रौद्येगिकी का इस्तेमाल करती हैं। दरअसल कथाकार के रूप में उनका मूल लक्ष्य सभ्यता के विकास की समीक्षा करते हुए समय और समाज की पुनर्रचना करना है ताकि एक गहरे सन्तुलन और सामंजस्य के साथ मनुष्य और प्रकृति अपनी-अपनी मर्यादा में रह कर एक-दूसरे की गरिमा बनाये रख सकें। 'आक एगारसी' कहानी उनकी इसी संवेदनात्मक अकुलाहट का परिणाम है।

'आक एगारसी' अलका सरावगी के वर्ष 2000 में प्रकाशित कहानी संग्रह 'दूसरी कहानी' में संकलित है। मोटे तौर पर यह कहानी कथानकविहीन कही जा सकती है। घटना मात्र इतनी है कि अपने मित्र के साथ हुई दुर्घटना और अनहोनी का भयावह स्वप्न देखने के बाद कथावाचक अस्तव्यस्त मनःस्थिति में उसका कुशलक्षेम जानने और भविष्य के बारे में सतर्क करने के लिए उसके घर की ओर जाता है। घर के समीप पहुँचते ही उसे याद आता है इस समय मित्र दफ़्तर में होगा। इसलिए समय बिताने के लिए वह घर के समीप पार्क में चला जाता है जहाँ उसे अपने पुराने मकानमालिक का बेटा सुमन्त दिखाई देता है। सुमंत आत्मस्थ है और पुराने परिचय की याद दिलाये जाने पर भी उसे नहीं पहचानता। वह बताता है कि उसका नाम सुमन्त नहीं, आक एगारसी है। सम्भ्रम में पड़े कथावाचक को वह बताता है कि उसे उसका नाम असामान्य इसलिए लग रहा है क्योंकि वह उसके समय से सौ साल आगे आने वाली ग्यारहवीं पीढ़ी की सन्तान है। शेष कहानी में दोनों के संवाद के माध्यम से सौ साल की अवधि में घटने वाले विज्ञान के संहारक प्रभावों और मनुष्य की स्वार्थ केन्द्रित उपभोक्तावादी दृष्टि के दुष्परिणामों को शब्दबद्ध किया गया है जो दरअसल हमारे आज के समय का कड़वा यथार्थ है। जैसे-जैसे कथा आगे बढ़ती चलती है, कथावाचक आक एगारसी के अस्तित्व को सच मानता हुआ उसे बेहद परिपक्व, संवेदनशील एवं विचारशील भविष्य-सन्तान के रूप में स्वीकारने लगता है। सौ बरस की अवधि में ग्यारह पीढ़ियों के जन्म लेने की असम्भाव्यता और सौ वर्ष आगे भविष्य से किसी बच्चे का आना जैसी अविश्वसनीय युक्तियों से बेपरवाह कथावाचक जैसे ही उसे अपने हृदय के रहस्य सौंपने लगता है, सुमन्त के पिता उसे पुकारते हुए वहाँ आते हैं, और वह आक एगारसी के अभिनय को छोड़ उनके साथ चला जाता है।

सतही तौर पर कहानी अविश्वसनीय और अतार्किक प्रतीत होती है। यथार्थ में कल्पना का मिश्रण कर जब कोई लेखक अपनी अन्तर्दृष्टि के सहारे यथार्थ की पुनर्रचना करता है, तभी साहित्यिक रचनाओं का जन्म होता है। कल्पना की प्रचुरता के बावजूद कहानी में कल्पना यथार्थ की तार्किकता, कार्य-कारण शृंखला, सम्भाव्यता और आधारभूमि को नष्ट नहीं करती, बल्कि इन्हें ही सुदृढ़तर करने के लिए वह निरन्तर यथार्थ के दबावों और नियमों के अधीन रहती हैं। 'आक एगारसी, कहानी में कल्पना यथार्थ के गुरुत्वाकर्षण से

मुक्त हो मानो किसी दूसरे ग्रह-नक्षत्र में प्रविष्ट हो जाती है जहाँ न पढ़-गुने तर्क हैं, न नियम। रहस्यमय वातावरण को गहराते हुए कहानी जिस स्वप्न-चित्र की रचना करती है, वह उसे फैंटेंसी का रूप देती है। फैंटेसी सतही तौर पर भले ही यथार्थ की भयावहता से घबरा कर पलायनवादी तिलिस्मी लोक की रचना करती कोई सिरफिरी कोशिश दीखे, लेकिन गहराई में यह यथार्थ की अदृश्य कुटिलता का भयावह विस्तार करती है ताकि आतंक और त्रास की सृष्टि करती व्यवस्था को कई-कई कोणों से देख कर वह उसका और उसके साथ अपने अन्तःसम्बन्धों का रेशा-रेशा विश्लेषण कर सके। इसलिए फैंटेसी अपनी मूल संकल्पना में यथार्थ के आतंक से मुक्ति की स्वप्नकथा है। जागती आँखों के इस स्वप्न के लिए दो चीज़ों की भरपूर आवश्यकता है – गहरी जीवनदृष्टि और आला दर्जे की सर्जनात्मकता। ये दोनों अर्हताएँ स्व और भौतिक जगत की संकीर्णताओं से अतिक्रमण की क्षमता से उपजती हैं जहाँ शेष रहती है जीवन के प्रति उदात्त आस्था और उद्दाम जिजीविषा। कौतूहल, जिज्ञासा, चमत्कार, रोमांच, विस्मय जैसे मनोभावों के साथ कल्पना के बीहड़ में प्रवेश करते हुए फैंटेसी फौरी तौर पर जितनी ज़्यादा यथार्थ से दूर जाती दीखती है, उतनी ही गहरी तन्मयता और उत्कट व्यग्रता के साथ वह लुंजपुंज यथार्थ को बीनती-बुनती चलती है। वह मोटे तौर पर विघटन और वर्चस्ववादी ताक़तों से अटे साम्राज्य से दो-दो हाथ करता सकारात्मक हस्तक्षेप है जिसे मनुष्य और जीवन के 'स्वास्थ्य' के लिए सृजन की निरन्तरता को बनाये रखना है। इसलिए लेखक के लिए फैंटेसी करना जितना दुरूह है, उतना ही कठिन है पाठक के लिए फैंटेसी के भीतर छिपी अर्थव्यंजनाओं को गुन-बुन कर पुनर्सर्जित यथार्थ के साथ अपने सम्बन्ध को व्याख्यायित करना।

भय, रहस्य और उनके तनावयुक्त रोमांचक प्रभाव से आन्दोलित होकर पुनः सामान्य हो जाने की आकांक्षा फैंटेसी की आधारभूमि का निर्माण करती है। फैंटेसी में प्रविष्ट होने से पहले अलका सरावगी कहानी में भयविगलित कथावाचक की मनःस्थिति को और भी उद्विग्न बनाने के लिए कथा में रहस्यात्मक वातावरण की सृष्टि करती हैं। कलकत्ता की मई महीने की चिरपरिचित पीली साँझ पहली बार अपरिचित रूप धर कर कथावाचक के भीतर तनाव पैदा करती है। फिर इस तनाव को गाढ़ा करते हुए लेखिका पीली रोशनी के वृत्त से घिरे कूड़े के ढेर के पास कथावाचक की ओर मुँह

किये चुपचाप बैठे तीन कुत्तों का चित्र उकेरती हैं। गली सुनसान है। साँझ का झुटपुटा पुराने पेड़ों के सघन साये की वजह से गली में अँधेरे की सृष्टि कर रहा है, और अपनी आशंका और उतावली के कारण रोज़मर्रा के इस अभ्यस्त दृश्य से कथावाचक पसीने-पसीने हो गया है। साँझ का झुटपुटा न अँधेरे के जय की घोषणा होता है, न प्रकाश के अन्त की। यह चीज़ों को उनकी धुँधली बाह्याकृति में सँजोता अवश्य है, लेकिन भयाक्रान्त मानसिकता के अनुरूप उनमें किसी 'अन्य' के होने की सम्भावना अथवा वहम को भी बढ़ावा देता है। लेखिका ने बाहरी वातावरण ही नहीं उकेरा, कथावाचक के भीतरी वातावरण को भी बुना है जो दुःस्वप्न के झुटपुटे में चेतन और संज्ञाशून्य होने की स्थितियों के बीच निरन्तर आवागमन कर रहा है। इसलिए अधीरता से दौड़ कर मित्र के घर तक आना और घर पहुँच कर याद आना कि यह समय तो मित्र के घर में न रहने का होता है – उसकी इस विभ्रम स्थिति को दर्शाता है। ठीक यहीं वातावरण की रहस्यात्मकता में सुमंत की भौतिक उपस्थिति को घुला-मिला देने के लिए लेखिका सौ वर्ष आगे के समय को एक झील का रूप देकर सुमन्त और कथवाचक दोनों के बीच उपस्थित कर देती हैं। यह कथा-युक्ति पाठक को आश्चर्य-लोक में ले जाने के लिए नहीं है, बल्कि घटनाओं की तार्किक परिणति के रूप में सौ वर्ष के दरम्यान होने वाले क्रमिक परिवर्तनों और परिणामों को गहरी निस्संगता से जाँचने के लिए है।

आक एगारसी के रूप में लेखिका ने ऐसे अचंचल शान्त चित्त किशोर की कल्पना की है जो अपने निजी अनुभवों से नहीं, बल्कि इतिहास से सबक लेकर सबकी ग़लतियों का प्रायश्चित्त करने निकला मसीहा है। भुवनमोहिनी मुस्कान, निश्छलता और आँखों में गहरे तक उतरी विश्वास करने-दिलाने की क्षमता उसे ईसा मसीह जैसा चुम्बकीय व्यक्तित्व देते हैं। अपनी मूल संकल्पना में वह जितना अपने समय से बँधा है, उतना ही निर्बन्ध और समयातीत होकर पूरे ऐतिहासिक कालक्रम की विवेचना करने वाला संवेदनशील बौद्धिक प्राणी है। कथावाचक के साथ आक एगारसी के सम्बन्ध को बुनते हुए लेखिका ने ध्यान रखा है कि दोनों अपने-अपने युग का प्रतिनिधित्व करते हुए एक-दूसरे के विलोम उभर कर आयें। इसलिए कहानी में कथावाचक यदि "एक तरह से बिल्कुल टूटा हुआ इन्सान" है जो उम्मीद की हल्की सी रोशनी पाने के लिए ज्योतिषियों और भविष्यवक्ताओं के चक्कर काटने वाली भारतीय हताश

मनःस्थिति का प्रतिनिधि है तो आक एगारसी वाणी और स्पर्श के माध्यम से भीतर तक विदीर्ण हृदय को प्रेम-विश्वास की स्निग्ध तरलता से भर देने वाला अपना ही कोई लुप्त अंश या देवदूत। "यदि उसकी जगह मेरा अपना बेटा मृदुल होता तो इससे अधिक स्नेह शायद उसके प्रति भी मैं महसूस नहीं करता।" दोनों के बीच हार्दिकता के आदान-प्रदान का गहरा रिश्ता बुन कर लेखिका के लिए चित्र-विचित्र आक एगारसी के प्रति पाठकीय कौतूहल और विश्वास पैदा करना कठिन नहीं रहता। इस आधारभूमि को तैयार करने के बाद उनके लिए आक एगारसी में अपनी दृष्टि, संवेदना, व्याकुलता और जिजीविषा का आरोपण करना सरल हो जाता है। तब "हमने पुराने लोगों की ग़लतियों में सुधार कर लिया है"– आक एगारसी की इस घोषणा के माध्यम से लेखिका पाठक से दो बिन्दुओं पर ध्यान केन्द्रित करने की अपेक्षा करती हैं। एक, हमारी पीढ़ी ने ऐसी कौन-सी भीषण ग़लतियाँ की हैं जिनका खमियाजा अगली पीढ़ियाँ भुगत रही हैं? और क्या हम अपनी इन ग़लतियों को जानते हैं? दूसरे, ग़लतियों के सुधार की प्रक्रिया में सौ वर्ष बाद की पीढ़ी जिन समाधानों तक पहुँची है, क्या वे निर्दोष हैं? इस प्रकार कहानी कपोल-कल्पना का सतही मुखौटा गिरा कर धीरे-धीरे समय को सर्वाधिक प्रभावित करने वाले केन्द्रीय प्रश्न तक पहुँचती है कि अपने समय की संकटापन्न स्थितियों से जूझते हुए हम भविष्य के समाज को क्या विरासत दे रहे हैं? कि जीना साँसों के क्रम को पूरा करना या उपभोग में आनन्द उठाना नहीं है, प्रकृति-समाज और सृष्टि की अनन्तता के साथ अपने सकारात्मक सम्बन्ध की तारतम्यता को बनाये रखना भी है।

कहानी में विश्लेषण के दौरान हमारे आज के समाज के स्वास्थ्य और उन्नत चरित्र को ग्रसने वाली अनेक गम्भीर बीमारियाँ एक-एक कर लेखिका के सामने उपस्थित होती हैं। आक एगारसी मानो बीच की ग्यारह पीढ़ियों के ज़रिये उनकी परिणति की कथा कहता है। सबसे पहले वह लिंग, जाति, धर्म से परे अपनी मनुष्यगत पहचान की बात करता है और अपने देश की नीति का ऐलान कर कथावाचक को सम्भ्रम की स्थिति में डाल देता है कि "हमारे देश में इस वक़्त प्रति औरत चार लड़कियाँ पैदा करने का नियम है।" एकाएक यहाँ आकर कहानी की मूल संवेदना आकार लेने लगती है। बेशक कथावाचक की तरह पाठक भी यह सुन कर चौंक गया है, लेकिन जल्द ही विभ्रम की स्थिति से उबर कर वह

अपने युगीन सत्य के भीतर गहरे उतरने लगता है। कन्या भ्रूण-हत्या के बढ़ते आँकड़े, विषम लिंगानुपात और ऑनर किलिंग के नाम पर युवा लड़कियों की हत्या की खबरें उसे झकझोरने लगती हैं। भीतर ही भीतर उस आन्दोलित अवस्था में वह विश्लेषण भी करने लगत है कि स्त्रियों की हीन सामाजिक स्थिति ही 'जन्म से अभिशप्त और जीवन से सन्तप्त' स्त्री की दुरवस्था का मूल कारण है। पाठक की चिन्ता एक ज़िम्मेदार नागरिक की चिन्ता है, लेकिन वह उसे वर्तमान के घनत्व से मुक्त कर स्त्रीविहीन भविष्य की विभीषिका को देखने की बेचैनी नहीं देती। रोज़मर्रा की ज़िन्दगी की क्षुद्रताओं में खोए पाठक के लिए कन्या भ्रूण-हत्या समय की एक बीभत्स सचाई भर है जिसके साथ व्यक्तिगत तौर पर टकराने और लहूलुहान न होने की निश्चिन्तता ने उसमें अनजाने ही सामाजिक दायित्वों के प्रति बेपरवाही भर दी है। कहानी उसे उस स्थिति की ओर धकेलती है जहाँ उसे अपनी लापरवाहियों के गर्भ में छिपी संवेदनहीनता और क्रूरता दीखने लगती है कि कन्या भ्रूण-हत्या की साक्षी नयी पीढ़ी संस्कार में अपनी पूर्वज पीढ़ी की बर्बरता लेकर कैसी स्त्रीविरोधी हो उठी है। आक एगारसी की आवाज़ उसके सामने एक-एक कर अपने दुष्कर्मों की पोटली खोलती जा रही है। "आपकी पीढ़ी ने लड़कियों को भ्रूण में ही गर्भपात करके निकालना शुरू किया। उसके बाद की पीढ़ी ने पुरुष वीर्य की छँटाई करके सिर्फ़ एक लड़का पैदा करना शुरू किया और फिर उन लोगों के बाद की पीढ़ियों में धीरे-धीरे लोगों में बच्चा पैदा करने की इच्छा ही ख़त्म होती गयी। इसका कारण यह था कि प्रायः इकलौते लड़के माँ-बाप से सोलह साल की उम्र के बाद कोई सम्बन्ध नहीं रखते थे। किसी-न-किसी लड़की का पति होने के लिए या उससे रिश्ता बनाने के लिए उन्हें बरसों मेहनत करनी पड़ती थी। बहुत सारे युद्ध सुन्दर लड़कियों को पाने के लिए हुए। इसका नतीजा यह हुआ कि हमारे देश में लड़कियों की ही नहीं, पेड़ों और आदमियों की संख्या भी बहुत कम होती चली गयी।" ज़रा-सा आत्मस्थ और विश्लेषणशील होते ही पाठक आक एगारसी के कथन की विभीषिका को अपने वर्तमान में घटित होते देख पाता है। विषम लिंगानुपात के कारण लड़कों के विवाह की समस्या समाधान हेतु जो विकल्प देती है, वह ग़रीब परिवार की लड़कियों की ख़रीद-फरोख़्त को 'वैध' बनाने लगती है। प्रति हज़ार लड़कों पर 877

लड़कियों के लिंगानुपात के कारण कुख्यात हरियाणा प्रदेश के कुछ ग्रामीण क्षेत्रों में वधुओं की ख़रीद की बात आम है। दूसरे, वह इस तथ्य का भी साक्षी है कि महानगरीय सभ्यता में नवीन सूचना प्रौद्योगिकी के रंग में रंगे और भौतिक महत्त्वाकांक्षाओं द्वारा तरंगायित युवा दम्पत्ती सन्तति के प्रजनन और पालन-पोषण जैसे गम्भीर और बुनियादी दायित्व से कन्नी काटते जा रहे हैं। यह यान्त्रिक दिनचर्या और उपभोक्तावादी संस्कृति के प्रभावस्वरूप उपजी दायित्वहीनता का प्रसार है जो मनुष्य को समूची सृष्टि से काट कर अपनी ही लोभ-ऐषणाओं की संकुचित परिधि में ला बैठाती है। आक एगारसी की तीसरी टिप्पणी –'सुन्दर स्त्री को पाने के लिए युद्धोन्माद'– उसे ज़रा भी अविश्वसनीय नहीं लगती क्योंकि भारत का पौराणिक एवं मध्यकालीन इतिहास जर-जोरु-ज़मीन के इर्द-गिर्द युद्धों की कथाएँ गूँथ कर समूचे पर्यावरण के विनष्ट हो जाने की त्रासदियाँ कहता रहा है। यह निश्चय ही भविष्य की ओर पीठ करके समय के चक्र को पीछे लौटा ले चलने की जड़ अहम्मन्यता है जो द्रौपदी-सी स्थिति में रख कर स्त्री को निरन्तर भोग की सामग्री बनाये रखती है। ज़ाहिर है लेखिका कन्या भ्रूण-हत्या जैसी समस्या को उसके समस्त आयामों में देखते हुए इसे स्त्री की गरिमा और मनुष्यता के भविष्य के साथ जोड़ देती हैं।

'आक एगारसी' कहानी कलात्मक सधाव के साथ अन्तर्वस्तु की संश्लिष्ट परतों को खोलती चलती है, वह वास्तविक्ता के नये-नये स्तरों का उद्घाटन ही तो है। फैंटेसी के चामत्कारिक और सम्मोहक प्रभाव को लेखिका ने कहीं भी स्खलित नहीं होने दिया है। कन्या भ्रूण-हत्या की जघन्य बर्बरता के बीच वे आक एगारसी के पुरुष-व्यक्तित्व को अधिकाधिक 'स्त्री' रूप दिये चलती हैं जहाँ 'स्त्रीसुलभ कोमलता, लज्जा और शालीनता' उसका परिचय बन जाती है। साथ ही स्त्रियों की तरह उसकी छठी इन्द्रिय भी अधिक सक्रिय है जो कथावाचक के हृदय में उठने वाले भावों/सवालों का पूर्वानुमान लगा स्वयं ही उनका निराकरण करने लगती है। दूसरे के मन की बात जानना और फिर उसकी पीड़ा को आत्मसात् कर उसे बाँटने के लिए व्यग्र हो उठना – ये ऐसी स्त्रियोचित विशेषताएँ हैं जो इधर तेज़ी से लुप्त होती जा रही हैं। लेखिका ने दो अन्य विघटनशील तत्त्वों –'मीठी बोली और शुद्ध हिन्दी' (मातृभाषा) – की ओर संकेत करते हुए न केवल अपनी जड़ों से कट कर अधिकाधिक आक्रामक और असहिष्णु होते समकालीन यथार्थ से आँख

मिलाने की ताकीद की है, बल्कि इन्हें गुण बना कर आक एगारसी के भीतर आरोपित किया है। निःसन्देह यही आक एगारसी के इर्द-गिर्द बुना जादुई वलय है कि कथावाचक उसकी 'अलौकिक संवेदनशीलता' से अभिभूत होकर अपना हृदय उँडेलने को बाध्य हो गया है।

कन्या भ्रूण-हत्या एवं स्त्री के प्रति बढ़ती असंवेदनशीलता सम्बन्धों के समीकरण बदल जाने और बढ़ती सम्बन्धहीनता के दबाव तले भावनात्मक असुरक्षा के गहराने की नियति की ओर भी संकेत करती है। आक एगारसी इसका प्रमाण है। प्रति स्त्री चार-चार लड़कियाँ पैदा करने के फरमान के कारण उस जैसे लड़के सृष्टि में जैविक सन्तुलन बनाये रखने के लिए पैदा किये जाते हैं। बेशक सौ साल का सफ़र स्त्री-समय होगा, लेकिन पुरुष की हिंसा की आँच सह कर यह निखरी स्त्री कर्त्ता बनने के बाद पुरुष के 'हिंसक, क्रोधी और स्वार्थी' रूप को अपने भीतर जज़्ब नहीं करेगी। "संसार के किसी भी युद्ध की शुरूआत किसी स्त्री ने नहीं की है"– आक एगारसी अभिमानपूर्वक कहता है। साथ ही, वह युद्ध के दावानल में धधक कर खत्म हुए 'पिता' जैसे सम्बन्ध का भी साक्षी है "हमारे यहाँ पिता का अर्थ सिर्फ़ वह वीर्य है जो कोई औरत एक सुन्दर, बुद्धिमान लड़की पैदा करने के लिए बैंक से लेती है।" यह सूचना आक एगारसी के लिए जितनी सहज है कथावाचक और पाठक के लिए उतनी ही असहज। तो क्या समय के साथ विवाह संस्था का नाश हो जायेगा जो अपनी तमाम अधिनायकवादी बुराइयों के बावजूद परिवार संस्था के भीतर सम्बन्धों और मानवीय सम्भावनाओं को सुरक्षित रखती है? परम्परा से आज तक स्त्री के सम्पूर्णत्व को 'देह' तक सीमित रखना जितना दुर्भाग्यपूर्ण रहा है, उतना ही विडम्बनात्मक होगा पुरुष का 'वीर्य बैंक' में तब्दील होना। ऐसी जैव-वैज्ञानिक शोधों के सहारे विज्ञान सृष्टि के क्रम को सुनिश्चित कर सकता है, लेकिन जीवन और सम्बन्ध के बीच हार्दिकता और स्पन्दन का भाव पैदा नहीं कर सकता। मनुष्य को यन्त्र-मानव नहीं बनाया जा सकता। लेखिका इस मान्यता को स्वीकारती हैं, इसलिए यान्त्रिक जीवन-परिस्थितियों में जीते आक एगारसी को यन्त्र में विघटित नहीं होने देतीं। वे उसके स्पंदन और मनुष्यता को बचाये रखने के लिए उसमें 'हताशा' और 'भावनात्मक आघात' जैसी अनुभूतियों को महसूसने और इनसे उबरने की इच्छाशक्ति तीव्रतर करती हैं।

आक एगारसी के घनघोर अकेलेपन की कल्पना करना कठिन नहीं। वह जिस कम्प्यूटर-अनुशासित युग में जी रहा है, वहाँ जीने का आह्लाद वर्तमान को उसकी नैसर्गिकता के साथ स्वीकारने की निश्चिन्तता बन कर नहीं आता, अतीत की ग़लतियों के परिमार्जन का दायित्व बोध बन कर आता है। आपसी संवाद के ज़रिये भीतर छटपटाती अभिव्यक्तियों को व्यक्त करने की बजाय ये कम्प्यूटर के प्रोग्राम से संचालित हो रहे हैं। न जीवन में कुछ भी गोपन है, न भविष्य में कुछ भी अबूझ। इसलिए एक्सप्लोर करने का आह्लाद सृजन की सम्भावनाओं को भी नहीं पनपने देता। भावनाएँ, सम्बन्ध, आकांक्षाएँ और स्मृतियाँ तथ्यात्मक सूचनाएँ बन कर आते हैं। जैसे आक एगारसी के पास पिता नहीं, पिता की कम्प्यूटर प्रदत्त स्मृतियाँ हैं कि "मेरे पिता मुझसे छह पीढ़ी पहले के एक महान वैज्ञानिक थे जिन्होंने विज्ञान का इस्तेमाल दुनिया को नष्ट करने के लिए या लोगों में नयी चीज़ों के प्रति कभी न बुझने वाली तृष्णा जगाने के लिए नहीं, बल्कि इस दुनिया को सुन्दर और स्वस्थ बनाने के लिए किया था।" कथावाचक से मिलने के बाद आक एगारसी द्वारा हताशा का अनुभव करना अकारण नहीं। जिस प्रकार उसे देख कर कथावाचक को हठात् अपना बेटा याद आने लगता है, ठीक उसी प्रकार सम्भावना है कि आक एगारसी को भी कथावाचक में अपने पिता नज़र आयें हों। कथावाचक का हाथ पकड़ कर बेंच की ओर चलते समय वह भी निश्चय ही 'प्रेम से लबालब' भर गया होगा, और क्षणांश बाद जब अपने में लौटा होगा तो ऐसे किसी मानवीय सम्बन्ध को न जी पाने की वेदना में छटपटाया होगा। इसलिए अपने उस स्वर्ग जैसे अनुपम देश-काल का बखान करते हुए वह अनायास अपने समय की गम्भीर समस्या की ओर भी संकेत कर जाता है। यह समस्या है– दुख बर्दाश्त न कर पाने की अक्षमता। "हमारे यहाँ एक मौत होने पर दिल टूटने से मर जाने वालों की एक श्रृंखला बन जाती है। हमारे हृदय इतने कमज़ोर हो गये हैं कि हम किसी की कोई तकलीफ़ नहीं देख पाते।" स्पष्ट है, यह समस्या दर्द न बाँट पाने की अक्षमता का ही परिणाम है क्योंकि दुख बांटने की कला दो अलग-अलग इयत्ताओं में बँटे व्यक्तियों को जोड़ती ही नहीं, उन्हें दुख से लड़ने की नैतिक ताक़त भी देती है। "आप लोगों के समय में एक सुन्दरता भी है – एक आँच, एक गरमाहट। मेरे सारे अध्ययन में मैं यह बात समझ नहीं पाया था। एक लड़ाई – अन्याय के ख़िलाफ़!

कितनी सुन्दरता है इसमें! कैसी अद्भुत! यह हमारे जीवन में नहीं है। इतनी सारी उलझनों के बीच आप ज़िन्दा बने रहते हैं।"

लेखिका की विशेषता है कि आक एगारसी और उसके समय को हमारे आज का विलोम बनाने के बावजूद वे उन्हें एक ही स्थिति का विस्तार बनाती हैं। स्त्री का उत्पीड़न, युद्ध की विभीषिका, साम्प्रदायिक दंगे, पर्यावरण प्रदूषण – ये सब अपने-अपने स्तर पर अन्याय के ही उदाहरण हैं। बेहतर भविष्य की कल्पना अन्याय का प्रतिकार किये बिना सम्भव नहीं। हमारा आज का समय अन्याय से वैचारिक-नैतिक मुठभेड़ की कोशिश में और अधिक अधिनायकवादी और कठमुल्ला हुआ जा रहा है। आक एगारसी के ज़रिये विश्लेषण करते हुए लेखिका इसका मूल कारण मनुष्य के स्वभाव में निहित मानती हैं। 'आदर्श' और 'भ्रष्ट' दो मूल्य-चेतना हैं जो मनुष्य के हृदय में अगल-बगल स्थित हैं। 'आदर्श' तलवार की धार पर चलने की विकट साधना है तो 'भ्रष्ट' में रपटने का रोमांचक सुख है। "मनुष्य चलना जानता है, इसलिए वह कभी भी इस फ़ासले को माप सकता है"– आक एगारसी मनुष्य की इस सीमा को जानता है, इसलिए उसके समय ने निर्वैयक्तिकता को मूल्य बना कर मनुष्य की चेतना और व्यवहार, क्रिया और संवेग को मशीनी नियन्त्रण के अधीन कर दिया है। "हमने एक कम्प्यूटर मशीन को सरकार, न्यायालय और पुलिस का काम सौंप दिया है। यह मशीन मनुष्यता के चरम विवेक से बनायी गयी है और हमारे सारे व्यक्तिगत कम्प्यूटरों से उसका स्नेहपूर्ण सम्बन्ध है। वह परम प्रेम का साकार रूप है। वह स्वयं सत्य है। वह कभी ग़लत नहीं होती, कभी पक्षपात नहीं करती – अन्याय शब्द तो उसके कोश में ही नहीं है।" यहीं यह सवाल भी उठता है कि क्या मशीन मनुष्य का विकल्प हो सकती है? ख़ासतौर पर उन स्थितियों में जब विज्ञान की अत्यन्त उन्नत अवस्था भी मनुष्य के मस्तिष्क की संरचना और कार्य-प्रणाली को नहीं समझ पायी है। मनुष्य के जीवन में सम्बन्ध, संवेग, संवेदनाएँ और सपने जिन भाव-लहरियों को उत्पन्न करते हैं, वे तर्कातीत होते हुए भी मनुष के 'सच' को रचते हैं। मशीन के पास मनुष्य को मनुष्य से जोड़ने वाले इस भावनात्मक संसार को समझने का विवेक नहीं पनप सकता। हताशा और अकेलेपन की दुर्दान्त पीड़ा के बीच अपने को सुस्थिर रखने के प्रयास में दवा की पुड़िया निग़लता आक एगारसी हमारी वर्तमान सभ्यता के नर्वस ब्रेक डाउन के शिकार किसी भी व्यक्ति से भिन्न नहीं है।

बेशक वह दावा करता है कि "हमने जीवन की क़ीमत को जान लिया है, इसलिए हम हर घड़ी प्रसन्न रहना चाहते हैं", लेकिन वास्तविक्ता यह है कि उसकी पीढ़ी विज्ञान के सतर्क और सकारात्मक प्रयोग के बावजूद सौहार्दपूर्ण समाज की रचना नहीं कर पाई। ठीक इसी समस्या से ग्रस्त है हमारा आज का समाज। संकीर्ण मनोवृत्ति और संकुचित सोच ने उसकी महत्त्वाकांक्षाओं को हवा अवश्य दी है, लेकिन उसकी प्रगति का रास्ता दूसरों के रास्ते अवरुद्ध करके ही खुलता है। आक एगारसी की पीढ़ी में अपने पूर्वजों के पाप धोने का प्रायश्चित्त-बोध है जिस कारण वह जीवन को उसकी समग्रता और वर्तमानता में नहीं देख पा रही है। स्पष्ट है कि संवादहीनता दोनों ओर है। लेखिका मानो समय के अन्तराल को पाट कर पाठक को अपने समय की विभीषिकाओं को पहचानने और उनकी सम्भावित त्रासद परिणतियों से बचने के विकल्पों पर विचार करने का आग्रह करती हैं। फैंटेसी कालानुक्रम को तोड़ कर जितनी उन्मुक्तता से अतीत और भविष्य के बीच संचरण करती दीखती है, उतनी ही आतुरता से वह वर्तमान को बेहतर बनाने के लिए मनुष्य की सकारात्मक भूमिका को रेखांकित करती है। संक्षेप में, 'आक एगारसी' कहानी सभ्यता की समीक्षा का आह्वान है।

अल्पना मिश्र : हर सम्बन्ध द्वन्द्वयुद्ध का अखाड़ा क्यों बन जाता है?

अल्पना मिश्र की कहानी 'इस जहाँ में हम' पढ़ रही हूँ, और देख रही हूँ मेरे भीतर के आलोचक ने क़लम परे रख कर हाथ में पेंटिंग ब्रश उठा लिया है। कहानी के हर विवरण के साथ वह सामने रखी कलर प्लेट में ब्रश डुबो कर मिस्टर और मिसेज़ बगड़वाल के चरित्र पेंट करता जा रहा है। कलर प्लेट दो हैं। एक में बेहद चमकदार रंग हैं – सुकूनदेह भी, शोख भी, ऐसे रंग मानो गतिशील हों, ज़िन्दगी के क़दम-से-क़दम मिला कर चलने के शौक़ीन। दूसरी प्लेट में स्याह रंग हैं – ईर्ष्या से फुंके और अपनी जड़ता में वहीं धँसे, ठस्स और भयावने। कहानी ख़त्म की तो रंगों में नहाई बगड़वाल दम्पती की तस्वीरों पर नज़र जमाई। धुँए और अँधेरे के गाढ़े काले रंग में घुले मिस्टर बगड़वाल! मानो सदियों से अपनी जगह से तिल भर न हिले हों...। और स्याह-सफ़ेद के बीच शोख-चटकीले रंगों से की रोशनी में दिपदिपाती मिसेज़ बगड़वाल! मुद्रा ऐसी कि अभी-अभी किसी सफ़र पर निकलना हो। शख़्सियत में चुनौतियों से जूझने का आत्मविश्वास नहीं, लेकिन चुनौतियों से लहूलुहान होकर भी बढ़ते चले जाने के पुराने अनुभवों की पोटली जरूर साथ में है।

मैं अपनी ही नीयत पर शक करने लगी हूँ। स्त्री हूँ, क्या इसलिए मिसेज़ बगड़वाल के इर्द-गिर्द जीवन और गतिशीलता का प्रवाह रोप कर खामख्वाह उन्हें महिमामण्डित कर रही हूँ। अन्यथा कौन नहीं जानता कि पुरुष की बैसाखी लिए बिना दो क़दम चलने की ताब नहीं स्त्री में। भीतर गूँजता है मर्दाने कण्ठ से निकला जुगुप्सा भरा अट्टहास कि हम इजाज़त न दें तो इतना सब कहने-सोचने-लिखने की जुर्रत भी न कर पायें ये औरतें। सच कहूँ तो मिस्टर बगड़वाल की काली तस्वीर ने मुझे आतंकित कर दिया है। कहानी पढ़ते हुए उनका व्यवहार कहीं से भी अप्रत्याशित, आरोपित या

कृत्रिम नहीं जान पड़ा था। आम पतियों की तरह आम बातें की थीं उन्होंने– ताक़त और अधिनायकवाद के मद में चूर निरंकुश तानाशाह सरीखी। घरेलू दुनिया में लोकतन्त्र की उम्मीद नहीं करती औरत। इसलिए निरंकुश को परमेश्वर मान उसके कोप पर शीतल छींटे मारती रहती है। लेकिन शब्दों को इफेक्ट में, और इफेक्ट को रंगों में गूँध देने के बाद स्थिति इतनी मारक हो जायेगी, कहाँ जानती थी। शायद यह न जानना मेरी निजी सीमा थी। तमाम पूर्वाग्रहों, महिमामण्डनों और भ्रान्तियों के बावजूद पुरुष जानता है कि मिस्टर बगड़वाल के अक्स में कोई और नहीं, वह खुद है, इसलिए पाठक-आलोचक के रूप में स्त्री-लेखन को तवज्जो नहीं देता, और रचयिता के रूप में घरेलू राजनीति जैसे 'टुच्चे' सरोकारों में सिर नहीं खपाता। स्त्रियों जैसी 'निर्लज्जता' तो वह कहीं से 'आयात' नहीं कर सकता कि दरबारी साहित्य पढ़ कर पानी-पानी भी हुए जाये स्त्री और लीक पीटते हुए क्लास में अपनी देह को नख से शिख तक कितने-कितने अवयवों में बाँट कर भोग कर लुत्फ़ उठाते शृंगारी (कामुक) कवियों को पढ़ाती भी जाये वह तो बल्कि कहता है कि ज़रा भी आत्मसम्मान नहीं स्त्रियों में। सभा-मजलिस-मुशायरों-धारावाहिकों में औरतों को लेकर बनाये गये मर्दाना चुटकुलों-क़िस्सों-कविताओं को सुन कर जब वे ही खी-खी करती हैं, तब मर्द ही क्यों लाज-लिहाज़ कर अपना मज़ा किरकिरा करें।

ख़ासे भ्रम में जी रही थी मैं अब तलक। समझती थी स्त्री-लेखन पितृसत्तात्मक व्यवस्था पुनरीक्षण है, पुरुष से निजी लड़ाई नहीं, लेकिन अब देखती हूँ, विवाह संस्था के आधिपत्य को चुनौती देते-देते वह व्यवस्था-केन्द्रित बहस से बाहर निकल कर 'घर' को क्लोजअप में ला रहा है। घर जहाँ बड़े से बड़ा योद्धा भी निष्कवच है, और मनोभावों को छुपाने की कोशिश बेबसी और दरिन्दगी को एक साथ सारे आयामों में उभार देता है। तो क्या पुरुष-पाठक के लिए स्त्री-लेखन का अर्थ पुरुष के ख़िलाफ़ आरोपों और शिकायतों की अनाप-शनाप शृंखला है? सोचती हूँ, क्रन्दन स्त्री-लेखन का केन्द्रीय स्वर क्यों है? क्यों नहीं पुरुष रचनाकारों की तरह स्त्री आब्जर्वेशन के सहारे वस्तुपरक ढंग से दूर-दूर तक दिखने वाले 'बड़े' मुद्दों पर ठसके के साथ क़लम चलाती? बिना भीगे तैर कर समन्दर पार कर जाने का हुनर कभी तो सीखना ही चाहिए उसे भी। क्यों घर, रिश्ते, ज़िम्मेदारियाँ बेताल बन कर उसके कन्धों की सवारी करते रहते हैं हमेशा कि निश्चिन्त-निर्भार हो वह कभी भी, कहीं भी तफरीह के प्रस्ताव को स्वीकार न कर पाये?

मिसेज़ बगड़वाल के चटकीले रंग में रंगे पोर्ट्रेट की परवाह किये बिना मैं उन्हें अभियुक्त की तरह अपनी अदालत में पेश होने का सम्मन भेजती हूँ। सम्मन लेकर पहुँची (पीर बावर्ची भिश्ती खर-सारी भूमिकाएँ एक साथ ख़ुद निभाने की ऐसी आदत पड़ी है कि जज की ताक़त का इस्तेमाल करते हुए कोई कारिन्दा नियुक्त करने की बात दिमाग़ में ही नहीं आयी) तो देखा मिसेज़ बगड़वाल हिसाब-किताब लगाने में व्यस्त हैं। माथे पर परेशानी की लकीरें हैं। परेशानी का सबब है प्रोमोशन के साथ ट्रांसफ़र का अनिवार्य रूप से आ धमकना। प्रोमोशन आर्थिक लाभ के साथ जुड़ी है, और आर्थिक लाभ घर की बेहतरी के सपने के साथ। इसलिए इस बढ़ती उम्र में सुबह से लेकर देर शाम तक रोज़-रोज़ के सफ़र की थकान को तो झेलना ही होगा। कम्प्यूटर कोर्स करने एक हफ़्ता ही बाहर जाना पड़ा था, तो बच्चों को हिदायतें, पड़ोसियों से मनुहार, अपराध बोध और ममता की अधपकी खिचड़ी में घुलती अपनी प्रोफ़ेशनल चिन्ताएँ – कितना कुछ एक साथ मन के तल पर चलता रहा अब बात दिनों की नहीं, महीनों-सालों की है। मन में सुकून भी है कि मसला सिर्फ़ बच्चों का है। वे समझ जायेंगे। माँ की अनुपस्थिति में सँभल कर अकेला रहना भी सीख जायेंगे। मिस्टर बगड़वाल बड़ौदा न होकर वहीं होते तो नाक में दम कर देते कि अपनी ऐश के लिए नौकरियाँ करती ये औरतें घड़ी भर को भी पति का ख़्याल नहीं रखतीं। ऐसी फ़ब्तियाँ सुन दिल फुँक तो जाता है, लेकिन क्या करे औरत? जन्म लेते ही बहुत-सा अप्रिय सुन कर भी अनुसना करने का अभ्यास धीरे-धीरे व्यक्तित्व ही बन जाता है।

सम्मन थमाया तो पहले अभियोग की रूपरेखा भी दिमाग़ में साफ़ हो गयी। अदालत बैठी तो तुरन्त सवाल दाग दिया-''नौकरी यानी आर्थिक आत्मनिर्भरता स्त्री के सशक्तीकरण का ज़रिया है, लेकिन आप हैं कि दयनीयता की नुमाइश करते-करते अपने को मनुष्यता से गिराये चल रही हैं?'' मिसेज़ बगड़वाल ने सीधी नज़र से मुझे भरपूर ताका। उस नज़र में मुझे अँधेरे तहखाने में उतरती सीढ़ियाँ दिखाई दीं। चेलचिलाते सूरज की लपलपाती कौंध के बावजूद अँधेरे का ऐसा अडोल साम्राज्य! न, सच्चाइयाँ धूप में फुदकती तितलियाँ नहीं होतीं, अँधेरे की चादर में ढकी मूक सिसकियाँ भी होती हैं।

अदालत लगा कर जज बनना वर्चस्ववादियों के लिए कौतुकभरा खेल हो सकता है, हाशियाग्रस्त अस्मिता के लिए यह आज भी न्याय का मन्दिर है।

मैं न्यायमूर्ति के आसन से उतर कर मिसेज़ बगड़वाल की बगल में आ बैठी हूँ – उनका प्रतिरूप और आलोचक बन कर।

कहानी को बगड़वाल दम्पत्ती पर केन्द्रित कर भले ही मैं इसे दाम्पत्य घुटन की कथा का रूप देने की कोशिश करूँ, असलियत यह है कि अल्पना मिश्र ने घर और दफ़्तर – दो कर्मक्षेत्रों के बीच स्त्री की संघर्षहीन हताशा को प्रत्यक्ष किया है। यह स्त्री न विमर्शवादी बहसों के बारे में जानती है, न अपने अधिकारों के लिए संगठनों की मार्फ़त जुलूस निकालने में विश्वास करती है। आत्मसजगता की बजाय आत्मविस्मृति का भाव इतना गहरा है कि घर भर के लिए लंच पैक करते हुए अपना नाश्ता करना भी याद नहीं रहता। थोड़ा ठीक-ठाक होकर दफ़्तर के लिए निकलना बाध्यता है, इसलिए इसके कपड़ों और हाथ-मुँह से हल्दी-तेल की महक नहीं आती, लेकिन व्यक्तित्व पूरी तरह खाँटी घरेलू औरत के मिर्च-मसालों और रवायतों से बुना हुआ है। इस स्त्री से पितृसत्तात्मक व्यवस्था को कोई ख़तरा नहीं, क्योंकि यह बोलना नहीं जानती, भीतर ही भीतर कुढ़ना और बाहर-बाहर सब कुछ (अप्रिय) इग्नोर कर सामान्य बने रहना जानती है। ऐसा ताबेदार प्रतिद्वन्द्वी भला कौन नहीं चाहेगा? वह नहीं जानती (या शायद भलीभाँति जानती है) कि स्त्री की कमज़ोरी पुरुष की अतिरिक्त ताक़त है। फिर भी सब कुछ देख-सुन कर गूंगी बनी रहती है। ''औरतों के वश की नहीं नौकरी, करने चली आती हैं'' या ''नौकरी करेंगी साथ में, जायेंगी साथ में, पैसा लेंगी बराबर का, और साथ बैठने में सती-सावित्री बनने लगेंगी'' जैसे जुमले सुन कर क्या तुम्हारा ख़ून नहीं खौलता? क्यों नहीं पलट कर दो की चार सुना देतीं तुम उन्हें?'' मैं ग़ुस्से में आगबबूला। जानती हूँ सती जी जैसे पुरुष मिसेज़ बगड़वाल के दफ़्तर में ही नहीं जिनके लिए एबार्शन का अर्थ स्त्रियों द्वारा लम्बी छुट्टी लेने का झूठा सर्टिफिकेट भर है। 'पेट फुला कर' मैटर्निटी लीव पर जाने वाली स्त्रियों के प्रति डाह रखने वाले ऐसे ही पुरुष मातृत्व की प्रशस्ति में कसीदे पढ़ते हैं, और दुधमुँहे बच्चों की माँओं के दफ़्तर में आने-जाने के समय का पूरा रिकार्ड रखते हैं। इसलिए जब मिसेज़ बगड़वाल ने जवाब देने की बजाय एक चमकदार अपेक्षा से भर कर मुझसे ही पूछा –"तुमने खरी-खोटी सुनाई उन्हें? क्या हुआ फिर? सुधर गये वे?'' तो मैं पानी-पानी हो गयी। न, क्रान्ति की अपेक्षा हमेशा दूसरों से की जाती है। ख़ुद तो सारा ज़हर हलक में सँजो कर वीतरागी होने के ढोंग में लगे रहते हैं हम।

सोचती हूँ, समानता की लड़ाई या लैंगिक पूर्वाग्रहों से स्त्री-पुरुष दोनों की मुक्ति का संघर्ष किताबी बातें हैं, या अपने को आधुनिक और उदार दिखाने की ढोंग भरी लोकतान्त्रिक जुगतें? स्त्री और पुरुष की दुनिया आज भी अलग-अलग है, दोनों की जैविक संरचना, प्रकृति और जीवन-लक्ष्यों की तरह। घर-बाहर एक-दूसरे की दुनिया में आवाज़ाही ज़रूर है, लेकिन संवाद नहीं। 'गोदान' का स्त्री-पाठ करते हुए भले ही प्रेमचन्द की इस मान्यता की लाख लानत-मलामत करूँ (पुरुष में स्त्री के गुण आ जायें तो वह महात्मा हो जाता है, लेकिन स्त्री में पुरुष के गुण आ जायें तो वह कुलटा हो जाती है) लेकिन वस्तुसत्य यह है कि आत्मचेतन निर्णयसम्पन्न स्त्री को 'कुलटा' मानने का संस्कार आज भी स्त्री की राह कीलने के लिए आ खड़ा होता है। संवादहीनता के मूल में है स्त्री के प्रति संवेदनहीन होने का श्रेष्ठता-दम्भ जिसे एक स्तर पर स्त्री का महिमामण्डन कर छुपाया जाता है, और दूसरे स्तर पर स्त्री की बुद्धि और प्रकृति पर कटाक्ष करते हुए संवेदनहीनता को जायज़ ठहराया जाता है। सोचती हूँ, क्यों घर-बाहर जब-जब स्त्री अपनी बात कहने के लिए मुँह खोलती है, उसे हड़का कर या हिकारत से मुँह बिचका कर चुप करा दिया जाता है? क्यों कहीं भी बालों में कंघी फिरा कर ऑफिस में घुसने वाला पुरुष अपने केबिन में चोरी-चारी बाल सुलझाती महिला सहकर्मी को सार्वजनिक उपहास का पात्र बना देता है? क्यों स्त्री की बुनियादी ज़रूरतों को वह 'सजने-सँवरने' के चाव से जोड कर ख़ारिज करता आया है? स्त्री की आर्थिक आत्मनिर्भरता से थर्राया हुआ है, क्या इसीलिए उसे आतंकित कर अपने डर को कम कर लेना चाहता है? लेकिन इतना तो जानता है कि ऑफ़िस की महिला सहकर्मी उसकी पत्नी की भाँति नौकरी करके जो चार पैसे कमा कर लाती है, वह पाई-पाई उसकी मुट्ठी में रख देती है। जेब ख़र्च के लिए वह कृपावश कुछ रुपये दे दे तो दे दे। हाँ, इस आरोप को वह उम्र भर उछालता रहेगा कि पति की जेब पर हाथ साफ़ करके गहना-गुरिया का शौक़ ख़ूब पालती हैं औरतें। पुरुष मनोविज्ञान को समझने के प्रयास में कहानी बार-बार स्त्री की दयनीयता और पुरुष की क्रूरता की ओर जा रही है। लगता है, जब नियति इन्हीं दो ध्रुवान्तों को छूने की है तो क्यों न लगे हाथ दो प्रकरणों की ओर संकेत करती चलूँ। पहला प्रकरण कम्प्यूटर कोर्स के लिए मिस्टर नौटियाल की कार में जाने का है, और दूसरा प्रकरण मिस्टर बगड़वाल के निर्देश पर मिसेज़ बगड़वाल द्वारा

घर-ख़र्च का हिसाब-किताब डायरी में दर्ज करने का है। ये दोनों प्रकरण इसलिए महत्त्वपूर्ण हैं कि लेखिका सीधे-सीधे इनका ब्यौरेवार वर्णन नहीं करतीं, कुछ रुक कर तंज़ के साथ अपने शब्द-प्रयोग को रेखांकित करती चलती हैं कि संवेदनशील पाठक उनमें व्यंग्यात्मक ध्वनियाँ भर कर मर्म तक पहुँच जाये। पहला प्रकरण चूँकि नौटियाल जी की गाड़ी में पाँच लोगों के बैठने का है, जिनमें से एक महिला है, इसलिए ''जो जहाँ चाहे, बैठ जाये'' वाली छूट यहाँ नहीं है। महिला है तो पिछली सीट पर अपने साथ बैठा कर 'सटने' और 'स्पर्श-सुख़' पाने की लालसाएँ/आशंकाएँ भी हैं और वंचित रह जाने की झल्लाहटें भी। पुरुष-लोकतन्त्र इतना बड़ा है कि इसकी परिधि में स्त्री नहीं आती। ज़ाहिर है तब उसकी सम्मति का सवाल भी नहीं उठता। बस, उसके बारे में फ़ैसला लेकर उसे बता दिये जाने और क्रियान्वित करा लिए जाने की तत्परता रहती है। इसलिए 'मिसेज़ बगड़वाल कहाँ बैठेंगी' जैसे पेचीदा सवाल को रिंगमास्टर की तरह टीम के बुज़ुर्गवार सदस्य नौटियाल साहब तय करते हैं, स्वयं मिसेज़ बगड़वाल नहीं। हाँ, यह ध्यान रखा जाता है कि उन्हें 'सादर' बैठाया जाए। यह अलग बात है कि इस आदर की अभिव्यक्ति ''नौकरी क्यों कर रही हैं? इतने नखरे हैं तो घर बैठें'' जैसी भुनभुनाहटों में होती है, या खुल कर दी गयी चेतावनी में कि ''मैडम का ख़याल रख कर बोलो...। ये साला बातें करते-करते नॉनवेज बातों पर उतर आता है। इसलिए मैंने पहले ही चेता दिया।'' गालीजड़ित नॉनवेज भाषा का प्रयोग पुरुष-वर्चस्व की पैंतरेबाज़ी है जो स्त्री को अकादमिक-बौद्धिक-सामाजिक-आर्थिक बराबरी/बेहतरी के बावजूद उसकी औकात बताती चलती है, और सुसंस्कृत आभिजात्य का लबादा उतर जाने पर यौन-हिंसा का रूप धर लेती है। ज़ाहिर है भाषा की यह हिंसा स्त्री को लेकर पुरुष के भीतर स्थित ग्रन्थियों को ही उजागर करती है। तब सवाल यहीं से फूटता है कि क्यों पुरुष अपनी इन ग्रन्थियों को चीन्ह कर इनसे जूझना नहीं चाहता? अपने से बाहर पूरे व्योम तक में प्रसार की चाहना तब तक अकारथ है जब तक भीतर उतर कर एक बिन्दु के रूप में अपनी अस्मिता को न पा लिया जाए लेकिन जब पूरा तन्त्र ही ऐसे तिलिस्मी खेल में रत हो, तब छाया और असल के फ़र्क़ को कोई क्यों सुने?

दूसरा प्रकरण पढ़ कर मैं तिलमिलाए जा रही हूँ और अल्पना मिश्र मन्द स्मित के साथ मुझे शान्त होने को कह रही हैं। रात को सोने से पहले मिसेज़ बगड़वाल को दिन भर के ख़र्चे को ब्यौरेवार डायरी में लिखना पड़ता है

ताकि हफ़्ते-पखवारे बड़ौदा से लौट कर पति हिसाब-किताब की जाँच कर सकें और निश्चिन्त हो सकें कि उनकी अनुपस्थिति में सब ठीक चल रहा है। घर के बजट पर 'ध्यान' रखना अर्जक पुरुष का विशेषाधिकार है। लेखिका मिसेज़ बगड़वाल के कान में मन्त्र फूँक आती हैं कि "दूसरे शब्दों में 'ध्यान' को 'नियन्त्रण' कहते हैं।"

"मैं कुछ ग़लत ख़र्च करती हूँ...? इतने के लिए अविश्वसनीय कैसे हो जाती हूँ?" नियन्त्रण की ओछी हरकत से ज़्यादा अविश्वासजनित अपमान की पीड़ा मारक है मिसेज़ बगड़वाल के लिए। वह बताना चाहती हैं कि गृहस्थी किसी के निर्देश और भाड़े पर नहीं चलाई जाती। उसका हिस्सा बन कर अपने और अपने से जुड़े परिवार के भविष्य को सँवारने के लिए चाव और सपनों से भर कर चलाई जाती है। निर्देश पालन की बाध्यता हार्दिकता को नष्ट कर बेजान यान्त्रिकता पैदा करती है, और स्त्री है कि ममत्व की आँच में संवेदनाओं को लहकाए रख कर ही गृहस्थी में ऊष्मा भरती चलती है। लेकिन पाती है कि पारिवारिक शान्ति के नाम पर कभी वह पालतू जानवर की तरह नियन्त्रण में रहना चाहती है, और कभी आत्मसम्मान की कान्ति से भर कर दुधारू गाय की तरह दुलत्ती भी मारना चाहती है। संस्कार हैं कि न चाहते हुए भी अपने को कठघरे में खड़ा रखते हैं। इसलिए पति पूछे, न पूछे, पत्नी सफ़ाई पेश करती चलती है अपने हर कार्य-कारण की—

वे खड़े रहे। मैंने फ़ोन रख दिया।

"कौन था?" उन्होंने नहीं पूछा।

"नौटियाल जी का था।" मैंने ही कहाँ

"किसलिए कर रहे थे?" यह भी उन्होंने नहीं पूछा।

"बैंक में प्रोमोशन, ट्रांसफ़र वग़ैरह की लिस्ट आनी थी, वही बता रहे थे।" यह भी मैंने अपने आप कहाँ

अपराध-बोध और आत्म-दमन — विरासत में स्त्री मानो यही दो गुण पाती है और एक मुस्तैद सेवादारिन की तरह घर के कोने-कोने में सेवाओं को बिछाते हुए अपने ठोस भौतिक वजूद को अदृश्य कर लेना चाहती है।

आडम्बरहीन सादगी से बुनी गयी कहानी 'इस जहाँ में हम' पाठ की दृष्टि से जितनी सरल और सरस है, विश्लेषण की दृष्टि से उतनी ही संश्लिष्ट और मारक। यह पुरुष के मन के भीतर बैठी स्त्रीविरोधी ग्रन्थियों को उभारती है तो स्त्री के भीतर रुद्ध कर दी गयी जीवन की हौंस को। न, क्रन्दन स्त्री लेखन का केन्द्रीय स्वर नहीं होने दिया जा सकता।

क्रन्दन के लिए उत्प्रेरक स्थितियों की शिनाख़्त और क्रन्दन के लिए विवश मानसिकता से संघर्ष – दोनों को आमने-सामने रख कर स्त्री के मनोविज्ञान को जाँचना होगा। "दुख इतना स्थूल होता है क्या? इतना सीधा और सपाट कि कह दिया जाये जस का तस?" (कहानी 'लिस्ट से ग़ायब', अल्पना मिश्र) अपनी रचयिता की तरह यह स्त्री भी जानती है कि अपने-अपने बोध और संवेदना के स्तर के अनुरूप व्यक्ति निजी दुख को समझ सकता है और परदुखकातरता के ज़रिये अपनी इन्सानियत के भीतर छुपे 'दैवीय अंश को पा सकता है। दुख को न चेहरा दिया जा सकता है, न गहराई। हाँ, मुक्त करने वाली क्रमिक प्रक्रिया का नाम अवश्य दिया जा सकता है जो संकीर्णताओं का अतिक्रमण करके अपनी परिधि को निरन्तर फैलाना जानता है। कहानी की ताक़त पति और सहकर्मियों की ज़्यादतियों को दरकिनार कर जैसे-तैसे गुज़र-बसर करती औसत औरत को सामने लाने में नहीं, उस औरत को धकिया कर अपने मामूलीपन में विशिष्ट बन जाने की दृढ़ता की है। हमेशा झुक कर दूसरों को रास्ता देते रहने का अर्थ ठिठक कर जड़ हो जाना नहीं है। निरन्तर आगे बढ़ते रहने की बदहवासी में अपने आपको भूला महत्त्वाकांक्षी पुरुष नहीं जान पाता कि विनत विनम्र स्त्री की लोचशीलता उसकी व्यक्त्विहीनता की निशानी नहीं, मानसिक दृढ़ता का परिणाम है। अल्पना मिश्र इसे कहानी में दो तरीक़ों से उभारती हैं। एक, मोबाइल ख़रीदने का प्रसंग, और दूसरा, पति की अश्लील फ़ब्तियों के जवाब में बर्फ़ीली चुप्पी ओढ़ कर प्रतिरोध का मुखर ऐलान।

कहानी मोटे तौर पर मोबाइन की ख़रीद के इर्द-गिर्द ही घूमती है। मोबाइल जो एक एप्लायेंस नहीं है, मित्र-सेवक-साथी की तरह ज़िन्दगी को आरामदायक बनाने और 'अपनों' के साथ सदा जुड़े होने का भावनात्मक सुकून भी देता है। लैंडलाइन फ़ोन से बिल्कुल अलग चरित्र है मोबाइल का। वह निजी सम्पत्ति है, निजता का रक्षक और निजी ज़िन्दगी की गतिविधियों का साक्षी। साथ ही निजी रुचियों और प्राथमिकताओं के साथ अपने सोशल सर्कल को विस्तृत करने का ज़रिया भी। लैंडलाइन फ़ोन पारिवारिक बैठक में अपनों से बतियाने का सुख देता है, मोबाइल प्राइवेसी को विशेषाधिकार में ढाल कर अपने एक समानान्तर लोक में जीने की उमंग भरता है। यही वजह है कि खाप पंचायतें लड़कियों की पोशाक और स्कूटी पर प्रतिबन्ध लगाने के साथ-साथ उनसे मोबाइन छीनना भी नहीं भूलतीं। तुग़लक़ी फरमानों के साथ खाप पंचायतें यूँ ही अस्तित्व में नहीं आतीं, मिस्टर बगड़वाल जैसी

मानसिकता के लोगों के संगठित होने से मज़बूत होती हैं जिनकी नज़र में पत्नी को 'लिबरेट' करने वाली हर शै से दूर रखा जाना चाहिए। इसलिए मिस्टर बगड़वाल घर के फ़ोन पर एसटीडी सुविधा भी नहीं लेते कि स्त्रियों को दूर-दराज फ़ोन करने से क्या काम; और इसीलिए जब वह अपना फ़ैसला कर खुद ख़रीद कर लेती है, बिना उनसे पूछे, तो मोबाइन एक इस्ट्रूमेंट न रह कर उनके उनके वजूद को चुनौती देता प्रतिद्वन्द्वी लगने लगता है। ''साला, रिंग टोन है कि लगता है कान में कोई लाल मिर्च डाल रहा हो।'' दरअसल कहानी में मोबाइल को पत्नी के व्यक्तित्व में मोबिलिटी (गत्यात्मकता और स्वतः निर्णय लेने लायक क्षमता) लाने के प्रतीक रूप में बुना गया है।

दूसरा प्रकरण मिस्टर बगड़वाल के पराजय-बोध से उपजा है। डाँट के भय से डायरी में रोज़मर्रा का ख़र्च लिखती पत्नी उनके अहं को तुष्ट करती है। औसत पति की तरह वे जानते हैं, घर-गृहस्थी के जंजाल को निभाना और किफ़ायत के साथ ख़र्चे चलाना उनके बस की बात नहीं। आदमी में न इतनी धीरता होती है, न अवकाश। लेकिन पत्नी को इतना आत्मविश्वास और अधिकार देकर उसे सिर चढ़ाना भी ठीक नहीं। इसलिए थानेदार की तरह जब-तब डंडा दिखाते रहना वे अपना फ़र्ज समझते हैं। वही पत्नी एक दिन की परेशानी से त्रस्त होकर बिना बताये मोबाइल ख़रीद ले और ताकीद करने पर भी फ़ोनबुक में अनाप-शनाप लोगों के नम्बर भर ले, अपने मान को चिन्दी-चिन्दी होते देख कैसे स्थितप्रज्ञ रह सकते हैं। ठीक कहते हैं शास्त्र, औरत के चरित्र और पुरुष के भाग्य को कोई नहीं जान सकता। कल तक बकरी की तरह मिमियाने वाली स्त्री आज कैसे बाघिन बनी घूम रही है। मुझे लगता है, मिसेज़ बगड़वाल नहीं, मिस्टर बगड़वाल को हमदर्दी की ज़रूरत है। ''बेचारे!'' एक अदद कोपभवन भी नसीब नहीं होता पुरुषों को कि कैकेयी की तरह ठाठ से जाकर वहाँ पसर जायें और जब तक मान-मनुहार से कोई मनाने न आये, निकले ही नहीं। अब देखो न, कैसे मुँह फुलाये-फुलाये मोबाइल को निरख-परख रहे हैं। अहं और रोष के प्रदर्शन का सवाल न होता तो नौटियाल-सती-वर्मा वग़ैरह की तरह उमड़-उमड़ कर मोबाइलमय हुए जाते। लेकिन पति की तकदीर में पत्नी की बेवकूफ़ियों के दाग मिटाने की इतनी व्यस्त्ताएँ हैं कि फ़ुरसत के दो पल साथ बैठ कर नहीं बिता सकते। मिस्टर बगड़वाल अपनी आन्तरिक बुनावट में सती-वर्मा वग़ैरह से ज़रा भी अलग नहीं। वही भुनभुनाहट, वही नानवेज भाषा, वही हिकारत।

फ़र्क़ इतना है कि पति के रोल में स्त्री के सामने 'मर्यादा' में रहने की कोई बन्दिश नहीं। इसलिए मोबाइल पर सहकर्मी से बात करती पत्नी तक अपने रोष और मर्दानगी को पहुँचाने के लिए वे अपनी तमाम हिकारत को चरित्र-हनन की आसान सी युक्ति में गूँथ देते हैं –"किसी यार का होगा।" ग़ौरतलब है कि चरित्र-हनन का आरोप 'पतिव्रताओं' पर लगाने का अपना ही मजा है, वरना जो ख़ुद मर्द को जूती की नोक पर रखे, उसके मुँह कौन लगे? मैं भय से सिहर उठती हूँ कि सहानुभूति देते-देते क्यों मिस्टर बगड़वाल के अन्तस में घुसी जा रही हूँ। वहाँ छुपी नग्न सच्चाइयाँ देख कर मैं ही शर्म से गड़ी जा रही हूँ कि औरत आज भी मर्द के लिए अपनी नफ़रत उँडेल देने का पात्र है। इसलिए अकारण नहीं कि मिसेज़ बगड़वाल को पति के चेहरे पर सहकर्मियों का अक्स दिखने लगे। घर लौट कर कड़क चाय पीने की उत्कण्ठा और बड़ौदा से लौट कर घर में विराजमान पति को देखते ही चाय पीने की इच्छा का मर जाना – विवाह-सम्बन्ध के प्रति स्त्री की अरुचि को नहीं, विवाह-संस्था के अधिनायकवादी चरित्र के प्रति स्त्री की नाख़ुशी को दर्शाता है। ताज्जुब है कि पिछली सदी से स्त्रियाँ उन्हीं माँगों के साथ अब तलक वहीं खड़ी हैं। यह विकासशील समाज की विकास-यात्रा का ग्राफ हरगिज नहीं, अपनी ही परिधि पर निष्क्रिय घूमते समाज के विकास की भ्रान्तियों का कच्चा चिट्ठा है।

अल्पना मिश्र की कहानियाँ संघर्ष में नहीं, आब्जर्वेशन की गहनता में विकसित होती हैं। आब्जर्वेशन पैनी दृष्टि से स्थितियों का विश्लेषण भर नहीं है, आत्मोपलब्धि की एक उठान भी है। आत्मोपलब्धि विचार-यात्रा का वह उत्तुंग शिखर है जहाँ तक पहुँचने के लिए प्रवाह में बहना यथेष्ट नहीं, प्रवाह को मोड़ने के लिए कर्मठता और दृढ़ता को अपने भीतर भरना है। अल्पना मिश्र की कहानी 'इस जहाँ में हम' वहीं अपनी पूर्णता को प्राप्त करती है जहाँ मिसेज़ बगड़वाल को उदासीन दर्शक की हैसियत से उठा कर एकाएक कर्त्ता की भूमिका में ले आती है। फ़ोन और स्कूटी ख़रीद लेना या निकट भविष्य में वाशिंग मशीन ख़रीदने की योजना बनाना मिसेज़ बगड़वाल को निर्णयसम्पन्न दृढ़ स्त्री साबित करने के लिए काफ़ी नहीं है। इन्हें अपनी सुविधा के लिए एक सुघड़ गृहिणी की बजट-मैनेजमेंट का नाम दिया जा सकता है। वे घरेलू औरत की लिजलिजी भूमिका से उस समय मुक्त होकर गत्यात्मक छवि ग्रहण करती हैं जब जस्टीफिकेशन के सदियों पुराने अभ्यास को दरकिनार कर अपनी प्रोमोशन और ट्रांसफ़र जैसी महत्त्वपूर्ण ख़बर भी

पति को बताने से इन्कार कर देती है। आत्मसम्मान और गरिमा के लिए लड़ा जाने वाला यह अघोषित युद्ध है। पत्नी के लिए दाम्पत्य सम्बन्ध पति की मेहरबानियों का जखीरा नहीं होता, और न ही अपने को यौनकर्मी/दासी में रिड्यूस कर देने की विवशता। दाम्पत्य सम्बन्ध हार्दिकता और परस्पर विश्वास का अटूट सूत्र है जो एक ही धरातल पर खड़ी दो इतरलिंगी इकाइयों में मनुष्यता का विकास करता है। दाम्पत्य सम्बन्ध की इस अर्हता को जो समझता ही न हो, उसके साथ एडजेस्टमेंट और लोचशीलता के नाम पर दूसरा व्यक्ति कब तक लिथड़ता रहे? आर्थिक आत्मनिर्भरता का आस्वाद मिसेज़ बगड़वाल अपनी ज़िन्दगी में कई बार चख चुकी हैं, और कामकाजी स्त्री होने के नाते अकेले चुनौतियों से जूझने का साहस भी कई बार प्रमाणित कर चुकी हैं। बस, मात खाई है तो पत्नीत्व के युद्धस्थल में जहाँ अपने लिए सन्धिपत्रों की सफ़ेद झंडियाँ ही बटोरती रही हैं। आर्थिक आत्मनिर्भरता को पहली बार मनोबल बना कर वे पति के सामने पत्नी नहीं, 'पति' बन कर तन गयी हैं। कहती रहे दुनिया कि ऐसी औरतों के मारे ही घर टूटते हैं, लेकिन मिसेज़ बगड़वाल के रूप में उभरी मज़बूत स्त्री रत्ती भर परवाह नहीं करती। स्थितियों को समझे बिना सतही समझ से जो फ़तवे दे, उससे क्यों उलझे स्त्री, जबकि वह जानती है, फ़तवे देने वाला अपनी करतूतों को जानने के कारण ही बचाव की मुद्रा में उस पर कीचड़ उछाल रहा है।

तमाम सहमतियों के बावजूद एक सवाल मुझे परेशान किये है कि स्त्री लेखन में पुरुष जितना क्रूर, खलनायक, संवेदनहीन और बर्बर चित्रित किया जाता है, वैसा घर-परिवार और असल ज़िन्दगी में दिखता क्यों नहीं? क्या इसलिए कि रिश्तों के बीच पसरी मोह की डोर निजी जीवन में आलोचनात्मक दृष्टि विकसित नहीं होने देती? या इसलिए कि अस्मितावादी लेखन समाजशास्त्रीय व्यवस्था के पुनरीक्षण की धुन में अतिरेकपूर्ण हो जाने को अभिशप्त है? स्त्री की तरह पुरुष भी क्रमिक भाव से अपने को पितृसत्तात्मक व्यवस्था के चंगुल से मुक्त कर रहा है – अपने व्यक्तित्व के ताने-बाने में संवेदना और सहयोग के क्षीण से तन्तु को बुन कर। खुद अल्पना मिश्र इस पुरुष को 'उनकी व्यस्तता' कहानी में सुदामाप्रसाद नाम से चीन्ह चुकी हैं। इस संवेदनशील पुरुष के साथ दाम्पत्य जीवन में रचनात्मक सौन्दर्य के रंग भरती स्त्री की आतुर प्रतीक्षा रहेगी।

किरण सिंह : समय के सीने पर इबारत लिखना आसान नहीं है

- *"हम हँसती हैं। बहुत हँसती हैं। अपनी हँसी से हम उन्हें चिढ़ाती हैं कि सबके बाद भी हम कितनी बेपरवाह और उद्दण्ड हैं। कि हम इतनी अश्लील हैं...। इतनी बेहया हैं कि हम पर रत्ती भर असर नहीं है। हमारी हँसी हथियार है जिससे वे सपने में डरते हैं। तुम भी हँसो, सब कुछ कर जाने के बाद, अपनी हँसती हुई आवाज़ को मारने से बचाने के लिए।"*
- *"मैं बाहर निकलना चाहती हूँ बाउदी। मैं औषधि की पत्तियाँ छूना चाहती हूँ। बहता पानी... गीली मिट्टी... जंगल... आसमान देखना चाहती हूँ बाउदी। मैं दौड़ना चाहती हूँ... खूब ज़ोर से हँसना चाहती हूँ... सब के जैसे जीना चाहती हूँ।"*
- *"मेरे अच्छे दिन स्थगित हैं, निलम्बित नहीं। हज़ारों लोग मुझे पीछे खींच रहे हों तो भी मैं कबड्डी के पाले की तरह उन दिनों को छू लूँगी। मैं बार-बार खिड़की के बाहर देखूँगी। हरामज़ादो! मुझे जान से मार के दिखाओ तो जानूँ।"*

किरण सिंह की तमाम कहानियों ने एक सघन प्रभाव बनकर मुझे चारों ओर से ढाँप लिया है। मैं उस प्रभाव को बूँद-बूँद पी रही हूँ... एकाग्रचित्त हो कुछ देर मनन करती हूँ... और फिर अकस्मात् एक कोरा काग़ज़ सामने खींच लेती हूँ। देख रही हूँ, सामने साहित्य-सलिला बह रही है। बस, एक छलाँग लगाने की देरी है, फिर प्रवाह के भीतर मैं!

सृजन आनन्द है!

अमृतमयी बरसात!!

भीजने में आपादमस्तक हरषाने का सुख़!!!

लेकिन कोरे काग़ज़ पर टिके पैन में कोई जुम्बिश नहीं हुई। हरहराती सलिला इन्तज़ार करते-करते सूख गयी... और अड़ियल टट्टू बने पैन के इस पार मैं अन्तस को जड़-पत्थर होते देखती रही। न भाव की हिलोरें, न विचार का उजास, तर्क-विश्लेषण की जीवन्त औज़ार सब जाने किस खोह-कन्दरा में...। मन के आँगन में धूल भरे बगूले...

...कहानियों के प्रभाव की महीन रेशमी तारें धीरे-धीरे निष्प्रभ हो वहीं सिकुड़ गयी हैं। प्रभाव में आँधी बन कर आवेष्टित करने की ताक़त ज़रूर होती है, उड़ा कर किसी आसमान में नृत्य का आनन्द देने की हिलोर नहीं। प्रभाव आवेश का पर्याय बेशक न हो, उसका समानधर्मा तो है ही। चित्त के उबाल की अनिवार्य स्थिति!

मंथन से पहले आवारगी का सुख़!

जानती हूँ, आलोचना किसी 'और' के बहाने अपने भीतर की एक जाँच है और फिर सृजन के ज़रिये समूची मनुष्य के साथ जुड़ जाने की चाह। आलोचना अपने ही तलघर की विश्लेषणात्मक शिनाख़्त है जो आलोचक की बेख़्याली में दबे पाँव बाहर चली आती है और फिर अपनी गिरफ़्त में ले उसकी 'आँख' बन जाती है। वह चित्त के उबाल को साध कर विवेक बना देने की प्रखर वैचारिकी है। बावजूद इसके सबकी तरह मानती रही हूँ कि आलोचक और क्या है – साहित्य का गम्भीर पाठक ही तो! और प्रचलित साहित्य-संस्कार को ग्रहण कर हठपूर्वक जताती रही हूँ कि आलोचक एक ऐसी शख़्सियत है जिसकी पैठ कृति के बाहर है...। रचना की परिधि की परिक्रमा करने तक सीमित, और दायित्व है लेखक की मन्तव्यों और व्याकुलताओं को अपनी व्याख्या द्वारा सरलीकृत कर अन्य पाठकों तक पहुँचाना। लेकिन अब लगता है कि गम्भीर पाठक कितनी ही गम्भीरता, निस्संगता और समग्रता से कृति का पाठ क्यों न कर ले, आलोचना की बुनियादी शर्त पूरी करने के बावजूद वह आलोचक तब तक नहीं बन सकता जब तक कृति और ज़िन्दगी के समानान्तर उठती सृजनात्मक अकुलाहटों को अपने व्यक्तित्व की जीवन्तता का संस्पर्श नहीं दे पाता।

आलोचक को किसी ताले की डुप्लीकेट चाबी मानना दरअसल आलोचना की तौहीन करना है, उसके भीतर साँस की तरह रची बसी सृजनात्मक

अकुलाहटों को सुनने से इनकार करना है जो आलोचक को रचना का व्याख्याकार नहीं, रचना का समानान्तर पाठ करते हुए युग-सत्य के एक और कोण के एक और सर्जक का रूप देती हैं।

मैं फ़िलहाल किरण सिंह की कहानियों को मुल्तवी कर कहानी मात्र पर, कहानीकार और कथालोचक की जुगलबन्दी पर विचार करना चाहती हूँ।

कहानी, मेरी नज़र में, जीवन-यथार्थ को देखने की एक है दृष्टि है। पहले कहानीकार के ज़रिये, फिर आलोचक के ज़रिये।

दोनों दृष्टियों का सम्मिलित पाठ ही कहानी को मुकम्मल रूप देता है, क्योंकि दोनों अपनी मूलभूत भिन्नता और विशिष्टता (कहानीकार और कथालोचक) को खोकर अन्ततः जीवन-यथार्थ के पाठक-अन्वेषक और सर्जक ही हैं।

सबसे पहले कहानीकार जो ज़िन्दगी का पाठक है। ज़िन्दगी के भीतर विडम्बना या अन्तर्विरोध, हसरत और हक़ीक़त के रूप में लिपटी कितनी ही परतों को खोल कर उनके साथ एक सम्बन्ध बनाता है। ज़िन्दगी अपनी सम्पन्नता या समग्रता में किसी के सामने पूरी नहीं खुलती। दरअसल ज़िन्दगी ख़ासी शर्मीली शै है जो गठरी में लिपटी गुड़ी-मुड़ी पड़ी रहती है। कहानीकार निजी उद्वेलनों के वशीभूत हो उस गठरी को जितना खोल पाता है, और संवेदनात्मक कल्पना के साथ मनन कर जितना उसे अपनी मनोवृत्तियों के अनुरूप रच पाता है, वही उसका ज़िन्दगी का निजी पाठ है। वही कहानी का मूलाधार भी है। कहानी में युग-सत्य तटस्थ निस्संग रूप में उपस्थित नहीं होता। वह कहानीकार की रागात्मकता और सोद्देश्यता के चटख-धूसर रंग में रंग कर उसके व्यक्तित्व और मेधा, दृष्टि और लक्ष्य का अक्स बनकर उभरता है। इसलिए कहानी में प्रथमदृष्ट्या चरित्र, घटनाएँ, वातावरण भले ही प्रमुख लगें, वे वस्तुतः बेहद गौण हैं; या उनकी अर्थवत्ता लेखक की भीतरी रचनात्मक हलचलों को उजागर करने के लिए एक ठोस आधार जुटाने के लिए है। ज़ाहिर है वे माध्यम भर हैं – अपने समूचे अस्तित्व के साथ जीवन्त लेकिन अपनी निजी स्वायत्त सत्ता को तिरोहित कर लेखक तक पहुँचने की सीढ़ियाँ बनने को व्याकुल!

कहानी में निहित कहानी की संवेदना की खोज इस पाठक (कहानीकार) के बिना नहीं की जा सकती।

आलोचना कहानी (कृति) का गम्भीर, संवेदनशील विश्लेषणात्मक पाठ है; लेखक के प्रभामण्डल से आवेष्टित हो 'तूँ तूँ करता तूँ भया, मुझमें रही हूँ' की अद्वैत अवस्था नहीं। अद्वैत यानी अभिन्नता आलोचना ही नहीं, किसी भी साहित्यिक विधा के लिए ख़ासी घातक मनोवस्था है, क्योंकि साहित्य व्यक्तित्व के विलय का हामी नहीं, व्यक्तित्व के समानान्तर स्वायत्त उभार की प्रेरणा है। अभिन्नता सम्मोहन की मतिभ्रम विमूढ़ावस्था भी हो सकती है, और समर्पण की दबी-कुचली गूँगी दीनता भी। दोनों ही अवस्थाओं में अपनी निजता से छिटककर दूर जा पड़ने की प्रतीति! आलोचना आँख पर कृति के प्रभाव की पट्टी बाँधकर समय के संग संलाप करना नहीं है, जहाँ आगे बढ़ने के गलियारे में कृतिकार ही मार्ग सुझाये और संवाद का एजेंडा भी वही तय करे। आलोचना कालीन से ढँके गलियारों पर चलने की बजाय धूल-काँटों भरी पगडंडियों पर अपनी ही धुन और दृष्टि के साथ बढ़ते चलने का जुनून है। चूँकि वह एक अनवरत खोज है – सत्य के बहाने आत्मसाक्षात्कार की, और आत्मसाक्षात्कार के बहाने समय-समाज-मनुष्य के साथ अपने अन्तःसम्बन्ध को जानने की खोज – इसलिए उसे अकेले ही चलना होता है।

निर्भार होना आलोचना की पहली शर्त है, अमूर्त या घुलनशील होना नहीं।

निर्भार होना बाहरी प्रभावों, सामाजिक संस्कारों, व्यवस्थाजनित पूर्वाग्रहों और निरंकुश वैचारिक प्रतिबद्धताओं से मुक्त होना है जो काई-मिट्टी की अपारदर्शी परत बन कर निजी दृष्टि को ढांप लेती हैं।

आलोचना अपने समय की बौद्धिक प्रहरी है – सृजनशीलता के वजूद पर टिकी।

अब मैं कहानियों के प्रभाव को अपनी यात्रा का प्रस्थान बिन्दु बना कर चलने लगी हूँ। सामने एक ही सवाल है कि...। लेकिन सवाल ऐसा ढीठ है कि सामने से हटता ही नहीं। धृष्ट अन्दाज़ में पूछे जा रहा है कि प्रभाव आख़िर है कहाँ? क्या कहानी में? यदि कहानी में, तो कहाँ ? या अमूर्त, ठीक उसी तरह जैसे फूल के भीतर सुवास वास करती है और उछल-कूद कर जगह भी नहीं घेरती? या प्रभाव का बसेरा पाठक की संवेदना में है? लेकिन संवेदना का आयतन तो हर पाठक का अपना-अपना होता है न! तो क्या प्रभाव भी उसी आयतन के अनुरूप अपने को फैलाने-सिकोड़ने की प्रक्रिया है?

या कहानी का टेक्स्ट और पाठक की संवेदना दोनों दो अलग-अलग चीज़ें हैं, और जब तक एक-दूसरे में गुँथ कर जीवन्त और सक्रिय नहीं होतीं, प्रभाव नामक रसायन की उत्पत्ति नहीं कर पातीं? दरअसल प्रभाव पाठक के भीतरी संसार में धड़कती ज़िन्दगी, अनुभवों, आकांक्षाओं और अधूरे सपनों का संगीत है जो कभी दर्द की लहर बनकर, कभी प्रेम की बौछार की तरह बरस कर, और कभी सवालों की बौखलाहट भरी फटकार बन उस तक पहुँचता है। ठीक वही प्रक्रिया जिसे ज़िन्दगी से जूझते हुए कथाकार ने अपने भीतर जिया और महसूस किया।

आलोचक की रचनाधर्मिता पहली स्टेज पर कुशल नट की तरह सन्तुलन साधने के कौशल में निहित है। भोक्ता और द्रष्टा—दो विपरीत ध्रुवों पर बैठकर उसे ज़िन्दगी के मर्म को पकड़ना है जो फ़िलहाल कहानी के कैनवस में कहीं छिपा है। कहानी जिस क्षण एक औसत पाठक की तरह उसकी भावनाओं को उद्‌बुद्ध करती है, ठीक उसी पल उसकी चेतना डूबने के ख़तरे से ख़बरदार करते हुए उसे चैतन्य भी बनाये रखती है। अन्यथा भावना के भावुकता में रिड्यूस हो जाने के ख़तरे बढ़ जाते हैं, जहाँ ज़िन्दगी को आत्ममुग्धता के मनोहारी चश्मे से देखने का चलन मूल्यों को अनुशासित करने लगता है। पाठ की प्रक्रिया में भावना को नीची नज़र से नहीं देखा जा सकता। भावना का उद्‌बुद्ध होना संवेदना को समानुभूति में ढालना भी है, और आस्वाद की प्रक्रिया को तीव्रतर करना भी है। चेतना भीतर के टीलों और कूल-किनारों से टकराकर पहले स्तर पर पाठ को ग्रहण करती है। फिर दूसरे स्तर पर अपने तलघर, कथाकार के पर्यवेक्षण एवं अन्तर्दृष्टि, तथा ज़िन्दगी की विडम्बनाओं को एक-दूसरे की संगति में, एक सीध में गुनते हुए ज़िन्दगी और ममत्व के पार किन्हीं अ-दीखती सच्चाइयों को देखती है। इसे आलोचक की विश्लेषण-क्षमता भी कह सकते हैं और अपने को निर्भार करते हुए जीवन और समय के उत्खनन की मानवीय आकांक्षा भी।

कलाएँ समय के पार जाकर समय के सीने पर अपनी आकांक्षाओं और सपनों की मुहर लगाने का निजी प्रयास ही तो हैं – वैयक्तिकता के सघन संस्पर्श के साथ।

ज़ाहिर है सृजन निरपेक्ष हो ही नहीं सकता। वह अपनी अन्तिम टेक में सर्जक (कहानीकार-आलोचक) के सपनों का अक्स हुआ करता है।

फिर भी फ़र्क़ करना चाहें तो कह सकते हैं कि जहाँ रचना 'आलोचना का स्वप्नशील संवेदन' है वहीं आलोचना 'विश्लेषण का सृजनात्मक विवेक' है।

कहानी की दुनिया में दबे पाँव

कहने को 'यीशू की कीलें' किरण सिंह का पहला कहानी संग्रह है लेकिन 2009 से 2015 तक की कालावधि में बेहद श्रम और मन्थन के साथ रची गयी इन कहानियों में अपनी पाँत अलग बना लेने का आत्मविश्वास अलग ही चमकता है। विस्मय को रहस्य तक ले जाना और फिर कौतूहल को संश्लिष्ट करते हुए उसमें युग-सत्य की बारीकियों को उकेरना किरण सिंह के सरोकारों और संवेदनशील विवेकशीलता की ओर संकेत करता है। आज जब परम्परा, इतिहास और विचार तीनों के अन्त की घोषणाएँ की जा रही हैं, और चुनी गयी स्मृतिहीनता के साथ अराजकता को नत्थी कर सांस्कृतिक राष्ट्रवाद के सहारे व्यक्ति के भीतर भय और घृणा की नकारात्मक प्रवृत्तियों को उसके 'होने' की शर्त के रूप में रोप दिया गया है, तब किरण सिंह की कहानियाँ कर्मठता, जिजीविषा और स्वप्नशीलता के साथ ज़िन्दगी का अभिषेक करती नृत्यमयी मुद्रा में उपस्थित होती हैं।

सोचती हूँ, क्या है इन कहानियों में जो अनायास बाँधता है।

कौतूहल?

मैं सवाल करने को होती हूँ कि लेखिका स्वीकार की मुद्रा में इसे अपनी कहानियों की बुनियादी ताक़त के रूप में चिह्नित करती नज़र आ जाती हैं जब 'ब्रह्म बाघ का नाच' कहानी में कथावाचक सिंहासन के मुख से कहलाती हैं– "कथा की पहली पंक्ति आसमान की चील होती है जो झपट्टा मारकर सुनने आये शिकार को दबोच लिए अपने साथ ले उड़े।" लेकिन पाती हूँ कई बार जवाब कौतूहल को शान्त नहीं करते, सवालों की श्रृंखला को बढ़ाते चलते हैं। कौतूहल और रोमांच तो अलिफ-लैला, या समुद्री यात्राओं में भी भरपूर होता है। साँस रोके रहने की हद तक। तो क्या मनोरंजन भी साहित्य का मूल तत्त्व है?

न!!

सवाल से ज़्यादा स्पष्ट है सवाल का जवाब कि कौतूहल और रोमांच, मनोरंजन और रोचकता साहित्य का प्रथम चरण हो सकता है, अन्तिम उपलब्धि नहीं। साहित्य लार्जर दैन लाइफ होता ही इसलिए है कि वह रोमांच और रहस्य दोनों को धता बताकर मनुष्य के मर्म में प्रवेश करे।

मर्म यानी संवेदना और विवेक की मिट्टी से बना ऐसा स्थल जहाँ यथार्थ से लहूलुहान होने के बाद यथार्थ के पुनर्सृजन के सपने (आइडिया) भी वहीं बसते हैं क्योंकि कहानी यथार्थ का उत्खनन करने की प्रक्रिया में यथार्थ के साथ अपने सम्बन्धों को पहचानने की दृष्टि अन्वेषित-परिमार्जित करती चलती है। इसलिए बेचैनी, तिलमिलाहट, ऊर्जा, स्फूर्ति और निराशा के गहरे अन्धकार में हर टिमटिमाती आशा की लौ इस पूरी प्रक्रिया में आद्यन्त बनी रहती है। कहानी आत्मसाक्षात्कार के ज़रिये युग-संश्लिष्टता का दर्शन है—अपने-अपने स्तर पर लेखक-पाठक-आलोचक, सभी के लिए। किरण सिंह की कहानियाँ कहानी की इस अर्हता को बख़ूबी पूरा करती हैं। ये कहानियाँ एक पल या खण्ड की नोक पर रचे गये भावोच्छ्वास नहीं हैं, बल्कि परम्परा, इतिहास और विचार तीनों को गरिमामय स्पेस देकर कहानी को केन्द्र में लाती हैं। इन कहानियों की एक और ख़ासियत है, और वह है इनका नयी कहानी आन्दोलन की ताज़गी, महक और स्फूर्ति से सराबोर होना। यह अनायास नहीं कि राजेन्द्र यादव पुस्तक के ब्लर्ब में दी गयी अति संक्षिप्त टिप्पणी में उमग कर नयी कहानी के साथ किरण की कहानियों के साम्य का स्मरण करते हैं। दरअसल रोमान और आदर्श के साथ युग की विभीषिकाओं से साक्षात्कार करते हुए 'नयी कहानी' जिस तरह व्यक्ति की गरिमा को अक्षुण्ण रखती थी, और व्यक्ति के ज़रिये जीवन-मूल्यों की रक्षा में रत थी, ठीक वही प्रतीति किरण सिंह की कहानियाँ पढ़ने पर भी होती है। फ़र्क़ यह है कि रोमान और आदर्श को उन्होंने स्थितियों की निस्संग जाँच में तब्दील कर दिया है, घुटन और विवशता को संघर्ष की अनथक कर्मठता में ढाल दिया है, और नाज़ुक सपनों को दृढ़ संकल्प का रूप देकर गति को जीवन का मूल मन्त्र बना दिया है। किरण सिंह की हर कहानी समाज के हाशिए पर छिटका दी गयी अस्मिता के संघर्ष का बयान है। इन कहानियों की ख़ासियत यह है कि ये व्यक्ति की दृष्टि से समाज को देखने और पुनर्सृजित करने का स्वप्न पालती हैं।

1

"मृत्यु के समय आँखें नहीं, सच देखने का अन्दाज़ उलटता है।"
बनाम "ऊँचाई की ओर जाता हुआ इन्सान मौलिक होता है।
उसकी कार्बन कॉपी या छाया नहीं बनती"

सांस्कृतिक आतंक के सहारे एक ख़ास तरह की जीवन पद्धति को समय का सच बना देने वाले दौर में जब निर्भीक अभिव्यक्ति के ख़तरे बढ़ गये हों, तब लादे गये जीवन-मूल्यों और थोपी गयी महान्ताओं को अँगूठा दिखा कर ठीक धर्म को ही कर्मकाण्ड में रिड्यूस करती क्षुद्रताओं का रेशा रेशा उधेड़ने लगती हैं कहानीकार। किरण सिंह की विशेषता है कि तमाम उत्पीड़न-शोषण सहने के बावजूद उनके पात्र प्रतिशोध को नहीं, सकारात्मक प्रतिरोध को अपनी अस्मिता का पर्याय बनाते हैं। ज़ाहिर है तब जिजीविषा जीवन का उल्लास बनकर नये वक़्त का सृजन करने का बीड़ा स्वयं उठाने लगती है। 'द्रौपदी पीक' कहानी इस दृष्टि से संग्रह की सर्वश्रेष्ठ कहानी कही जा सकती है जो एक साथ दो घटनाओं को लेकर चलती है। एक ओर घुँघरू की कथा है जो स्त्री-जीवन की विडम्बनाओं के साथ-साथ प्रेम के मर्म को खोजते हुए पूरी पितृसत्तात्मक व्यवस्था का पुनरीक्षण करती है, तो दूसरी ओर नागा साधु पुरुषोत्तम की कथा है जो धर्म नामक इंडस्ट्री की कूटनीति, षडयन्त्रों और मनुष्यविरोधी चेहरे को बेनकाब करते हुये महन्तों-मठाधीशों के सांस्कृतिक साम्राज्यवाद को चुनौती देती है। 'नागा... माने जो संसार में है ही नहीं'... यानी 'ब्रह्म सत्यं जगत मिथ्या' का आध्यात्मिक उद्घोष। लेकिन अध्यात्म जब इदन्नमम कहते-कहते 'अहं ब्रह्मास्मि' के भाव से स्वयं को महिमामण्डित करने लगे, तब कर्मकाण्ड में विकसित होते ही वह अपना औदात्य और परिष्कार का ऊर्ध्वोन्मुखी मार्ग खो देता है। देश भर में सभी प्रमुख तीर्थस्थानों ख़ासकर कुम्भ-मेला स्थलों पर नदी के घाटों पर क़ब्ज़ा जमाये नागा साधुओं की टोली समाज, मनुष्य या मनुष्यता के कल्याण के लिए नहीं है, अपनी जीविका और साम्राज्य बनाये रखने के लिए समाज को जटा-जूट-त्रिशूल में परिसीमित धर्म के नाम पर डराने में परहेज नहीं करती। "हमारे नव नागा अखाड़े को धन का नहीं, जन का लोभ है"–किरण सिंह खुद कथा-परिदृश्य में उपस्थित नहीं होतीं, अवधू नामक नव नागा साधु को प्रवक़्ता बना नाटकीय शैली का इस्तेमाल करते हुए उसी के मुँह से अपने समाज की बीभत्स कार्यशैली का 'गुणगान' कराती हैं। ठिठुरते जाड़े में कुम्भ के मेले के दौरान गंगा मैया के निर्जन तट पर पहरा देना, छपाक की आवाज़ के साथ किसी बोरी का जल में गिरना, और उस 'मछरी' को पकड़ने के लिए एड़ी-चोटी का ज़ोर लगा देना नव नागा साधुओं का सबसे बड़ा कार्य व्यापार है क्योंकि बोरी में बन्द यही 'मछली' सामाजिक मर्यादा के

भय से फेंका गया बालक है – उनके समाज की वृद्धि का अहम कारक। "पाप की सन्तानों से आपको क्यों आपत्ति है महामण्डलेश्वर? कोई हिन्दू अपनी सन्तान नागा साधु बनने के लिए नहीं चढ़ा रहा है... तो हम क्या करते? हार कर हमने प्रशासन के कुछ लोगों से करार किया। आप तो जानते हैं खोये बच्चे... चुराये बच्चे... मेले में माँ के हाथ से हाथ छुड़वाये बच्चे... ये सौ में बारह ही घर पहुँच पाते हैं। बचे अट्ठासी कहाँ गये? हमने उन्हें समझाया कि अंग प्रत्यारोपण के बाद इनकी मुलायम बोटी नालों में डाली जाये, भिखारी बनाने के लिए इनके पाँव आरा मशीन तले रखे जायें, अरबी शेख़ों का ये चूतड़ मलें, इससे अच्छा आप दो चार को हमें दे दीजिए...। धर्म कार्य से अपना इहलोक-परलोक लोक सुधारिए।"

कर्मकाण्ड का पर्याय बना धर्म कल्याण की ध्वजा फहराने का दावा करता है, लेकिन मनुष्य की निजी अस्मिता का सबसे बड़ा संहारक है। प्रेम की जगह घृणा और उन्माद, विश्वास की जगह भय और आतंक, सहज नैसर्गिक जीवन की जगह वर्जनाओं और प्रवंचनाओं को अपनी साधना पद्धति बना कर यह तथाकथित धर्म अपने ही चेलों-अनुयायियों को 'मनुष्य' होने की नियामत से वंचित करता है। इनका स्त्री के प्रति द्वेष जग ज़ाहिर है, लेकिन साथ ही स्त्री के प्रति अदम्य आकर्षण भी है। ब्रह्मचर्य को अपने आध्यात्मिक तेज़ का पर्याय घोषित करते-करते भीतर से कितने हिंसक, खोखले और ऊर्जाविहीन होकर यान्त्रिक कठपुतलियाँ भर बनकर रह गये हैं, यह वे ख़ुद भी नहीं जानते। धर्म आत्मसाक्षात्कार और आत्मालोचना का सर्वश्रेष्ठ माध्यम है लेकिन कर्मकाण्ड के नाम पर चलाया गया धर्म का सिक्का छलना और आत्मछलना में अपनी सार्थकता ढूँढ़ता है। इसलिए इन्हें समग्र तस्वीर नहीं, बल्कि तस्वीर का वही रुख दिखाई देता है जो इनके मनोनुकूल है। मसलन नैतिक वर्जनाओं, आचार संहिताओं के कठोर पालन के बाद निकली मान्यताएँ कि 'अवैध' सन्तान स्त्री के गर्हित आचरण की उपज है, पुरुष का इससे कोई लेना-देना नहीं; कि ब्रह्मचारियों के लिए रति-सम्बन्ध और प्रजनन में दिलचस्पी लेना वर्जित है, लेकिन अपने गर्हित आचरण के कारण गर्भवती हो जाने वाली विधवाओं और कुमारी कन्याओं को आश्रम में 'शरण' देने में कोई परहेज नहीं क्योंकि साँड़ रूपी पदाधिकारियों से गाभिन हो जाने के बाद "धर्म कार्य के लिए उत्पादन करने पर उनका पाप कटेगा।" एक पन्थ दो काज!

व्यंग्य किरण सिंह की लेखन शैली का औज़ार नहीं है। वे तो बस तल्लीनता से दबे-ढके तथ्यों को कुरेदती चलती हैं, और इस उलट-पलट में बहुत भीतर धँसे सत्यांश जब उघड़ते हैं तो संवेदना और स्तब्धता, विवशता और आक्रोश का प्रकाश पड़ते ही व्यंग्य की महीन धार बन चमकने लगते हैं। किरण सिंह की विशेषता है कि वे पर्याप्त शोध के बाद तथ्यों को अपनी संवेदना का हिस्सा बनाती हैं। अखाड़ों और आश्रमों की भीतरी रणनीतियाँ और साज़िशें, कदाचार और लिप्साएँ किसी से छिपी नहीं। अपने वर्चस्व के लिए मनुष्य 'बलि' से अधिक और कुछ नहीं। कई बार सवाल भी उठता है कि प्रेम, करूणा, क्षमा, त्याग, संयम आदि आदि 'महान' गुणों की बात करने वाला धर्म हिंसा, भय, आतंक और फ़तवे का निरंकुश रूप क्यों ले लेता है? 'द्रौपदी पीक' कहानी में किरण सिंह इन सवालों से बिल्कुल नहीं टकरातीं, लेकिन 'ब्रह्म बाघ का नाच' कहानी मानो अपनी सूक्ष्म व्यंजनाओं के साथ इस सवाल का जवाब देने 'द्रौपदी पीक' कहानी में चली आती है। अनागत का भय मनुष्य के भीतर बैठा सबसे बड़ा भय है। अनागत कई रूपों में उसे दहलाता है – मृत्यु का भय बन कर, रोग-शोक का भय बन कर। धर्म और संस्कृति ने इस भय के साथ नत्थी कर दिया है विधि का विधान–भाग्य का लेख जिसे मिटाया नहीं जा सकता, विविध अनुष्ठानों-उपायों द्वारा टाला जा सकता है। भारतीय मानस अनिवार्यतः धर्मभीरु है और पाखण्डी भी। इसलिए अपनी धर्मभीरुता को छिपाने के लिए वह सांस्कृतिक वैशिष्ट्य की खाल ओढ़ता है और अनुष्ठानों-पर्वों आदि के ज़रिये धार्मिक कर्मकाण्डों के कुचक्र में फँसता चलता है। धर्म मानो 'ब्रह्म बाघ का नाच' कहानी का नरसिम्हा बन कर ब्रह्म बाघ के प्रलयंकारी नृत्य के ज़रिये उसे डराने आता है, और वह ख़ौफ़ खाकर बदहवास पीछे भी हटता है – अपशकुन और अनहोनी के टल जाने के भोले विश्वास के साथ। और फिर लौटता भी है– उतनी ही दीनता और आतुरता के साथ... और फिर वही दुष्चक्र! नरसिम्हा को यदि धर्म के कर्मकाण्डी स्वरूप का प्रतीक मानकर कहानी का पाठ करें तो दो बातें स्पष्ट होती हैं। एक, धर्म और धर्मभीरु मानस दोनों एक-दूसरे की ताक़त बढ़ा कर अपनी-अपनी स्थिति को बरकरार रखे हुए हैं। उनमें पदानुक्रम (हाइरार्की) भी है, संवादहीनता भी और मानवीय संस्पर्श का अभाव भी। अपनी-अपनी हदों में बँध कर वे एक-दूसरे के लिए अपरिहार्य होने का विश्वास लेकर स्वयं को ठगते हैं, मानो जीवन ठग-विद्या का ही प्रतिरूप है, कुहासों को चीरकर निरभ्र आसमान की तलाश में बढ़ने की जीवट यात्रा नहीं।

दूसरे, धर्मभीरु मानस धर्म की सबसे बड़ी ताक़त है। वही उसकी पोषक-वृत्ति भी। आतंक के सहारे भय की सृष्टि उसके आँगन में चाँदी के खनकते सिक्कों की बरसात करती है, इसलिए हिंसक रूप के पीछे अपनी वास्तविकता को छिपाये रखना उसकी मजबूरी है। किरण सिंह 'द्रौपदी पीक' में नव नागा साधु समाज की इसी वलनरेबल आइडेंटिटी को उभारती हैं जब अपने अखाड़े की गिरती साख को बचाने के लिए महामण्डलेश्वर नागेन्द्र एक ही चाल में तुरुप के दो पत्ते एक साथ फेंकता है। एक, मुस्लिम विरोध का कार्ड खेलकर हिंदुओं की धार्मिक भावनाओं को उत्तेजित करना –"आप स्वयं देखिए कि गंगा जो हमारी पहचान है, वह कैसे मैली हो रही है। देखिए कि कानपुर में...। भैंसों के चमड़े ये मुसलमान जानबूझ कर गंगा में धोते हैं... पेशाब कहीं भी लगी हो, आकर गंगा में करेंगे... हम अब ये सब सहन नहीं करेंगे।" और दूसरे, 'राष्ट्र निर्माण' एवं 'धर्म-संस्कृति पुनरुत्थान' के लिए अपने किशोर शिष्य भरत के आमरण अनशन का ऐलान। कहानी आज के समय को रौंद कर आगे बढ़ते सांस्कृतिक राष्ट्रवाद की दुर्नीतियों की टोह नहीं लेती, लेकिन सांस्कृतिक राष्ट्रवाद की संकल्पना को समुन्नत और क्रियान्वित करने में औसत भारतीय की भूमिका पर प्रहार अवश्य करती है। साथ ही राजनीति के दक्षिणपन्थी चरित्र पर भी, जो वोट बैंक की रक्षा में दुबलाते हुए धार्मिक अखाड़ों द्वारा किये जाने वाले जनसंहार की ओर से आँख मूँद लेता है।

किरण सिंह की विशिष्टता तथ्यों को जस-का-तस रख देना नहीं है, तथ्यों की ठोस सुनिश्चितता से निर्मित पात्र को चरित्र की जीवन्तता में ढाल देना है। दरअसल पात्र चरित्र तभी बन पाता है जब लेखकीय मन्तव्यों का भार ढोने की बजाय वह स्वयं कथा में अपने व्यक्तित्व के साथ उपस्थित होता है – विडम्बनाओं और अन्तर्विरोधों के साथ। अपने को पाने की प्रक्रिया में अपनी ही ग्रन्थियों से जूझना, और फिर एक उन्नत व्यक्तित्व के साथ मनुष्य की गरिमा को समादृत करना ही पात्र से 'चरित्र' बनने की कुछ अर्हताएँ हैं जो नव नागा साधु पुरुषोत्तम को नागा समाज की अन्दरूनी दुर्बलताओं को खोलने का माध्यम ही नहीं बनातीं, बल्कि उसके भीतर साँस लेते 'मनुष्य' को उभार कर उसे एक सामान्य ज़िन्दगी जीने का आत्मविश्वास देती हैं। इस दृष्टि से यह कहानी आत्मसाक्षात्कार की ऊर्ध्व यात्रा का रूप ले लेती है जहाँ

ग्रन्थियों और पूर्वाग्रहों को अपने ही भीतर अंकुरित ज़िन्दगी की धड़कनों के ज़रिये निरस्त किया जा सकता है। स्त्री को 'पाप', योनि को नरक-द्वार, और प्रजनन को घृणास्पद कार्य मानने वाले पुरुषोत्तम के लिए मृत्यु का साक्षात्कार ही दरअसल जीवन का प्रवेश-द्वार है। हिमालय के विराटत्व ने उसे अहम्मन्यता के भीतर पलती क्षुद्रता का अहसास कराया है। क्षणभंगुर जीवन ने सारे विभेदों-विषमताओं का लोप कर मनुष्य को निखूट नैसर्गिक 'मनुष्य' के रूप में पहचानने का विवेक दिया है। विराट का दर्शन ग्रन्थियों से मुक्त हुए बिना सम्भव नहीं, और विराट के संग संवाद कर सकना दरअसल ईश्वर को पा लेना है। पुरुषोत्तम का हिमालय क्षेत्र में आरोहण उसे क्रमशः एक विवेकशील-संवेदनशील मनुष्य के रूप में 'अवतरित' करता है जहाँ मांसाहार और स्त्री-संसर्ग पाप नहीं, जीवन की स्वाभाविक क्रियाएँ बन कर आते हैं। यह वह स्थिति है जो दो अधूरे खण्डों में बँटे अर्धगोलाकारों को जोड़कर एक सम्पूर्ण वृत्त का रूप देती हैं।

किरण सिंह बेहद शिल्प-सजग कहानीकार हैं। वे जानती हैं कि विराट के सान्निध्य में अपने को खोजना दरअसल चीज़ों और अवधारणाओं को तमाम पूर्वाग्रहों से मुक्त होकर उनके नैसर्गिक रूप में देखना है। इसलिए एवरेस्ट की दुर्गम चढ़ाई की दुश्वारियाँ पात्रों की मनोग्रन्थियों को खोलने का सबब बन जाती हैं और उनके साथ आरोहण की यात्रा करता पाठक भी मानो समाज-व्यवस्था की जड़ों में लगी दीमक की तह तक पहुँच जाता है। कहानी में ऑब्जर्वेशन को आत्मोपलब्धि की सघन यात्रा बनाना तब तक सम्भव नहीं, जब तक लेखक यथार्थ के साथ अपने सम्बन्धों को पहचानने की दृष्टि अन्वेषित करता न चले। चूँकि कहानी कुण्ठा सिरजती ग्रन्थियों को जीवन के स्पन्दनों की ओर ले जाने वाले सपनों की सृष्टि करती हैं, इसलिए कहानीकार और पाठक दोनों के समक्ष मुक्ति के रोमांच को आह्लाद बना कर परोसती है।

2

तनाव का घनीभूत क्षण मुक्ति की सम्भावनाओं को रचता है बनाम 'भारत माता बाँझ नहीं है'

वही चरित्र लार्जर दैन लाइफ बनता है, जब वह जीवन के सत्य को अपने 'मैं' से परे जाकर गुनता-बुनता है, और उसे आत्मसाक्षात्कार का

बिन्दु बनाकर स्वयं यथार्थ के उत्खनन की प्रक्रिया में शामिल हो जाता है। चूँकि तनाव का घनीभूत क्षण मुक्ति की सम्भावनाओं को रचता है, इसलिए संघर्ष के साथ धीरज, और कर्म के साथ दृढ़ निश्चयात्मकता को जोड़कर किरण सिंह कहानी को शोध, पत्रकारिता या यथार्थ के सतही आख्यान की इकहरी कथा न बनाकर वक़्त की धारा को मोड़ देने वाले सार्थक हस्तक्षेप का दर्जा देती हैं। उनकी कहानियाँ जो प्रत्यक्षतया दीख पड़ता है, उसी का विरोध करते हुए ज़मीन में गहरी धँसी तरलता को केन्द्र में ले आती हैं। जैसे 'यीशू की कीलें' कहानी अपनी अन्तिम परिणति में पहले पाठ की मानिन्द राजनीतिक कहानी नहीं रहती। न ही हर तरह के यौन उत्पीड़न की शिकार भारती पार्टी सुप्रीमो की ड्रीम प्लानिंग का पुर्जा मात्र बनी रहती है।

व्यंग्य के निस्संग चुटीलेपन को संवेदना से सराबोर कर दो तो वह वचनविदग्ध शैली में स्थिति का विपर्यय बन कर धरती की गहरी कोरों में धँसी मारक सच्चाइयों को बाहर उघाड़ लाता है। 'यीशू की कीलें' पढ़ रही हूँ और अपनी मानस-आँखों से राजनीतिक बिसात पर चित-पट का खेल देख रही हूँ। ज़ाहिर है मन्नू भण्डारी का बहुचर्चित उपन्यास 'महाभोज' अपनी तमाम नाटकीय अभिव्यंजनाओं के साथ स्मृति में जीवन्त हो गया है। सुकुल बाबू और दा साहब! मानो आज की राजनीति के घिनौने चेहरे! जनता और कार्यकर्ता तो बकरी की तरह दुहे जाने के लिए हैं। दूध और मलाई सत्ता के पास, कारोबारियों के पास। ठीक हमारे समय-समाज की प्रतिच्छाया! लेकिन साहित्य प्रतिच्छाया भर नहीं है, लेखक की अन्तर्दृष्टि का घोषणा-पत्र है; समय के पाँव में चुभे कील-काँटों को बीनने के लिए झुकी एकाग्र दृष्टि है। इसलिए कहानी में दासाहब-सुकल बाबू की तरह अरिमर्दन उर्फ़ भैयाजी और उनकी पत्नी अन्नपूर्णा उर्फ़ सारा उस्मानी के आपसी रिश्ते, रंजिशें, तिकड़में, हत्या और राजनीतिक फ़ायदे प्रमुख नहीं रहते। प्रमुख हो जाती है भारती जो कड़वा-तीखा बोलने के लिए ख़ासी बदनाम हैं। बेशक वह अपने को पार्टी पर चढ़ा दी गयी 'देवदासी' कहती है, पार्टी उसे 'युवा दुर्ग' ही मानती है – तुर्क और दुर्गा शब्दों के संगम से बना चट्टानी वजूद 'दुर्ग'। वह भारती जिसका ग्यारह साल आठ महीने की नाबालिग उम्र में गर्भाशय निकाल दिया गया है, और बाईस साल की उम्र तक शरीर के हर छेद से इतना सफ़ेद पानी पिला दिया गया है

कि अब नींद भी वह बैठे-बैठे ले लेती है। लेकिन वही भारती न पाठकीय करुणा जगाने का मोहरा बनती है, न अन्धे प्रतिशोध का ज़रिया। वह नेताओं की बीभत्स कारगुजारियों के समानान्तर ज़मींदोज़ कर दी गयी हक़ीक़तों को पकड़ने की संवेदनात्मक अन्तर्दृष्टि जागृत करने की चेतना बन जाती है। वह सवालों के स्फुलिंग पाठक की चेतना में भर देना चाहती है कि क्यों अनाथालयों में लड़कों की संख्या ही अधिक होती है जबकि अवैध सन्तान के नाम पर वे लड़कियों की बनिस्बत कम फेंके जाते हैं, और अधिक मात्रा में गोद लिए जाते हैं? कि जो लड़कियाँ अनाथालय के रजिस्टर से गायब कर दी जाती हैं, वे आख़िर कहाँ जाती हैं? कि नेताओं, अधिकारियों, पूँजीपतियों की हवस के लिए सप्लाई की जाने वाली लड़कियाँ आती कहाँ से हैं? कि यौन-बाज़ार में लिप्त लड़कियों को घृणा की नज़र से देखने के अलावा औसत मध्यवर्गीय भारतीय ने इनके दुख-दर्द को धीरज और संवेदना से सुनने के लिए क्या एक पल भी गँवाना चाहा है? "हमारे समय की पच्चीस पार की आठों बूढ़ी लड़कियाँ इस समय अलग-अलग नेताओं के पास प्रशिक्षण के लिए भेजी गयी हैं। हम ताउम्र कुँवारी और गर्भाशय निकली बाँझ लड़कियों को महिला सशक्तीकरण का काम करना है। आरक्षित सीटों से संसद तक पहुँचना है। पार्टी सुप्रीमो को प्रधानमन्त्री बनाना है। हमने समाज सेवा की इच्छा से विद्रोह किया तो वे हमारे फुटेज जनता को दिखा देंगे। चरित्रहीन औरत को जनता रेबीज का वाहक समझती है।"

न, अपने भीतर पलते नरक की एक झलक दिखा देने का अर्थ घुटने टेकना नहीं होता; जिजीविषा के सहारे अपनी अन्तःशक्तियों को बटोरकर युद्ध का बिगुल बजाना होता है। भारती में दीनता और हीनता का नामोनिशान नहीं। वासना के विकृत खेल में बार-बार दाँव पर लगने के बावजूद वह प्रेम को उदात्त रूप देकर शिवेन्द्र के संग नये समय का सृजन कर सकती है। दरअसल शिवेन्द्र नेता अरिमर्दन का सिपहसालार होते हुए भी कहानी में भारती की अन्तःप्रज्ञा बनकर उभरा है – धीरज, हौसले और दूरदृष्टि से सम्पन्न अकम्प-अडोल आस्था। इसलिए वह सधे स्वर में कह सकता है कि 'जब जंगल में कुत्तों ने गिरोह बना लिया हो तो बछड़ों को अपना दूध पिलाने के लिए शेरनी को खेतों में चला जाना चाहिए।' ज़ाहिर है कहानी अन्तिम टेक में राजनीतिक और यौन शोषण की सतही सच्चाइयों के पार

जाकर अपनी तमाम सृजनात्मकता, स्वप्नशीलता और संवेदनात्मक उदात्तता के कारण भारती को भारत माता का प्रतीक बना डालती है – 'मैला आँचल' की डॉक्टर ममता की तरह।

'यीशू की कीलें' के अतिरिक्त राजनीति किरण सिंह की कहानियों में कहीं भी खुले रूप में नहीं आती, लेकिन व्यक्ति, सम्बन्ध और समाज-व्यवस्था को आकार देने में सतत् सक्रिय राजनीति अंडर करंट की तरह उनकी हर कहानी में दौड़ती नज़र आती है। 'ब्रह्मबाघ का नाच' शैल्पिक सधाव की कहानी है जो हर बदलती परिस्थिति में अपनी अस्मिता से ज्यादा वर्चस्व बनाये रखने के लिए ललकती मानवीय महत्त्वाकांक्षाओं को प्रकाश में लाती है। लेकिन साथ ही कहानी की अन्तर्ध्वनियाँ यह भी गुनती चलती हैं कि आतंक की सृष्टि करने वाला व्यक्ति स्वयं भीतर तक कहीं भयभीत रहता है। उसकी सन्तान उसकी तथाकथित लार्जर दैन लाइफ छवि के सामने संघर्ष की स्थितियों की अनुपस्थिति के कारण कमज़ोर, निष्क्रिय और अनुकम्पा पर जीती पीढ़ी का रूप लेने लगती है। कहानी का पाठ अचानक कहानी की चौहद्दियाँ तोड़ते हुए हमारे वर्तमान में अतिक्रमण करने लगता है और तब एक बड़ा सवाल खड़ा करता है कि क्या यह कहानी हमारे आज के आने वाले कल की कथा तो नहीं?

3

कहानीकार अपने सपनों को आशावाद के साथ सान कर एक नये युग की रचना करता है बनाम 'कथा-यज्ञ अपनी सिद्धि के लिए कथाकार की बलि माँगता है'

किरण सिंह की विशेषता है कि वह सिर्फ़ कर्म में विश्वास नहीं करतीं, कर्म को कर्मयोग के औदात्य तक भी ले जाना चाहती हैं। इसलिए तमाम प्रतिकूलताओं, विडम्बनाओं और स्खलन-विघटन के बीच भी वे अपने सर्जित चरित्रों को घुटने टेक कर रोने-बिलखने नहीं देतीं। उन पात्रों की गढ़त कुछ ऐसी है मानो कह रहे हों कि मरेंगे भी तो जीने की कोशिश करके मरेंगे। किरण सिंह स्रष्टा से ज़्यादा एक प्रेरक शक्ति के रूप में उन्हें निरन्तर आगे बढ़ने को कहती हैं –"ज़मीन कीड़ों से भर गयी है। मिट्टी कई बार पलट दो। फिर स्वस्थ बीज डालो...। तुम अपनी हत्या से मत डरना।

तुम्हारा मरना जब जीने से बढ़कर क्रान्ति ला देगा, तब तुम्हारे दुश्मन भी तुम्हें ज़िन्दा रखेंगे।" यही वजह है कि 'संझा' थर्ड जेंडर की समस्या पर रची कहानी मात्र न रहकर अस्मिता की तलाश की कहानी बन जाती है। शर्म सामाजिक डर को पैदा करती है, और डर व्यक्तित्वहीनता को। विधुर पिता के डर, शर्म और ममत्व की क़ैद में बन्दी संझा अपना 'गुनाह' नहीं जानती। न ही स्वस्थ प्राकृतिक जीवन की नियामतें। खिड़की से बाहर की दुनिया की हलचलों को देखकर या खुद ज़िन्दगी जीने का झूठा भ्रम पालकर वह अपने को और अधिक नहीं बहला सकती। हाँ, बाहरी लड़कियों की आकृति-प्रकृति, क्रिया-व्यापारों और वैद्य पिता के पास दवाई लेने आने वालों की बीमारियों को देख-सुन कर वह दुनिया को 'जानने' लगी है। ऑब्जर्वेशन उसका पहला गुरु है। देखती है, हैंड पम्प पर नहाती समवयस्का लड़कियाँ धीरे-धीरे उम्र का अन्तराल पार कर कैसे कपड़ों में अपने उभारों और गर्वमिश्रित लाज को ढाँप कर हँसती-खिलखिलाती हैं। वह पूछती है स्वयं से, पिता से कि मैं क्या हूँ? कौन हूँ? दूसरे लोग अलग क्यों हैं? वह नज़रों से टटोल रही है कि चौदहवाँ साल लगते-लगते जब उसके साथ की लड़कियों के अंग मुलायम और गदराये हो रहे थे, तब उसका "बदन तेल पिए हुए बाँस की तरह लम्बाई नाप रहा था। ऊँचाई के नाम पर सिर्फ़ गाँठें उभर रही थीं। उसकी ठुड्डी और होंठों के ऊपर भूरे रोंएँ उग रहे थे। गालों की हड्डियाँ उभर रही थीं और चेहरा तिकोने में लम्बा हो रहा था किन्तु एक अंग वैसा ही था, सूई की नोक के बराबर।"

नहीं, वह पिता के इस आदेश को नहीं मान सकती कि "तुम्हें ज़िन्दगी भर अपने को छुपाना है।" एक अंग न होने से क्यों "मैं किसी के काम की नहीं? जबकि गाँव में ऊसर औरतें भी हैं, और मान से रहती हैं।"

"मैं बाहर निकलना चाहती हूँ बाउदी! मैं औषधि की पत्तियाँ छूना चाहती हूँ। बहता पानी... गीली मिट्टी... जंगल... आसमान देखना चाहती हूँ। बाउदी, मैं दौड़ना चाहती हूँ...। ख़ूब ज़ोर से हँसना चाहती हूँ...। सब के जैसा जीना चाहती हूँ। आपके कहने से मैं ऐसे रह तो जाऊँगी, लेकिन दो-चार दिन की ही रह जाऊँगी बाउदी।" यह संझा के व्यक्तित्व-विकास का दूसरा चरण है, उसका दूसरा गुरू – निर्णय की कोख से उपजी संकल्पदृढ़ता। रात के अँधेरे में पिता के संग जंगल जाकर जड़ी-बूटियों की पहचान करना, और औषधि को 'अमरित' बना देने का हुनर विकसित करना संझा की गाढ़ी कमाई है।

संझा का तीसरा गुरु है – आत्मविश्वास। कमतरी के अहसास को ग्रन्थि बनाकर अपने ऊपर कुंडली न मारने देना, और जो मिला है, उसी का रचनात्मक उपयोग करते हुए अपने को दूसरों के लिए 'अपरिहार्य' बना लेना मुकम्मल मनुष्य होने की पहली पहचान है—अपनी सीमाओं के भीतर सार्थकता के उत्तुंग शिखरों को तलाश करने की ललक! यहीं से संझा के व्यक्तित्व-विकास का चौथा और सर्वाधिक महत्त्वपूर्ण चरण शुरू होता है जो उसे विद्रोह की प्रतिमूर्ति बनाकर नये 'मनुष्य-बोध' की जननी होने की भूमिका देता है। किरण सिंह की विशेषता है कि वे अपनी पात्र को व्यक्तित्व-विकास के तीनों सोपानों को पार कराए बिना जीवन संघर्ष में कूदने का न्यौता नहीं देतीं। जानती है कि बिना तैयारी के लड़ाई में कूदना आत्मघात का उन्मादी जुनून है, तो पुख्ता वैचारिक-मानसिक तैयारी के संग जंग का आगाज़ करना नये समय की इबारत लिखना है। पिता की छत्रछाया से बाहर आकर नपुंसक कनाई की सत्ताईस वर्षीया दुल्हन के रूप में किसी अनजाने गाँव में जीवन की दूसरी पारी शुरू करना संझा के लिए कम जोखिम की बात नहीं। जतन से ढाँपे गये 'भेद' के खुलने का भय भी है, और चौगाँव की दाहिनी पहाड़ी पर बसे किन्नरों द्वारा अपहृत कर लिए जाने का ख़तरा भी। अपने को छुपाते-उघाड़ते हुए पहली बार मनुष्य-समाज में प्रविष्ट हुई संझा हर पल मनुष्य के व्यवहार, सम्बन्ध और मनोविज्ञान की बारीकियाँ सीख रही है। पूर्वनिर्मित धारणाओं के नाम पर उसके पास कुछ नहीं। है तो चिर उत्सुकता, अपनी जान लगाकर कनाई और इलाज के लिए तड़पते हर 'बीमार' में जान डालने की ललक! संझा का संघर्ष सेवापरायणता, कर्मठता और समर्पण के ज़रिये बृहत्तर मानव समाज में उसकी पैठ मज़बूत करता है। मरीज़ों का उपचार करते-करते वह जान रही है कि विकृतियों के मूल में हर जगह 'लिंग' ही है। कहीं जानलेवा बीमारियों के मूल में हवस सरीखी कमज़ोरियाँ हैं तो कहीं वर्चस्व की साध। "मैं गर्भपात की औषधि लेकर रोज रात को न बैठूँ तो तुम मर्दों के मारे चौबासे की लड़कियों को नदी में कूदने के सिवाय क्या रास्ता है? तुम सबों की मर्दानगी-जनानगी के किस्से नाम लेकर सुनाऊँ क्या? उस रात जब मैं सोमन्ती के तीनों बच्चों को दवा देने आयी थी... सोमन्ती ने ही अपने बच्चों को ज़हर दिया था, अपने प्रेमी के साथ मिलकर... उन्नीस साल की कुनाकी, जिसने झंझट ख़त्म करने के लिए अपना गर्भाशय

निकलवा दिया... उसका आदमी ख़ुद उसे लेकर क़स्बे के साहबों के पास जाता था..." सिर्फ़ यही क्यों, ससुर ललिता महाराज! सखी सम्प्रदाय की ललिता सखी के वेश में क्या अपने 'गे' होने को संस्कृति के नाम पर गर्वपूर्वक नहीं छुपा रहे हैं?

संझा समाज द्वारा 'हिजड़ा' पहचान दिये जाने पर कुण्ठित नहीं होती, शर्मिन्दा ज़रूर होती है कि पिता की शर्म और भय में अपनी दुर्बलता मिलाकर असलियत को छुपाने का अपराध करती आयी है। इस अपराध के दण्ड के तौर पर वह सामाजिक तिरस्कार और मार को सह सकती है, लेकिन अपने-अपने 'अपराधों' की शर्म से मुक्त निर्लज्ज-नंगी भीड़ के हाथों 'मर' नहीं सकती। इस भीड़ को क़ाबू करने के लिए आत्मविश्वास चाहिए और चाहिए अपनी कन्विक्शंस का ऐलान कर अलग रास्तों के निर्माण की सृजनात्मक दृढ़ता। सौभाग्यवश संझा के पास 'मनुस्मृति' के रचनाकार महाराज मनु के राजगुरु वशिष्ठ जैसे पिता नहीं हैं जो मनु के पुत्र प्रद्युम्न (स्त्री रूप में इला) के किन्नर रूप से परिचित होने के बावजूद 'घृणा' और 'फुरफुरी' जैसे एहसास से मुक्त नहीं हो पाते। यदि संझा के पिता भी वशिष्ठ की तरह घुट्टी में उसे यही बताते कि उसके "पुरुष में स्त्रीत्व का संयोजन नहीं, हस्तक्षेप है। उसके स्त्रीत्व में पुरुष का सहयोग नहीं, अवरोध है" (प्रभाकर श्रोत्रिय, इला, पृ. 100) तो शायद अपनी अस्मिता (ज़िन्दा रहने का मक़सद) की उस अन्तिम लड़ाई में वह डंके की चोट पर सारे समाज से न कह पाती कि "न मैं तुम्हारे जैसी मर्द हूँ... न मैं तुम्हारे जैसी औरत हूँ। मैं वो हूँ जिसमें पुरुष का पौरुष है और औरत का औरतपन। तुम मुझे मारना तो दूर, अब छू भी नहीं सकते क्योंकि मैं एक ज़रूरत बन चुकी हूँ...। अपनी औषधियों में अमरित का सिफत मैंने तप करके हासिल किया है। मैं जहाँ जाऊँगी, मेरी इज़्ज़त होगी।" संझा की गर्वीली हुंकार में किन्नर समाज की उल्लेखनीय हस्तियों के नाम मेरे सामने अपनी उपलब्धियों और ग़ौरव भरे चेहरे के साथ एक-एक कर आ रहे हैं। बेशक इनके समानान्तर भीख माँगते, एड्स से तड़प कर जान देते, नाचते-गाते, अश्लील हरकतें कर अपनी ही मनुष्यता का सरेआम मज़ाक़ उड़ाते किन्नर आज भी अधिक संख्या में दीख पड़ते हैं, लेकिन स्त्री ही कौन सा तमाम चेतना, शिक्षा, आर्थिक आत्मनिर्भरता, और मुक्ति आन्दोलनों-विमर्शों की बैसाखियाँ लेकर लैंगिक पराधीनता के अभिशाप से मुक्त हो पायी है।

लक्ष्मीनारायण त्रिपाठी जिसे 'विजिबल' (दृश्यमान उपस्थिति) होना कहती हैं, उसे संज्ञा के साथ जोड़कर मैं वर्जनाओं को नकारते हुए अपने प्रकृत रूप में समाज के सामने आना कहूँगी – तमाम हकों को छीन कर अपने हिसाब से अपनी ज़रूरतें तय करने की ललकार के साथ।

पहले भी कह चुकी हूँ कि किरण सिंह की हर कहानी एक बयान है। लेखिका स्त्री के अन्तर्मन को खोलते हुए स्त्री सशक्तीकरण की अवधारणा को तमाम तरह की कटुता या संकीर्णता से मुक्त करती हैं तो स्त्री की अपराजेय संघर्ष शक्ति को उसकी सम्पूर्णता में पहचानने का आग्रह भी करती हैं। देवीशंकर अवस्थी पुरस्कार समारोह के दौरान दिये गये वक्तव्य में जब वे यह कहती हैं कि "मैं अपनी कहानियों की शुरूआत नहीं जानती लेकिन अन्त जानती हूँ। विकटतम स्थितियों में भी मेरी ये नायिकाएँ न हारेंगी। न मरेंगी। वे डरेंगी पर वे लड़ेंगी। न दैन्यं न पलायनं। मनुष्य से इतर किसी भी शक्ति में मेरा विश्वास नहीं। नहि मानुषात् हि श्रेष्ठतरं किंचित। नियति यदि बदनियति पर उतरी तो उसे मनुष्य के इस्पाती इरादों से टकराना होगा।" 'जो इसे जब पढ़े' की सुभावती हो या 'हत्या' की सुमा हो या 'देश-देश की चुड़ैलें' की नायिकाएँ–उनकी स्त्री स्वतन्त्र निर्णय लेती निर्भीक बोल्ड स्त्री है जो पराजित होकर टूटने-बिखरने की बजाय अपनी राख में से बार-बार ज़िन्दा बाहर निकल आने को बेचैन हैं। 'कथा सावित्री सत्यवान की' कहानी प्रथमदृष्ट्या देह का खेल खेलकर पुरुष का शिकार करती कुट्टनी स्त्री की कथा लगती है, लेकिन इसमें निहित सूक्ष्म अर्थव्यंजनाएँ स्त्री को देखने-समझने के सामन्ती संस्कार पर चोट कर स्त्री को पितृसत्तात्मक सत्ता की बिसात उलटने का नैतिक साहस देती हैं। शील और नैतिकता समय-समाज सापेक्ष अवधारणाएँ हैं जो किसी एक वर्ग-जेंडर की अस्मिता की बलि लेकर अन्त तक नहीं बनी रह सकतीं। यह कहानी बहेलिए का जाल उड़ाती चिड़िया-समूह की कहानी के बरअक्स बहेलिए को जाल में फँसाती चिड़िया को केन्द्र में लाती है। किरण सिंह की ख़ासियत है कि दुर्भावना, कटुता या पुरुष-विरोध को वे कहीं सिर उठाने नहीं देतीं क्योंकि कहानी-दर-कहानी स्त्री-पुरुष सम्बन्धों की गरिमा और परिवार संस्था के प्रति अपनी अगाध आस्था को पिरोती चलती हैं।

ज़ाहिर है किरण सिंह की कहानियाँ परम्परा, इतिहास, विचार -- तीनों के अन्त की घोषणाओं के बीच तीनों को पुनर्जीवित करने का हठीला अनुष्ठान हैं। यहाँ समय किसी एक पल या खण्ड की नोक पर सवार होकर कहानी में झिलमिलाता नहीं, अपने पूरे काल-चक्र के साथ उपस्थित हो कर व्यवस्था की गुँझलकों से टकराता है।

प्रज्ञा : समय के भीतर धँसना समय को रचना है

कोई भी अच्छी कृति यथार्थ का प्रतिबिम्ब भर नहीं होती। बहुपरती यथार्थ की भीतरी खदबदाहटों का जायज़ा लेते हुए वह स्वयं यथार्थ को दो स्तरों पर पकड़ने की कोशिश करती है। एक, यथार्थ की भीतरी खदबदाहटें समय की जिस क्रमिक वैचारिक प्रक्रिया का परिणाम हैं, वे अपनी सामाजिक-सांस्कृतिक परम्परा में वर्तमान और भविष्य को क्या रूप देने जा रही हैं? दूसरे, चोला बदलने की फ़िक्र में यथार्थ किस तरह के समाज और मनुष्य की निर्मिति कर रहा है? मनुष्य लकड़ी के कुंदे की तरह अपरिवर्तनशील इकाई नहीं है। परिवेशगत परिवर्तन विचार एवं संवेदना में झंझावात लाते हुए उसके मनोविज्ञान में परिवर्तन का कारण बन सकते हैं, जैसे स्वतन्त्रता आन्दोलन के दौरान सतह पर उमड़ते देश-भक्ति के सैलाब के बरअक्स भीतरी खन्दकों में पनपता साम्प्रदायिक वैमनस्य, जो मारकाट, आगजनी और विभाजन पर जाकर ही नहीं रुका, सांस्कृतिक राष्ट्रवाद को धार्मिक कठमुल्लापन का रूप देकर हमारे समय का भी अभिशाप बन गया है। इसलिए अच्छी कृति विश्लेषण के ज़रिये समय की संश्लिष्टताओं को थहाने के बाद समय का सृजन करने का बीड़ा उठाती है। ज़ाहिर है, उर्वर कथा-ज़मीन का चुनाव कृतिकार के सामने एक गम्भीर चुनौती बन कर आता है जहाँ घटना के ज़रिये समय की परिवर्तनशील वैचारिकता को पहचाना जा सके, और चरित्र के जरिये नयी चुनौतियों से मुकाबिल एक नयी उम्मीद को रचा जा सके। सृजनशील अपेक्षाएँ कड़े मानदण्डों को रचती हैं जो बदले में साहित्य की गम्भीरता को जीवन की गहनता से जोड़ कर देखने की अन्तर्दृष्टि बन जाते हैं।

'मन्नत टेलर्स' कहानी पढ़ते हुए मैं देर तक यही सोचती रही कि मनुष्य की अप्रतिरोध्य संघर्ष-क्षमता और जिजीविषा समय का सृजन करते

हुए न केवल सकारात्मक सरोकारों को सतह पर ले आती है, बल्कि एक पूरी परम्परा को तार्किकता और समग्रता में पढ़ने का विवेक भी देती है। निस्सन्देह उपभोक्ता संस्कृति इस वैश्वीकृत समाज में आर्थिक उदारीकरण का परिणाम है जिसने मनुष्य के अन्तर्मन और जीवन में ज़बरन घुसते हुए स्वयं उसे ही निरर्थक और अनुपयोगी बना दिया है। अब व्यक्ति की पहचान मनुष्यता नहीं, उसकी लोकतान्त्रिक उदार वैचारिक सोच नहीं, ब्रांड और पद और प्रदर्शन की बाहरी टीमटाम है। कपड़ों, क्रॉकरी और असबाबों से भरी अलमारियाँ जब ठसाठस ठुँसे घरों से किताबों को अपदस्थ करने लगें तो दरअसल वह विचार को नहीं, संवेदना को; मनन की प्रवृत्ति को नहीं, सहिष्णुता की उदात्तता को; अध्ययन को नहीं, चिन्तन को अप्रासंगिक बना देने की प्रच्छन्न जालसाजियाँ हैं जिन्हें समझना ग्लैमर की चुँधियाती रोशनी में अन्धी (विवेकहीन) हो गयी मानवीय वृत्तियों के लिए सम्भव नहीं। समय के सटीक मूल्यांकन के लिए एक वस्तुनिष्ठ दूरी की ज़रूरत रहती है, हरदम। या फिर ऐसी निस्संग परिपक्वता की जो सैलाब में डूबने की त्रासदी का शिकार होते हुए भी सैलाब को लाने में अपनी भागीदारी की रेशा-रेशा पड़ताल कर सके। अकारण नहीं कि 'मन्नत टेलर्स' के बरअक्स मुझे लैंडमार्क की तरह स्थापित पंकज बिष्ट की कहानी 'बच्चे गवाह नहीं हो सकते' याद आ जाती है। पैंतीस बरस के अन्तराल में रची दोनों कहानियाँ एक गहरी साझेदारी में गुँथ कर उपभोक्ता संस्कृति के इस विशाल काल-खण्ड को समझने का विवेक देती हैं। पंकज बिष्ट अपनी कहानी में दबे पाँव आती उपभोक्ता संस्कृति की आहटों को सुनकर बेहद सजग भाव से इसके संहारक दुष्परिणामों का आकलन करते हैं। विचार और संवेदना; संत्रास और आशा; तनाव और मुक्ति को साँसों का आरोह-अवरोह बनाकर वे जिस तरह मृत्यु के शोकगीत में आने वाले समय के सृजन की अनिवार्यता का सन्देश गूँथते हैं, वह मनुष्य को उपभोक्ता (तात्कालिकता) और संस्कृति (समय के सृजन की अनवरत चेतना) में पाये जाने वाले बुनियादी फ़र्क़ को समझने का आह्वान भी है। यही 'मन्नत टेलर्स' का प्रस्थान बिन्दु है– अपने समय के भीतर धँस कर अपने को और समाज को जानना!

उपभोक्ता संस्कृति मनुष्य की चेतना पर हमला है। महज़ पूँजीवादी ताक़तों का हमला नहीं, बल्कि पूँजी के नृशंस प्रसार को बेशर्मी से सहारा देती राजनीतिक और धार्मिक ताक़तों का संयुक्त हमला भी।

चेतनाविहीन मनुष्य को उपभोक्ता से उत्पाद बनकर अनुत्पादक एवं अप्रासंगिक करते चलना बेहद सरल है। वैचारिकता और स्वायत्तता को क्षरित करते चलने की यह प्रक्रिया अन्ततः मनुष्य को धर्म के हाथों फूटने वाला उन्माद; राजनीति की बिसात पर चला जाने वाला प्यादा; और पूँजी की दैत्याकार मशीन पर कसा एक पेंच बना कर छोड़ देती है। तब वर्तमान की पीड़ा अतीत की मनोहारी जुगाली में घुला-मिला दी जाती है। नगण्य होते चले जाने का दंश अपने से हीन पर ढाली जाने वाली 'दया' में अभिव्यक्त होने लगता है और ख़ामख़्वाह की चिड़चिड़ाहट किसी को कुचल देने की हिंसा में लरज उठती है। मनुष्य की बौनी होती चेतना अपने हाथों मनुष्य के पतन की गाथा लिखने लगती है। पिछले पैंतीस सालों में ढेरों-ढेर कहानियाँ उपभोक्ता संस्कृति के इसी आदमखोर मिजाज पर लिखी गयी हैं, जहाँ मनुष्य दम तोड़ देने को अभिशप्त है, या पूँजी का नव-उपनिवेश बनकर उसकी गुलामी का जुआ ढोने को। लेकिन इतना इकहरा और एकरैखिक नहीं होता समय। न ही मनुष्य की जिजीविषा, आशा और स्वप्नशीलता! इसलिए 'मन्नत टेलर्स' में प्रज्ञा रुदन और विलाप की, लोभ और कायरता की भुरभुरी ज़मीन पर पैर टिकाने से इन्कार करती हैं। न, नायक के रूप में किसी महामानव की परिकल्पना नहीं करतीं। अपनी ही स्वभावगत दुर्बलताओं और अन्तर्विरोधों से रचे गये सामान्य व्यक्ति को अपने समय का प्रतिनिधि बनाती हैं जो विशिष्ट है तो इस अर्थ में कि विचारशीलता को वह कोट की तरह नहीं पहनता; रक्त की तरह पूरे शरीर में प्रवाहित कर लेता है। इस वजह से वह दो स्तरों पर औसत आदमी से भिन्न हो जाता है। एक, नॉस्टैल्जिया के जानलेवा सैलाब में डूबने के लिए बेवकूफ़ाना भाव से आत्मघाती छलाँग नहीं लगाता, बल्कि बेहद तमीज के साथ स्मृति और नॉस्टैल्जिया में फ़र्क़ करना जानता है। स्मृतियाँ अतीत के सीने पर गड़े शिलालेख हैं जो ज़िन्दगी का ज्वार उतर जाने पर भी ज़िन्दगी की धड़कन से भरपूर हैं। उन स्मृतियों में इतिहास है, संस्कृति है, भूगोल है, और हैं समाज को मर्यादित-संचालित करती तमाम व्यवस्थाएँ; उन व्यवस्थाओं की दरारें भी जो घुटने टेक कर 'नये' को साम्राज्य स्थापित करने का निमन्त्रण देती हैं। नॉस्टैल्जिया में बृहत्तर सन्दर्भों को रचता समाज नहीं है, अपनी ही हताशाओं और मोहभंग के मलबे पर खड़ा व्यक्ति है – समय-समाज से असम्पृक्त एक इकाई – जो भय, असुरक्षा और निर्जनता के अवसाद से भर कर हाहाकार कर रही है।

नॉस्टैल्जिया में समय की पड़ताल का विवेक नहीं, अपनी हताशाओं का कीर्तन है। इसलिए वह खोखले शोर के अतिरिक्त कुछ नहीं प्रज्ञा खोखले शोर को अपना पाथेय नहीं बनातीं। वह विचार की निस्संगता को पड़ताल की मन्थर गति का रूप देकर क़दम-दर-क़दम समय को नापने का बीड़ा उठाती हैं। ऐसा नहीं कि नये-पुराने वक़्तों की तुलना कहानी में नहीं। बल्कि यह कहना ज़्यादा सही है कि तुलना ही कहानी को ज़मीन देती है और लेखिका की वैचारिक दृष्टि को पैनापन, जो बेहद दृढ़ता से इस बात को रेखांकित करती है कि आँधियों से उखड़े पैर भी नयी सभ्यताओं के सर्जक हो सकते हैं।

अँधेरे को रोशन करती लौ सरीखी स्मृतियाँ 'मन्नत टेलर्स' कहानी में पुल का काम करती हैं जिसके एक ओर खड़ा है बाज़ार के हाथों छला गया इक्कीसवीं सदी का चालीस वर्षीय युवक, और दूसरे छोर पर बचपन के संसार का रशीद टेलर, 'मन्नत टेलर्स' का मालिक-कारीगर-सेल्समैन सब कुछ। इन स्मृतियों में आत्मीयता, विश्वास और सद्भाव की महक है जिस कारण बाज़ार की पेशेवर निस्संगता पारिवारिकता की चौहद्दियों में घुल-मिल जाती है। प्रज्ञा की खूबी है कि वह अपनी ओर से कोई भी टीका-टिप्पणी किये बिना दोनों बाज़ारों के 'सत्य' को इस प्रकार आमने-सामने रख देती हैं कि शेक्सपियरन ट्रेजेडी में प्रयुक्त कॉमेडी-प्रभाव की तरह पुराना बाज़ार नयी उपभोक्ता संस्कृति के प्रभाव को गहराने लगता है। "उस समय में भी बाज़ार होड़ के नियम पर चलते थे पर होड़ लाभ-फायदे कमाने के संग बेहतर काम करने की भी थी; भरोसे और गारंटी को सुनिश्चित किये जाने की भी थी।" मनुष्यता के इस तत्त्व को अब बाज़ार ने ख़ारिज कर दिया है। उसकी जगह आ गयी हैं हर दिन नया धमाका करके सेल को बढ़ाने की चालें; फ़ैशन के दबाव जो हर तीसरे दिन चोला बदल कर अपने को पुराना घोषित करने के गुमान में बाज़ार की ताक़त बढ़ाते हैं और फ़ैशन की ही तरह आउटडेटेड हो जाने का ख़ौफ़ पैदा कर उपभोक्ता की जेब पर कैंची चलाते हैं ऑनलाइन शॉपिंग की सुविधाएँ जो दिन-रात के किसी भी लम्हे में बस एक क्लिक के ज़रिये ख़रीदारी की खुजली को शान्त कर देती हैं। क्या सचमुच यह स्थिति बाहरी परिस्थितियों द्वारा मनुष्य पर लाद दी गयी है? या उसके अन्तर्मन में पलते लोभ—हवस की ही अभिव्यक्ति है जो सभ्यता के प्रारम्भ से ही कभी उसे स्वर्ण मृग बनकर भरमाती रही है, कभी सिंहासन और ताज बनकर? प्रज्ञा कहानी को इस तरह बुनती है कि स्थितियों का विलोम सिर धुनने की

स्वतन्त्रता नहीं देता, आत्मसाक्षात्कार को साँस के हर उच्छ्वास-निःश्वास के साथ भीतर उतारता चलता है। तब अपने-अपने मन के तहखानों की ओर खुलती चोर-गलियों पर दबे पाँव चलने के दौरान पाठक पाता है कि हाँ, संस्कार रूप में उसने विरासत में एक सीख पायी है –'दादा ले, पोता बरते'; और वह है कि यूज एंड थ्रो संस्कृति का शिकार होकर घर को 'गोदाम' बनाये जा रहा है। अलबत्ता 'फेंकने' के नाम पर 'बरतने' (संगृहीत करने) की पुश्तैनी परम्परा उसे 'दानवीर' बनने से रोकने लगती है। आत्म-साक्षात्कार के इन्हीं क्षणों में वह पाता है कि वह 'अपने' वर्ग में उत्तरोत्तर बढ़ती बेरोज़गारी के आँकड़ों को लेकर ख़ौफ़जदा है, लेकिन हस्तशिल्प एवं कुटीर उद्योगों, छोटे-मोटे हुनरमन्दों के तेज़ी से विलुप्त होते चले जाने पर ज़रा भी चिन्ता नहीं करता कि अपने भरे-पूरे परिवार और ज़िम्मेदारियों के साथ वे सब कैसे किस हाल में जी रहे होंगे। आत्म-साक्षात्कार की प्रक्रिया महज़ अपने को कठघरे में घिरा देखने का ईमानदार नहीं पल नहीं है। वह अपने साथ पूरे समाज के ढाँचे के निस्संग निरीक्षण का पल भी है जहाँ संवेदना विवेक की तीसरी आँख बन जाती है। तब प्रज्ञा के साथ पाठक भी अगल-बगल दो दृश्य/चित्रों को उकेरने लगता है। पहला दृश्य-चित्र स्मृति-फलक से उठाया गया है जहाँ आज की तरह 'दुकानें ही मोहल्ला' नहीं होती थीं, बल्कि बाकायदा ज़रूरत और उपयोगिता के अनुपात और सन्तुलन के सिद्धान्त पर चलकर सब की स्वायत्तता बनाये रखने की फिराक में 'मोहल्ले में दुकानें' होती थीं। ये दुकानें गला-काट प्रतिस्पर्धा में मुब्तिला प्रतिद्वन्द्वियों की ठण्डी नफ़रत का कारण न होकर भाईचारे और आपसी सौहार्द का रूप भी हुआ करती थीं जहाँ बगल वाले दुकानदार को थोड़ी देर अपनी दुकान सँभालने का जिम्मा छोड़ आप अपने किसी ज़रूरी काम के लिए फ़ारिग हो सकते हैं, और पड़ोसी दुकानदार की अनुपस्थिति में आप उसके ग्राहक को निपटा सकते हैं।

दूसरा दृश्य चित्र है – जगमगाती रोशनियों, एयर कंडीशनर की ठण्डक और नक़ली मखमली मुस्कान के साथ ग्राहक को 'डील' करते सेल्समैन जो किसी रोबोट की तरह संवेदनहीन हाथ भर हैं – ग्राहक की माँग पर सामान दिखाते-समेटते, प्राइस टैग देखकर दाम बताते असम्पृक्त प्राणी। ऊब और असंलग्नता मानो इनके चेहरे पर पुती है जो ग्राहक से किसी भी तरह का सम्बन्ध बनाना नहीं चाहते। भव्यता के भीतर निर्जनता का रौरव शोर

मानो ज़िन्दगी और उसके तमाम अहसास माल-असबाब की तरह डिब्बों में बन्द होकर किसी ग्राहक की माँग पर खुलने का अनन्त समय से इन्तजार कर रहे हैं। तब लगता है मानो यहीं से नैरेटर के साथ-साथ पाठक की आत्म-साक्षात्कार की प्रक्रिया भी तीव्रतर होने लगती है, और वह सवाल उठने लगते हैं कि ये सेल्समैन आख़िर इतने वीतरागी और उदासीन क्यों हैं? क्या वे सचमुच ज़िन्दगी से ऊब गये हैं? लेकिन तिल-तिल जीने की यन्त्रणा में अपनी ज़िन्दगी को कोई भी नरक में तब्दील करना नहीं चाहता। तो फिर क्या ये सेल्समैन इसलिए असंलग्न है कि वे मामूली सी निश्चित पगार पर रखे हुए कर्मचारी मात्र हैं, जिन्हें दुकान/कम्पनी की बिक्री-मुनाफ़े-व्यापार से कोई लेना-देना नहीं? लेकिन इन्सान बुनियादी तौर पर गर्मजोशी की मिसाल है। सर्द हवाएँ और सर्द व्यवहार उसे आक्रान्त करते हैं। तो क्या वे इसलिए असंलग्न है कि नौकरी की शर्तों में छिपे अपमान और शोषण को पीकर ज़िन्दा रहना उनकी मजबूरी बन गया है, ठीक वैसे जैसे वैभव सिंह की कहानी 'मीनाबाज़ार' में। कोई भी अच्छी कहानी ब्यौरों के साथ नहीं चलती। लीक पर चलने की ज़िद अन्ततः उसकी साधना नहीं, कफ़न सिद्ध होती है। प्रज्ञा कहानी की इस माँग को पूरा करती हैं और पाठक की अन्तश्चेतना को अपनी ही गहन-व्यापक उड़ान पर निकल जाने का अवकाश देती हैं। जानती हैं, कहानी में वहाँ जो भी ब्यौरे दे रही हैं – हाथ की कढ़ाई, गोटा-काँच-सलमा-सितारे टाँकने का काम, काज-बटन-तुरपाई का काम, मुकैश की कढ़ाई और ज़री का बारीक काम – पाठक की चिन्ता को गहराने और दिशा देने का सबब बन रहे हैं कि अपने-अपने स्वतन्त्र व्यवसाय में सम्मानजनक रोज़ी-रोटी अर्जित करने वाले ये लोग आज कहाँ अदृश्य हो गये हैं? तमाम आधुनिकता और पश्चिमीकरण के बावजूद स्त्री-पोशाकों का एक बड़ा हिस्सा इन कढ़ाइयों-सज़ावटों से अलंकृत रहता है। तो क्या मशीनों और कारपोरेट घरानों ने इन मेहनतकशों से स्वाभिमान और स्वरोज़गार छीन कर इन्हें दिहाड़ी मज़दूर में तब्दील कर दिया है? तब बाज़ार का असली चरित्र क्या है? अपनी भूख में औरों की अस्मिता को हड़प कर जाना? लेकिन क्या बाज़ार को गरिया कर स्वयं को क्लीन चिट देना सम्भव है?

वैचारिकता का सहारा न हो तो आत्म-साक्षात्कार अवसाद के रसातल में आत्मसंशय की भूलभुलैया में भटक कर दम तोड़ सकता है। वैचारिकता चूँकि भावुक स्खलन की तमाम कोशिशों को बाँध कर रखती है,

इसलिए व्यक्ति के भीतर मनुष्य और नागरिक होने की लोकतान्त्रिक चेतना भरकर आत्मसाक्षात्कार को पहले आत्म-संशय में ढालती है, फिर आत्मालोचन की प्रखरता में। तब बाज़ार की भूख के समानान्तर व्यक्ति को अपने भीतर जलती 'भूख' की तीव्रता का अहसास होने लगता है जो किसी विलासिता, किसी ओहदे, किसी तमगे से बुझती नहीं, वर्तमान के परे भविष्य और इतिहास में भी अपने वजूद और नाम को केन्द्रीय पताका की तरह फहरा देना चाहती है। ज़ाहिर है तब एक सवाल अपने से पूछना भी बनता है कि बाज़ार की भूख को गरिया कर स्वयं को क्लीन चिट देने का स्वाँग आख़िर कब तक?

उपभोक्ता संस्कृति के प्रतिरोध में रची गयी तमाम समकालीन कहानियों के बीच 'मन्नत टेलर्स' इसलिए भी महत्त्वपूर्ण है कि स्त्री-विषय से इतर सामाजिक सरोकार पर रची गयी यह कहानी मूलतः स्त्री-संवेदना का ही प्रतिफल है। पृथ्वी की ही भाँति स्त्री भी अपनी धुरी पर टिकी है। परिक्रमा करते रहना उसकी नियति है। लेकिन यह परिक्रमा कोल्हू के बैल सा निरर्थक श्रम नहीं है, बल्कि धीर मन्थन भाव से बाहर के समानान्तर भीतर को जाँचने की साधना है, कर्मयोगी सरीखी। तेज़ रफ़्तार धीरज और मन्थन के मन्द्र आलाप का प्रत्याख्यान करती है। तेज़ रफ़्तार में आक्रामकता है, बदहवासी और विजय की लपलपाती मुद्राएँ हैं, रास्तों को रौंद कर मंज़िल पर पहुँचने की हड़बड़ाहटें है। तेज़ रफ़्तार में दृश्य के साथ संगति बैठाने, संवाद के तार जोड़ने और दूसरों के भीतर उतरकर उन्हें अपने दिल में बसा लेने की मधुरताएँ नहीं हैं। इसलिए उपभोक्ता संस्कृति के अनेकानेक आयामों को खोलते हुए भी पुरुष रचनाकारों की कहानियों में चरित्र और घटनाओं के भीतर पैठकर समय से संवाद करने की आतुरता नहीं है। यहीं प्रज्ञा की यह कहानी विशिष्ट हो जाती है कि वह समकालीन साथी रचनाकारों से भिन्न दृष्टि के साथ समय का पाठ कर रही हैं। छलछलाती भावुकता उन्हें बार-बार पिता की दुलारी बिटिया बनाकर बचपन की वीथियों में ले चलती है, लेकिन स्नेह की पूँजी को विवेक के साथ सान कर वे उसे संवेदना का रूप देती हैं जो शिनाख़्त की प्रक्रिया में ज़िन्दगी से सन्तोष, धैर्य और आह्लाद के चुक जाने के कठोर सत्य को रेखांकित करता है, तो नयी जीवनशैली के बेहतर विकल्प के रूप में अपरिग्रह एवं मितव्ययी भाव को भी प्रस्तावित करता है ताकि न प्राकृतिक संसाधनों का अनाप-शनाप अपव्यय हो, न ग्लोबल वार्मिंग के ख़तरों में और इज़ाफ़ा हो। सादगी प्रज्ञा के कहानी-शिल्प की विशेषता है। छोटे-छोटे ब्यौरे कहानी की ईंटें हैं। वह उन्हें एक के बाद एक इस

जतन से चिनती हैं कि चरखे की कताई की तरह रूई की पूनी से निकला लम्बा सूत बन जाती हैं।

समय की सतह पर दौड़ती समस्याएँ ही सरोकार बनकर रचना के भीतर प्रविष्ट होती हैं। समय ख़बर बनकर अखबारों में भी दर्ज होता है, और डॉक्यूमेंट्री फ़िल्म बन कर ख़बरों के भीतर की ज़िन्दगी की शिनाख़्त भी करता है। लेकिन साहित्य ख़बर की रपट या मीमांसा नहीं। वह ख़बर की निजता में मनुष्य मात्र की हताशाओं और सपनों को गूँथते हुए उसे निर्वैयक्तिक बनाता चलता है। उनके संघर्ष में तमाम दिशाओं की गति गूँथ कर उसे समयातीत बना देता है। कन्सीव करते समय रचना आत्मपरकता के बिन्दु से शुरू होती है, लेकिन पल्लवन के दौरान वह जिस अनुपात में वस्तुपरक चरित्र अख़्तियार करती है, उसी अनुपात में सार्वजनीन होती चलती है। श्रेष्ठ रचना अन्ततः समय और मनुष्य के भीतर इतने गहरे धँस जाती है कि चरित्र और घटनाएँ निजी वैशिष्ट्य खोकर प्रतीकों और रूपकों में ढल जाते हैं – आकाश में अडोल खड़े सप्तर्षियों की तरह। आत्म-संशय उत्कृष्ट रचना के होने की पहली कसौटी है। यह संशयग्रस्त्ता दुविधा का परिणाम नहीं, द्वन्द्वग्रस्त्ता का प्रतीक है जो अपनी ही दुर्बलताओं को साफ़-साफ़ देख सकने वाली वैचारिक परिपक्वता की निशानी होने के बावजूद निर्णय लेने और निर्णय को क्रियान्वित करने में भौतिक अवरोधों/दबावों से टकराने की स्थिति टालते रहना चाहती है। मैं हठात् मनीष वैद्य की बहुचर्चित कहानी 'फुगाटी का जूता' का स्मरण करने लगती हूँ। प्रचलित मुहावरे में कहानी में उपभोक्ता संस्कृति के प्रसार पर कोई छातीकूट स्यापा नहीं। न ही भावनाओं का ताण्डव। बस, हताशा के साथ यह सूचना पाठकों को दे दी जाती है कि अमेरिका का ब्रांड बाज़ार जिन वस्तुओं को सैकड़ों-हज़ारों डॉलर में मॉल की भव्यता के बीचोबीच बेचता है, वे दरअसल बाज़ार की दौड़ से बाहर कर दिये गये एशियाई देशों की उपेक्षित गलियों के स्थानीय हुनरमन्द लोगों की कलाकृतियाँ हैं; कि कॉर्पोरेट कंपनियों ने मोटी तनख़्वाहें देकर इन एशियाई देशों की युवा पीढ़ी को अपनी संस्कृति और स्थानिकता से काटकर जिस तरह अपहृत कर लिया है, वह आवारा पूँजी पर क़ाबिज़ होकर राजनीति करने वाली अन्तरराष्ट्रीय राज-सत्ता की दुर्नीतियों का ही कमाल है; कि इस आत्म-संकुचित युवा पीढ़ी को क्या सही मायने में 'मनुष्य' कहा जा सकता है? चूँकि घटना व चरित्र के चयन की स्वतन्त्रता लेखक की

दृष्टि और संवेदना के अनुरूप आकार पाती है, अतः यहीं मनीष और प्रज्ञा की दृष्टि में फ़र्क़ समझ आने लगता है। मनीष के कथा-नैरेटर हैं ज़िन्दगी की दौड़ में हाशिए पर फेंक दिये गये मन्नू के पिता। वे जब स्थितियों का वस्तुपरक विश्लेषण करके बाज़ार के अमानवीय स्वरूप पर उँगली रखते हैं तो अपने समय के मूल्य-बोध और ठहराव को ही सतह पर लाते हैं जो अनिवार्यतः तेज़ रफ़्तार और परिवर्तन की चकाचौंध से भ्रमित-विचलित है। बचत करने के संस्कार ने उसकी जीवन-शैली को विकसित किया है, ठीक 'मन्नत टेलर्स' कहानी के पिता की तरह। सामाजिक व्यवहार वृद्धावस्था को जब-तब अप्रासंगिक बना देता है, श्रम के सन्दर्भ में भी, आर्थिक मूल्यवत्ता के सन्दर्भ में भी। लेकिन वृद्ध पीढ़ी अप्रासंगिक कभी नहीं होती। युवा पीढ़ी के संस्कार, सोच का दायरा और समय को 'पढ़ने' की दृष्टि उनकी परवरिश की दिशा और जड़ों की मज़बूती को संकेतित करती है। प्रज्ञा इस तथ्य को समझती हैं, मनीष दारुण 'नये' समय पर विलाप करने की हड़बड़ी में इस मज़बूत कड़ी को छोड़ जाते हैं। इसलिए 'फुगाटी का जूता' कहानी में पिता और मन्नू विलोम बनते-बनते अन्ततः समय के दो ध्रुवान्त बन जाते हैं जिनके बीच संवाद नहीं, भौतिकता का प्रवाह बहता है। प्रज्ञा दो पीढ़ियों की सोच में पाये जाने वाले अन्तर को पहचानते हुए समीर और पिता दोनों को एक-दूसरे का विलोम बनाने की कोशिश ज़रूर करती हैं, लेकिन कहानी के पहले चरण में ही, जहाँ चरित्र अपना-अपना व्यक्तित्व ग्रहण कर रहे हैं। सन्तान के भीतर पिता दरख़्त बन कर मौजूद रहता है। मायामृगों में खोये मन्नू के पास उस दरख़्त की छाँह में जाने का अवकाश नहीं। समीर समय की गोद से छिटक कर उसका हमसफ़र होने की फ़िराक़ में दरख़्त को अपना वजूद बना लेता है। स्मृतियाँ उसे पुरानी जीवन-शैली की सकारात्मकताओं से जोड़ते हुए समय के भँवर में गुम हो गये 'मनुष्य' को चीन्हना सिखाती हैं। इस प्रक्रिया में पिता के बरक़्स अपने बौने होते वजूद से छुटकारा पाने की छटपटाहट में दरअसल वह जिसे खोजता है, वह मन्नत टेलर्स के रशीद भाई नहीं, अपनी घुटन और बेबसी है। मनीष वैद्य के नैरेटर के पास ऐसे किसी अन्तर्यात्रा पर निकल पड़ने की गतिशीलता निर्भीकता नहीं। इसलिए अकर्मण्यता और वैचारिक जड़ता दोनों पात्रों को अपने ही आकांक्षाओं/दुःस्वप्नों का लट्टू बनाकर घुमाती रहती हैं समय के चाक को घुमाने की कर्मठ तत्परता नहीं देतीं। उल्लेखनीय है कि प्रज्ञा समीर की अन्तर्यात्रा को

परिवेश से गहरे जोड़ कर इसे समय-यात्रा का उन्नत स्वरूप देती हैं। साथ ही अपनी क्षुद्रताओं को देख पाने का नैतिक बोध भी बनाती हैं।

मनुष्य का सबसे ज़्यादा अपरिचय खुद अपने आप से ही है। अपने से आँख मिलाने में वह सदा असहजता महसूस करता है। प्रत्येक अन्तर्यात्रा अन्ततः आत्मान्वेषण की मन्थर प्रक्रिया है। प्रज्ञा मनुष्य के सहजजात भय और ग्रन्थियों को जानती हैं। इसलिए पहले वह रशीद भाई को समीर की स्मृतियों में ज़िन्दा करती हैं, फिर उसके अवचेतन में उपभोक्तावाद की आँधी में तिनके से उड़ गये किसी 'बेचारे' वजूद की तरह रशीद का काल्पनिक चित्र तैयार करती हैं। इस तैयारी के बाद ही वह समीर को रशीद भाई की तलाश में रवाना कर पाती है क्योंकि 'दूसरे' को 'बेचारा' समझने का भाव अनिवार्यतः स्वयं को बेहतर होने का बल देता है। समीर नहीं जानता, क्यों रशीद भाई की कल्पना वह 'बेचारे' के रूप में करने लगा है। एक जुझारू योद्धा के रूप में भी वह उसका स्मृति-चित्र बना सकता था, कम-से-कम अतीतजीवी स्मृतियाँ तो रशीद को एक सुलझे हुए इन्सान के रूप में प्रस्तुत करती हैं जो नेक और कर्तव्यपरायण होने के अलावा शिक्षा को दुनिया की सबसे बड़ी नियामत मानता है। स्वाभिमान को मनुष्य की आभा और संघर्ष को ज़िन्दा रहने की ज़िद। बहुत से ब्यौरे देने के बावजूद 'मन्नत टेलर्स' कहानी कला का उन्नत नमूना इसलिए है कि वह पाठक से ब्यौरों के बीच पसरी रिक्तियों के भीतर उतरने का आह्वान करती है। तब समीर के समानान्तर शुरू होती है पाठक की अन्तर्यात्रा। वह सुराग के तौर पर लेखिका से महज कुछ शब्द पाता है –'जात के कारीगर, धर्म के मुसलमान, ऊपर से ग़रीब।' अहा! हो सकता है पाठक भी समीर की तरह लम्बी साँस खींचकर रशीद भाई के प्रति हमदर्दी का दीवाना हो जायें पर ठीक यही पल अपने से चुभता हुआ सवाल पूछने का भी है कि विकास के भीतर छिपी विध्वंस की विनाशलीला क्या धर्म के आधार पर ही चोट करती है? रशीद भाई यदि कोई गिरीश भैया होते तो क्या उपभोक्तावादी संस्कृति के दुष्प्रभाव से बच निकलते? धर्म विशेष को ग़रीबी और जहालत के साथ जोड़ कर देखने का भाव हमारे समय का स्थायी भाव हो गया है। इसलिए आश्चर्य नहीं कि उसी बन्द सोच के साथ समीर रशीद के लिए नर्क के बाड़े की परिकल्पना ही कर पाता है। और स्वयं को उसका 'मसीहा' होने के ग़ौरव से भर कर ख़ामख़्वाह रोमांचित होने लगता है –"एक बार मिल जायें रशीद भाई,

फिर अपने सभी दोस्तों-परिचितों को भी उनकी दुकान की राह दिखाऊँगा। बरसों से ठप्प उनका धन्धा फिर आबाद होगा। रशीद भाई का सिक्का फिर से जम जायेगा।" समीर ऐसे मध्यवर्गीय नगरीय युवक का प्रतिनिधित्व करता है जो कट्टरतावादी संकीर्ण सोच से परिचालित न होते हुए भी अपने सुरक्षित दायरे में बन्द है और अफ़वाहों-मान्यताओं के आधार पर दूसरे मज़हब के लोगों की आर्थिक बदहाली और पिछड़ेपन को उनकी मज़हबी कट्टरता से ही जोड़कर देखता है। इसलिए उसे विश्वास है कि रशीद भाई का बड़ा बेटा पढ़ाई में थोड़ी-बहुत दिलचस्पी लेने के कारण कहीं क्लर्क-व्लर्क तो लग गया होगा, लेकिन छोटा बेटा... असलम उसने तो अपनी आवारगी के कारण बूढ़े बाप पर कहर ढहा दिया होगा। "इन लोगों के यहाँ बच्चे पढ़ते-लिखते हैं ही कहाँ? इनमें पढ़ा-लिखा तबका है ही बेहद कम। इसीलिए तो इतने कट्टर..." और इसी रौ में यहाँ तक सोच जाता है कि उनकी बेटी मन्नत के पढ़ने-लिखने का तो सवाल ही नहीं। बेटियों को जैसे-तैसे ब्याह देना ही इन लोगों को अपना फ़र्ज़ लगता है। पढ़ी भी होगी मन्नत तो कितना? तालीम के नाम पर कुरान पढ़ना ही सिखाया जाता है बस। दीन के साथ दुनिया की तालीम कहाँ? यहीं तो उनमें और हम में फ़र्क़ आ जाता है।" कल्पना में समीर सी-सॉ का खेल खेल कर मन ही मन ग़ौरवान्वित हो रहा है क्योंकि रशीद-परिवार की बदहाली अनायास उसकी मध्यवर्गीय औसत स्थिति को 'ऊँचा' बना देती है, और उस जैसी आत्मकेन्द्रित सन्तानों को 'श्रवणकुमार' होने के मिथ्या ग़ौरव से भर देती है –"बिना पेंशन पाने वाले पिता की सही मिट्टी पलीद करती हैं सन्तानें। बुढ़ापे में कितना बेइज़्ज़त होना पड़ता है अपने ही जायों से। रशीद भाई भी हो रहे होंगे। शुक्र है, हम भाई नहीं बहे इस बेदर्द हवा के संग। पर हम जैसे ही है कितने?"

प्रज्ञा का कथा-शिल्प पात्र के अहं का गुब्बारा फुलाकर उसमें यथार्थ स्थितियों का पिन चुभो देता है। तब समीर के सन्दर्भ में संज्ञान का यह बिन्दु आत्मान्वेषण से आत्मग्लानि की निस्संगता में ढल जाता है, और बाज़ार के सन्दर्भ में शिकारी होने की बजाय पालतू बना लिए जाने के हुनर में तब्दील हो जाता है। अकृत्रिम शिल्प कहानी की ताक़त है। बेहद सादगी से प्रज्ञा समीर की स्मृतियों के बरअक्स रशीद के यथार्थ को रखती हैं तो अप्रत्याशित सूचनाओं के विस्फोट से समीर ही नहीं, पाठक भी अचकचा जाता है। छोटी-सी दुकान की जगह 'इन्फिनिटी' जैसी बहुमंज़िला एयर कंडीशंड इमारत/

व्यवसाय का स्वामित्व; 'निखट्टू' असलम का एम. बी. ए. करके पिता के व्यवसाय को नया 'लुक' देना; बड़े भाई परवेज का पढ़-लिख कर विदेश में जा बसना; छोटी बहन मन्नत का हार्ट स्पेशलिस्ट बनकर अविवाहित रहने का निर्णय... और 'बेचारे' रशीद भाई के राजसी ठाठ... "उनके कपड़ों और हर चीज़ में नफासत बह रही थी, और मैं उस ठाठ की बाढ़ में डूबता चला जा रहा था!" समीर के हाथ में रशीद भाई को उपहार में देने के लिए पुराने हो गये 'नये' कपड़ों का झोला है। यह खाते-पीते बहुसंख्यक वर्ग के अहंकार का प्रतीक है जो 'फालतू' चीज़ों के निपटान के लिए ऐसे ही किन्हीं बेचारे पात्रों को चुन कर अपनी सदाशयता का डंका पीटना चाहता है। छुपाने की तमाम कोशिशों के बावजूद फड़फड़ाहट की ध्वनि के साथ उस झोले का ज़्यादा से ज़्यादा मुखर होते चलना; और रशीद भाई से भेंट के बाद लौटते हुए उस झोले का पत्थर की मानिन्द भारी हो जाना दरअसल शर्मिन्दगी का प्रतीक है। उस शर्मिन्दगी का जो न केवल अपने को भ्रम में रखती है, बल्कि दूसरों के बारे में भ्रान्त धारणाएँ भी गढ़ती है। यह शर्मिन्दगी संवादहीनता के कारण भी है और जातीय-सांस्कृतिक श्रेष्ठता के अभिमान के कारण भी। कहानी के छोटे से कलेवर के भीतर समय के आर-पार रचे गये पूर्वाग्रहों-संस्कारों-भ्रान्तियों के ज़रिये समय की अखण्ड चेतना को बुन देना वाक़ई बड़ा काम है। अमूमन कहानी में दोहरा कथानक नहीं होता। यह उपन्यास का काम है जहाँ विराट फलक पर समय को व्यापकता और गहराई में उकेरना सम्भव है। प्रज्ञा 'मन्नत टेलर्स' में ख़ूबसूरत सादगी के साथ हमारे समय की अन्तर्लीन लहरों से उठते सांप्रदायिक विद्वेषपूर्ण स्वरों को न केवल सुनती हैं, बल्कि अपनी ओर से कुछ कहे बिना महज़ संवेदनशील विचारशील पात्र समीर की शर्मिन्दगी के ज़रिये सौहार्द, विश्वास, संवाद और समन्वय का आवश्यक सन्देश दे जाती हैं।

फिर भी कहानी मूलतः उपभोक्ता संस्कृति के प्रतिरोध की पुरज़ोर आवाज़ है। आर्थर मिलर के नाटक 'डैथ ऑफ़ ए सेल्समैन' के हैप्पी लोमान की तरह जो अपने पिता-भाई से बिल्कुल अलग बाज़ार की कुटिलताओं का जवाब अपनी रणनीतियों से दे कर बाज़ार को पालतू बनाने का हुनर जानता है। उपभोक्ता संस्कृति एक युद्ध है। युद्ध में जीत किसी एक पक्ष को ही होगी। हानि अलबत्ता दोनों की है। हैप्पी लोमान की तरह असलम और रशीद ने यह जान लिया है। युद्ध का आगाज़ हो, तो न चाहते हुए भी हथियार उठाने पड़ते हैं।

शत्रु को न मारना हो, तो भी आत्म-रक्षा के लिए। असलम-रशीद के लिए हथियार हैं – समयानुकूल नयी व्यापार-नीतियाँ। बाज़ार यदि पुराने ढर्रे को नष्ट कर चकाचौंध भरी नयी व्यवस्था लाना चाहता है, तो उन्हें उसे स्वीकारना ही होगा। लेकिन बाहरी रूप-परिवर्तन का अर्थ भीतर पलते मूल्यों और आत्मा को नष्ट करना नहीं है। युद्ध सामान्य दिनों की अपेक्षा अधिक ऊर्जा, स्फूर्ति, कर्मठता और दिलेरी की माँग करता है। सिर पर कफ़न ओढ़ने का जज़्बा लेकर रणबाँकुरे रण में कूदते हैं तो जान के बदले जहान की बाज़ी लगाकर दोनों चीज़ें जीत भी जाते हैं। असलम-रशीद पुरानी केंचुल को छोड़ जब नया जन्म लेने के लिए सर्वस्व दाँव पर लगाते हैं तो संघर्ष और सपने के अलावा कुछ और नहीं सोचते। यह कहानी उनकी फतह की कहानी भर नहीं, बाज़ार के मनोविज्ञान को जानकर उसकी सवारी गाँठने का कौशल है। बाज़ार रोबो (मशीन) से ज़्यादा कुछ नहीं। उसकी ताक़त अपने जिस्म/संरचना में नहीं, चलाने वाले के दिमाग़ में है। प्रज्ञा रशीद भाई के ज़रिये इस तथ्य को प्रतिपादित करती है कि बाज़ार की संचालक शक्तियाँ यदि 'मनुष्य' की गरिमा की रक्षा करने को सन्नद्ध हैं तो बाज़ार लाभ-लोभ का एक छोटा दायरा ही रहेगा, बढ़ कर पूरी मनुष्यता को अपने आगोश में नहीं ले पायेगा।

यथार्थपरक लेखन का अतिरेकी आग्रह साहित्य में निराशा, हाहाकार, यथास्थितिवादी सोच और औसत की प्रतिष्ठा के जिस भाव को पिछले कुछ दशकों से लगातार पाल-पोस रहा है, उसके प्रति ख़ासी अरुचि और असन्तोष व्यक्त करते हुए मैं 'मन्नत टेलर्स' को आशा, जिजीविषा, उत्साह और संघर्ष की कहानी के रूप में याद करना चाहूँगी। ठहरे हुए चरित्रों की जगह आत्मालोचन के लिए ललकते संवेदनशील चरित्र समय का सर्जक विवेक हैं जिनकी आज समाज को सर्वाधिक ज़रूरत है। कामनाओं के आवेग से थरथराते और भगवा कठमुल्लापन को सांस्कृतिक राष्ट्रवाद के क़िलों तक ले जाते समय का पुनर्सृजन आत्मचिन्तन के बिना सम्भव नहीं।

चौथा खण्ड : और अन्त में

अस्मिता की तलाश और 'अच्छी' कहानी की पहचान

(21वीं सदी की दो दशक पुरानी स्त्री-कहानी का विशेष सन्दर्भ)

उड़ान से पहले उड़ान की दिशा को पहचानना ज़रूरी है

सचमुच समय की गति चक्रिल है। रैखिक विकास की तमाम आरोहणधर्मी मान्यताओं के बरख़िलाफ़ ऊपर-नीचे घूमते चक्र की परिकल्पना कर मानो समय मनुष्य को सन्देश देना चाहता है कि उत्थान-पतन मानव-जीवन की प्राकृतिक अवस्थाएँ हैं। अतः प्रत्येक उतार-चढ़ाव के दौरान मनुष्य की प्रतिक्रिया भी धीर-प्रशान्त होनी चाहिए। आरोहण के दौरान शिखर छूने की सम्भावनाएँ जितनी व्यापक होती हैं, उससे कहीं अधिक गहरी हैं लुढ़कने की आशंकाएँ। फिर समय ही एक-आयामी कहाँ है? अपने भीतर क्षणों-प्रहरों-युगों में बँधे कितने ही कालखण्ड लेकर जब वह अखण्ड चरित्र धारण करता है, तब इस तथ्य को रेखांकित करता है कि नये-नये मुकाम हासिल करती ऊर्ध्वोन्मुखता विकास की परिचायक होने के बावजूद सतत विकासशीलता की गारंटी नहीं। वह केवल मनुष्य और समाज के मनोविज्ञान को ही प्रतिबिम्बित करती है। विकास के नये-नये क्षितिजों को खोलते जाने की क्रमिक प्रक्रिया में वह जिस क्षण गर्वोन्नत मुद्रा में प्रकृति और मनुष्य को मुट्ठी में मसल डालने की 'दैवी अलौकिकता' के भाव से आविष्ट होता है, उसी क्षण विकास की अवधारणा के भीतर जीवन-प्रवाह को बनाये रखने वाली गति को बाधित कर देता है। विकास जीवन्तता है। जीवन्तता मनुष्य और प्रकृति के बीच सूझबूझ से भरी गहरी समन्वयात्मक साझेदारी। जब चुन कर एक विशिष्ट वर्ग ही विकास के फलों का भोक्ता/स्वामी बना दिया जाता है, तब वह वर्चस्व की घिनौनी राजनीतिक उठापटक बन जाता है।

बहुत दूर न जायें तो सौ-सवा सौ साल की काल–यात्रा ही इस निष्कर्ष पर सहमति की मुहर लगाने को काफ़ी है। दो बरस पहले कोरोना की आमद के दौरान जब मन पर भय तारी था, 1918 में विश्व भर में फैली महामारी स्पेनिश फ्लू की स्मृतियाँ गूगल सर्च, साहित्य और फ़िल्मों के सहारे ख़ौफ़ बनकर भीतर उतर रही थीं, तब डार्क कॉमेडी की तर्ज़ पर हम जैसे कुछ लोग मज़ाक-मज़ाक में कह उठते थे –'यानी अब युद्ध भी दूर नहीं। फिर मंदी (ग्रेट रिसेशन) का दुष्चक्र! तो क्या सुरक्षा और संवाद जैसी बेहतरीन बुनियादी ज़रूरतें हमसे छीन ली जायेंगी? धीरे धीरे!'

बेशक आर्थिक प्रतिबन्धों और मुद्रास्फीति की विस्फोटक दरों के साथ युद्ध ने समूचे विश्व की अर्थव्यवस्थाओं को अपने शिकंजे में कस लिया है। यह समय का वह संजीदा मोड़ है जो ठहाका लगाकर हमारे इस दावे के खोखलेपन का मज़ाक उड़ा रहा है कि ज्ञान-विज्ञान, तकनीक के सहारे विकास के सोपान चढ़ते हुए हमने भूख, ग़रीबी, महामारी, युद्ध और उम्र पर विजय पा ली है। लेकिन फिर भी चेतने की बजाये हम पर्यावरण सुरक्षा, मानवाधिकारों की रक्षा, और ग्रीन एनर्जी के नाम पर रासायनिक बमों या बायोलॉजिकल हथियार बनाने की दिशा में प्रयोगशालाओं में गम्भीर शोध कर रहे हैं। समाजवाद पर आधारित न्यू वर्ल्ड ऑर्डर (नयी वैश्विक व्यवस्था) का भरोसा दिलाकर आर्टिफिशियल इंटेलिजेंस के सहारे मनुष्य के श्रम और गरिमा को पराजित करने के स्वप्न देख रहे हैं। दरअसल दम्भ की गड़गड़ाहट में जब समय की नियामक शक्तियाँ मनुष्य की आवाज़ और पक्षियों का कलरव सुनना बन्द कर दें, तब यहाँ-वहाँ घटती छोटी-मोटी विडम्बनाएँ त्रासदी का रूप ले लेती हैं। तब भोक्ता और शिकार के रूप में आम आदमी ठगा-सा खड़ा रह जाता है – एक़दम अकेला, हताश, पराजित और आत्म-निर्वासित! लेकिन आज समय पहले से भी ज़्यादा बीहड़ हो गया है। अब रिक्तियाँ भी रिक्त नहीं रहीं; शोर से ठूँस-ठूँस कर भर दी जा रही हैं। हताशा है, पर मोहभंग की कड़वी प्रतीति बनकर आत्मावलोकन करने से पहले वह 'आत्ममुग्धता' में विघटित हो रही है। चेतना है, पर विश्लेषण की सान पर चढ़ने से पहले उन्माद के वहशीपन में लिथेड़ दी जाती है। सोशल मीडिया सुरक्षा कवच की शक्ल लेकर विवेक और इन्सानियत का क़त्ल कर रहा है। केन्द्र में है एक ही चीज़ – मैं और मैं, और मेरे 'मैं' की ताजपोशी करते रंगीन झूठ जिन्हें सुसभ्य-सुसंस्कृत लोग 'झूठ' नहीं कहते।

कहते हैं 'पोस्ट-ट्रूथ' यानी राजा को नंगा देखते हुए भी नंगा न मानने का 'विवेक' (?) ही समय का मूल्य और मापदण्ड बन गया है। यानी इस पोस्ट-ट्रूथ समय ने मनुष्य की गरिमा और मूल्यों को तार-तार कर दिया है।

विडम्बना है कि मानवाधिकारों का संरक्षक होने का दावा करते इस पोस्ट-ट्रूथ समय ने मनुष्य को ही हाशिए पर ला पटका है। 'मनुष्य' एक अवधारणा है। बायोलॉजिकल प्राणी से भिन्न 'मनुष्य' की अवधारणा अपने भीतर मूल्यों का आदर्शीकरण छुपाये हुए है। मनुष्य माने जीवन्त रचनात्मक चेतना। प्रेम, सौहार्द, विश्वास, सद्भाव और सृजन-क्षमता जैसी नियामतों के साथ यह जैविक प्राणी 'मनुष्य' तभी बन पाता है, जब दूसरे की निजता, महत्ता और समग्रता के प्रति उतना ही संवेदनशील और रिस्पेक्टफुल होता है, जितना स्वयं अपनी निजता, महत्ता, अखण्डता और समग्रता के प्रति। मनुष्य होने के लिए दो ही गुण पर्याप्त हैं – स्पेस देने-पाने की अनिवार्यता; और समय का अतिक्रमण करने की क्षमता, ताकि जड़ताएँ कुण्ठा और ग्रन्थियाँ बनकर पीछे न धकेलती चलें। जब तक इन दोनों गुणों को ख़ून-ऑक्सीजन की तरह प्राणों में घुला-मिला नहीं लेगा, वह अखण्ड स्वायत्त मनुष्य बनने की अपेक्षा धर्म, वर्ग, जाति, लिंग, क्षेत्र में विभाजित होकर स्वयं को बौना करता रहेगा। साहित्य चूँकि मनुष्य की गरिमा और औदात्य का स्वयंभू रक्षक है, अतः अफरा-तफरी के माहौल में उससे अपेक्षाएँ और भी बढ़ जाती हैं। ख़ासतौर पर विमर्शवादी साहित्य की लहर के दौरान। लेकिन दुर्भाग्यवश अस्मितामूलक साहित्यिक विमर्श के बाद यह कौवा-रौर ज़ोर-शोर से सुनाई पड़ने लगा है कि लेखन के दौरान लेखक महज़ लेखक होता है, लिंग, जाति, धर्म, सम्प्रदाय आदि नहीं। अतः अस्मिता विमर्श ने साहित्य के समग्र अखण्ड चरित्र पर हमला किया है। यहाँ दो बातें ग़ौरतलब हैं। एक, अस्मितामूलक साहित्य को साहित्य के 'ब्राह्मणत्व' से जाति-बाहर कर देने के बाद तथाकथित मुख्यधारा का साहित्य बेहद रंक और अकिंचन हो गया है। उसकी सीमा है कि परम्परा से वह जिस स्त्री, दलित और आदिवासी की बात करता है, वह यथार्थ-जीवन का प्रतिरूप न होकर उसकी गढ़ी हुई परिकल्पनाओं पर आधारित है, जिसे पौराणिक कथाओं, किंवदन्तियों और सांस्कृतिक संरचनाओं द्वारा पुष्ट करने का 'पराक्रम' वह सदियों से करता आ रहा है। विमर्शवादी साहित्य इन आरोपित 'मायावी' छवियों से परहेज करते हुए जब व्यक्तिगत अनुभवों-आकांक्षाओं पर आधारित बात करने लगता है, तो वह उसे स्वीकारने

में स्वयं को असमर्थ पाता है। अलबत्ता अपनी ज़मीन छिन जाने का भय उसे ज़रूर सताता है, जिस वजह से वह इसे प्रतिशोध/घृणा/तात्कालिकता का साहित्य कहकर अपने वर्चस्व की ज़मीन से बेदख़ल कर देना चाहता है। वह इस सत्य को सुनना नहीं चाहता कि विमर्शवादी साहित्य समाज के हाशिए पर धकेल दी गयी जिजीविषा का क्रन्दन नहीं, अपनी मनुष्य-अस्मिता की सामाजिक-स्वीकृति के लिए छेड़ा गया वैचारिक आन्दोलन है, जो आरोपित छवियों और महिमामण्डन की सुदीर्घ परम्परा को नकार कर मनुष्य मात्र को प्रतिष्ठित करने का आग्रह करता है।

दूसरी ग़ौरतलब बात यह है कि मुख्यधारा का रचनाकार ताक़त के बल पर अर्धसत्य को सूक्त बनाकर जन समुदाय की चेतना पर अंकित कर देना चाहता है कि रचना के दौरान रचनाकार का लिंग, जाति, धर्म आदि पहचानें गौण हो जाती हैं। चूँकि साहित्य उदात्तीकरण एवं आदर्शीकरण की उदात्त प्रक्रिया है, अतः वह तमाम संकीर्णताओं एवं विभाजनों का अतिक्रमण करते हुए ऐसे मनुष्य-लोक की रचना करता है, जहाँ मूल्य और मनुष्य-अस्मिता ही भविष्य का आलोक बन कर आते हैं। लेकिन यह महज़ लफ़्फ़ाजी है। वैदिक साहित्य से लेकर रामायण-महाभारत सरीखे महाकाव्य (जो हिन्दुत्व और भारतीय संस्कृति के आधार-ग्रन्थ बनकर विभाजन और विभेदीकरण को भारतीयता की ग़ौरवमयी पहचान स्वीकारते हैं), और संस्कृत-साहित्य से लेकर अद्यतन मनुष्य को अपने वर्ग, दृष्टिकोण एवं निहित स्वार्थ/विचारधारा से परे देखने का प्रयास ही नहीं हुआ है। लेखक महामानव नहीं है, गोकि स्वप्नद्रष्टा होने की न्यूनतम अपेक्षा उससे की जाती है। स्वप्नशीलता वायवीय स्थिति नहीं, सघन वैचारिकता और तरल संवेदना के मिश्रण से तैयार सृजनात्मक दृष्टि है जो पहली स्टेज में निजता और यथार्थपरकता के संकुचित तन्त्र से बँधी है। धर्म, जाति, वर्ग के तौर पर रचनाकार के निजी अनुभव-संस्कार-वर्जनाएँ दुराग्रह बनकर उसे डराते-बाँधते-अनुशासित करते हैं। स्त्री-लेखन में भय और मुक्ति की आकांक्षा डार्क स्पॉट (ग्रन्थियों की जकड़न) और प्रकाश-लीक की तरह आते हैं। भय अँधेरे से भी है, और निर्जनता से भी; मनुष्य कहे जाने वाले इतरलिंगी पुरुष की कामलोलुप मनोग्रन्थियों से भी है, और आचार संहिताओं से भी जो स्त्री-पुरुष के सन्दर्भ में नैतिक मूल्यों और दण्ड-व्यवहार के अलग-अलग मानदण्ड निर्धारित करती हैं। वेशभूषा से लेकर भोजन, हँसने-बोलने-चलने-बैठने-सोने के पोस्चर से लेकर

विवाह, व्यवसाय और प्रतिभाजन्य निजी मुकाम हासिल करने की चयनधर्मी स्वतन्त्रता तक स्त्री पुरुष की तरह स्वयं को मुक्त महसूस नहीं करती। उसके मुक्ति-स्वप्न में देश, धर्म, संस्कृति, ग्लोब को पराधीन-प्रदूषित करने वाली लम्बी-चौड़ी सैद्धान्तिक बहस नहीं होतीं; चिन्तन-व्यवहार एवं संवेदना के स्तर पर हाथ-पैर-दिमाग़ में कसकर बाँधी गयी अर्गलाओं को खोलने की व्याकुलता होती है। अतः उदात्तीकरण की प्रक्रिया में वह पीड़ा सन्त्रास-घुटन-भय को रोम-रोम में महसूस करते हुए जिस मनुष्य की रचना करना चाहती है, वह बेशक बड़े-बड़े मुद्दों और सरोकारों से न बँधा हो, लेकिन अपनी स्वायत्तता बनाये रखकर दूसरे की गरिमा को समादृत करता हो। रचना में उदात्तीकरण का अर्थ निजी स्तर पर अपने भीतर की रिक्तियों, दुर्बलताओं और दुराग्रहों से जूझ कर एक बेहतर उदार मनुष्य की परिकल्पना है, न कि बृहद् सरोकारों का आडम्बर रच कर अपने ही अहं और एकांगी दृष्टि की प्रदक्षिणा करना। अच्छी रचना आद्यन्त एक इकाई के रूप में लेखक के अन्तर्विरोध से लड़ते चले जाने का उपक्रम है जो दरअसल एक औसत आदमी की जड़ताओं को संकेतित करते हुए मुक्ति की व्याकुलताओं को क्रमशः सामने लाती है। इसलिए विश्व साहित्य में वही रचनाएँ कालजयी होने का दर्जा पा सकी हैं जो आलोचनात्मक ढंग से अपनी ही मानसिक-वैचारिक व्यूह-रचना के संजाल को तोड़ पायी हैं। सजग घोषणा के साथ पंक्ति के आख़िर में खड़े व्यक्ति को 'अतिरिक्त' संवेदना देकर गले लगाने वाला साहित्य चूँकि व्यवस्थाओं के अँधेरे में पैठने की संवेदनात्मक एवं आत्मावलोकन से परिपूर्ण संघर्ष यात्रा से कन्नी काटने लगता है, अतः वह क्लीशे या प्रवचनात्मक साहित्य बन कर रह जाता है। या फिर 'सेवासदन' अथवा 'कफ़न' कहानी का रूप ले लेता है जहाँ बेहद सुचिन्तित एवं संवेदनापरक ढंग से व्यापक सरोकारों को साधने की लेखकीय चिन्ता दिखाई पड़ती है। 'कफ़न' कहानी पर ही बात केन्द्रित करें तो शोषणपरक व्यवस्था के (दुः) चरित्र और ग़रीबी की समाज-मनोवैज्ञानिक अन्तःक्रियाओं को परस्पर गूँथ कर लेखक ने समाज के निरन्तर विघटनशील होते चले जाने की समस्या को उकेरा है, लेकिन इस प्रक्रिया में (माइक्रो स्तर पर) वह घातक भूलकर गया है कि बुधिया के रूप में प्रसव-वेदना से कराहती स्त्री की 'मनुष्यता' के प्रति अपने प्रमुख चरित्रों घीसू-माधो को संवेदनशील नहीं बना पाया है। अनेक तर्कों द्वारा घीसू-माधो की असंवेदनशीलता को भूख का दारुण प्रकोप कह कर जस्टिफाई

किया जा सकता है, लेकिन जस्टिफिकेशन की तमाम कोशिशें ढोल पीट कर अपनी ही ज़मीन के दरकने की बात भी कहने लगती हैं। घीसू-माधो को बुधिया का न 'दीख पड़ना' ठीक उसी मानसिकता और अहम्मन्यता का प्रतिफल है जो सवर्ण दबंग व्यवस्था एवं मानसिकता को घीसू-माधो जैसी दलित अस्मिताओं को न देखने का संस्कार देता है। यह कहीं लेखक का पितृसत्तात्मक व्यवस्था द्वारा पोषित संस्कार है जो सजग मुठभेड़ के बावजूद सैलाब के पानी की तरह भीतर तक घुस आता है। अलबत्ता अपने वैचारिक निबन्धों में प्रेमचन्द स्त्री-पक्षधरता के प्रतीक बनकर उभरते हैं। ज़ाहिर है एक सामाजिक प्राणी के रूप में लेखक की अस्मितामूलक निजी पहचान ही उसके रचनाकर्म को एक सुनिश्चित दिशा, दृष्टि, गहराई और व्यापकता देती है। उदात्तीकरण एवं अतिक्रमण की सम्भाव्यता अन्ततः निजता के पायों पर ही टिकी है।

2

उड़ान की तैयारी पंखों की ताकत तोले बिना अधूरी है

मैं स्वयं को स्त्री-लेखन पर केन्द्रित करती हूँ और स्त्री-लेखन के प्रति मर्दवादी उपेक्षा के मद्देनज़र चार सवालों पर आलोचनात्मक ढंग से विचार करना चाहूँती हूँ। ये सवाल हैं :

(1) स्त्री-लेखन क्या है एवं इसे दोयम दर्जे का क्यों माना जाता है?

(2) क्या पुरुष-लेखन वास्तव में विशिष्ट है? या लेखक का 'पुरुष' होना अधिक महत्त्वपूर्ण है?

(3) समकालीन पुरुष-लेखन से स्त्री-प्रश्न एवं स्त्री-सरोकार क्यों धीरे-धीरे ग़ायब हो रहे हैं? ठीक उसी तरह जैसे हिन्दू लेखकों के साहित्य से मुस्लिम किरदार और मुस्लिम समाज की समस्याएं?

(4) क्या स्त्री-लेखन मनुष्य की गरिमा को पूरे वैभव के साथ उकेर पाया है?

ज़ाहिर है इन सवालों का सीधा सम्बन्ध विविध समाज-व्यवस्थाओं के मनोविज्ञान से है जो आलोचनात्मक विश्लेषण की तमाम कोशिशों को धता बताकर परस्पर गुत्थमगुत्था हो जाते हैं। जैसे पहले दो सवालों की पड़ताल जेंडर की पूर्व-निर्मित अवधारणाओं की तह तक ले जाती है जहाँ पुरुष

एवं स्त्री के मनोजगत, रुचियों, प्राथमिकताओं और पूर्वाग्रहों की स्वायत्तता को मानीखेज़ न मानते हुए आरोपित मूल्यों-छवियों-निष्कर्षों को ही अन्तिम मान लिया जाता है। तब पुरुषों के बहिर्जगत को स्त्रियों की पारिवारिक परिधि से बृहत्तर मान लिया जाता है; स्त्री की सघन संवेदनशीलता को घोर आत्मपरकता का निदेशक सूचकांक मानकर पुरुष की असंलग्नता को जीवन, दर्शन और साहित्य का प्राण-तत्त्व मान लिया जाता है। इसी शृंखला में स्त्री-पुरुष सम्बन्धों का चित्रण करने वाला स्त्री-साहित्य दोयम दर्जे का आवृत्तिमूलक संकीर्ण साहित्य बता दिया जाता है, जबकि जैनेन्द्र और शरतचन्द्र चटर्जी इन्हीं 'खूबियों' के कारण स्त्री-मन के चितेरे कहकर शीर्ष पर बैठा दिये जाते हैं। ठीक यही आग्रह आलोचना के क्षेत्र में दिखाई पड़ता है, जहाँ स्त्री-आलोचक से अपेक्षा की जाती है कि वह महज़ स्त्री रचनाकारों और स्त्री-मुद्दों पर लिखे; पुरुष रचनाकारों की स्त्री-दृष्टि पर परम्परा से अलग हटकर राय न दे; न ही पुरुष-रचित साहित्य के सरोकारों पर बात करे। साहित्य के लोकतन्त्र में चूँकि किसी की क़लम पकड़ना सम्भव नहीं, इसलिए वैकल्पिक व्यवस्था के रूप में एक मौन सहमति के साथ स्त्रीवादी आलोचना के निर्भीक एवं विशिष्ट स्वर को उपेक्षित-अलक्षित करने का सिलसिला चलाया जाता है। स्त्री का सृजनात्मक लेखन और उससे भी अधिक आलोचनात्मक एवं विमर्शवादी लेखन चूँकि पितृसत्तात्मक व्यवस्था की समीक्षा का उपक्रम है, और पितृसत्ता द्वारा बेदख़ल कर ली गयी ज़मीन को वापस लौटाने का जतन है, इसलिए पुरुष-दृष्टि तमाम वैचारिक सजगता के बावजूद उसी प्रतिद्वन्द्विता का शिकार हो जाती है जिसका आरोपण वह स्त्री कथा लेखन और आलोचना पर लगाती है। जहाँ तक तीसरे सवाल का सम्बन्ध है, यह स्थिति वस्तुतः बेहद गम्भीर और चौंकाने वाली है। स्त्री की मुखर साहित्यिक उपस्थिति ने पुरुष द्वारा स्त्री को 'रचने' के तमाम रास्ते कीलबन्द कर दिये हैं। आज विचार एवं आलोचनात्मक विवेक को ताक पर धर कर जिस तरह अन्धाधुँध लेखन हो रहा है, वहाँ चिन्तन के स्तर पर अपनी 'मनुष्यता' को आत्म-विश्लेषण की भट्टी जलाकर अर्जित करना; संवेदना को भविष्यदर्शी स्वप्न के साथ अनुस्यूत कर 'दर्शन' का रूप देना; और समय के भीतर खुलते काल-खण्डों की सीढ़ियाँ उतरने के क्रम में अखण्ड समय की उन्नत यात्रा कर आना सम्भव नहीं रहा इसलिए नब्बे के बाद अमूमन पुरुष रचनाकार स्त्री-पात्रों को वह जीवन्तता, स्थान और स्वायत्तता नहीं दे पाये जो

प्रेमचन्द, रेणु, अज्ञेय, अमृतलाल नागर, यशपाल आदि दे पाये हैं। सुरेन्द्र वर्मा (मुझे चाँद चाहिए), शिवमूर्ति (कुच्ची का क़ानून), उदय प्रकाश (पीली छतरी वाली लड़की), भगवानदास मोरवाल (बाबुल तेरा देस में) की रचनाओं में यदि स्त्री किरदार दिखाई भी देते हैं तो स्त्री सशक्तीकरण के बहाने स्वतन्त्र स्त्री का मज़ाक उड़ाने या उसके ज़रिये पितृसत्ता के हाथ मज़बूत करने के लिए ही। ये स्त्री-चरित्र लेखकीय मन्तव्यों/आग्रहों के अधीन रचे जाकर सीढ़ी की एक पायदान भर बनते हैं, अपने समग्र सौन्दर्य, सम्भावनाओं और सीमाओं के साथ खुलती ज़िन्दगी नहीं बन पाते। उदय प्रकाश तो 'पीली छतरी वाली लड़की' में स्त्री को मूर्ख प्राणी एवं यौनिक इयत्ता से अधिक चित्रित ही नहीं कर पाये, जिसे दलित युवक के प्रेम-जाल में उलझा कर ब्राह्मणों द्वारा दलित स्त्री-शोषण परम्परा का बदला लेने का उपकरण बनाया गया है। लेकिन साहित्य के इन वरिष्ठ नामों के समानान्तर पिछले दस बरस में मिलेनियल पीढ़ी के युवा कथाकार स्त्री-संवेदी हृदय के साथ साहित्य रचना में प्रवृत्त हुए हैं। शिवेन्द्र, तरुण भटनागर, मनोज कुमार पाण्डे, अमित ओहलाण इस दृष्टि से उल्लेखनीय हैं। मनोज कुमार पाण्डे की कहानी 'हँसी' और 'मोह'; तरुण भटनागर की 'बीते हुए शहर से फिर गुज़रना' और 'क़ातिल की बीवी'; शिवेन्द्र की 'चॉकलेट फ्रेंड्स और अन्य कहानियाँ' संग्रह में संगृहीत लगभग सभी कहानियाँ स्त्री को 'मनुष्य' के रूप में ही नहीं देखतीं, उनकी मनुष्यता के आलोक में पुरुष के अहम्, व्यक्तित्व और मनोविज्ञान को भी समझने का प्रयास करती हैं। मनोज कुमार पाण्डे पितृसत्ता की सामाजिक-सांस्कृतिक संरचना के अधीन स्त्री के बरअक्स पुरुष की निर्मिति के ख़ौफ़नाक सच को उभारते हैं तो तरुण भटनागर प्रेम, हार्दिकता, विश्वास और सख्य जैसी महीन संवेदनपरक तारों के सहारे पुरुष के क्रूर हिंसक समाज के समानान्तर स्त्री के भीतर के प्रेममय सर्जक संसार के भय एवं सौन्दर्य को ज़र्रा-ज़र्रा उकेर देते हैं। शिवेन्द्र के पास लोक-कथाओं का जखीरा है, प्रयोगधर्मिता की ताज़गी है, भाषा को माँजने की दक्षता है और है स्त्री-मन के साथ स्त्री के संसार में अनन्य भाव से प्रवेश करने का आत्मविश्वास। ज़ाहिर है स्त्री-लेखन के परम्परागत ढाँचे में खुशबू का ताज़ा झोंका बनकर प्रविष्ट होती हैं ये कहानियाँ, जहाँ शिकायतें-उलाहने, आँसू-रंज, प्रतिरोध-प्रतिशोध की सतर्कताएँ नहीं हैं। स्त्री-लेखन जिस मुकम्मल सम्बन्ध-संसार की परिकल्पना करता है, वह यूटोपियाई अन्दाज़ में इन पुरुष-रचनाकारों की कहानियों में रेशमी हकीकत की तरह उभरता है।

चौथा सवाल सर्वाधिक महत्त्वपूर्ण है जो स्त्री-लेखन की समूची परम्परा को समग्रता में जाँचने की माँग करता है। मैं चाहती हूँ कि मान लूँ, स्त्री-लेखन स्त्री-संघर्ष और स्त्री की मनुष्य-अस्मिता की विकास-यात्रा है और अपनी इस मान्यता के पक्ष में शिवरानी देवी, सुभद्रा कुमारी चौहान, महादेवी वर्मा के योगदान पर लहालोट होने लगूँ। लेकिन विजय-पताका फहराने का किशोर चाव अक्सर क़िले की मज़बूत प्राचीरों में सेंध लगाने लगता है। 'हिरनी' जैसी कहानी के ज़रिये स्त्री-लेखन की मज़बूत परम्परा को मज़बूत कड़ी बनने का माद्दा रखने वाली चन्द्रकिरण सौनरेक्सा अपनी परवर्ती कहानियों में जिस तरह 'स्त्री' बना दिये जाने की आत्मदीनता से भर कर पुरुष-सत्ता को मज़बूत करती चलती हैं, वह मानो अनजाने ही स्वातन्त्र्योत्तर स्त्री-लेखन का दिशा-निर्देशक तत्त्व बन जाता है, जैसे 'पचपन खंभे लाल दीवारें' में आत्मनिर्भर सुशिक्षित निर्णय-सम्पन्न सुषमा का परिवार द्वारा किये जा रहे आर्थिक-भावनात्मक शोषण के समक्ष घुटने टेक देना। सुषना यदि स्वतन्त्र भारत की सुशिक्षित आत्मनिर्भर स्त्री का प्रतीक है, तो क्या मान लिया जाये कि स्वप्नदर्शी साहित्यकार सशक्त स्त्री की नहीं, बल्कि आत्म-दया एवं आत्महीनता से ग्रस्त दादी-नानी की नये पैकेज में प्रतिष्ठा कर रहा था? ठीक यही बात मन्नू भण्डारी की नायिकाओं के लिए भी कही जा सकती है जो सन्देह-शिकायतों में अपनी ऊर्जा नष्ट करके समय और समाज के भीतर पलती विडम्बनाओं को समाज-वैज्ञानिक दृष्टि से परखने का विवेक हासिल नहीं कर पातीं। मृदुला गर्ग का सम्पूर्ण लेखन और ममता कालिया एवं नासिरा शर्मा का प्रारम्भिक लेखन इन सब के बीच अपवाद बन कर उभरता है जो शिवरानी देवी, सुभद्रा कुमारी चौहान, महादेवी वर्मा से भिन्न रास्ता लेकर स्त्री की अनन्यता को बचाने का उपक्रम है। ये तीनों लेखिकाएँ समाज पर पैनी नज़र भी बनाये रखती हैं और स्त्री के अन्तर्मन में उतर कर उसकी ग्रन्थियों की पड़ताल भी करती हैं, ताकि सही जगह पर नश्तर चला कर उपचार किया जा सके। ये तीनों कहानीकार पितृसत्ता और पुरुष-शोषण की ख़ूब ख़बर लेती हैं, लेकिन स्त्री की संघर्ष-यात्रा को आत्मदया में बिखरने नहीं देतीं। उनकी स्त्री आत्मविश्वास से लबरेज, प्रखर निर्णय-सम्पन्न स्त्री है जो प्रयोगधर्मी भी है, और असफलताओं का ठीकरा दूसरों पर फोड़ने की बजाय दूने वेग और व्यग्रता से आत्म-विश्लेषण में लग जाती है। लेकिन इन रचनाकारों की समकालीन अन्य रचनाकारों में ऐसी ऊर्जा और आत्मालोचन

की निर्भीकता दिखाई नहीं देती। पूर्ववर्ती कथाकारों की तरह वे आत्मदया के पंक में नहीं धँसतीं, लेकिन आत्महीनता को नफ़रत और प्रतिशोध का रूप देने से भी नहीं चूकतीं। पुरुष और विवाह संस्था का नकार उन्हें पितृसत्ता के स्वरूप को समझने का अवसर दे, उससे पहले ही वे दाम्पत्येतर प्रेम में स्वयं को बरगलाने लगती हैं, और अन्ततः स्वयं को 'अकेली' या 'दूसरी औरत' पाकर विवेक खो बैठती हैं। शशिप्रभा शास्त्री, कुसुम अंसल, निरुपमा सेवती, दीप्ति खण्डेलवाल, कृष्णा अग्निहोत्री, मालती जोशी आदि कुछ लेखिकाएँ स्त्री की अस्मिता को लैंगिक प्राणी से अधिक नहीं समझ पायीं, जबकि स्त्री-सशक्तीकरण की मुहिम जेंडर की अवधारणा को चुनौती दिये बिना सम्भव नहीं। नब्बे के बाद का स्त्री-लेखन मैत्रेयी पुष्पा के रूप में ग्रामीण स्त्री की राजनीतिक चेतना को प्रकाश में लाकर नये समय का आगाज करता है, तो स्त्री की दैहिकता का उत्सव मनाने में भी कोताही नहीं करता। पितृसत्ता के षड्यन्त्रों का भण्डाफोड़ करने के प्रयास में कलात्मक सौन्दर्य के साथ जब जया जादवानी 'क़यामत का दिन उर्फ़ क़ब्र से बाहर' जैसी कहानी लिखती हैं, तब सवाल उठता है कि एक दिन के प्रदर्शन-तोड़फोड़ के बाद पुनः पिंजरे में क़ैद हो जाना ही क्या स्त्री-लेखन का विज़न है? कलात्मक सौन्दर्य के बावजूद दैहिकता का उत्सव यदि जयश्री राय की कहानियों के प्रभाव को क्षरित करता है तो गीताश्री की कहानियों को विचार की ऊँचाई लेने से रोकता है। 'मत्स्यगन्धा' कहानी इसका उदाहरण है, जो पहले पाठ में अभिभूत करती है लेकिन बाद में मननशील विश्लेषण के दौरान अपनी दुर्बलताओं को भी प्रस्तुत करने लगती है। सबसे पहले यह कि उतावलेपन की वजह से लेखिका द्वन्द्व को ज़्यादा देर तक साध कर नहीं रख पाती कि वह आत्म-विश्लेषण की प्रक्रिया में अपने अन्तर्विरोधों और समाज-मनोविज्ञान को साथ-साथ दूर तक देख सके। कहानी यथार्थ की भावनात्मक प्रस्तुति भर नहीं, पाठक के भीतर यथार्थ को विभीषिका बनाने वाले तत्त्वों की शिनाख़्त पैदा करने की क्षमता है। इक्कीसवीं सदी का अधिकांश स्त्री-लेखन इस विशिष्टता को साध नहीं पा रहा है। दूसरे, कोई विकल्प ढूँढ़ कर ज़िन्दगी की 'नायक' बनने की साध इन स्त्री-चरित्रों में इतनी अधिक है कि पुरुष के साथ अन्तर्वैयक्तिक सम्बन्धों में प्रतिशोध एवं प्रतिरक्षा की 'स्त्री-गन्ध' चली आती है (सन्दर्भ 'ब्लाइंड डेट' कहानी) जो उसे सबल-दबंग स्त्री का रूप तो ज़रूर देती है, लेकिन भीतर के 'मनुष्यत्व' को उद्भासित नहीं कर पाती।

स्त्री-लेखन की विडम्बना है कि वह स्त्री के साथ नत्थी कर दिये गये स्टीरियोटाइप्स को जिस आवेग के साथ तोड़ना चाहता है, उससे दूनी मज़बूती के साथ पुरुष के लिए स्त्री-रचित स्टीरियोटाइप्स को जीवित करता है। यह तय है कि दूसरे की मनुष्यता का दर्शन/सन्धान किये बिना अपनी मनुष्यता को बचाना असम्भव है। गीताश्री की कहानियों का पहला पाठ मुग्ध करता है। उनकी नायिकाएँ सही मायने में कर्मठ, जुझारू और स्वप्नजीवी हैं। भीतर तक गहरे धँसे नश्तर अनुभव बनकर उन्हें क़दम-क़दम पर चेताते हैं, और वे 'पॉलिटिकली करेक्ट' आचरण करके आदर्श की स्थापना करती भी दिखती हैं। जैसे 'मलाई' कहानी मेरी पसन्दीदा कहानियों में है जो लड़कों की तुलना में लड़कियों को कम पोषक आहार, कम सुविधाएँ, कम शिक्षा देकर हीनतर प्राणी बनाने के सामाजिक संस्कार को प्रश्नांकित करती है। गीताश्री की विशेषता है कि वह समस्याओं को महज़ प्रश्नांकित नहीं करतीं, उसके साथ मुठभेड़ करती नायिका को भी रचती हैं जिसे अन्त में विजयी होना ही है। कहानी की तहें खुलने के साथ-साथ अन्तिम निष्कर्षात्मक ध्वनि भी जब संग-संग चलने लगे, तब कहानी शिथिल हो जाती है। नौकरी के बाद पहली तनख़्वाह लेकर घर की दहलीज़ के बाहर बैठकर कटोरा भर मलाई खाती उनकी नायिका पहली नज़र में बहुत लुभाती है। अहा! स्त्रियाँ प्रतिरोध के हथियार लेकर अपने सम्मान की लड़ाई लड़ती रहें इसी तरह, तो कितनी देर तक टिकेंगे पितृसत्ता के दबाव? मुग्ध मन बार-बार कहता है, लेकिन आलोचना पाठक की मुग्धावस्था का शास्त्र नहीं है। आलोचना पहले पाठ के सतहीपन को ध्वस्त कर समाजशास्त्र जैसे गम्भीर विषय के साथ अन्तःक्रिया करने लगती है। तब सवाल उठता है कि पितृसत्ता के हथियारों से पितृसत्ता का मुक़ाबला करके स्त्री क्या अपनी लड़ाई को कमज़ोर नहीं कर रही है? नफ़रत के सहारे नफ़रत को नहीं जीता जा सकता। प्रेम के सहारे नफ़रत रूपी शत्रु का सफाया सम्भव है। पितृसत्ता को हराने के लिए वर्चस्व की भाषा नहीं, वैचारिक उदारता, सम्मान और विश्वास को अपनी पूँजी बनाना ज़रूरी है। लेकिन इतना तय है कि समकालीन कहानी के विकासपरक चरित्र की समझ गीताश्री की कहानियों से गुज़रे बिना सम्भव नहीं।

मिलेनियल पीढ़ी (1981-1996 के बीच जन्मी पीढ़ी जिसे जेनरेशन वाई भी कहा जाता है) चूँकि इंटरनेट, सोशल मीडिया और डिजिटल क्रान्ति युग

की सन्तान है, उसका व्यक्तित्व और सोच ग्लोबल है, और ज्ञान को सूचना के रूप में विघटित होते जाने की क्रमिक क्षरणशील प्रक्रिया का दंश उन्होंने नहीं झेला है, इसलिए साहित्य में सक्रिय अपनी पूर्ववर्ती पीढ़ी की भाँति वह नहीं जानती कि अपने ही घेरों में बँधी सामाजिक-आर्थिक-सांस्कृतिक व्यवस्थाएं सुस्त चाल से चलते हुए मूल्यों और सह-अस्तित्व की बात किया करती थीं। तब प्रिंट मीडिया की सीमाओं ने उन्हें हर दुर्लभ पाठ्य सामग्री को सहेज कर रखने और स्मृति को निरन्तर पैना करते रहने का प्रशिक्षण दिया था। लोकतान्त्रिक चेतना ने उनके आलोचनात्मक दृष्टिकोण को विकसित किया था, तो समाजवाद के प्रति आस्था ने तमाम तरह के विभाजनों के प्रति असहिष्णुता पैदा करने का अभियान चलाया था। 1990 के बाद का संक्रमणशील समय जनरेशन एक्स और बूमर्स के लिए ख़ासा तकलीफ़देह, चुनौतीपूर्ण और स्वयं को री-ओरिएंट करने का था। उपभोक्ता संस्कृति का प्रचार, पूँजी के अश्लील प्रदर्शन के साथ निजीकरण का प्रसार, ज्ञान का सूचना में निरन्तर विघटित होते चले जाना, महानायकों-महावृत्तान्तों-इतिहास का क्रमशः अपदस्थ होना; और विमर्शमूलक स्वरों का प्रखर होना – नब्बे के दशक की कुछ ख़ास विशेषताएँ थीं जो तदयुगीन साहित्य में गहरी वैचारिक उथल-पुथल के रूप में दिखाई देती हैं। गहरे तनाव के बीच हाथ से छूट जाते मूल्यों को बचाने की ललक नब्बे के दशक को उपन्यास-दशक बनाती है जहाँ राजनीतिक परिदृश्य से लेकर सामाजिक-सांस्कृतिक परिदृश्य को दूषित करने वाली यथार्थपरक घटनाओं-त्रासदियों को लेकर पृथुल विश्लेषणात्मक उपन्यासों की रचना हुई। इतिहास के अन्त की घोषणा ने 'कितने पाकिस्तान' जैसे उपन्यास को तमाम सभ्यताओं-संस्कृतियों के इतिहास खँगालने-सहेजने की प्रेरणा दी। स्मृतिहीनता का ढोल पीटने वाली तकनीकी आवाज़ों को चुनौती देते हुए 'आख़िरी कलाम' और 'कथा सतीसर' जैसे उपन्यासों ने विस्मृति के गर्त्त में समाने को आतुर प्रत्येक स्मृति, धड़कन, स्वप्न को दर्ज करने का बीड़ा उठाया। 2008 की विश्व व्यापक मन्दी से पूर्व इक्कीसवीं सदी का परिदृश्य नब्बे के दशक का ही विस्तार था। अब उपभोक्ता संस्कृति का प्रसार 'आनन्द' बन गया था; राजनीति का अपराधीकरण सहज स्वीकार्य हो गया; ज़िन्दगी से निकल कर मूल्य और स्मृति कबर्ड में रखे जाने लगे। उत्तरोत्तर गहराती असंवेदनशीलता ने असहिष्णुता का रूप लेकर विमर्शवादी स्वरों को 'प्रतिपक्ष' की संज्ञा दे डाली।

ग्लोबल दुनिया में जगह-जगह घेट्टो (बाड़े) बनने लगे। दक्षिणपन्थी विचारधारा राजनीतिक और सांस्कृतिक मंच को अपनी गिरफ़्त में लेने लगी। नेटवर्किंग और डोनेशन नये समय के नये मूल्य बन गये। बेरोज़गारों और धनकुबेरों के बढ़ते आँकड़े साथ-साथ चलने लगे। नफ़रत और बेबसी का उबाल मन-प्राणों पर इतना अधिक तारी हो गया कि अन्ततः अन्न आन्दोलन का बहाना पाकर फूट ही पड़ा। यह आन्दोलन यूटोपिया की तर्ज़ पर समाज के सामने प्रस्तुत किया गया, जो दरअसल वर्चस्ववादी ताक़तों द्वारा एक उनींदी सरकार को अपदस्थ कर सत्ता, समय और भविष्य को अपने हिसाब से 'गढ़ने' का षड्यन्त्र था। जनरेशन वाई इस समय की आर्किटेक्ट है। साहित्यिक परिदृश्य में यह पीढ़ी हड़बड़ी में जीती दिखाई पड़ती है। उसकी दृष्टि सतह से बँधी है, लेकिन भविष्य के आकाश में अपने नाम की पताका फहरा देना चाहती है। विचार को शोध और रिपोर्ताज से प्रतिस्थापित करने में उसे गुरेज नहीं। संघर्ष से किनारा करने लगी है। रचना सृजन की प्रसव वेदना नहीं, माल उत्पादन का आनन्द बन गयी है। इसलिए जहाँ-तहाँ एक सी भाव-भंगिमा, एक-से फार्मूले, और एक-से चरित्रों की पैदाइश हो रही है। यह ऐसा समय है जिसमें सब लेखक हो गये हैं। गम्भीर साहित्य 'गम्भीरता' छोड़कर बेस्टसेलर होने के दबाव में 'लोकप्रियता' को मुकाम समझने लगा है। चिन्तन और भविष्य-सृजन का सवाल, ज़ाहिर है, बेमानी हो गया है।

लेकिन यह परिदृश्य का विहंगम दृश्य मात्र है। हताशा की कोई बात नहीं। समय के भीतर प्रतिरोधी ताक़तें सकारात्मक हस्तक्षेप के साथ हमेशा मौजूद रहती हैं। मैं इक्कसवीं सदी में पहली बार दस्तक देने वाली उन रचनाकारों के नाम चुनती हूँ जो अपनी मानवीय दृष्टि और संवेदनात्मक सरोकारों के कारण मेरे भीतर 'अच्छी कहानी' का पाठ करने की सुखद अनुभूति पैदा करती हैं। ये कहानीकार हैं–किरण सिंह, योगिता यादव, प्रकृति करगेती, प्रीति प्रकाश, श्रद्धा थवाईत, विजयश्री तनवीर, और रश्मि शर्मा।

3

उड़ान के दौरान

'अच्छी' कहानी 'बुरी' विशेषण का विलोम नहीं है, वह संश्लिष्ट कहानी का ही दूसरा नाम है। संश्लिष्टता कहानी के भीतर बुनी गयी संवेदनपरक

वैचारिक अन्तर्दृष्टि का कुल परिणाम है जो पनडुब्बी की तरह सतह के नीचे की तमाम सक्रियताओं की बारीक जाँच करती है तो बाज की तरह ऊँची उड़ान भरते हुए भी ज़मीनी सच्चाइयों से नज़र नहीं चुराती। संश्लिष्टता कहानी का प्रधान गुण-धर्म है, शैल्पिक युक्ति नहीं। ज़्यादा से ज़्यादा उसे कहानीकार का व्यक्तित्व भी कह सकते हैं जो ढाँपने की तमाम कोशिशों के बावजूद हवा में बसी गन्ध की तरह उसके आन्तरिक जगत को पाठक के समक्ष पारदर्शी कर देता है। इसलिए कहानी पर बात करते हुए मैं लेखक की उपस्थिति को लगातार सूँघती हूँ, लेकिन ईश्वर की तरह उसकी हर बात को ब्रह्म-वाक्य की संज्ञा न देकर उसे निरन्तर जाँच की कठिन प्रक्रिया से गुज़ारते रहना चाहती हूँ। सृजन लेखक के लिए समय काटने का खेल नहीं है कि ईश्वर की तरह अपना ख़ालीपन भरने के लिए वह धरती को शतरंज की बिसात बनाकर मनमर्जी से मोहरे यहाँ-वहाँ धरता फिरे। लेखक उन्नत चेतना, परिष्कृत सौन्दर्य-अभिरुचि और सृजनात्मक स्वप्नदृष्टि का पुंजीभूत रूप है। 'अच्छी कहानी' की पड़ताल करते समय मेरे सामने मुख्यतः तीन मापदण्ड होते हैं। एक, कहानी में एक्सप्लोर एवं अतिक्रमण करने की क्षमता हो; दूसरे, वह समय एवं चरित्र के भीतर पैठ बनाने वाली हो; और तीसरे, शिल्प के बने-बनाये साँचों को नाकाफ़ी मानते हुए अपनी ज़रूरत मुताबिक खुद नये साँचे बनाने की उमंग में झूमती चलती हो।

अच्छी कहानी के गर्भ में कितनी ही चिन्ताएँ क्यों न छुपी हों, अपनी दुलकी चाल में वह पर्यटन का आनन्द है, मानो खच्चर पर सवार डॉन क्विक्ज़ोट हो और किसी काल्पनिक शत्रु की तलाश में पूरे जगत को आलोचनात्मक दृष्टि से देख लेना चाहती हो। यह आलोचनात्मक दृष्टि सबसे पहले स्थापित मान्यताओं के प्रति आत्म-संशयी बनाती है। आत्मसंशयग्रस्तता द्वन्द्व एवं अनिर्णय की दुर्बल अवस्था नहीं, अपने अन्तर्विरोध एवं दुर्बलताओं को ईमानदार दृष्टि के साथ देखने की निर्भीकता है। सबसे कठिन काम है अपने को एक्स-रे की नज़र से जाँचना। अच्छी कहानी पहली स्टेज में स्वयं कैमरे की आँख बनती है – सतह पर घूमते हुए भी, और तलघर में उतरते हुए भी। इस प्रक्रिया में ज़ाहिर है पूर्वनिर्मित पगडंडियाँ और राजमार्ग बेमानी हो जाते हैं। मुक्ति की कामना उसे रचती है और मंज़िल के लिए हर दिशा आह्वान करती प्रतीत होती है। इन चुनिन्दा कथाकारों की कहानी ने आत्म-संशयग्रस्तता को समय की निःसंग शिनाख़्त का उपकरण बनाया है।

किरण सिंह की कहानी 'द्रौपदी पीक' इसका बेजोड़ उदाहरण है। लेकिन चूँकि उनकी कहानियों पर पुस्तक के तीसरे खण्ड में विस्तार से बात हो चुकी है, अतः यहाँ मैं श्रद्धा थवाईत की कहानी 'साझा संस्कृति की कश्ती', विजयश्री तनवीर की कहानी 'गाँठ' और प्रकृति करगेती की कहानी 'ठहरे हुए से लोग' पर चर्चा केन्द्रित करना चाहूँगी।

हर साल देश भर में यहाँ-वहाँ दो-तीन बार होने वाले विधानसभा चुनावों को जीतने की आकांक्षा ने 2014 से भारतीय राजनीति के स्वरूप को पूरी तरह बदल दिया है। वोटों का ध्रुवीकरण उसकी नैतिकता बन गया है, और धर्म-जाति की नफ़रती राजनीतिक बिसात बिछा कर वोटर को प्यादे की तरह मनमाना चलाना उसकी मजबूरी। फलस्वरूप बहुसंख्यकवादियों की राष्ट्रवादी हुंकारें और हिंसक उन्माद स्वयं को 'देशभक्त' का टैग देकर अल्पसंख्यकों को 'देशद्रोही' होने का मज़ा चखाने को आमादा हो गया है। सामाजिक सौहार्द नामक चिड़िया यूँ ही युद्ध-महामारी जैसी आपात-स्थितियों में फुर्र हो जाती है। तिस पर दिन-ब-दिन बढ़ता थाली पीटने का शोर! मॉब लिंचिंग एवं भीड़-न्याय की सामाजिक स्वीकृति क़ानून-व्यवस्था के चरमराने की अराजक स्थिति मात्र नहीं, सत्ता द्वारा एक नये राजनीतिक तन्त्र को बनाने की राजनीतिक युक्ति है जिसके ख़िलाफ़ बरसों-दशकों से साहित्यकार क़लम चला रहे हैं। 'साझा संस्कृति की कश्ती' कहानी पढ़ती हूँ तो हिन्दू-मुस्लिम विद्वेष की मन्द आँच में तपते हुए ढेर सी समरूपा कहानियों को ज़ेहन में जीने लगती हूँ। अखिलेश की 'अँधेरा', पंकज बिष्ट की 'नरो वा कुंजरो' और 'क्या कहना है जटायु', तथा मोहम्मद आरिफ की 'चूक' एवं 'चोर सिपाही' कहानियाँ अपनी तमाम भयावहता के साथ भय को आतंक और त्रास बनाने चली आती हैं। व्यक्ति बर्बर मनुष्य-विरोधी परिस्थितियों का 'भोक्ता' ही नहीं होता, अपनी पूरक सहमति द्वारा उनकी नृशंसता को पोषित करते हुए 'कर्त्ता' भी बन जाता है। यह 'कर्त्ता' भाव इतना मासूम और अदृश्य है कि जताने के बाद भी वह विघटन में अपनी भागीदारी को स्वीकारना नहीं चाहता। श्रद्धा थवाईत आगे बढ़कर इस 'अपराध' को कबूलना चाहती हैं। इसलिए साम्प्रदायिक वैमनस्य/हिंसा के माहौल में कहानी की शुरूआत नहीं करतीं जब बच्चा-चिरैया ही नहीं, पत्थर-काँटे भी नफ़रत की आग में थरथराने लगते हैं। वह अमन-शान्ति के भले दिनों में अपनी कहानी का वितान फैलाती हैं जहाँ मानव-चेतना की ऊपरी सकारात्मक तह प्रेम, विश्वास, संवाद, साहचर्य बनकर सामने आती है।

दुकान के प्रवेश-द्वार की ऊपरी दीवार पर खुदी कुरान की आयतों वाली पट्टी तुड़वा कर अपने 'हिन्दुत्व' को बचाने की व्यस्तता कहानी की दिशा को तय करती है। बुटीक की स्वामिनी पति के आदेशों को मानकर मिनटों में इस काम को अंजाम दे सकती थी, लेकिन लेखिका उसे पत्नी/स्त्री का स्टीरियोटाइप रूप न देकर मनुष्य के रूप में गढ़ती हैं जो कर्त्ता भी है, चेतना भी है और ज़िम्मेदार नागरिक भी। मनुष्य नींद-भूख-मैथुन में लिथड़ा सामाजिक पशु तो नहीं ही है। वह भविष्य का सर्जक है। अतः श्रद्धा कंजरवेटिव पति और लिबरल पत्नी को होली की छुट्टियों में ख़रीदारी के बहाने बिहार के भीतर बसी सांस्कृतिक यात्रा पर ले जाती हैं, जहाँ असलम और उसका दल उत्साही भाव से फाग गा रहा है–'मिथिला में राम खेल थी होली... मिथिला में...।" और हर बार गीत ख़त्म होने पर जयकारा लगा रहा है–सियावर रामचन्द्र की जय। तो क्या 'विधर्मियों' द्वारा हिन्दू प्रसाद लेकर 'फेंक देने की कहानियाँ' दुष्प्रचार का हिस्सा भर हैं? नायिका सोचती है और लेखिका फैंस के इधर-उधर डोलती पाठकीय चेतना को कस कर फटकार लगाती है कि "क्या तुम उस आयत-खुदे आयताकार टुकड़े को वापस जाकर निकलवा दोगी? कहाँ जायेगा फिर तुम्हारा यह गंगा-जमुनी संस्कृति का सम्मान? तुम भी उसी कहावत को चरितार्थ करोगी 'हाथी के दाँत खाने के और दिखाने के और'।" तब यह कहानी मुझे अपनी ही ग्रन्थियों की शिनाख़्त करती चेतना की उदात्त छलाँग लगती है कि मन के गुह्यतम कोनों में यदि नफ़रत की पनीरी रोप कर रखेंगे तो किस 'मनुष्य' को धरा पर उतारने का स्वप्न देखेंगे? बेशक सत्ता का बुनियादी चरित्र भ्रष्ट और मनुष्य-विरोधी है, लेकिन सवाल यह है कि व्यक्ति एकल एवं संगठित स्तर पर अपनी मनुष्यता की रक्षा के लिए कितना चौकन्ना और प्रयासरत है? दो-तीन वर्ष पहले सांस्कृतिक समन्वय की पहलक़दमी में तनिष्क आभूषण ब्रांड द्वारा बनाये गये ख़ूबसूरत विज्ञापन (जहाँ मुस्लिम परिवार की गर्भवती हिन्दू बहू उदार पारिवारिक माहौल के कारण वेशभूषा से लेकर प्रसाधन तक अपना सांस्कृतिक वैशिष्ट्य और स्वायत्तता बनाये रखती है) का हश्र नहीं भूलना चाहिए जो लव-जिहादियों के हत्थे चढ़ कर समन्वय को वैमनस्य, सांस्कृतिक आदान-प्रदान को सांस्कृतिक परिशुद्धता (अलूफनेस), और प्रेम को षड्यन्त्र समझने का संस्कार समाज को दे रहा है।

आत्मान्वेषण की अन्तर्यात्रा अपने और समय के भीतर पलती विडम्बनाओं का साक्षात्कार है। प्रकृति करगेती की कहानी 'ठहरे हुए से लोग', श्रद्धा थवाईत की कहानी 'ज़िन्दगी में नून' और विजयश्री तनवीर की 'गाँठ' एक इकाई के रूप में स्त्री द्वारा अपनी नैतिक ताक़त तोलने और ग्रन्थियों से उबर कर कर्त्ता भाव अख़्तियार करने की कहानियाँ हैं। तमाम जड़ताओं और वर्जनाओं में जीती स्त्री को प्रकृति करगेती रेडीमेड कपड़ों-आभूषणों के शोरूम में सजे मैनिक्विन (पुतले) से ज़्यादा तरजीह नहीं देतीं। लेकिन स्त्री पुतला कैसे हो सकती है? शीशे और शटर के अन्दर घुटी हवा उसकी साँस कैसे हो सकती है? कोई दूसरा कैसे तय कर सकता है कि सामाजिकता के निर्वहण हेतु उसे कैसे अलंकृत (प्रेजेंट) करना है और रात के अँधेरे में कैसे रौंदना है। कहानी पितृसत्ता के अनुदेशों पर गहरा क्षोभ है, लेकिन पुरुष पर कहर बरसाने के सरल नुस्खे की बजाय अपनी निष्क्रियता, सामाजिक अनुकूलन की विकल्पहीनता, और 'गूँगेपन' पर सवाल उठाती है। झुनझुना बनने का आसान विकल्प मनुष्यता का आखेट करता है। अनिवार्यतः। श्रद्धा की कहानी 'ज़िन्दगी में नून' का पूर्वार्द्ध झुनझुना बनकर पति-बच्चों को बहलाने वाली आत्म-सन्तुष्ट स्त्री की स्वर्णखचित जड़ता को रेखांकित करता है। लेकिन झुनझुने बड़े होते बच्चों को अधिक देर तक बहला नहीं पाते। वे अप्रासंगिक होकर कूड़े में तब्दील हो जाते हैं। नायिका सन्ध्या की आत्म-सन्तुष्ट सम्मोहन अवस्था जिस क्रम में विखण्डित होने लगती है, उसी क्रम में उसके भीतर विवाह-पूर्व स्मृतियाँ उदग्र होने लगती हैं जब ट्रैकिंग और वाइल्ड लाइफ फ़ोटोग्राफ़ी जैसे जोख़िम भरे शौक़ उसकी ज़िन्दगी हुआ करते थे। तो क्या विवाह-संस्था मरीचिका है? वैवाहिक खुशियाँ स्वर्ण-मृग बनकर स्त्री से उसकी अस्मिता छीन लेती हैं? तो क्या विवाह को अस्वीकार कर तमाम सम्बन्धों से विलग एकाकी स्वतन्त्र जीवन व्यतीत करे स्त्री? कहानी की अन्तर्ध्वनियाँ पूर्ववर्ती स्त्री-लेखन परम्परा का अनुगमन करते हुए कुछ ऐसे ही संशयग्रस्त नकारात्मक सवालों को उठाती हैं। श्रद्धा और उनकी नायिका इन सवालों के चंगुल में फँस कर होश नहीं गँवातीं। वे स्वतन्त्रता और स्वायत्तता के फ़र्क़ को समझती हैं। 'स्वतन्त्रता' में आत्मपरकता की विस्फोटक मौजूदगी उच्छृंखलता में तब्दील होकर मनुष्य को अधिनायकवादी या अवसरवादी बना सकती है, जबकि स्वायत्तता सम्बन्ध, समाज और समय के प्रति अपनी कर्त्तव्यनिष्ठ भागीदारी निभाने के दौरान इन तीनों को उसकी अस्मिता और

निजता की संजीदा देखभाल का संस्कार भी देती है। इसलिए श्रद्धा के पुरुष पात्र खलनायक बनकर अमूमन नहीं उभरते। वह हर्षित बनकर पत्नी सन्ध्या की अस्मिता-यात्रा का सहयात्री है या अभय (हवा में फड़फड़ाती चिट्ठी) की तरह पत्नी से बेपनाह मोहब्बत करने वाला पति है। ये पुरुष पात्र मानो समाज को सन्देश देना चाहते हैं कि स्त्री को मनुष्य नहीं समझोगे तो अपनी मनुष्यता कैसे बचाओगे?

मनुष्य की रक्षा की वैचारिक सजगता अपने-अपने तईं हर प्राणी का कर्त्तव्य है, अन्यथा खरबूजे को देखकर रंग बदलने की खरबूजा-वृत्ति 'हमाम में सब नंगे हैं' की तरह निर्लज्जता और क्षरण को समय का सत्य बना देगी। 'गाँठ' कहानी में विजयश्री तनवीर ऐसा कोई उद्‌बोधनात्मक भाषण नहीं देतीं, बस, अपनी तेरहवर्षीय अबोध नायिका बंसरी की जिज्ञासाओं, कच्चे-पक्के अनुभवों और रफ़ूगीरी की मासूम कोशिशों के ज़रिये पुरुष (सबल) की दबंगई के भीतर व्यवस्था-पोषित शह को सतह पर ले आती हैं। कहानी की ताक़त है गहरी ऑब्जर्वेशन क्षमता, छोटी-छोटी घटनाओं के नैरेशन और उन पर किशोरी बंसरी की चकित प्रतिक्रियाओं के सहारे समाज का नियमन करती व्यवस्था को कठघरे में खड़ा करना। बंसरी नहीं जानती कि उसकी पैदाइश ने उसे दो संगीन जुर्मों का मुज़रिम बनाया है। पहला जुर्म है औरत होना। दूसरा, दलित होना। अब 'बेटी बचाओ बेटी पढ़ाओ' नारों का क्या है। वे तो नकाब है या प्रपंच – खूँखार मंशाओं को छुपाकर 'उदार' दीखने के लिए, या वोट बटोरने के लिए। बंसरी जानती है, सवर्ण अध्यापकों से लेकर समूचा सवर्ण परिवेश ऐसे 'घरों' की औरत-जात को पढ़ने के अवसर देने की बजाय कूड़ा बुहारने, गोबर पाथने जैसे कामों का ज़िम्मा सौंपना चाहता है। समतामूलक समाज का नारा दिल बहलाने को अच्छा ख़याल भले हो या मंचों पर दी जाने वाली ज़ोरदार तकरीर; सुविधाभोगी वर्चस्ववादी मानसिकता जनसंख्या के एक बड़े हिस्से को भूख और बेबसी की गिरफ़्त में फँसे देखना चाहती है ताकि दो जून अधपेट रोटी देकर वह उनकी अबाध सेवाएँ पाता रहे। अच्छी कहानी ज़िन्दगी के साथ संवाद करते हुए अमूमन समाजशास्त्री की भूमिका में बनी रहती है। 'गाँठ' कहानी माँग करती है कि कहानी के मर्म को समझने के लिए पाठक नायिका पर अनावश्यक सहानुभूति वर्षण न करता फिरे; वरन् जाति व्यवस्था एवं पितृसत्ता की भीतरी तहों के ज़रिये समाज-मनोविज्ञान को समझने की चेष्टा करे जो एक ओर

शास्त्री जी के बेटे अखिलेश को रचती हैं तो दूसरी ओर बंसरी के पिता को। दोनों समाज-व्यवस्था के दो भिन्न-भिन्न छोरों पर खड़े हैं। अखिलेश सम्भ्रान्त सम्पन्न परिवार का सुशिक्षित युवक है और बंसरी के पिता दलित होने की तमाम विपन्नता, संघर्ष और सामाजिक उपेक्षा का शिकार। किन्तु दोनों पुरुष हैं और इस एक बड़ी समानता के बल पर दोनों स्त्री को भोग से अधिक कुछ नहीं मानते। चूँकि बंसरी ने अखिलेश के सन्दर्भ में स्वयं पुरुष की पाशविक वासना का शिकार होने के संत्रास को भोगा है, इसलिए वह इसे अ-मनुष्य हो गये पुरुष की स्त्री पर जघन्यतम हिंसा का रूप मानती है, किन्तु पाती है कि प्रेम के नाम पर सवर्ण स्त्री को फुसलाकर दरअसल उसके पिता सम्भोग के अन्तरंग क्षणों में प्रेम नहीं करते, शताब्दियों की घृणा उस प्रेमातुर स्त्री पर उँडेल कर प्रतिशोध के काम का आनन्द ले रहे हैं, ठीक 'पीली छतरी वाली लड़की' कहानी की तरह। पिता को बलात्कारी के रूप में पहचानने का यह क्षण, बकौल लेखिका, बंसरी के "एक और गाँठ में उलझने" का क्षण है, लेकिन दरअसल यही क्षण उसे भरपूर ताक़त और ईमानदारी के साथ अपनी 'गाँठों' को चीन्हने और सुलझाने का अवसर भी देता है, वरना समाज ने तो उसके लिए दो तरह की नियति ही चुनी है–पत्नी/माँ बनकर जमाने भर की हिंसा, उपेक्षा, बेगार भरा जीवन पाना; या फिर प्रेम/बलात्कार के नाम पर रौंदी जा रही देह बनना। संज्ञान का यह बिन्दु भीतर की 'मनुष्यता' को उद्‌घाटित करने की व्याकुलता ही है जो बैसाखियों की बजाय अपने ही मज़बूत हौसलों की कायल है। प्रज्ञा की कहानी 'रज्जो मिस्त्री' को बंसरी का युवा संस्करण कहकर स्त्री के व्यक्तित्व-विकास की मुकम्मल संघर्ष यात्रा के रूप में भी देखा जा सकता है।

योगिता यादव की कहानियाँ भी पुरुष के प्रति आक्रामक होने की बजाय व्यवस्था का प्रतिरोध करती स्त्री की रचना करने में अधिक विश्वास करती हैं। 'ग़लत पते की चिट्ठियाँ' कहानी हो या 'अश्वत्थामा पुनः पुनः'–उनकी स्त्री मज़बूत दरख्त की तरह विवेक की ज़मीन पर दूर तक जड़ें जमाये हुए है। आवेश के अँधड़, प्रताड़ना की ओलावृष्टि, प्रतिशोध की कुल्हाड़ियाँ उसकी अछोर हरी-भरी परिधि को नष्ट नहीं कर पातीं। उसे अपनी नैतिक-मानसिक मज़बूती पर फ़ख्र है, पर दूसरे की अनीति-अन्याय-असंवेदनशीलता और अमानवीयता को लेकर तकलीफ़ भी। इसलिए 'ग़लत पते की चिट्ठियाँ' में यदि वह अपने खोये हुए वजूद को पुनः पाकर अधेड़ावस्था में ज़िन्दगी की

नयी पारी शुरू करने का दमखम रखती है, तो 'अश्वत्थामा पुनः पुनः' में बन्धुत्व की डोर से बँधे पितृसत्ताक पुरुष की 'मनुष्यता' को भी प्रश्नांकित कर देती है –"क्या ज़रूरी है कि छोटे से प्रतिशोध के लिए हम अश्वत्थामा की तरह इतने आक्रोशित हो जायें कि अपने विशेष गुणों को हथियारों की तरह इस्तेमाल कर जिन्दगियाँ तहस-नहस कर दें?... जहाँ रिश्तों की उधड़ी सीवन के लिए स्नेह की सूई की ज़रूरत थी, आप अश्वत्थामा की तरह ब्रह्मास्त्र चला बैठे... बिना यह सोचे कि इसका अंजाम क्या होगा?" दरअसल अच्छी कहानी संवेदना, वैचारिकता और स्वप्नशीलता का सही-सही अनुपात है जो सरोकारों को दर्शन का औदात्य भले न दे पाये, दार्शनिक ध्वनियाँ देकर विघटनशील यथार्थ की परतों को खुरचने का आह्वान ज़रूर करता है। यह तय है कि संवेदना के प्रबल आवेग को विचार के सम्पुष्ट हाथों ने न थामा हो तो वह भावुकता के लिजलिजेपन में तब्दील हो जाती है, और यदि संवेदना वैचारिकता की कठोर शुष्क ज़मीन में नमी न पिरोये तो विचार निरा बौद्धिक वाग्विलास बनकर किताब के पन्नों में घुट कर रह जाता है। किरण सिंह की कहानी 'संझा' के बरअक्स चित्रा मुद्गल के उपन्यास 'नाला सोपारा' और जया जादवानी के उपन्यास 'देह कुठरिया' को लिया जा सकता है। किरण सिंह थर्ड जेंडर संझा का मनोविश्लेषण करने से पहले उसे जीवन, जगत और स्वयं पर निःसंग विचार करने का विवेक देती हैं। विचार की इस अमूल्य निधि को आलोक-पुंज बनाकर संझा आत्म-संज्ञान (मैं कौन हूँ), परिवेश-ज्ञान (मेरे इर्द-गिर्द सब लोग कौन हैं) से तुलनात्मक-ज्ञान (मैं औरों से अलग क्यों हूँ) और अस्मिता की पहचान (मैं भिन्न हूँ, लेकिन मनुष्य हूँ। अतः मेरी कार्यशैली भी भिन्न होगी, मेरी अपेक्षाओं के अनुरूप) तक के विविध पड़ाव पार करती है। इस दौरान आने वाली संवेदनात्मक दरकनों ने विचार की उँगली न थामी होती तो वह भी 'नाला सोपारा' उपन्यास की आत्मदयाग्रस्त्ता या 'देह कुठरिया' के दैहिक शोषण की सुदीर्घ यातना में रिड्यूस होकर रह जाती। अच्छी कहानी विघटन के बीच से सृजन, और विडम्बना के बीच से उम्मीद के छुपे सूत्र खोज निकालती है। वह पाठक के भाव-बोध को निरन्तर उन्नत करते रहने की सजग साधना है, और इस प्रक्रिया में हमेशा ख़याल रखती है कि भूले से भी अनावश्यक हमदर्दी (करुणा) देकर विडम्बनाओं को मज़बूत न करे। दूसरे, जिस गहन आलोचनात्मक दृष्टि के साथ उसने समाज की सतह पर डोलती समस्याओं-विद्रूपताओं को

विश्लेषित किया है, उसी आलोचनात्मक संवेदना को प्रभाव-तरंगों के रूप में पाठक तक संचरित कर सके।

ज़ाहिर है अच्छी (संश्लिष्ट) कहानी समय की आहटें बुनते-बुनते समयातीत हो जाती है। वह घटनाओं का समय के भीतर उतरने वाली सीढ़ियों की तरह इस्तेमाल करते हुए व्यवस्था के तलघर में जाती है, फिर रुआँसी-हताश मनुष्य-छायाओं में उम्मीद की फ़सल बोती है। 'अच्छी' कहानी के पास चतुर सट्टेबाज की तरह रेस में जीतने वाले घोड़े पर ही दाँव लगाने का हुनर है। इसलिए वह जंग हार कर बैठी निष्क्रियताओं-शिकायतों को 'नायक' नहीं बनाती; उन्हीं जांबाज़ योद्धाओं/पात्रों को हमदम बनाती है जो पहले स्तर पर सुस्पष्ट मनोवृत्तियों की तरह अपना वैशिष्ट्य बुनें और फिर प्रतीक एवं रूपक के रूप में पारदर्शी एवं सूक्ष्म होकर पाठक की स्मृति में जा बसें। अच्छी कहानी लेखक की सन्तान होते हुए भी आलोचक के साथ निरन्तर संवाद करते रहने को अकुलाती है ताकि उसकी विश्लेषणधर्मी प्रभाव-तरंगों के सम्पर्क में आकर वह स्वयं को म्यूटेट (संचरित) करके नये-नये रूप (वेरिएंट) में अजर-अमर होती रहे। लेखक की मौलिक उद्भावना होते हुए भी परम्परा में बसी तमाम समानरूपा ध्वनियाँ और स्मृतियाँ जब आलोचक के पास चली आती हैं, तब कहानी एक इकाई के रूप में अपना अलग-थलग वैशिष्ट्य खोकर पूरी परम्परा और मनुष्य की विकास-यात्रा को जाँचने का उपकरण बन जाती है। इस तरह अच्छी कहानी कहानीकार और कथालोचक की साझा सन्तति है।

मैं समय के भीतर पैठ बनाने वाली चार महत्त्वपूर्ण कहानियों पर बात करना चाहूँगी। सबसे पहले, विजयश्री तनवीर की कहानी 'सिस्टर लिसा की रान पर रात'। यानी स्त्री की यौन-आकांक्षाओं की अतृप्ति की कहानी। कठोर नैतिक अंकुशों ने सदियों से काम की नैसर्गिक इच्छा को 'पाप' की तरह भारतीय समाज के सामने प्रस्तुत किया है। युवकों के सन्दर्भ में ब्रह्मचर्य का महिमामण्डन इसका प्रमाण है जो एक ओर 'तीसरी कसम' जैसी ख़ूबसूरत कहानी में नायक हिरामन के अन्तर्द्वन्द में उभर कर आता है, तो दूसरी ओर मठों-आश्रमों में यौन-अपराध के रूप में। स्त्रियाँ चूँकि काममूलक आनन्द की भोक्ता न होकर काम-आनन्द की प्रदाता (सर्विस प्रोवाइडर) के रूप में चिह्नित की जाती हैं, और कोख की वजह से उनके अपराध को

पकड़ना एवं दण्डित करना आसान हो जाता है, इसलिए ग्रामीण संस्कृति में अक्सर उन पर 'देवी' आ जाती है (सिनीवाली शर्मा की कहानी 'अधजली') या मिर्गी। धर्म के अड्डे स्त्री-देह का शोषण करते हैं और पवित्रता की आड़ में कौमार्य (वर्जिनिटी) को स्त्री के वजूद की बुनियादी शर्त बना देते हैं, जिसे चार्ल्स हार्डी के विख्यात उपन्यास 'टैस' से लेकर ममता कालिया के 'बेघर' तक उसी 'पुनीत' आतंक के साथ देखा जा सकता है। यह अलग बात है कि सत्ता की ओर से किया गया यौन-शोषण प्रसाद या आशीर्वाद की शक्ल लेकर वर्जिनिटी की पवित्रता को बनाये रखता है, लेकिन स्वयं स्त्री की रजामन्दी से बनाया गया सम्बन्ध कौमार्य-भंग का भीषण अपराध बनता है। सिस्टर लिसा की देह, भंगिमाएँ, रान से घुटनों-पैरों तक उतरता दर्द दरअसल उनके दिमाग़ में पैबस्त नैतिक वर्जनाओं का ही दंश है जिन्हें दिल की चाहतें शारीरिक उमंगों के साथ मिलकर तार-तार कर देना चाहती हैं। सिस्टर (नन) हो जाने का अर्थ ख़ून में उच्छ्ल वेग से घूमती यौन-आकांक्षाओं से रिक्त हो जाना कैसे है? मर्दन और अतिक्रमण दोनों के ख़िलाफ़ खड़ा धर्म यौन-आनन्द के मर्दन की स्वीकृति देकर क्या स्वयं अधर्म में तब्दील नहीं हो जाता? पुरुष को देखते ही सम्भोग-इच्छा से देह की शिरा-शिरा का तन जाना क्या उसी पवित्रता की आचार-संहिता को ध्वस्त नहीं कर देता जिसे इतनी मशक्कत के बाद महिमामण्डित रूप दिया गया है? 'इच्छा' (भोग) के बाद 'त्याग' का महत्त्व क्या पाखण्डपूर्ण अनाचरण ही नहीं? सिस्टर लिसा के भीतर पिछले वक़्तों की वर्जनाएँ विशाल शिलाओं की तरह पसरी हुई हैं। इसलिए जब-जब आवेग का कोई एक पल नन्हीं सी कोंपल बनकर फूटना चाहता है, वह नम ज़मीन नहीं पाता।

मैं इस कहानी को पढ़ती हूँ तो परम्परा की चादर में गाँठ की तरह बँधी बहुत-सी नसीहतें देखने लगती हूँ कि स्त्री की वासना पुरुष से आठ गुणा ज़्यादा होती है; कि स्त्री नरक का द्वार है; कि अपनी भूख को नियन्त्रित कर 'कामधेनु' बनने वाली स्त्री ही आदर्श स्त्री है। कहानी की प्रभाव-तरंगों में घुल-मिल कर मैं सिस्टर लिसा की तरह इन 'सूक्तियों' की चिन्दी-चिन्दी कर डालना चाहती हूँ। नैतिकता के नये शास्त्र स्त्री को ही रचने होंगे – सोचती हूँ तो अमरीकी उपन्यासकार नेथेनियल हॉथॉर्न के उपन्यास 'द स्कारलेट लैटर' की नायिका हैक्टर प्रिन्न व्यंग्यात्मक मुस्कान लेकर सामने आ जाती है।

मैं उसे गले लगा लेती हूँ –"पाँच सौ साल की उम्र हो गयी है तुम्हारी, फिर भी कितनी जवान! और देखो तुम्हारे गाउन पर कढ़ा यह लाल रंग का 'ए' तुम्हारे व्यभिचार (एडल्ट्री) की दास्ताँ कहता कितना नखरीला है अब तक!"

"पाँच सौ बरस की इस उम्र में सारी सभ्यताओं-संस्कृतियों का ज़हरीला पानी भी घुल आया है।" हैक्टर प्रिन्न हँस दी।

"गुनाह!

व्यभिचार!!

दोषी अकेली औरत!!!"

सिस्टर लिसा को देखा तो पिघल गयी ज़रा-सा –"तुम सिस्टर न होकर फादर होतीं, फादर डिमस्डेल की तरह, तो यूँ यौनावेग में काँपने और फ्रिजिडिटी के जानलेवा दौरों के दुष्चक्र में फँस कर ख़ुद को न मारतीं। फादर के पास मुँह मारने के लिए सारी दिशाएँ खुली होती हैं। औरतें और सिस्टर न मिलें तो दीक्षा हेतु आने वाले अबोध बालक ही सही।"

हम तीनों विश्व भर में चर्च एवं अन्य धर्मस्थलों द्वारा किये गये किये जा रहे स्त्री/बाल यौन-शोषण के अनन्त क़िस्सों की स्मृतियों से काँप गयीं। इसी रौ में 'सूरजमुखी अँधेरे की' (कृष्णा सोबती) की रत्ती और 'दर्दजा' (जयश्री राय) की माही जैसी कितनी ही बलात्कृता स्त्रियाँ याद हो आयीं जिनके लिए 'काम' को आनन्द नहीं, घृणा और आतंक का जज़्बा बना दिया गया है। सभ्यता के तमाम दावे करने के बावजूद समय का कोई-कोई कोना-अन्तरा निरा उजड्ड बना रहना चाहता है। मैं कबूल करती हूँ कि सिस्टर लिसा की ग्रन्थियों को खोल पाना मेरे बूते के बाहर है। साथ ही गहरी दुश्चिन्ता से काँप जाती हूँ कि विश्व भर में उग्रतर होती दक्षिणपन्थी सांस्कृतिक ताक़तों के विजय-अभियान स्त्री-देह को रौंदते हुए क्या उसे पुनः भोग-सामग्री में ही प्रतिष्ठित (?) नहीं कर देंगे? तब यह कहानी आगत की आहटों को गूँथ कर स्त्री-द्वेषी वर्तमानता की टोह लेने का वैचारिक अभियान बन जाती है। स्वयं स्त्री द्वारा देह-मुक्ति के संघर्ष तब तक नाकाफ़ी हैं, जब तक समाज उसे 'मनुष्य' का दर्जा देकर उसकी मनुष्यता के आलोक में स्वयं को जाँचने का संस्कार अर्जित नहीं कर पाता।

हैरत की बात यह है कि प्रेम एवं यौन-नैतिकता को लेकर दोहरे मानदण्डों की पुनर्पड़ताल की व्यग्रता उसी घुटन और सजगता के साथ पुरुष कथा-लेखन में प्रायः देखने को नहीं मिलती। न ही मिथकों (जो मूलतः

स्त्री-द्वेषी सांस्कृतिक संरचनाएँ ही हैं) की पुनर्व्याख्या की तड़प। किरण सिंह की लम्बी कहानी या उपन्यासिका 'शिलावहा' की बात करूँ तो वह 'सिस्टर लिसा की रान पर रात' कहानी के गर्भ में छुपी तमाम विडम्बनात्मक जालसाजियों को गहरी स्पष्टता के साथ सतह पर ले आती है। प्रेम करने की कुव्वत रखती स्त्री, अपनी ज़िद में जीने को बौराई स्त्री, निर्णयात्मकता और गतिशीलता के दो पैरों अकम्प खड़ी स्त्री परम्परा की आँख की किरकिरी है। वह ललद्यद और अक्क महादेवी की तरह समाज के तलछट में फेंक दी जाती है, या अहल्या की तरह शापित। किरण सिंह इसी धीर-गम्भीर गतिशील-बौराई स्त्री को अहल्या बनाने के तमाम सांस्कृतिक-राजनीतिक छल-छन्दों को जब 'शिलावहा' में साक्षात् करती हैं, तब लगता है कि गोटी की तरह धर्म के हाथ में खेली जाने वाली स्त्री को सबसे पहले आँख खोलकर धर्म के असली स्वरूप को ही पहचानना होगा; कि राम कोई अवतार या अलौकिक ताक़त (जो तमाम विभाजनों-विभेदों से परे मनुष्य और मनुष्येतर इकाइयों को समान भाव से स्नेह करे) नहीं, बल्कि रामत्व एक सांस्कृतिक संरचना है जिसे अधिनायकवादी ताक़तें अपनी असली सूरत छुपाने के लिए रचती हैं; कि दोयम दर्जे की प्राणी होना स्त्री की नियति नहीं, सामाजिक षड्यन्त्र है जिसे शस्त्र-शास्त्र की भाषा में उसके भीतर तक उतार दिया जाता है ताकि दिमाग़-चेतना से छूँछी होकर वह ताक़तवर के हाथ का खिलौना बनी रहे। अहल्या की नियति नियन्ता परिस्थितियों में नहीं, नियन्ता अहिल्या (स्त्री) में है। चेतन होते ही स्त्री मनुष्य हो जाती है – आत्म-विश्लेषण करके, परिस्थितियों से टकराकर, अपनी नवीन राहों का अन्वेषण करके। तब प्रेम और यौन-आनन्द न पुरुष की बपौती/अनुकम्पा रहते हैं, न मुक्ति की आकांक्षा शेखचिल्ली के स्वप्न; न इन्द्र भोगी या बलात्कारी का वेश धरकर आता है, न अहल्या आदर्श स्त्री का बोझा सिर पर लादे गूँगी गुड़िया बनती है। कहानी सोने से मढ़ी ग़ौरव-गाथाओं को उलटते हुए उनमें बिलबिलाते कीड़ों और सड़ाँध को बाहर ले आती है। संश्लिष्ट कहानी सवाल उठाना भर नहीं जानती, सवाल के भीतर खदबदाती उम्मीदों और हौसलों की डोर को कमन्द बना कर बाहर लाती है ताकि कहानी के फ्रेम से बाहर यथार्थ की विभीषिकाओं से टकराती मनुष्य-चेतना क़दम-दर-क़दम साथ चल सके। विजयश्री तनवीर और किरण सिंह की स्त्री-मुक्ति की आकांक्षा एक-सी है। राह अलग-अलग है जो शिल्प की अलग गढ़त के रूप में कहानियों में उतरती है।

विजयश्री तनवीर जहाँ कथा-प्रभाव में आविष्ट पाठक को धक्का देकर औंधे मुँह गिरा देती हैं ताकि कपड़ों से धूल झाड़ने के क्रम में वह अपनी चेतना और सांस्कृतिक विरासत के गर्द-जालों को भी झाड़ता चले, वहीं किरण सिंह अपनी कथानायिका में नेतृत्व के तमाम गुण भरकर उसे एक समय-सर्जक एक्टिविस्ट का रूप देती हैं।

ग़ौरतलब है कि लम्बे समय से धर्म और संस्कृति के संवेदनशील मुद्दों से सिहर कर हिन्दी कथा-लेखन अपने को सामाजिक-राजनीतिक परिदृश्य में ही प्रत्यक्ष करता रहा है। इक्कीसवीं सदी का दूसरा दशक इस दृष्टि से भी महत्त्वपूर्ण है कि स्त्री रचनाकार धर्म और संस्कृति के प्रतीक पुरुष राम को प्रश्नांकित करने में सन्नद्ध दिखाई पड़ती हैं। लोकमानस में सदियों से समन्वयात्मक गूँज के साथ प्रवाहित 'जय सियाराम' का अभिवादन 'जय श्री राम' का आक्रामक राजनीतिक नारा बन जाने के कारण भी; और मनुष्य के रूप में अपने नागरिक दायित्व के पालन के कारण भी। प्रीति प्रकाश 'राम को जन्मभूमि मिलनी चाहिए' कहानी में 'जय श्रीरामवादियों' से आतंकित स्वार्थी इकाई नहीं बनतीं कि मीडिया का तमाम ग्लैमर ओढ़ कर या सत्तासीनों के तमाम झूठों को आप्त-वचन बनाकर यथार्थ से आँख मूँद लें। वह पानी, हवा, ज़मीन, और खुराक से बेदख़ल कर दी गयी सद्यप्रसूता स्त्री की कथा कहती हैं जो यह नहीं जानती कि भारत की पुण्य-भूमि में रामराज्य उतार दिये जाने के स्वप्न दिखाती श्रद्धालु धर्मनिष्ठों की भीड़ ज़्यादा हिंसक है या उसके नवजात शिशु का आखेट कर लेने को ललचते कुत्ता-बिल्ली? किसी कवि की कल्पना में पहले-पहले उपजे रामलला (जो अब राजनीति का हिंसक हथियार हो गये हैं) को ज़मीन दिलाने की उन्मादी ज़िद में आख़िरी पंक्ति के आख़िरी मनुष्य को ज़मीन दिलाने की तो किसी को फ़िक्र नहीं होती। तब कैसा धर्म? कैसा रामराज्य? क्या राम-राज्य के केन्द्र में प्रतिष्ठित ताक़तवर का वर्चस्ववादी जय-निनाद ही तो नहीं जो शम्बूक की हत्या के लिए ब्राह्मणियों के गर्भ गिरने की अफ़वाह उड़ाता है और तेजस्वी पत्नी से भयभीत हो उससे मुक्ति पाने की अभिलाषा में 'धोबी' जैसे भाड़े के टट्टू को ढूँढ़ निकालता है? आज का रामराज्य ही तो हर रामराज्य का अक्स हुआ करता है जहाँ हत्या, शोषण और विभाजन भी 'पुनीत कर्म' हो जाते हैं।

धर्म राजनीतिज्ञों के हाथ की रिमोट ऑपरेटेड मिसाइल है, तो जनता के लिए भय की चीज़। मज़ेदार बात यह है कि जो भयभीत करता है, वही मुक्तिदाता भी है। धर्म (कर्मकाण्ड) दो-मुहाँ साँप है जो इन्सान की चेतना और संस्कार दोनों को अलग-अलग सिरे से दंशित करता है। आज भी भारत और मध्य एशिया समेत पश्चिमी देशों में ऐसे अनेक अन्धविश्वास/दृष्टान्त मिल जाते हैं जहाँ पेड़ पर अटका/बाँध लाल कपड़ा या डोरी; सिन्दूर से पुता पत्थर; या बीहड़ प्रदेश में क़िसी पहाड़/खड्ड में कब्रनुमा गड्ढे के मुहाने अटकी चट्टान मिल जाने पर लोगों द्वारा वहाँ किसी पहुँचे हुए पीर-फ़क़ीर, सिद्ध बाबा, औलिया या हनुमान की कल्पना कर ली जाती है। फिर शुरू हो जाता है चढ़ावा चढ़ाने, मन्नत माँगने और मुख-प्रचार-प्रसार का खेल। आर्टिफिशियल इंटेलिजेंस की ओर बढ़ते घोर वैज्ञानिक युग की हृत्ततन्त्री में धड़कन बनकर धड़कती अ-वैज्ञानिकता आज के समय का विद्रूप सच है। 'मैला आँचल' उपन्यास में रेणु कल्पना करते हैं कि दिशाओं द्वारा लील लिए गये बावनदास का कुर्ता पेड़ की शाखाओं पर झूलते-झूलते समय के साथ चिथड़ा बनकर रह गया है। किसी दुखियारी ने किसी दिन इस चिथड़े को सिद्ध बाबा के निवास-स्थान पेड़ के माहात्म्य की निशानी समझा और मन्नत का धागा बाँध आयी। रेणु उपन्यास में जिसे व्यंग्यात्मक विडम्बना के रूप में दर्ज करते हैं, उसे प्रीति प्रकाश 'पिपराहा बाबा' कहानी में उपहास के साथ गहरे छील देती हैं।

समय का पाठ वाकई सरल नहीं होता। इसकी चक्रिल पैठ में अनेक तहें हैं और पाताल तक खुलती अनेक नालियाँ। दरअसल जड़ीभूत महानताओं की असलियत यहीं नग्न अवस्था में पड़ी दिखाई देती है जिसे रश्मि शर्मा 'निर्वसन' कहानी में बेमुरव्वत ढंग से उधेड़ने में संकोच नहीं करतीं। तमाम सांस्कृतिक संरचनाओं के घटाटोप को छाँटकर वह कहानी के राम-सीता को उनकी मूल उद्गम ज़मीन – कृषि-युग-के किसी कालखण्ड में रखती हैं, जहाँ सिनेमा में चित्रित चकाचौंध भरे राजसी वैभव की जगह राजा-नरेशों की ज़िन्दगी भी एक साधारण सद्गृहस्थ सरीखी है। पण्डित जवाहर लाल नेहरू की पुस्तक 'डिस्कवरी ऑफ इंडिया' के राम-सीता की तरह। उतना ही साधारण है उनका आचार-व्यवहार, मनोवृत्तियों और सम्बन्धों का संजाल। कृषि-संस्कृति ने राजनीति को सामन्तवादी ढाँचा दिया है; समाज को वर्ण-व्यवस्था एवं पितृसत्तात्मक व्यवस्था जैसे नियमन; और संस्कृति

को अध्यात्म, ईश्वर, धर्म, उपासना, कर्मकांड जैसे उत्तरोत्तर स्थूलतर होती जाती अवधारणाएँ। लोकतान्त्रिक चेतना का कहीं संस्पर्श नहीं। न आचार में, न व्यवहार में। यानी समानता, स्वतन्त्रता, बन्धुत्व की संकल्पना के बिना 'वसुधैव कुटुम्बकम्' का उद्‌घोष! यानी महिमामण्डन के आवरण न लादे जायें तो समाज-व्यवस्थाएँ और संस्कृतियाँ अपनी बुनावट में एक़दम वर्चस्ववादी दिखें। लेखिका राम के बहाने पुरुष और 'सत्ता' के इस वैचारिक-नैतिक-भावनात्मक खोखलेपन को उद्‌घाटित करने हेतु लोककथा को उपजीव्य बनाती हैं। बिहार में प्रचलित इस लोककथा के अनुसार राम और लक्ष्मण पिता के पिंडदान के लिए आवश्यक सामग्री लाने बाज़ार गये हैं। सीता फल्गु नदी के तट पर उनकी प्रतीक्षा में बैठी है। समय बीतता जा रहा है। धूप प्रखरतर हो रही है, और तमाम बेचैनियों के बीच फल्गु नदी के पानी से उठे दशरथ के दो रिक्त हाथ पिंडदान की माँग कर रहे हैं। व्याकुल सीता किंकर्त्तव्यविमूढ़ होकर निष्क्रिय होने से पहले श्वसुर की आत्मा की तृप्ति का उपाय सोचती है। बालू, गोबर, फूल-पात, जल का सहारा लेकर वह अपने न्यूनतम संसाधनों से पिंड तैयार करती है और दशरथ की आत्मा को सन्तृप्त करती है। कहानी पिंडदान के बाद लौटे राम की त्वरित प्रतिक्रियाओं से आगे बढ़ती है। पत्नी जैसी परनिर्भर इकाई इतना बड़ा निर्णय अकेले कैसे ले सकती है? राम की संवेदनशीलता, उदारता और मृदुता व्यक्तित्व की ऊपरी झिल्ली की तरह कहीं गिर पड़ती है। वह क्रमशः अविश्वास, आश्चर्य, अपमान, आक्रामकता और प्रतिशोध के भाव से घिरने लगता है। दशरथ पिंडदान से हुई तृप्ति के साक्ष्य देते हैं, लेकिन राम इन्हें किसी राक्षस की माया मान कर निरन्तर पितरों का आह्वान कर रहा है।

यह जिद दरअसल एक सामान्य पुरुष के रूप में उसके भीतर पलती दो ग्रन्थियों की ओर संकेत करती है। एक, वर्चस्व/श्रेष्ठता की ग्रन्थि जो कुचल दिये जाने की आशंका मात्र से भयभीत हो उठी है; और दूसरे भय के भीतर निहित असुरक्षा-बोध से जूझने के लिए उग्र हो गयी हिंसक प्रवृत्ति। अभियुक्त की तरह कठघरे में खड़ी कर दी गयी सीता के सामने राम पूरी जिरह, तफ़्तीश और गवाहों के बयान लेने की प्रक्रिया में स्वयं को जिस अनुपात में बौना करते चलते हैं, उसी अनुपात में स्त्री-पुरुष सम्बन्धों को बंजर करती अनात्मीयता सतह पर फैलती चलती है। क्या पुरुष की हिंसा और स्त्री का मूक समर्पण अनन्तकाल तक दाम्पत्य सम्बन्धों की मज़बूती का

निर्णायक मानदण्ड बना रहेगा? क्या प्रेम पुरुष की काम-पिपासा का छद्म आवरण मात्र है? सह-अस्तित्व और विश्वास जैसे मूल्य क्या कोरी गप्प हैं? अग्निस्फुलिंगों की तरह कहानी के भीतर से बहुत से सवाल छूटते हैं। सवाल जो अनुत्तरित हैं। सवाल जो पुरुष और पितृसत्ता को सम्बोधित हैं। सवाल जिन पर विचार न करने की 'सहूलियत' पाने के लिए पुरुष-तन्त्र (साहित्य के सन्दर्भ में पुरुष-आलोचना एवं लेखन) स्त्री-लेखन और स्त्री-विमर्श को एक दुर्भाग्यपूर्ण विचलन की संज्ञा देता है।

यह कहानी शिल्प के स्तर पर भी रचनात्मक हस्तक्षेप करती है। लोक गाथाएँ चूँकि मनुष्य और मनुष्येतर प्राणियों के संवाद के सहारे छुपी हुई सच्चाइयों को उद्घाटित करती हैं; रहस्य और भ्रम के जाल बुनकर द्वन्द्व को गहराने या सुलझाने का सुयोग देती है; और बवण्डर की तरह उड़ते समय के किसी भी एक छोटे-से कालखण्ड को स्मृति, आकाशवाणी, या माया द्वारा वर्तमान में उपस्थित करती हैं, अतः ये सभी युक्तियाँ कहानी में प्रविष्ट होकर उसे नाटकीयता, दृश्यात्मकता, गति और गहराई देती हैं। मनुष्य अपनी मूल संरचना में अभी भी आदिम मनोवृत्तियों का पिटारा है। जिस दिन वह अपने ही समकालीनों में से किसी को 'राम' (अवतार) बनाने के समूहधर्मी प्रयास छोड़ देगा, तभी समन्वयात्मक एवं सद्भावनापूर्ण दृष्टि अर्जित कर पायेगा। 'राम' बनाने की कोशिशें दरअसल एक स्तर पर राम के प्रभामण्डल को बनाते लक्ष्मण, हनुमान, सुग्रीव, विभीषण की संरचना भी है जो निजी तौर पर निष्प्रभ एवं व्यक्तित्वहीन होते हुए भी एक ही लक्ष्य-पूर्ति के अभियान में ताक़तवर हो जाते हं। 'रामराज्य' दरअसल इन्हीं 'अवतारी' कुचक्रों की पूर्ति हेतु जुटाया गया व्यक्तित्वहीनों का मंच है जो स्त्री एवं अन्य हाशियाग्रस्त अस्मिताओं से उनकी ज़मीन छीन लेना चाहता हैं।

शिल्प कंटेंट से अलग अभिव्यक्ति का कोई उपकरण नहीं है। वह प्रतीकों-बिम्बों-कथा कहने की भिन्न शैली या अर्थगर्भी भाषिक प्रयोगों में अभिव्यक्त हो सकता है। लेकिन इन सब की दिशा, गति और गहराई तय करता है – कंटेंट। एक अच्छी कहानी चूँकि यथार्थ से मुठभेड़ करने की प्रक्रिया में यथार्थ से संजीवनी लेकर उसकी विभीषिकाओं का अतिक्रमण करते हुए एक बेहतर मनुष्य-लोक की रचना करने की बेचैनी है, इसलिए हर बार वह एक नये स्वप्न का पीछा करते हुए नयी पगडण्डियों से नये मुकाम पर पहुँचने का जोखिम है। कंटेंट की गहनता शिल्प को सघन करती है।

प्रकृति करगेती की कहानी 'चमगादड़' इस दृष्टि से बेहद सृजनात्मक शिल्प का नायाब नमूना है जहाँ पितृसत्ता को कठघरे में खड़ा करके नैरेटर सुमी बेहद सरल स्पष्टता से अपने परिवार की कहानी बयान कर रही है। न आह-कराह, न वाह-वाह! न आत्मदया, न प्रतिशोध की कृत्रिम हुंकारें! बस, निस्पृहता! लेकिन निस्पृहता का रेशा-रेशा अलग करके देखो तो मनुष्य को जेंडर बनाने, जेंडर को स्टीरियोटाइप्ड रोल मॉडल में विघटित करने, मनुष्य और सम्बन्ध की स्वायत्तता पर प्रहार करने, जीने और घुटने में फ़र्क़ महसूस करने, और उड़ने की हर कोशिश का विरोध करने वाला तन्त्र अनायास अपनी तमाम विकरालता और पथरीले अस्तित्व के साथ सामने आ खड़ा होता है। तब पितृसत्ता का निजी वैशिष्ट्य राष्ट्रवादी-फ़ासिस्ट ताक़तों की कार्यशैली, कॉरपोरेट कल्चर की लूटपाट भरी कूटनीतिक चालों, रंग-जाति और धर्म के आधार पर अपना उल्लू सीधा करती सांस्कृतिक-सामाजिक ताक़तों के विभाजनकारी मंसूबों तक चला आता है। मासूमियत 'चमगादड़' कहानी की ख़ूबसूरती है। लेकिन लेखिका नायिका के बरअक्स डिब्बे में बन्द मृतप्राय चमगादड़ की परिकल्पना कर जिस प्रकार दोनों को एक-दूसरे का अक्स बना देती हैं, उससे समूचा प्रकरण अर्थगर्भी हो जाता है। "अगर साँस रुकने को मौत कहते हैं तो मैंने मौत देख ली है। पर इसका मतलब यह नहीं कि मैंने जीना बन्द कर दिया है। मेरे अन्दर एक नया जीव बनने की इच्छा अभी भी पनपती है।" चमगादड़ का मौनालाप नैरेटर की हौंस है। चमगादड़ सफ़ेद कबूतर की तरह न शान्ति का प्रतीक है, न शान्ति-दूत की तरह आसमान में तैरने को स्वतन्त्र। कबूतर की तरह चमगादड़ पंछी नहीं। मनुष्य की तरह मैमल (स्तनपायी) है। इसलिए 'उड़ना' उसका गुनाह है। अपने वर्ग के लिए निर्धारित अर्हताओं से परे जाकर 'उड़ने' की अर्हता अर्जित करना किसी को रास नहीं आता। जब समूची मैमल प्रजाति 'चलने' के लिए बनायी गयी हो तो कुछ लोग 'उड़कर' उसकी आचार-संहिता (लक्ष्मण-रेखा) का उल्लंघन क्यों करें? इसलिए उसकी तमाम ऊर्जा-उन्मुक्तता-स्वप्नशीलता को दरकिनार कर उसे घृणा और अपशकुन का प्रतीक बना दिया जाता है जो अपनी आमद के साथ चैन से बसी बस्तियों का नाश कर डालता है। चूँकि अच्छी कहानी शब्दों की मोहताज नहीं होती, शब्दों को अपने पीछे दौड़ा कर उनमें मनवांछित अर्थ भरती चलती है, इसलिए एक स्तर पर चमगादड़ कथा-नायिका की घुटन, स्वप्न और विद्रोह का प्रतीक बन जाता है

तो दूसरे स्तर पर माँ के रूप में उभरी सत्ता-पोषित वर्चस्ववादी ताक़त की जहालत और विचारशून्यता को भी क्रमशः उद्‌घाटित करता चलता है। मुक्ति की स्वायत्त उड़ानें अंजू दीदी की तरह हर विद्रोही के लिए सलीब तैयार रखती हैं ताकि हुक्मऊदूली के विचार मात्र से ख़ौफ़ पैदा किया जा सके। यह कहानी घर की छोटी-सी परिधि में घूमने के बावजूद तमाम तरह के सत्ता-समीकरणों और जालसाजियों का अनकहे ही खुलासा करती चलती है। भाषिक मितव्ययिता जब शैल्पिक औज़ार बन कर कहानी में वजूद पाती है, तब कहानी नदी की तरह पाठक की वैचारिक संवेदना के भीतर सरसराने लगती है। कहानी का धड़कन बनकर पाठक की धड़कनों में समा जाना 'अच्छी कहानी' की पहचान है।

❐❐